普通高等教育“十一五”国家级规划教材

高等院校本科会计学专业教材新系

History of Accounting Development

会计发展史

第五版

王建忠 柳士明 主编

东北财经大学出版社 Dongbei University of Finance & Economics Press 大连

图书在版编目（CIP）数据

会计发展史 / 王建忠，柳士明主编．—5版．—大连：东北财经大学出版社，2021.4
（高等院校本科会计学专业教材新系）
ISBN 978-7-5654-4076-2

Ⅰ．会…　Ⅱ．①王…②柳…　Ⅲ．会计史-世界-高等学校-教材　Ⅳ．F23-091

中国版本图书馆CIP数据核字（2021）第030612号

东北财经大学出版社出版
(大连市黑石礁尖山街217号　邮政编码　116025)
网　　址：http：//www.dufep.cn
读者信箱：dufep@dufe.edu.cn
大连永发彩色广告印刷有限公司印刷　东北财经大学出版社发行

幅面尺寸：185mm×260mm　字数：500千字　印张：21　插页：1
2021年4月第5版　2021年4月第1次印刷

责任编辑：李智慧　王　莹　责任校对：成　英
封面设计：冀贵收　版式设计：钟福建

定价：48.00元

教学支持　售后服务　联系电话：（0411）84710309

如有印装质量问题，请联系营销部：（0411）84710711

“高等院校本科会计学专业教材新系”

编写指导委员会

第五版前言

本书经前四版出版发行后，受到广大师生和读者的肯定与鼓励。现再次进行修订，力求使本书内容更加完善并与时俱进。

本书第五版继续坚持王建忠教授的治史思想和研究方法，在体例结构上与前四版保持一致。王建忠、柳士明担任本书主编。全书写作分工如下：第1、2、4章由王建忠编写，第6、8章由王成秋、王建忠共同编写，第10章由李斌编写，第3、5、7、9、11章由柳士明编写。

本书第五版的修订工作由柳士明组织协调。在本书的再版过程中，得到东北财经大学出版社领导和编辑同志的大力支持，在此深表感谢。

由于作者水平所限，书中错漏之处，敬请广大读者不吝指正。

编　者

2021年1月于天津

第四版前言

本书第一、第二、第三版出版发行后，受到广大师生与读者的肯定和欢迎。自前三版出版至今，会计理论和实践又向前迈进，会计史学研究也在不断发展。为保证本书内容能够及时反映上述变化，我们在第三版基础上再次进行增删修订，力求使本书与时俱进。

本书第四版继续坚持王建忠教授在初创时既定的治史思想，在体例结构上与前三版保持一致，对相关内容进行增删修订，同时尝试引入二维码技术补充学习内容。王建忠、柳士明担任本书主编，全书分工如下：第1、2、4章由王建忠编写，第6、8章由王成秋、王建忠共同编写，第10章由李斌编写，第3、5、7、9、11章由柳士明编写。

本书第四版的修订工作由柳士明组织协调，重点对第1、3、5、9、10章进行了修订。参加此次修订的人员及其分工如下：第1、3、5、9章，柳士明；第10章，李斌。在本书的再版过程中，得到东北财经大学出版社领导和编辑的大力支持，在此表示衷心的感谢。

由于作者水平所限，书中缺憾之处，敬请广大读者指正。

编　者

2016年6月于天津

第三版前言

本书第一、第二版出版发行后，受到广大师生与读者的肯定和欢迎。自第一、第二版出版发行至今，会计理论和实践又发生了一些新变化，会计史学研究也取得了新的进展。为保证本书的内容能够反映会计及其史学研究的新变化，我们对第二版进行了必要的修订、补充和完善。

参加此次再版修订的人员及其分工如下：第1章，张俊民；第9章，柳士明；第10章，李斌。本版修订工作由张俊民组织协调。本书能够再次修订出版，是我们对王建忠教授的最好纪念。

在本书的再版过程中，得到东北财经大学出版社领导和编辑的大力支持，在此对他们表示衷心的感谢。

由于作者水平所限，书中仍难免存在缺憾，恳请广大读者指正。

编　者

2012年1月于津门

第二版前言

《会计发展史》是一部系统回顾中外会计演进历程的教材，该书的第一版发行后受到了广大师生与读者的肯定和欢迎。自第一版发行至今，无论会计理论和实践都发生了与社会经济相适应的变化，会计史学研究也取得了新的进展。为了保证本书的内容能够反映会计及其史学研究的变化，我们对第一版进行了修订，使其内容更加充实和完善。

此次再版，本教材仍维持原11章的框架结构，在第一版的基础上，修订、更新和增加了一些内容，使读者及时了解会计的新变化；修订了相关案例，使读者更好地理解教材内容；在书后增加了全书的主题索引，以方便读者查阅；增加了本书的教学课件，以利于教师授课使用。

王建忠担任本书主编，负责全书设计和书稿审阅，王成秋协助主编进行书稿的校订工作。参加此次再版的编写人员及其分工如下：第1、2、4章由王建忠编写，第6、8章由王成秋、王建忠共同编写，第10章由李斌编写，第3章由王晓艳、柳士明编写，第5章由柳士明、王晓艳共同编写，第7、9、11章由柳士明编写。

在本书的再版过程中，得到东北财经大学出版社领导和编辑的大力支持，在此对他们表示深深的谢意。

由于作者水平所限，本版中仍难免存在缺憾，恳请广大读者指正。

编　者

2007年6月于津门

第一版前言

《会计发展史》是“21世纪会计专业新概念教材”中唯一一部系统回顾会计演进历程的教材。在学习其他会计专业课程，掌握会计基本理论和方法之外，会计史课程提供给会计专业学生和会计爱好者以纵向了解会计学发展历程的资料。该教材力图通过我们整理的这份资料，使读者粗略了解会计产生和发展的基本史实，认识中国会计在世界会计发展史中所占据的重要地位，在中外会计发展的比较中把握中国和外国会计的各自特点。古语云：“以史为镜，可以知兴替。”该书倘若能在激励读者自觉探索会计演进的客观历史规律，为促进会计事业的不断发展而贡献自己的力量方面发挥一点作用，当是我们至所期盼的结果。

众所周知，会计史学研究近些年来取得了重大进展，出现了许多优秀研究成果。该教材注意学习和吸收时下会计史学的研究精华，致力使读者通过该教材把握会计史学研究的基本脉络和发展方向，在此谨向会计史学研究者表达我们诚挚的谢忱；同时我们直接或间接地接受了中国会计史学研究开拓者之一、已故中国会计学会会计史研究组组长李宝震教授的教诲和熏陶，秉承了李教授的治史主张，在此谨向仙逝的李教授奉上我们深切的敬意。

该教材共分11章，第1章绪论介绍会计史课程的基本知识和框架结构，以使学习者大致了解会计史课程的基本内涵、在会计学科体系中的地位、研究现状、发展方向和学习意义。其后以国别标准、各依社会形态的演化时序，分别构建中国会计历史计2、4、6、8、10五章和外国会计历史计3、5、7、9、11五章。在内容结构上，力争从社会经济环境与技术条件入手，以官厅会计和民间会计发展为线索，从各相关层面反映中外会计的发展状况。

本书由王建忠主编。其中第1、2、4章由王建忠编写，第6、8章由王建忠、王成秋共同编写，第10章由李斌编写，第3、5、7、9、11章由柳士明编写。由于主编于本书定稿期间正在美国，柳士明协助主编在国内进行了部分书稿的案头工作。

鉴于会计史教材涉及的内容在时空跨度上的广延性和本教材篇幅的约束，更由于作者的知识水平有限，故而教材中的不妥之处在所难免，因此敬乞学界同仁和广大读者有以教之。

编　者

2002年5月于密歇根

目 录

第1章 绪 论

会计博物馆

学习目标

通过本章学习，理解和掌握什么是会计史，了解会计史学的发展过程，明确会计史学的地位和特点，掌握会计史学的学科体系。

与上述学习目标相适应，本章以6节内容，分别重点考察了会计史的基本含义、会计史学的简要发展过程、会计史学在会计学科体系中的地位及其特点、会计史学的学科体系建设等。

1.1 会计史题解

“会计史”是“会计历史”和“会计史学”的合称，把握“会计史”，需分别理解“会计历史”和“会计史学”。

1.1.1 会计历史

人们对“会计历史”具有多重理解，其代表性观点有：①会计历史是指过去发生的会计事实；②会计历史是指对过去会计事实所做的记录；③会计历史是指会计事物已往的发展过程；④会计历史特指“会计史学”。概括以上观点可知，会计历史是会计孕育、萌芽、形成和完善的发展过程及其结果，以及对会计发展过程与结果进行的客观记录。对于会计历史，可以进行综合研究、国别研究、分期研究和专题研究。

1）综合研究

会计历史综合研究是对会计历史全过程、会计发展各方面以及涉及会计的相关内容的全面研究。通过综合研究，揭示会计发展的历史主线和基本状况。对会计历史进行综合研究产生的研究成果一般表现为会计通史。

2）国别研究

会计历史国别研究是对世界上不同国家或地区的会计发展历史的全面研究。通过国别研究，揭示某一国家或地区会计发展的历史主线和基本状况。对会计历史进行国别研究产生的研究成果一般表现为区域会计史。在中国的会计史学研究中，一般将世界会计史概括地划分为外国（地区）会计史和中国会计史两部分分别进行研究。

3）分期研究

会计历史分期研究是将会计历史全过程划分为若干历史时期，在某一历史时期的时间范围内，对会计发展各方面及涉及会计的相关内容的全面研究。通过分期研究，揭示会计在特定历史时期内的发展概况。对会计历史进行分期研究产生的研究成果一般表现为断代会计史。

4）专题研究

会计历史专题研究是对会计的发展确定不同研究主题，以某一研究主题为线索，对会计发展特定方面或特定领域内容的全面研究。通过专题研究，揭示会计某一特定主题的发展概况。对会计历史进行专题研究产生的研究成果一般表现为专题会计史。

【小思考 1-1】

通常所谓的“会计史”是指（　　）。

(1) 会计历史　　(2) 会计史学

(3) 会计历史和会计史学的简化合称　　(4) 过去发生的会计事实

(5) 会计事物已往的发展过程　　(6) 对过去会计事实所做的记录

【答案】(3)。

1.1.2 会计史学

1）会计史学的定义

因对“会计历史”的理解不同，所以“会计史学”也具有多重含义。最广义的“会计史学”是指研究会计历史的全部工作及其成果；广义的“会计史学”是指以人类会计历史发展的过程及其规律为研究对象的科学；狭义的“会计史学”是指人们对会计发展所形成的有关历史理论和方法的系统认识。三种理解的“会计史学”只是因研究范围、所处层次的差异而不同，其间并不存在根本的矛盾。会计史学是探讨和阐述人类会计发展过程及其规律的专业历史学科。

2）会计史学的任务

会计史学研究的主要任务是：(1) 以人类社会的历史时代为线索，通过搜集、整理和运用历史事实，探索、描述人类社会会计孕育、萌芽、形成、发展和不断完善的历史过程；(2) 通过反映描述人类社会会计的历史过程，揭示和阐明会计的本质及其历史发展的客观规律；(3) 总结会计历史过程中的经验与教训，为现代会计提供历史借鉴；(4) 依据会计发展的客观规律，科学地预测会计的发展趋势。

1.1.3 会计历史和会计史学的关系

学习、研究会计史时，应辨别会计历史和会计史学的关系，既不可将两者孤立或割裂开来，又不可将两者混淆或等同起来。会计历史和会计史学相互依存。会计历史离开会计史学，不经科学的研究只能成为已消逝的客观存在和历史故事；会计史学离开会计历史，会因失去研究对象而不能成为一门独立学科。会计历史和会计史学相互区别。会计历史是会计发展所经历的客观过程及其结果，是会计史学研究的对象；会计史学要从会计历史出发，探索揭示会计发展的内在客观规律。

【小思考1-2】

会计历史与会计史学之间的关系为（　　）。

(1) 会计历史就是会计史学

(2) 会计历史与会计史学有一定的联系

(3) 会计历史和会计史学之间存在一定的差别

(4) 会计历史和会计史学既相互依存又相互区别

(5) 会计历史与会计史学根本无关

【答案】(4)。

1.2 会计史学的发展

1.2.1 外国会计史学研究

荷兰数学家西蒙·斯蒂文于1605年出版了《传统数学》一书，该书第七章“古代簿记探测”是已知文献中较早的会计史学研究著述。20世纪初至30年代期间，在由簿记向会计发展的历史转变中，会计界逐渐感到历史观是支配会计理论研究、推进会计事业发展的重要观念，认识到系统研究会计史的重要性。这一时期，会计史学的研究主要集中在会计职业史方面，兼及簿记史、会计史和审计史的研究。20世纪30年代后进入对会计理论的系统研究阶段，会计界认识到会计史学研究对会计理论研究乃至对会计理论体系构建和推动现代会计发展的重要意义，因此，研究的自觉性得到空前提高。这一时期，会计史学研究呈现出范围广泛、研究全面、成果显著的特点。主要的研究及其成果表现在会计历史研究、成本会计历史研究、会计思想史研究和区域会计史研究方面。20世纪70年代开始，一些国家先后建立了会计史学术组织，从事会计史学术研究活动。各国的会计史研究组织还联合组建了国际会计史学家协会，并定期召开会议，交流会计史学术研究成果。伴随着会计史学研究的不断深入，会计史教育事业也得到相应的发展。在许多国家的大学教育中，会计史专题教育被列入教学计划，会计史或会计思想史也被安排为独立的课程。

1.2.2 中国会计史学研究

1）中华人民共和国成立前的会计史学研究

中国会计史学研究始于20世纪30年代，当时已有一些会计史专题研究成果见诸会计刊物，但缺乏系统的会计史学研究。

2）中华人民共和国的会计史学研究

中华人民共和国成立后至20世纪70年代间，中国会计史学研究基本处于停滞状态。20世纪70年代后期，系统的中国会计史学研究开始进行。20世纪80年代至90年代初，会计史学研究取得可喜的进展，主要表现在：

（1）建立会计史学研究组织

1983年5月，中国会计学会第二届理事会决定筹建中国会计学会会计史研究组，并将研究中国古代会计史、中国近代会计史、中国革命根据地会计史、中国社会主义会计史的工作列入中国会计学会的学术研究计划中。1985年10月和1986年12月，李宝震、杨时展、余秉坚、郭道扬等教授两度向财政部递交《关于成立中国会计史研究会的报告》，请示成立全国性的进行会计史研究的学术组织。财政部领导十分重视，认真研究有关成立会计史研究机构的提议。1988年1月14日，中国会计学会发布（88）会学字第01号文件

《转发〈中国会计学会会计史研究组筹备组〉成员名单及重点研究课题选题规划建议》，决定成立中国会计学会会计史研究组，公布了25名筹备组成员名单和57项重点研究课题的选题规划。1988年12月，中国会计学会在天津召开中国会计学会会计史研究组成立暨理论讨论会。1989年1月30日，中国会计学会发布（89）会学字第04号文件《关于正式成立中国会计学会会计史研究组的通知》（以下简称《通知》）。该《通知》称：中国会计学会会计史研究组已于1988年12月26日成立。会计史研究组以李宝震为组长，以余秉坚、郭道扬为副组长。《通知》公布了重点研究课题选题规划，计49项。在《通知》附发的《中国会计学会首届会计史理论讨论会纪要》中指出："成立会计史研究组在我国是第一次，它标志着我国会计史学研究从分散、自发阶段转向有组织、有计划、有步骤的研究阶段，必将推动我国会计史学研究的迅速繁荣。"会议明确会计史研究组为中国会计学会领导下的一个专题研究组。其任务是团结广大会计史学工作者，组织、协调推动会计史学研究；总结历史经验，研究会计的发展规律；以史为鉴，对社会主义建设中的会计问题提出建议。会议确定研究组的指导思想：以辩证唯物主义和历史唯物主义为指导；实事求是，尊重历史，以史为据；以研究会计的发展历史为主，同时结合与会计密切联系的其他学科的内容；既要全面研究中国、外国会计发展历史，总结会计发展规律，又要坚持把研究工作的重点放在中国现代会计发展史方面，为现实服务。

于1996年10月成立的中国会计学会第五届理事会决定以原7个专业研究组为基础，成立6个专业委员会，即中国特色的会计理论与方法体系、财务与会计改革、会计基础理论与会计准则、管理会计与应用、会计新领域和会计史专业委员会，作为中国会计学会开展学术研究的主要形式。会计史专业委员会组成人员继续保留原会计史研究组成员并增补1人。中国会计学会会计史专业委员会，以余秉坚为主任，以郭道扬、吕发科为副主任。

2003年1月，中国会计学会第六届理事会公布专业委员会调整结果，以原6个专业委员会为基础，组建成立10个专业委员会，即中国会计理论与方法体系、会计基础理论与会计准则、成本与管理会计、会计新领域、会计史、环境会计、财务管理、审计、会计教育、会计电算化专业委员会，作为新一届中国会计学会开展学术研究的主要组织形式。会计史专业委员会继续保留并换届（换届时继续保留原组成人员并增补3人），换届后的会计史专业委员会以郭道扬为主任，以付磊、高一斌、李彦凯、张晓岚、王建忠为副主任。

2010年4月，中国会计学会发布了第七届理事会会计史专业委员会委员名单。委员名单为：郭道扬任主任委员，许家林、韩传模、付磊、郭珺明、田志心任副主任委员。

2014年8月，中国会计学会发布了第八届理事会会计史专业委员会委员名单。委员名单为：付磊任主任委员，韩传模、姜国华、陈冬华、张敦力、田志心任副主任委员。

【小思考1-3】

中国会计学会会计史研究组于（　　）成立。

（1）1983年5月　　（2）1985年10月　　（3）1986年12月

（4）1988年1月　　（5）1988年12月　　（6）1996年10月

【答案】(5)。

（2）开展会计史学研究学术活动

中国会计史学研究活动，自中国会计学会会计史研究组（1996年改为中国会计学会会计史专业委员会）成立后，集中举办的学术活动主要有：①1988年12月在天津召开了中国会计学会会计史研究组成立暨理论讨论会，17名会计史研究组成员参加了本次会议。会议以“历史上的会计变革”为主题，探讨中外会计变革历史经验与教训，会议讨论了历史上会计变革的原因、中国会计变革的基本轨迹、历史上的会计变革对当前会计改革的启示、当前会计改革的历史方位、会计史研究与会计改革等问题。②1991年5月在湖北宜昌召开了第二届会计史理论研讨会，12名会计史研究组成员参加了本次会议。会议以“会计发展的历史规律”为主题，讨论了会计发展的一般规律、会计体制沿革及其规律、会计方法演进及其规律、会计思想（会计理论）演变、成本会计沿革、中华人民共和国成立后（除港、澳、台地区外）注册会计师职业的沿革等问题。③1994年11月在江西井冈山召开了第三届会计史理论研讨会，10名会计史研究组成员参加了本次会议。会议以“注册会计师发展历史过程及其运行规律”为主题，讨论了中国注册会计师事业发展所处阶段、中国注册会计师事业发展存在的主要问题、会计师事务所设立方式、注册会计师管理体制、注册会计师的发展环境、注册会计师法律制度建设、注册会计师职业道德建设等问题。④1999年10月在陕西西安召开了第四届会计史理论研讨会，9名会计史专业委员会成员参加了本次会议。会议以“新中国会计发展历史”和“革命根据地会计史”为主题，讨论了中华人民共和国成立50年来，特别是近20年来会计各领域或各专业方向的发展历史及取得的历史成就；讨论了中华人民共和国成立50年来会计思想发展与会计史学的研究等问题。⑤2004年9月在山西太原召开了第五届会计史理论研讨会，11名会计史专业委员会成员参加了本次会议。会议以党的十一届三中全会以来我国（含各地区、各行业）会计改革的历史成就及其发展研究、内部控制制度发展史研究、产权法律制度建设与会计发展研究、山西票号业会计及其与江浙钱庄业会计发展史比较研究为重点选题，以中外管理会计发展史及其应用比较研究、中国会计思想与理论发展史研究、西方会计思想与理论发展史研究（兼论西方会计思想与理论的引进），以及财务管理、审计等相关领域的发展史研究为一般选题，围绕山西票号业和江浙钱庄业的会计发展、中国会计史学研究和教学、内部控制和财务管理的历史发展以及会计史料的考证等问题进行了研讨。⑥2007年10月27日至28日，在浙江绍兴召开了中国会计学会第六届会计史学术研讨会暨杨时展先生学术思想讨论会。本次会议由中国会计学会会计史分会主办，浙江财经学院承办，来自政府相关部门及部分高校、企业、事业单位的130多名代表参加了会议。会议将会计史专题研究和会计学家的学术思想研讨融为一体，以缅怀杨时展先生先师的品格和治学精神促进学术思想的传承和交流。本次会议就复式簿记的起源和发展问题、江浙钱庄的财务会计问题、明清时期晋商的会计贡献问题、敦煌吐鲁番会计文书的史料研究价值、成本会计发展的历史规律、分析性审计思想的产生与发展、利用简牍研究会计审计的问题、杨时展先生的会计思想等议题进行了学术交流。⑦2010年8月23日至24日，在河北承德召开了中国会计学会第七届会计史学术研讨会暨会计史国际研讨会。来自20余所高校和部分出版单位的130多名代表出席了会议。会议就会计思想、会计发展、新中国会计发展等方面议题进行了交流。⑧2013年10月11日至13日，在河南郑州举行了中国会计学会会计史专业委员会主办、河南财经政法大学承办的中国会计学会第八届会计史国际学术研讨会。来自中国、澳大利亚、美国、韩国的50多所院校、科研单位、政府机构、企业和媒体组织的130多名代表参加了本次会议，会议就夏代会计历史、内部控制历史、会计文化历史等议题进行了交流。⑨2015年7月23日，在山西太原的财政税务专科学校召开了“山西革命根据地会计专题研讨会”暨会计史专业委员会第二次会议。会议研讨了山西革命根据地会计发展史，并就会计史专业委员会的有关工作作出了部署。⑩2015年12月17日至18日，由中国会计学会会计史专业委员会主办、广东财经大学承办的第九届会计史学术研讨会在广州召开，来自海内外相关单位的130余位代表参加了会议。会议的主题是“革命根据地与新中国会计史研究”。⑪2016年4月9日，在湖南大学召开了“简牍会计史”专题研讨会暨中国会计学会会计史专业委员会第三次会议。⑫2018年8月21日，由中国会计学会会计史专业委员会主办、黑龙江农垦总局和首都经贸大学联合承办的“纪念改革开放四十周年：历史回顾与思考暨中国会计学会第十届会计史学术研讨会”在黑龙江建三江举行。

（3）会计史学教育纳入高等教育教学体系

自20世纪80年代起，中国财经类高校和中央广播电大相继开设了会计史课程；高校助教进修班上也开设了会计史课程，甚至为青年教师开办了会计史课程专修班；自1990年起培养会计史方向的硕士研究生，自1995年起培养博士研究生，他们中的一部分人正在会计史教育和研究的第一线发挥着重要作用。为激发学生学习热情、提高会计史教学的质量，在中国会计学会会计史研究组的倡导和财政部会计司的支持下，一些开设会计史课程的学校积极探索会计史教学方法的改革，如采用会计史教学幻灯片、多媒体教学技术等，被一些高校的会计史教学实践所肯定，取得了良好的教学效果。在国家高级别科研课题立项及在国内具有广泛影响的出版社出版的图书中，均有会计史方面的教材，如由郭道扬教授主持的《会计史研究——历史·现实·未来》入选国家社会科学基金项目和普通高等教育“十五”国家级规划教材，由王建忠教授主编的《会计发展史》入选普通高等教育“十一五”国家级规划教材，这些会计史教材的编撰及出版反映出会计史课程在会计学科体系中的地位日益重要和会计史教育逐渐规范化的趋向。

（4）建立会计史学教研人员队伍

以中国会计学会会计史研究组（专业委员会）的成立为标志，以高等财经院校会计史教育成果尤其是硕士研究生和博士研究生的培养成果为基础，形成了由老、中、青三代人构成的，以中、青年教师为主的会计史学研究人员队伍，成为会计史学研究的主力军。

（5）取得一批较高水平的会计史学研究成果

自20世纪80年代至21世纪初的20多年间，中国会计史学研究取得了一批具有较高学术水平的研究成果。根据不完全统计，1982—2005年共出版会计史学专著、教材、史料汇编等形式的研究成果32种，见表1-1。

表1-1 **1982—2005年会计史学研究成果统计**

年份	1982	1983	1984	1985	1986	1987	1988	1989
数量	1		1		1	1	2	5
年份	1990	1991	1992	1993	1994	1995	1996	1997
数量	4	1	2	1		1	2	
年份	1998	1999	2000	2001	2002	2003	2004	2005
数量	2	3	1			1	2	1

上述成果的主要类型有：①关于中国会计史综合研究的作品有3种。②关于中国会计史分期研究的作品有5种。③关于中国会计史资料汇编的作品有2种。④兼及中国和外国会计史综合研究的作品有4种。⑤关于外国会计史综合研究的作品有3种。⑥关于外国会计史著作的中文译本有3种。⑦关于会计史专题研究的作品有4种。⑧关于审计史研究的作品有4种。在一些大、中型会计专业工具书中设有专门的分部或分编，反映会计史的内容，约有近10种。除上述会计史专著以外，尚有为数众多的会计史专题论文散见于各种会计刊物，对于宣传会计史知识、扩大会计史研究的社会影响发挥了重要作用。此外，一些尚未刊行的会计史研究成果，如历届会计史理论研讨会上交流的会计史研究成果同样具有较高的学术价值。

1996年，中国会计学会将会计史研究组改为中国会计学会会计史专业委员会后，以《中国会计理论研究丛书·会计史专题》的形式，经过筛选整理，将第四届会计史理论研讨会的部分论文于2000年结集出版，此为中国第一部正式出版的会计史论文集。2005年仍以《中国会计理论研究丛书·会计史专题》的形式，复将第五届会计史理论研讨会的部分论文结集出版。

郭道扬教授在会计史学著述中成果丰硕，影响深远。其代表性著作有《中国会计史稿》（上册）（1982年）、《中国会计史稿》（下册）（1988年）、《会计史研究》（第一、二卷）（2004年）、《会计史研究》（第三卷）（2008年）、《郭道扬文集》（2009年）。

2010年2月，中华人民共和国财政部将中南财经政法大学郭道扬教授关于《中国会计通史》的研究项目列入财政部科研重点项目（项目编号为KJA003），除导论之外，全书拟分八篇，共计十五章，计划篇幅约百万言，另有二十多幅彩图与近四十余张黑白珍贵历史图片。在会计史基本布局方面，该书将以中国的远古会计、古代会计、近代会计与现代会计四部分为经，而以各期重要会计史事件和相关专业史问题研究为纬，分篇有研究结论，全书则以中国会计发展史运行规律研究作为总结。

2011年，以郭道扬教授为首席专家的“中国会计通史系列问题研究”获得国家社科基金重大项目正式立项，这是中华人民共和国成立以来，会计界课题研究首次获得国家级别的重大立项。2020年11月，郭道扬教授历时8年编修完成的8卷本、300余万言《中国会计通史》正式竣稿并交付出版。该通史以丰富的史料、严谨的论证、卓越的史识，梳理勾画了中华民族会计发展的历史源头、发展风貌和卓越成就，系统总结了会计发展的40个运行规律和一个总规律，完整展现了辉煌灿烂的中华会计文明成果和独特魅力，进一步证实中国在世界会计史上的重要地位和巨大贡献，是一部充满中国特色、中国风格、中国气派的会计史学巨著。

（6）开展同国外会计史学组织之间的学术交流活动

中国会计史学研究者积极开展同国外研究组织之间的学术交流活动，加入研究组织，参加国际会计史学家协会举办的会计史学术成果的交流活动，利用各种同国外会计史学界的交流渠道和交往机会，向国外会计界宣传中国会计悠久的发展历史和已经取得的辉煌成就；同时，通过与国外会计史学界的交流，搜集、了解国外会计史学研究的进展情况和取得的研究成果，向国内会计界介绍国外会计的发展情况以及会计史的研究成果，并取得了有益进展。

（7）中华人民共和国会计史知识的普及教育活动

1989年在财政部的领导下，由中国会计学会、华人世界社、中央人民广播电台、中央电视台联合组织举行了全国首届会计知识大赛，竞赛内容划分为10个方面，其中安排中华人民共和国会计发展史作为重要的组成部分，对于会计史知识（新中国时期）在全国会计工作人员中的普及发挥了重要的作用。在大赛专家评审委员会拟定的《大赛命题大纲》中，以国民经济恢复时期、“一五”计划时期、20世纪60年代调整时期和现代化建设时期的史实勾勒出中华人民共和国会计事业发展的主要历程，附录了65种参考法规文件，附列了12种参考书目，录制了电视辅导讲座节目并通过中央电视台向全国播放。时任中国会计学会常务副会长、大赛组委会主任的杨纪琬教授主讲中华人民共和国会计发展史的内容。关于中华人民共和国会计发展史，杨纪琬教授指出，综合各个历史时期，主要把握如下几个方面的内容：一是关于我国会计工作宏观管理机构的发展历史；二是关于我国会计制度及会计制度管理体制的建立和发展历史；三是关于我国会计工作中一些重要创举的历史；四是关于我国会计理论研究发展的历史。

在充分肯定中华人民共和国会计史学研究，尤其是改革开放40年来取得的可喜进展和明显成果的同时，也应客观估计和评价其存在的不足。与已取得显著成就和产生重大影响的国家或地区相比，中国的会计史学研究还具有一定的缺陷，主要表现在：①会计学术界尚未形成对会计史学研究必要性和重要性的普遍重视。从事会计史学研究人员的数量不容乐观。另外，因为从事会计史学研究的人员客观上需要具备相应的专业研究素质，这也在一定意义上限制了会计史学研究人员的数量扩充。②作为新兴的会计学科，专业史学需要依照既有的学科发展规律，科学地构建学科框架，按照学科框架的要求，填充相应的内容，以便尽快形成学科体系。③会计史学研究的高投入与低产出的内在矛盾，在一定程度上影响了研究人员的工作热情和积极性。会计史学研究需要持久的史料发掘、积累和细致的考证与整理，投入的精力多、支出大，但未必能取得相匹配的研究成果。在投入精力、经济支出同等条件下，会计史学研究取得显著成果的可能性一般低于其他方向的会计研究项目，对会计史学研究人员会产生一定的负面影响。

1.3 会计史学的地位和特点

1.3.1 会计史学的地位

会计史学的地位可以从会计史学所处的经济学学科体系的宏观意义和会计学学科体系的微观意义两方面去理解。

1）会计史学在经济学学科体系中的地位

从经济学学科体系上考察，会计史学属于经济学学科体系中理论经济学及经济史、经济思想史、经济数量的分析计量方法的范畴，是经济史学的有机组成部分。同时，会计史学又属于经济学学科体系中应用经济学的范畴，是会计学的有机组成部分。会计史学是经济学所属的理论经济学和应用经济学相互融合的产物，具体而言，是由会计学和经济史学相互融合而形成的交叉学科。

2）会计史学在会计学学科体系中的地位

从会计学学科体系上考察，会计史学是会计学学科体系中的研究性学科。李宝震教授认为，会计学科经过长期的发展和不断的完善，已形成相对稳定的学科体系，会计学科的内部结构主要划分为基础性课程、实用性课程、检验性课程和研究性课程等四类。其中，基础性课程包括会计学原理等，实用性课程包括财务会计、成本会计、管理会计等，检验性课程包括审计等，研究性课程包括会计史等。

1.3.2 会计史学的特点

（1）会计史学作为专业史学体系中的新兴学科，其体系具有不完整性。作为新兴的会计学科，专业史学仍然处在建设过程中，尚未形成完整的学科体系。例如，关于以会计史料为研究对象的会计史料学、关于以认识表述会计历史所采用的工具和手段为研究对象的会计史方法学、关于以探讨会计史学发展过程及其规律为研究对象的会计史学史等会计史学基本学科，均尚未纳入会计史学学科体系。

（2）会计史学作为专业史学体系中的新兴学科，其内容具有不确定性。中国会计学会会计史研究组成立时即明确，会计史学研究以研究会计的发展历史为主，同时应结合与会计密切联系的其他学科的内容，但在进行会计史研究时如何实现与其他学科的结合、实现结合的程度如何把握等问题，均有待于进一步加以研究；同时还明确，既要全面研究中国、外国会计发展历史，总结会计发展规律，又要坚持把研究工作的重点放在中国现代会计发展史方面，为现实服务，但如何处理研究中国会计历史和研究外国会计历史的关系，如何处理研究中国古代会计、中国近代会计历史与研究中国现代会计历史的关系，也有待于进一步加以研究。因此，在建设会计史学课程时，会计史学尚未出现比较稳定一致的内容结构。

（3）会计史学作为经济史学和会计学相互融合而派生的交叉学科，必然受到两个学科的双重影响，决定着会计史学所采用的研究方法具有不单一性。除采用会计学的研究方法以外，还会应用经济史学乃至史学研究中通常采用的历史分期法、双重证据法等研究方法，并注重广泛汲取如考古学、民族学、文字学、数学等相关学科的研究成果。

1.4 会计史学学科体系

1.4.1 建立会计史学学科体系的意义

会计史学研究应建立起会计史学学科的科学体系，明确或规定会计史学学科体系中应独立存在的不同学科及其各自性质、不同学科在会计史学学科体系中所处的地位、各学科包含的内容、不同学科之间的相互关系等科学界定，以便为各学科提供确切的研究对象、研究范围和研究任务，明确研究工作的性质和各自分工，同时，也为会计史学爱好者提供有效的学习指导。

1）建立会计史学学科体系的现实必要性

建立会计史学学科体系具有现实必要性，这是因为：①建立会计史学学科体系是会计史学自身发展的内在要求，按照历史学科的普遍规律，研究会计历史问题，其主要目标是在观念层次上“真实地再现”逝去的会计历史。而为了“真实地再现”逝去的会计历史，便需要对会计历史研究的对象、会计历史研究的技术等提出相应的要求，即建立会计历史研究的规范。以此为目的进行的会计史学研究，是会计史学研究的基本任务。提出并完成这一基本任务是会计史学自身的更高层次的发展目标。②会计史学在会计学学科体系中居于特殊的地位，是会计学科与史学学科交叉生成的边缘学科。会计史学的特殊性决定了既不能单纯采用会计专业的理论与方法来进行会计史学研究，也不能照搬史学学科的理论与方法来进行会计史学研究。因此，总结适用于会计史学研究的理论与方法体系，从而指导会计史学研究的实践，降低会计史学研究的成本，提高会计史学研究的效率和研究成果的质量，是会计史学研究向纵深发展的迫切需要。③建立会计史学学科体系，总结会计史学的理论与方法，既可总结、继承会计界前辈从事会计史学研究的优秀传统和学术精神，又可养成、造就现有会计史学研究者的学术技能，还可感染、熏陶未来会计史学研究者的学术作风。

2）建立会计史学学科体系的客观可能性

建立会计史学学科体系具有客观可能性，这是因为：①历史学科关于史学体系建设的理论研究成果为探讨建立会计史学学科体系提供了“范式”，会计史学学科体系的建设可借鉴历史学科体系建设的相关研究成果。②会计历史研究的现有成果从会计通史、会计断代史到行业（部门）会计史，从会计史著到会计史料，从会计史学专著到会计史学译著，从一般的会计史学研究成果到专题的会计史学研究成果，从出版的会计史学长篇巨著到发表的会计史学短篇论文，已经具备了一定的数量规模，达到了相应的质量水平，从而奠定了建立会计史学学科体系的基石。③在会计史学研究中，资深的会计史学专家取得的研究成果，以其卓越的学术建树，为他人树立了从事研究工作的楷模，一些中年研究人员也对自己进行的研究工作颇有心得和体会，他们共同积累了从事会计史学研究工作的宝贵实践经验。

1.4.2 会计史学学科体系的含义及结构

会计史学学科体系是会计史学内部不同层次的、相互联系的若干分支学科构成的有机整体。会计史学学科体系可以依照学科门类和知识单元的双重标志进行架构。

1）会计史学学科体系的学科门类结构

会计史学学科体系按学科门类结构，可以分为主体学科、辅助学科、理论与方法学科和反思学科。在会计史学学科体系中，辅助学科、理论与方法学科从研究所需的理论指导和基础条件以及技术角度奠定学科体系的基础，属于学科的内部保障系统；主体学科是学科体系的中心部分，也是对外提供会计史学产品的输出系统；反思学科是学科体系的自我检验和回馈系统，通过该系统指导主体学科的研究活动。会计史学学科体系的学科门类结构如图1-1所示。

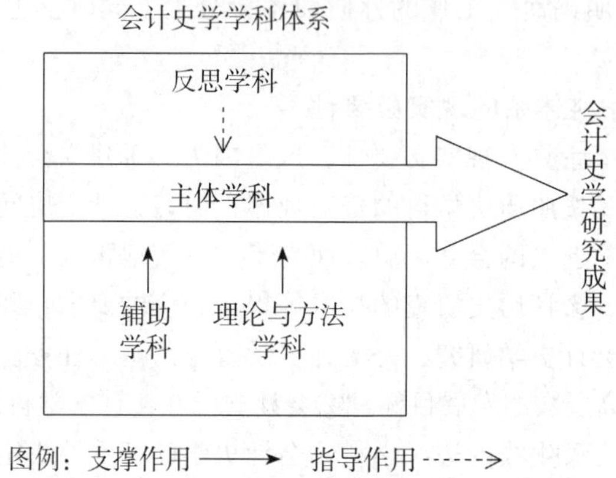

图1-1 会计史学学科体系的学科门类结构

（1）会计史学主体学科是以综合地研究会计历史的整体或局部过程为研究对象的会计史学分支学科。会计史学主体学科的主要研究内容为会计历史。会计史学主体学科的内部结构按照空间标志可以划分为洲别会计史、地区会计史、国别会计史、地方会计史、部门（行业）会计史等。按照时间标志可以划分为古代会计史、近代会计史、现代会计史等；或可划分为原始社会会计史、奴隶社会会计史、封建社会会计史、资本主义社会会计史（含半封建半殖民地社会会计史）、社会主义社会会计史等；或可划分为依帝王、朝代顺序分隔的断代会计史等。按照会计学术、业务、管理工作等内容标志可以划分为会计思想和会计理论发展史、会计教育事业发展史、会计出版事业发展史、会计学术团体发展史、会计方法发展史、会计工具发展史、注册会计师职业发展史、会计法律制度建设发展史、会计组织机构发展史等。

（2）会计史学辅助学科是以研究会计历史所需要的辅助知识为研究对象的会计史学分支学科。会计史学辅助学科的主要研究内容为研究会计历史所需要的辅助知识。会计史学辅助学科可以按照研究历史文献知识、理解历史文献知识、研究遗迹遗物知识等标志划分内部结构。

（3）会计史学理论与方法学科是以会计史学的理论和方法为研究对象的会计史学分支学科。会计史学理论与方法学科的主要研究内容为会计历史学科的理论与方法。广义的会计史学理论与方法包括：运用历史唯物主义一般原理和规律解决会计历史不同层次具体问题的理论与方法；从其他社会科学和自然科学移入和借用的理论与方法；会计史学辅助学科应用的理论与方法；会计史学本身运用的理论与方法等。狭义的会计史学理论与方法仅指会计史学自身的理论与方法。此外，会计史学理论与方法学科还包括研究编撰会计史学知识的会计历史编纂学、研究会计史学工作组织与管理的知识、研究会计史学研究规划的知识等。

（4）会计史学反思学科即会计史学史，是以会计史学的发展及其规律为研究对象的会计史学分支学科。会计史学反思学科的主要研究内容为会计史学的发展过程及其规律，一般包括：会计史学发展的过程及时代特征；会计史学的时代变化与社会条件的关系；会计史学理论与方法的发展变化；会计史学流派的形成及其相互关系；会计史学各分支学科的形成与发展；重要的会计史学家；重要的会计史学著作；中外会计史学比较研究等。反思学科研究的重点是会计史学思想的发展。

目前，中国的会计史学研究以会计史学主体学科的研究为主，在会计史学其他学科的研究方面尚未引起足够重视，相关内容的研究比较薄弱，对全面提高会计史学研究的整体水平具有一定的约束力，在一定意义上影响或制约着会计史学研究的质量。

【小思考 1-4】

试指出下列内容所隶属的会计史学学科。

（1）奴隶社会会计史　　（2）会计历史编纂学

（3）古文字学　　（4）校勘学

（5）会计思想和会计理论发展史　　（6）中外会计史学比较研究

【答案】（1）、（5）为主体学科；（3）、（4）为辅助学科；（2）为理论与方法学科；（6）为反思学科。

2）会计史学学科体系的知识单元结构

会计史学学科体系按知识单元结构，可以分为会计历史事实、会计历史记录和会计历史认识。其中，会计历史事实系会计的客观历史存在；会计历史记录系反映会计客观史实的事物或文字记载；会计历史认识系有关会计的历史评价与历史理论。会计史学学科体系知识单元结构，如图 1-2 所示。

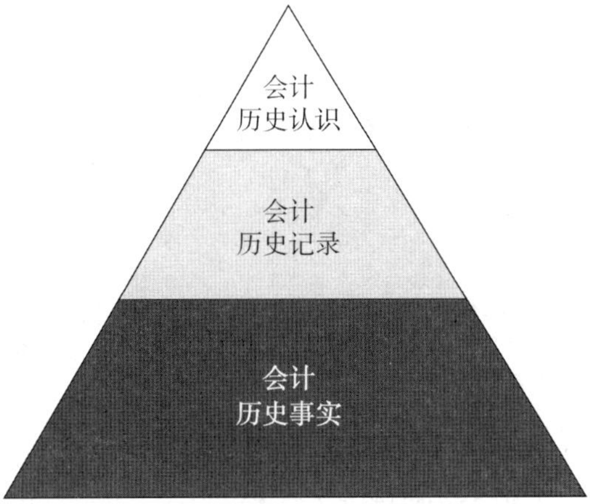

图 1-2 会计史学学科体系知识单元结构

（1）会计历史事实

会计历史事实是人类社会历史上发生或存在的有关会计事物的客观情况。会计历史事实的构成要素包括时间、地点、人物、行为、过程及原因。特定的人物在一定的时间、空间条件下为一定的会计目的进行的活动及其结果便成为会计历史事实。会计历史事实以时间连续性和空间并存性的形式表现为一种过程，该种过程具有“一去不复返”的性质。因此，进行会计历史研究既不能对会计历史进行直接观察，也不能复制出已消逝的会计历史事实，只能借助会计历史记录进行间接的研究。

（2）会计历史记录

会计历史记录是利用实物和文字形式保留着的能够反映会计历史事实的材料。其包括会计史料和会计史著两种类型。①会计史料是前人会计思想或行为留下的历史证明，包括会计文献史料和会计实物史料两种。会计史料来源于逝去的会计历史事实，不能凭空杜撰，故具有客观属性；会计史料尤其是文献史料系前人遗存物或当时对会计客观事实的记录，故其又含有主观成分。研究会计历史依赖于会计史料，而会计史料的是非真伪则决定着会计历史研究的质量。进行会计历史研究必须搜集、整理会计史料，审查会计史料的真伪，评定会计史料的价值，正确解释会计史料的含义，这些以会计史料为对象的全部工作即形成会计史料学。②会计史著是以文字方式反映人类对会计历史过程及其结果的意见、知识、思想而编撰的史学作品。会计史著要在恰当地运用会计史料的基础上，归纳会计历史事实的发展过程，探索会计历史事实间的内在联系，并将研究结果编撰成书，以发挥会计史学的社会职能。利用会计史料，反映会计史学研究成果并编撰成书的知识体系，称为会计历史编纂学。

会计史料与会计史著是性质不同的两种史书，会计史料编纂与会计史著编纂是任务不同、要求不同的两种史书编纂工作。会计史料编纂要将会计史料搜集得尽可能完全，并对其进行科学分类，依时序排比，其任务是储存史料信息，为史学研究者提供研究的材料；会计史著编纂要恰当地运用会计史料，全面反映会计史学的研究成果，其任务是还原会计历史的真实，揭示会计发展的内在规律。

【小思考 1-5】

根据下列书籍的名称，指出它们的性质。

(1)《会计史教程》

(2)《会计史学习参考资料》

(3)《中国会计史料选编（东北根据地和东北大行政区时期）》

(4)《中国古代会计审计史》

(5)《世界会计史百科全书》

(6)《会计思想史》

【答案】(1)、(4)、(6) 为会计史著；(2)、(3)、(5) 为会计史料。

(3) 会计历史认识

会计历史认识是人类对会计历史过程、结果及其客观规律性的系统反映。会计历史认识要从真实、可靠的会计历史事实出发，运用马克思主义史学的范畴、方法分析会计历史事实，提出假说，再用历史事实论证假说，从而形成会计历史理论。会计历史认识约有三种层次：第一层次为阐明会计历史的本质、关系或联系以及真伪判断，即通过历史现象揭示会计历史本质的逻辑评价；第二层次系根据不同时代、不同阶级、不同道德规范的标准对会计历史事实进行道德评价；第三层次为发挥会计历史社会职能，以会计历史经验作为借鉴，指导现实的会计实践。上述三个层次历史认识的划分具有相对性，在研究具体历史事实时常结合在一起。

1.4.3 会计史学学科体系的基本学科

根据目前会计史学研究与教育的现状，在已开设会计史课程的前提下，建立会计史料学、会计史方法学、会计史学史等会计史学基本学科，构建完整的会计史学学科体系，是促进会计史研究更快发展的客观需要。

1）会计史料学

会计史料学是关于会计史料的本质、源流、整理、鉴别、利用的理论与方法的会计史学分支学科。会计史料学奠定了会计史学研究的基础，通过会计史料学研究会计史料的源流、真伪判断、史学价值、使用方法等问题，为会计史学研究提供物质前提。会计史料学的理论一般应包括："会计史料"的定义；会计史料学与史论、史学的关系；会计史料学在会计史学研究中的地位和作用；会计史料学与其他会计史学学科之间的关系等。会计史料学的方法一般应包括会计史料的搜集、整理、分类、鉴别、考证、训诂等方法。

2）会计史方法学

会计史方法学是关于认识表述会计历史所采用的工具和手段的会计史学分支学科。会计史方法学提供了会计史学研究的技术条件。通过会计史方法学研究、解决认识和表述会计历史的方法论指导问题。会计史方法学的理论一般应包括："会计史方法"的定义；会计史方法学的内容结构；会计史方法学与会计史学的关系；会计史方法学在会计史学研究中的地位和作用；会计史方法学与其他会计史学学科之间的关系等。会计史方法学的方法一般包括：①普通方法，如实事求是、史论结合等；②一般方法，如分析与综合、具体与抽象、归纳与演绎、历史与逻辑、微观与宏观等；③专门方法，如比较研究法、系统研究法、计量研究法、心理分析法等。

3）会计史学史

会计史学史是关于探讨会计史学发展过程及其规律的会计史学分支学科。通过会计史学史廓清会计史学的发展线索及其规律，明确著名会计史学家和著名会计史学著作的历史地位，据以把握会计史学发展的趋势和走向，促进会计史学的健康发展。

1.5 会计与簿记

在学习会计史时，应明确把握会计发展与簿记发展的辩证关系，重点理解官厅（政府）会计与民间会计作为一个国家或地区整体会计两个侧面的重要地位。

1.5.1 簿记的历史发展与会计

在会计发展史中，簿记发展的历史居于重要和基础的地位，把握簿记的发展历史是了解会计发展的主要线索。簿记历史是人类会计核算理论和方法孕育、萌芽、形成和完善的发展过程及其结果，以及对簿记发展过程与结果进行的客观记录。探讨和阐述簿记历史是会计史学的重要组成部分。对于簿记历史，可以进行分期研究和国别研究。

1）簿记历史分期研究

簿记历史分期研究是将簿记历史全过程划分若干历史时期，在某一历史时期的时间范围内，对簿记发展各方面及涉及簿记的相关内容进行的全面研究。通过分期研究，揭示簿记在特定历史时期内的发展概况。在簿记历史研究中，通常将簿记历史全过程划分为原始计量记录阶段、单式簿记阶段、复式簿记阶段等历史时期进行研究。

在原始计量记录阶段，人们为了持续地进行物质资料的生产活动和有序地组织产品的分配与交换，出于保存已经发生的有关经济活动资料的目的，经过长期的探索，因时制宜、因地制宜地创造采用了如实物记事（计数）、绘画记事（计数）、结绳记事（计数）、刻契记事（计数）等原始计量记录方法。这些原始计量记录行为基本反映出人类最初的会计行为，是簿记的雏形。

在单式簿记阶段，簿记得到初步发展，单式簿记成为在自然经济占主导地位的各种社会形态中被普遍采用的主要会计方法。中式簿记的“四柱结算法”在单式簿记中占有重要地位，为丰富会计的方法体系、推动会计进步作出了重要贡献。

在复式簿记阶段，簿记不断得到完善，趋于成熟。伴随着资本主义商品经济的发展，复式簿记适应着不断提高经济管理水平的客观要求而得以产生、发展。在中国，明清时期产生、运用的“龙门账”和“四脚账”，是中式簿记所固有的复式记账法；在外国，以1494年意大利数学家卢卡·帕乔利的《数学大全》问世为标志，人类首次对复式簿记进行理论总结，其后，借贷复式簿记广泛传播于欧美大陆及世界其他国家，经过不断发展和逐渐完善，最终确立了借贷复式簿记的科学理论体系。

20世纪70年代，现代科学技术的高速发展，促使世界范围内的经济结构与生产组织发生巨大变化，复式簿记也面临着这种巨大变化的严峻挑战，伊尻雄治所著的《三式簿记和收益动量》，探索了三式簿记的基本原理，是对现代复式簿记体系的重大理论突破，成为进一步完善簿记理论方法体系的重要研究课题。

2）簿记历史国别研究

簿记历史国别研究是对世界上不同国家或地区的簿记发展历史的研究。通过国别研究，揭示某一国家或地区簿记发展的历史主线和基本状况。

簿记历史研究中还存在中外簿记类型研究。中外簿记类型研究是对簿记历史划分为中国簿记和外国簿记两种类型，并对两种不同的簿记类型所进行的研究。通常将中国簿记类型称为“中式簿记”，将外国簿记类型统称为“西式簿记”。通过中外簿记类型研究，揭示簿记在中国和外国发展的各自历史主线和基本状况。

中式簿记是经过长期发展而形成的中国固有的传统簿记。中式簿记一般以现金为记账主体，以“收（或：入、来）”“付（或：出、去）”为记账符号，采取草流、细流和总清（或兼用结册）的中式三账体系，应用上收下付的垂直型账户格式，采用实地盘点或账册盘点的方法计算经营损益情况。中式簿记经历了漫长的发展历程。在《周礼》所反映的财计制度中，记载了当时的统治阶级设置有主掌财计和会计核算事宜的中央政府机构，建立实行“以参互考日成，以月要考月成，以岁会考岁成”的会计制度；唐宋时期创立的“四柱结算法”集中归结了中式簿记的基本原理，并以其为核心构建政府和民间适用的簿记方法；明清时期产生的中国固有复式簿记“龙门账”和“四脚账”，进一步促进了中式簿记的发展；进入20世纪30年代，以徐永祚为代表的中国会计学者，对传统的中式簿记进行了系统的总结，并参照西式簿记的原理和方法，对中式簿记加以改良，形成改良中式簿记，使中式簿记首次实现了理论化和系统化，形成具有中国特色的簿记理论和方法体系，为西式簿记在中国的普及与应用创造了先决条件。中式簿记在20世纪30年代以前曾被广泛运用于中国的政府机关、事业单位及工商企业中，为政府部门进行宏观经济管理、企业组织微观经营活动发挥了重要作用。

西式簿记是产生于意大利、完善于欧美，为世界各国所广泛采用的簿记。西式簿记一般采用复式记账，明确会计账户的性质，以“借”“贷”为记账符号，采取会计凭证、会计账簿和会计报表的会计文件体系，并实行账簿之间的平行登记，应用左借右贷的横向型账户格式，利用资产、负债和收入、费用类账户之间的相互关系计算财务状况和经营损益情况。1494年，卢卡·帕乔利在其名为《算术、几何、比及比例概要》（又称《数学大全》）的著作中通过第11编“计算与记录要论”部分的介绍，归纳和总结了意大利的佛罗伦萨、热那亚和威尼斯式簿记，成为世界上第一部正式出版的复式簿记著作。其后，该书被译为多种文字，传入欧洲大陆和美国，经过荷兰、英国、法国、德国等欧洲国家及美国的不断发展、完善，最终形成借贷复式簿记理论和方法体系。19世纪末，西式簿记开始传入中国。西式簿记在中国的理论传播以中国学者蔡锡勇于1905年出版的《连环账谱》为嚆矢；西式簿记在中国的实践运用，除帝国主义列强在中国开办的工商金融企业及由它们把持的中国海关、邮政、铁路等部门外，以清朝政府于光绪三十四年（1908年）创办的大清银行为最早的应用单位。20世纪20—30年代，中国留学生自美国、日本等国陆续学成归国，经过他们的传播和倡导，西式簿记被越来越多的中国企事业单位所运用，并逐渐取代了中式簿记。

19世纪末至20世纪30年代间，借贷复式簿记经各种途径传入中国。借贷复式簿记传入中国后，当时会计界为使其与中国固有的传统簿记相分别，通称借贷复式簿记为“西式簿记”，将中国固有的传统簿记称为“中式簿记”。

【小思考1-6】

试分别中式簿记与西式簿记。

（1）以“收”“付”为记账符号

（2）采取会计凭证、会计账簿和会计报表的会计文件体系

（3）应用上收下付的垂直型账户格式

（4）以“借”“贷”为记账符号

（5）采取草流、细流和总清的中式三账体系

（6）利用不同性质账户之间的关系计算财务状况和经营损益情况

（7）应用左借右贷的横向型账户格式

（8）采用实地盘点或账册盘点的方法计算经营损益情况

【答案】（1）、（3）、（5）、（8）为中式簿记；（2）、（4）、（6）、（7）为西式簿记。

1.5.2 官厅会计与民间会计

官厅会计与民间会计同是构成一个国家或地区全部会计内容的重要组成部分。在研究会计历史时，把握官厅会计和民间会计的发展历史是全面了解会计发展整体情况不可或缺的两个侧面。

1）官厅会计

官厅会计是古代奴隶制与封建制的国家由中央政权和各级地方政权组织进行的以国家的财产物资和经济活动为对象的会计工作。官厅会计适应着国家的出现而产生，伴随着国家财政经济的发展而完善，经历了漫长的历史时期，不断发展，逐步形成独立完整的官厅会计体系。

20世纪20—30年代，伴随着中国引进和推广西方会计的进程，根据“govermental accounting”或“municipal accounting”汉译称谓，改以“政府会计”取代了“官厅会计”的传统用法。政府会计是世界上资本主义国家和20世纪初期由中央政权和各级地方政权组织进行的以国家的财产物资和经济活动为对象的会计工作。

政府会计依据政府不同机关经管对象和执行业务的差异，可划分为不同的类别，如职司岁入业务的政府机关的会计，即税收会计；职司岁出业务的政府机关的会计，即经费会计；职司现金收支业务的政府机关的会计，即收支会计；职司会计主管机关的会计，即综合会计。广义的政府会计还包括适用于非营利性质的公益事业单位会计和社会团体会计。

中华人民共和国成立后，“预算会计”的概念应运而生，预算会计是社会主义国家中央和各级地方政府以及事业单位的会计。随着我国政治体制改革不断深入，逐渐对政府会计产生了新的要求，2015年发布的《政府会计准则——基本准则》规定，政府会计由预算会计和财务会计构成。

与官厅会计或政府会计相联系，会计史研究还应考察皇室会计、国库会计等客观历史事实。皇室会计又称“王室会计”，是历史上某些国家由皇室或王室组织进行的以皇室或王室的财产物资和经济活动为对象的会计工作。组织和进行皇室会计工作的目的是保护皇室财产的安全和完整，皇室会计的职责是对皇室财政经济进行专门的管理与核算。皇室会计一般附着于国家财政之中，即皇室会计与官厅会计合二为一，由一套财计机构所设置的职官负责管理与核算国家和皇室的全部财政经济活动，体现了执政的统治阶级“朕即国家”“普天之下，莫非王土”的“家天下”鲜明时代特征。但一些国家在某一历史时期内也实行国家财政和皇室财政的分别管理、分别核算制度，皇室会计因此便从官厅会计中分离出来，形成独立的皇室会计。

国库会计是历史上由国家中央和地方政权的钱币和物资保管、出纳机关组织进行的以国库的财产物资和经济活动为对象的会计工作。国库会计是国家管理国库经济的重要工具。

2）民间会计

民间会计是历史上由民间手工业、商业、金融业及其他行业组织进行的以各该行业的财产物资和经济活动为对象的会计工作。民间会计适应着家庭、私有制的出现和民间工商经济的发展而产生，伴随着民间工商经济的发展而完善，经历了漫长的历史时期，不断发展，逐步形成独立完整的民间会计体系。民间会计范围广泛，主要形式有由私人或合伙开设经营的手工作坊、商肆、钱庄、票号、当铺和庄园、寺院、教堂以及其他非官方设置机构所适用的会计，从而形成对象和方法不一的如汇兑会计、票号会计、钱庄会计、典当会计、庄园会计、寺院会计等专业或行业性会计。其中，汇兑会计是以经营汇兑业务为主的金融机构组织进行的会计工作；票号会计是主要经营汇兑业务的金融机构组织进行的会计工作；钱庄会计是主要经营存款、放款和汇兑业务的金融机构组织进行的会计工作；典当会计是主要经营收取衣物等动产为抵押物、发放高利贷业务的当铺机构组织进行的会计工作；庄园会计是奴隶主、封建地主所有的庄园组织进行的会计工作；寺院会计是由社会宗教团体所设庙宇或修道院组织进行的会计工作。

1.6 课程结构及学习本课程的意义

1.6.1 课程结构

本课程在绪论后，以社会形态和国别的双重标准划分中国原始社会会计、外国原始社会会计、中国奴隶社会会计、外国奴隶社会会计、中国封建社会会计、外国封建社会会计、中国半殖民地半封建社会会计、外国资本主义社会会计、中华人民共和国会计、外国社会主义社会会计等，分别构建中国的会计历史和外国的会计历史。

在会计历史的内容结构上，力争从会计的社会经济环境与技术条件入手，从官厅会计（政府会计）和民间会计发展的两个侧面，从会计法律制度和会计规范建设、会计职官（会计机构和会计人员）设置、会计核算与会计管理、会计技术与方法、会计理论与学术等方面反映中外各历史时期的会计发展状况。

按照历史学科研究的传统要求，史学课程应注重“六W”，即人物、事件、时间、地点、过程及原因等史实要素，如图1-3所示。会计史课程应在本身的研究过程中遵循这一原则，虽然这一原则会遇到严峻的考验，但其所涵盖的内容应该成为研究会计历史问题的追求目标。

图1-3 会计史学要素

1.6.2 学习本课程的意义

与其他会计专业课程相比较，会计史课程在学习过程中会遇到一些不利的条件或困难。

从课程建设的客观方面分析，本课程与其他成熟的会计专业课程相比创建时间较迟，课程体系仍待完善，课程内容也待求证；同时，本课程系统化的参考资料与其他会计专业课程比较相对欠缺，容易形成学习和理解的约束和障碍。从学习者学习态度的主观方面分析，会计史课程因其现实应用性较会计专业课程差，容易导致学习者缺乏对课程的学习兴趣和热情，因此，应充分认识加强专业修养、提高专业素质的重要性，鼓励拓展学习领域，并将其科学的研究方法运用于学习实践。

学习会计史课程的基本目的在于通过本课程的学习，使学习者“以史为镜，可以知兴替”，自觉加强对辩证唯物主义和历史唯物主义的理解，粗略了解会计的产生和发展的基本史实，尝试探索会计演进的客观历史规律；认识中国会计在世界会计发展史中的重要地位，在中外会计发展的比较中把握中国会计和外国会计的各自特点，激发学习者掌握会计知识、完善会计理论、革新会计实务的责任感和主动性，为促进会计事业的发展而努力。

学习会计史课程的直接目的在于通过本课程的学习，使学习者了解会计历史知识和基本历程。法国数学家亨利·彭加勒（Henri Poincare）曾说过："如果我们想要预见数学的未来，适当的途径是研究这门学科的历史和现状。"此言对会计学亦具有同样意义，通过课程学习，使学习者增加对会计发展历史继承性和时代更新性的理解；此外，通过辩证会计史料，确认会计发展的历史事实，学习从事科学研究的方法，培养严谨的治学态度。

【案例分析1-1】

会计史学研究现状及存在的问题

中国自20世纪70年代后期开始进行的会计史学研究，在成立中国会计学会会计史研究组（专业委员会）、组织相关研究人员开展学术活动、将会计史学教育纳入高等教育的教学体系、初步建立从事会计史学研究与教学的人员队伍、具有较高水平的会计史学研究成果陆续问世和加强同国外会计史学组织之间的学术交流活动等方面取得了明显的进展。但目前的会计史学研究仍严重存在着社会重视程度普遍不够的问题，主要表现在进行专职或准专职的研究人员数量稀少，同从事会计教学、科研工作者的总量比较所占比例极小；会计史学研究缺乏学科体系架构，故研究者的研究方向和研究工作具有一定的盲目性；中国会计学会会计史研究组（专业委员会）制定的研究规划协调性和控制力不足，研究成果整体效应有待提高；研究投入经费同研究成果的客观需求严重不对称等。

问题：

近30年来，会计史学研究已经取得了空前的成果，在会计学界产生了重大影响，你如何看待或理解会计史学研究现状及存在的问题？

本章小结

学习会计史学课程，应明确"会计史"是"会计历史"与"会计史学"的简化合称。故而应分别了解会计历史和会计史学的各自含义，既不可将两者孤立或割裂，也不可将两者混淆或等同。

会计史学经历了自身的发展历程，客观上存在会计史学史。在中国，自20世纪70年代后期开始进行系统的会计史学研究，主要进展表现在成立中国会计学会会计史研究组（专业委员会）、开展学术活动、将会计史教育纳入高等教育的教学体系、建立一支从事会计史研究与教学的人员队伍、具有较高水平的会计史学研究成果陆续问世、加强同国外会计史学组织之间的学术交流活动和中华人民共和国会计史知识的普及教育活动等方面。目前的会计史学研究还存在一些需要解决的问题。

会计史学是会计学和经济史学相互融合而形成的交叉学科。会计史学研究建立会计史学学科的科学体系，具有现实必要性和客观可能性。会计史学学科体系的建设，按照学科门类结构分为主体学科、辅助学科、理论与方法学科和反思学科，按照知识单元结构分为会计历史事实、会计历史记录和会计历史认识。

会计史课程按照人类社会发展形态和国别的双重标准划分时间阶段与空间范围，分别构建中国和外国的会计历史。在学习会计史时，应把握会计与簿记发展的关系，分别掌握中式簿记和西式簿记，并辨别两者各自的特征；理解官厅会计和民间会计在一个国家整体会计中的重要地位，掌握官厅会计在中国的发展演变过程和民间会计的主要形式及各自的基本内涵。

会计史课程应如同史学课程，注重介绍会计历史人物、事件、时间、地点、过程及原因等史实。通过课程学习，应使学习者对会计专业“以史为镜，可以知兴替”，增加对会计发展历史继承性和时代更新性的理解；激发专业责任感和使命感，为促进会计事业的发展而努力。

思考题

1.1 如何理解“会计史”？

1.2 会计历史的含义是什么？对于会计历史可以按照哪些标准进行不同的研究？

1.3 什么是会计史学？会计史学的主要任务是什么？

1.4 会计历史与会计史学之间具有怎样的相互关系？

1.5 会计史学在经济学学科体系和会计学学科体系中处于何等地位？

1.6 会计史学具有哪些特点？

1.7 为什么要构建会计史学学科体系？

1.8 如何构建会计史学学科体系？

1.9 会计史学学科体系一般应包括哪些学科？

1.10 簿记历史的含义是什么？对于簿记历史可以按照哪些标准进行不同的研究？

1.11 簿记历史过程可划分为哪些历史时期？各时期簿记发展的基本情况如何？

1.12 “中式簿记”与“西式簿记”是如何命名的？

1.13 中式簿记具有怎样的基本特征？中式簿记经历了怎样的历史演变过程？

1.14 中外皇室会计与官厅会计具有怎样的关系？

1.15 试述“官厅会计”的概念在中国的演变情况。

1.16 民间会计的含义是什么？民间会计有哪些主要形式？这些形式各包括什么内容？

1.17 学习会计史课程有何意义？

练习题

1.1 试说明外国会计史学发展的基本历程，外国会计史学研究不同发展阶段的研究特点及主要研究内容。试举出在会计史学不同研究领域或方向的研究者及其代表作。

1.2 试述中国会计史学发展的基本历程。试举出在会计史学不同研究领域或方向的代表作。目前的会计史学研究还存在什么问题？你认为应如何解决会计史学研究中存在的问题？

自测题

1.1 试述会计史学。

1.2 说明会计史学学科体系中各学科的内容及其相互关系。

1.3 “中式簿记”及其基本特征是什么？

1.4 “官厅会计”的称谓是如何变化的？

1.5 为何学习会计史课程?

补充阅读材料

1.郭道扬. 二十世纪会计史研究与会计史学的创立［J］. 财会通讯，1999（11）.

2.王建忠. 把握研究现状，构建学科体系，深化会计史学研究［M］//中国会计理论研究丛书（会计史专题2000）. 大连：东北财经大学出版社，2000：59-73.

3.王建忠. 党的十一届三中全会以来中国会计史学研究发展述评［M］//中国会计理论研究丛书（会计史专题2005）. 北京：中国财政经济出版社，2005：50-68.

4.王建忠. 中国会计百科全书·会计史［M］. 沈阳：辽宁人民出版社，1999：816-821.

第2章 中国原始社会会计

从结绳记事到数字时代

学习目标

通过本章学习，理解和掌握会计产生的原因，明确会计产生的社会经济基础和物质技术条件，了解中国原始社会会计孕育、萌芽的过程，掌握中国原始社会经济基础的发展状况和物质技术条件的一般水平。

与上述学习目标相适应，本章以3节内容，分别重点考察会计与社会经济基础、与计量记录技术的关系，中国原始社会经济基础的发展状况，中国原始社会计量记录技术的一般水平。

2.1
会计的基础与条件

2.1.1
会计与物质资料生产

历史唯物主义的观点指出，物质资料生产是人类存在和发展的基础。依赖于物质资料的生产，人类才得以生存；同样，依赖于物质资料的生产，人类才能够发展。在原始社会漫长的历史岁月里，原始人类生活在恶劣的环境中，在原始人类为谋取生存的基本条件而与自然界持续抗争的状况下，会计是无由产生的。

在原始社会末期的生产过程中，人们不断加深对自然界的认识，提高了劳动生产力的水平，社会生产的分工逐渐细密，经过采集与狩猎、农业与手工业、生产与交换业的三次社会分工，提高了生产专业化的程度，使劳动产品的数量得到增加。当人们可以比较稳定地获得最基本的生活必需品后，偶尔还会出现一些剩余的劳动产品。掌握某种剩余产品的人们为了得到自己缺少的东西，往往用自己的剩余产品同其他人所掌握的别种剩余产品互通有无，于是产生了简单、偶然的交换行为。与此相联系，商品货币关系开始出现。

随着社会生产的发展，出现了越来越多的剩余劳动产品。由于氏族部落的首领凭借自己的地位和权力逐渐将属于公有的剩余产品据为己有，公有剩余产品成为私人财产，这样便产生了财产私有制。财产私有制的出现强化了在产品交换中等价交换的内在需求，同时也就形成了对会计的现实需要。

原始社会末期生产力的发展推动着社会生产创造出逐渐稳固的社会物质基础，由此提供了会计产生的可能性。伴随着生产发展，出现了日益突出的劳动产品的分配、交换及消费等问题，尤其在逐渐形成劳动产品、生产资料的私有制度时，客观要求通过反映已完成的生产状况，处理当时的产品分配、交换问题，并预先安排未来的生产，由此提供了会计产生的必要性。由社会物质基础所决定的会计产生的可能性和由处理日益突出的社会生产、分配、交换、消费等问题所决定的会计产生的必要性，上述两者的有机结合，决定着会计产生的必然性。

【小思考 2-1】

物质资料生产决定“会计”的产生是指（　　）。

（1）物质资料生产提供了“会计”产生的可能性

（2）物质资料生产提供了丰富的物质资料

（3）物质资料生产导致商品货币关系的出现

（4）物质资料生产提供了“会计”产生的必要性

（5）物质资料生产造成财产私有制

（6）物质资料生产决定了“会计”产生的必然性

【答案】（6）。

2.1.2 会计与计量记录行为

人类最初的计量记录行为是会计产生的条件。一方面，人类最初的计量记录行为提供了同期人类会计行为的方法、手段和工具，通过运用具体的工具，经一系列具体操作使会计得到外在表现；另一方面，通过计量记录行为，培养造就了具有并运用计量记录专门技术的人员，将会计行为较固定地由一部分掌握计量记录专门技术的人员来完成，从而使得会计与直接的物质资料生产活动相区别，逐步发展为独立于生产以外的一种专门行为。

在生产过程完成以后和对劳动产品进行分配时，都需要对劳动产品的多少进行清点、计数以及记录，以便掌握劳动产品的数量，把它们分配给每个人。人们的生产活动以及由此得到的一定量的劳动产品为人们的计数提供了可能；而要将劳动产品均匀地分配给每个人，就使对劳动产品的计数成为了必要的事情。因此，在人类生产和分配活动的基础上，出现了人类最初的经济计量行为。我国旧石器时代晚期的峙峪人、山顶洞人曾在骨片和鹿角棒上刻画过一些简单的线条纹道，估计这些线条纹道有可能是他们进行计量活动所留下的标记。

伴随着劳动生产力水平的提高和劳动产品数量的增加，人类对生产和分配过程的了解、对剩余劳动产品的储存和保管以及剩余产品的交换行为都使得对劳动产品的清点与计数成为大量并经常发生的事情。

因此，个别劳动产品出现剩余现象和剩余劳动产品的相互交换促使经济计量活动得到初步发展。在新石器时代的仰韶文化遗址发掘中，曾出土了带有刻记符号的陶制器物，如西安半坡、临潼姜寨等地出土的原始社会晚期使用的陶钵上就发现了许多刻画符号，将这些符号同后世的数字相比较，不难发现它们之间的相似之处，所以，这些符号有可能就是用于经济计量的数字，如图2-1所示。

图2-1　西安半坡陶钵刻画符号

由实物记事（计数）、绘画记事（计数）、结绳记事（计数）、刻契记事（计数）等方式所体现的原始计量记录行为基本代表着同时期的会计行为，或者说，原始计量记录行为是会计萌芽状态的表现形式，成为会计的直接渊源。

【小思考2-2】

计量记录行为是会计产生的条件，因为（　　）。

（1）人类计量记录行为提供了会计行为的方法与手段

(2) 人类计量记录行为培养了运用计量记录专门技术的人员

(3) 人类计量记录行为提供了会计行为的工具

(4) 人类计量记录行为既提供了会计行为的方法、手段和工具，又培养了运用计量记录专门技术的人员

(5) 人类计量记录行为提供了会计行为的方法、手段和工具

【答案】(4)。

2.1.3 原始社会会计的孕育与萌芽

中国原始社会会计是中国原始社会形态下会计孕育及萌芽的历史过程。这一时期约起始自170万年前旧石器时代初期的云南元谋人，经历了蓝田人、北京人，渐入旧石器时代中期的丁村人、马坝人，旧石器时代晚期的河套人、山顶洞人等阶段。进入新石器时代后，经历了裴李岗文化、磁山文化、仰韶文化、大汶口文化等原始文化阶段，迄于公元前21世纪。关于新石器时代原始文化的记载，与中国传说时代的各祖先事迹相互叠合。

依据有关历史文献的记载，结合考古资料的佐证，并参考民族学等学科的研究成果，可以表明：中国原始社会末期，社会生产已具备农业、畜牧业和手工业、生产与交换的社会分工，普遍运用细石器作为生产工具并能制造金属工具，其生产水平达到了为会计产生造就物质基础的程度；同时，在长期的社会实践中，人们已逐渐形成数量观念，并尝试着以实物、绘画、结绳、刻契等方式再现客观的经济活动及其所反映的数量关系，这就为会计的产生准备了技术手段与方法。

2.2 社会经济基础与会计

中国原始社会按社会发展史分期，首先是原始人群，然后进入氏族公社，其中又分母系氏族公社和父系氏族公社时期。按考古学分期，有旧石器时代、中石器时代和新石器时代。

考古学提供的资料表明，目前中国最早的原始人群为距今170万年以前的元谋人，他们是中华民族最早的祖先。原始人群阶段的人类使用简陋的工具，如石块、木棒，用以猎获野兽和采集野生植物的果实和茎根。人类在原始人群阶段大约有100多万年，大约在距今2万年前开始进入母系氏族公社。距今7 000年左右，中原地区母系氏族进入了全盛时期。氏族公社由母系氏族过渡到父系氏族阶段后，这一时期的劳动工具虽仍以石器为主，但磨制得更为精细，种类也增多了，还有蚌器和骨器等的应用，从而促进了人类社会生产力的进一步发展。这个阶段，相当于古书上说的“五帝”，即黄帝、颛顼、帝喾、尧、舜时期。这一时期，有些氏族内部已经出现私有财产，并经常出现掠夺财产的战争。

从原始社会进入奴隶社会，这一过渡时期是伴随着私有制和阶级的产生而开始的。在我国大约是从黄帝开始，历经尧、舜时期，到禹时才基本上完成了这一过渡。

父系氏族公社取代母系氏族公社以后，由于生产工具的改革，生产力进一步发展，主要表现在农业、畜牧业的劳动生产率提高，农业、畜牧业和手工业之间的社会分工扩大，剩余产品日益增多，从而促进了交换关系的进一步发展，这样，便为私有制的产生创造了物质前提。从整体看，社会财富还属于氏族或部落共同所有。传说黄帝能“明民共财”，说明当时还实行原始共产制。这种制度，在黄帝以后的尧、舜时期仍然如此。由于剩余产品的逐渐增加，一些氏族和部落首领利用职权之便攫为己有，形成私有制。部落首领所拥有的私有财富的增加，决定了他们个人的政治权势也相应扩大。原始民主制的作用逐渐被削弱，个人专权开始出现，这种情况在舜的后期已表露出来。《史记·夏本纪》中说，“帝舜荐禹于天，为嗣”，说明舜直接推荐禹为自己的继承人而未与氏族和部落的其他成员协商。在一次部落首领会议上，“防风氏后至，禹杀而戮之”（《国语·鲁语下》）；又据《史记·夏本纪》记载：禹“以天下授益”，也未经氏族和部落会议的讨论。所有这些均揭示出具有暴力属性的国家的产生已迫在眉睫，与之相适应的是，原始社会即将迈进阶级社会的门槛。

2.2.1 社会生产工具（附生活工具、用品）水平

生产工具是社会生产力的主要标志，生产工具的状况代表着社会生产力的发展水平。在旧石器时代，人们主要使用石制工具，包括砍砸器、刮削器、尖状器、手斧、石核（球）等；同时还使用一些骨制工具，如尖状器、铲形（盘形）器等；晚期则增加了磨制骨器的使用，如刮削器、棍棒、针、锥等。

进入新石器时代，人们在普遍使用石制工具，如斧、镰、铲、磨盘（附磨棒）、锛、凿、刀等的同时，逐渐推广使用其他质地和制作工艺的多种工具，其中主要有：骨制工具（含牙制用品），包括农用的铲、耜、锄等，狩猎用的矛、镞等，渔猎用的镖、叉、钩、网梭等，手工业用的凿、锥、匕、刀等，生活所用的簪、梳、珠、管（系牙制饰品）等；木制工具，如铲、耜、槌、矛、匕、桨、碗等；陶制工具，如网坠、拍、垫、锉、纺轮、刀、缸、瓮、酒器（爵、杯）等；金属（红铜）工具，如刀、锥等。

由此我们可以看出原始社会末期社会生产力的发展状况，感受到社会物质资料的生产水平及与之相应的物质资料的丰富程度，据以推断出当时人们对会计的需求即会计产生的必要性和迫切程度。

2.2.2 社会生产演进状况

依据传说时代和史书记载的历史顺序，征引文献的相关记载，参考考古学的研究成果，并以民族学的资料作为佐证，勾勒中国原始社会各个时期生产演进的基本史实，大致如下。

在有巢氏时期，人们初步解决了在由猿向人转化过程中与其他动物尤其是凶猛动物共存条件下的安全生存的基本问题。据《韩非子·五蠹》记载：“上古之世，人民少而禽兽

众，人民不胜禽兽虫蛇。有圣人作，构木为巢，以避群害，而民悦之，使王天下，号曰‘有巢氏’。”考古学和民族学资料均能提供构筑悬空式构木或构竹建筑和地面式穴居或半穴居建筑的证明。

在燧人氏时期，人们能够采用非自然的方式取得制造并使用火的自由，除以火作为捕获猎物的手段外，还用它来加工食品，从而提高生存的安全程度和身体的健康程度。考古学资料证明：约50万年前的北京人已有用火的遗迹。民族学资料证明：时至近代，一些少数民族仍采用原始的人工取火方式造火和用火。同一时期的人类开始进行渔猎生产。据《尸子·卷下》记载："燧人之世，天下多水，故教民以渔。"考古学资料证明：在距今约1.8万年前的山顶洞化石中就有水产品的遗存物；而半坡遗址的彩陶中出现的渔网及鱼纹图饰以及陶制的网坠实物也表明渔猎在人们生活中的地位。民族学资料证明：许多少数民族使用镖、叉、钩、网等方法捕鱼。

在伏羲氏时期，人类狩猎生产获得发展的同时，带动着动物驯化即畜牧业的发展。据《尸子·卷下》记载："庖羲之世，天下多兽，故教民以猎。"考古学资料证明：在距今约170万年前的元谋化石中有马、象、狍等动物骨骸。当时的人们主要采用围猎、火攻和陷阱等方法捕获动物。民族学资料还证明：我国许多少数民族使用延长臂力的工具与方式，提高捕猎的成功率，同时也有效地保护捕猎者的自身安全。

在神农氏时期，由原始的植物果实采掘行为演化而来的原始种植业发展成为在中国生产各种类中居于主要地位的传统农业生产。据《白虎通》记载：其时"制耒耜，教民农耕，神而化之，使民宜之，故谓之神农氏"，而《易·系辞下》记载：神农氏"斫木为耜，揉木为耒，耒耨之利，以教天下"。考古学资料证明：距今约50万年前的北京化石中有朴树籽的遗存物。民族学资料证明：一些少数民族采用点耕、刀耕、火种、锄耕和犁耕等方式进行农业生产活动。

在神农氏时期，手工业和商业开始起步。据《太平御览》引《周书》称"神农耕而作陶"，标志着陶冶手工业的初步兴起。另据《易·系辞下》记载：神农氏时，以"日中为市，致天下之民，聚天下之货，交易而退，各得其所"，反映了原始交换行为的兴盛场景，同时，揭示出社会剩余产品的丰富程度和财产私有制出现的史实，如图2-2所示。

图2-2 原始先民交换商品图

在轩辕氏（黄帝）时期，农业和畜牧业普遍发达，具有革命性意义的金属冶炼业异军突起，交通运输业得到发展，而与人们生活息息相关的纺织业也有长足的进步。

在烈山氏（炎帝）时期，已稳固地建立起中国传统农业的历史地位。据《国语·周语》记载：其时"能殖百谷百蔬"。

依据《史记·五帝本纪》记载：其后的高辛氏（帝喾）时，“取地之财而节用之”，是为财经制度的雏形。陶唐氏（尧）时，“同律度量衡”，为人类计量行为提供标准和规范。有虞氏（舜）时，“耕厉山，渔雷泽，陶河滨，作什器”，已呈现百业振兴的气象。进入夏后氏时期，原始社会已濒临解体的境地，社会向着奴隶制度的方向发生着变化。

综上所述，原始社会中社会分工的日益繁化，生产工具水平及其相应的生产技术的不断更新，带来日渐丰富的物质成果；社会剩余产品的出现及增加，形成社会财产私有制的物质基础，兼之原始民主制度的逐步削弱并最终消亡，使私有制成为现实，推动着商品货币关系的建立和发展。正是基于如此的社会条件，会计产生的可能性和必要性愈益突显，两者的有机结合必然导致会计的产生。

【小思考2-3】

物质资料生产为会计的产生奠定了（　　）基础。

（1）社会分工　（2）生产工具的更新　（3）私有制出现

（4）剩余产品增加　（5）商品货币关系产生

【答案】（1）、（2）、（3）、（4）、（5）。

2.3 计量记录技术与会计

在社会分工和私有制的条件下，开始了直接以交换为目的的商品生产，投入交换的商品的数量和品种也就不断增加，经济计量行为随之愈益频繁。因此，商品生产的出现以及随之而来的商品交换都促使经济计量方法发生变化，进一步推动着经济计量活动的发展。在原始社会的漫长岁月里，经济计量活动由简到繁，客观要求采用相应的计量记录方法。

2.3.1 原始计量记录法及其发展

原始计量记录法是原始社会人类进行物质资料生产及与之相应的物质资料分配、交换、消费等经济活动时，采用的确认与记载经济活动所涉数量、反映经济活动过程和结果的各种技术方法。原始计量记录法的应用，是人类会计行为的萌芽形态；原始计量记录法的完善，是人类会计行为产生的条件。

伴随着物质资料生产及与之相应的物质资料分配、交换、消费等经济活动的不断发展，社会经济关系的日益复杂，人类的原始计量记录法经历了由简单到复杂、由直观到抽象的演变过程，大致分为三个发展阶段：

1）原始计量记录法产生阶段

这一阶段，人类对物质资料生产及与之相应的物质资料分配等经济活动产生了朦胧的管理要求，由不自觉到比较自觉地使用一些较为随意的方式，试图借以确认经济活动的数量关系，反映经济活动的过程和结果。考古资料表明，处于旧石器中晚期的中国山顶洞人、峙峪人即利用动物骨骼作为材料，对其进行钻孔或刻契，使之记录客观发生的经济活动。

2）原始计量记录法发展阶段

这一阶段，随着社会生产的发展，出现原始的交换关系，人类生活水平也逐渐提高，由此人类对物质资料生产及与之相应的物质资料分配、交换、消费等经济活动产生了明确的管理要求，较为自觉地使用因地制宜、因时制宜的方式，如通过各种实物、绘画、结绳、刻契形式，借以确认经济活动的数量关系、反映经济活动的过程和结果。文献、考古和民族学的资料均表明，这一阶段的计量记录方式呈现出地域性、多样化繁荣发展的状态，贯穿于新石器时代的始终。

3）原始计量记录法完善阶段（趋于规范阶段）

这一阶段，在社会经济变革的影响下，出现原始计量记录行为趋于规范化的态势。人类对物质资料生产及与之相应的物质资料分配、交换、消费等经济活动产生了更为明确的管理要求，自觉地将各种因地制宜、因时制宜的计量记录方式，逐渐向较为统一的、规范的、能超越时间和空间限制的刻契或书绘抽象符号的形式过渡，即由各种实物、绘画、结绳、刻契形式向文字和数字记录方式转化。大量考古资料表明，原始社会末期，人类刻契或书绘的抽象符号不断增加，从不同地域和不同时间的抽象符号的比较中可以发现，随着时间的推移，这些抽象符号之间所具有的递嬗关系和规范统一的趋势愈益明显。

【小思考2-4】

人类原始计量记录法经历的发展阶段有（　　）。

（1）原始计量记录法产生阶段　　（2）原始计量记录法培育阶段

（3）原始计量记录法更新阶段　　（4）原始计量记录法发展阶段

（5）原始计量记录法完善阶段　　（6）原始计量记录法扬弃阶段

【答案】（1）、（4）、（5）。

2.3.2 原始计量记录法的形式

原始计量记录法应用于同一地域可因时、因人而异，应用于同一时期可因时、因地而异，表现了原始文化的多元化发展性质。原始计量记录法的主要形式有实物记事（计数）、绘画记事（计数）、结绳记事（计数）、刻契记事（计数）、书符臆测等。

作为具有综合性质的人类原始计量记录行为，既是人类会计行为产生的条件，也为人类数学、统计、文字、绘画等行为的孕育和产生提供了条件。

1）实物记事

实物记事是原始社会创始的以与客观经济活动相关的实物形式或与客观经济活动无关但便于取用的实物形式反映客观经济活动及其数量关系的记录方式。实物记事（计数）是被原始先民广泛使用的记录方式之一。按照记事所采用实物材料的不同，其记事方法有两种：一种是记录者以被记录对象的部分实物作为记事材料，如狩猎后，以猎获动物的头骨作为记事材料，通过所存动物头骨即可反映猎获的对象及其数量。另一种是记录者以适宜的实物材料记录特定活动及其数量，如据《北史·卷九八》记载："蠕蠕（柔然）无文记，将帅以羊屎粒计兵数，后颇知刻木为记"；又称：突厥人死后"表为茔，立屋中，……常杀一人则立一石，有至千石者"。据民族学研究考证，近现代的一些少数民族，仍流行用实物材料记录所发生的经济活动的做法，这正是实物记事（计数）方式的遗制。

2）绘画记事

绘画记事是原始社会创始的以绘制图画或雕刻图形的形式反映客观经济活动及其数量关系的记录方式。绘画记事（计数）是原始先民广泛使用的记录方式之一。先民利用矿石粉等材料在山洞、岩壁等地方将所进行的重大活动以形象的图形绘制或雕刻出来，从而达到记录客观活动的目的。现存原始社会的绘画，分布地域广泛，所绘活动内容丰富，其中以表现生产活动的狩猎、驯养，表现原始崇拜、宗教祭祀，表现人们日常生活、文化娱乐等场面的绘画居多。在绘画记事遗存中还出现了部分抽象符号，绘画中运用抽象符号，显示了原始先民由绘画记事的形象记录方式向文字符号的抽象记录方式的转化。

《世本·作篇》和《吕氏春秋·勿躬》称："史皇作图"是关于绘画的早期记录，北魏郦道元的《水经注》则著录了广及新疆、内蒙古、安徽和广西等地近20处岩画情况。近现代陆续发现福建漳州、新疆哈密、内蒙古阴山、四川珙县、广西桂平和花山、云南沧源、山西吉县、江苏连云港、黑龙江牡丹江、宁夏石嘴山、甘肃黑山、青海龙山、西藏日土、贵州盘江、台湾万山以及香港、澳门等地区的大量岩画，如图2-3所示。

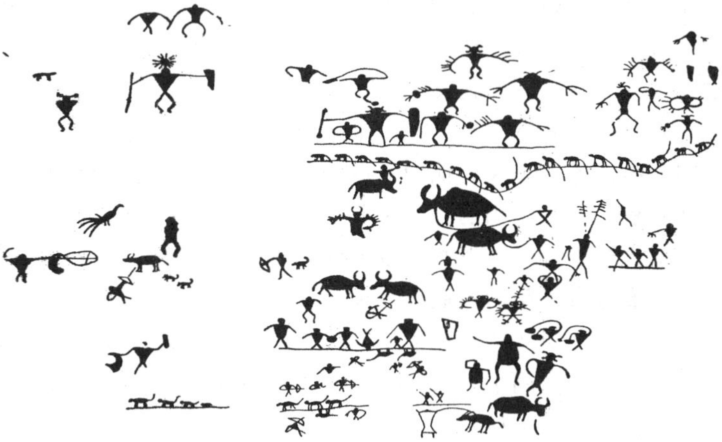

图2-3　云南沧源岩画

3）结绳记事

结绳记事是原始社会创始的以编织绳结的形式反映客观经济活动及其数量关系的记录方式。结绳记事（计数）是被原始先民广泛使用的记录方式之一。据《易·系辞下》记载，"上古结绳而治，后世圣人易之以书契，百官以治，万民以察"；《庄子·胠箧》"昔者，……祝融氏、伏羲氏、神农氏，当是时也，民结绳而用之"；《老子》则称"使民复结绳而用之"。追究结绳的起源，可上溯至我国父系氏族社会的初期，伏羲氏领导的活动在淮河流域的部落，不仅从事农业、畜牧业和手工业的生产，同时，渔业亦相当发达。在长年的捕鱼劳动中，人们需要不断地以绳结网作为捕鱼的工具。在不断重复的结网过程中，人们慢慢地体会出绳结可以作为计数和记事的工具，通过结绳来记数的方法不仅很方便，而且易于集中保存那些作为记数工具的绳子。因此，结绳计数也就逐渐成为被普遍运用的计量方法，这也是我们现在经常提起的"结绳记事"方法的由来。可见结绳记事的方法是由居住在临水地区的人们在结网劳作中逐渐发明的一种计量方法。

虽然目前未发现原始先民遗留下的结绳实物，但原始社会时期的半坡彩陶绘画中遗存的网纹图、陶器上的绳纹和陶制网坠等实物均揭示出先民结网是当时渔猎的主要条件，因此，结绳记事（计数）作为当时的记录方式是具有客观基础的。其结绳方法，据唐代李鼎祚《周易集解》引虞郑《九家易》称“古者无文字，其有誓约之事，事大，大结其绳；事小，小结其绳。结之多少，随物众寡，各执以相考，亦足以相治也”，即根据事件的性质、规模或所涉数量的不同结系出不同的绳结。民族学资料表明，近现代的一些少数民族仍采用结绳的方式来记录客观活动，如图2-4所示。

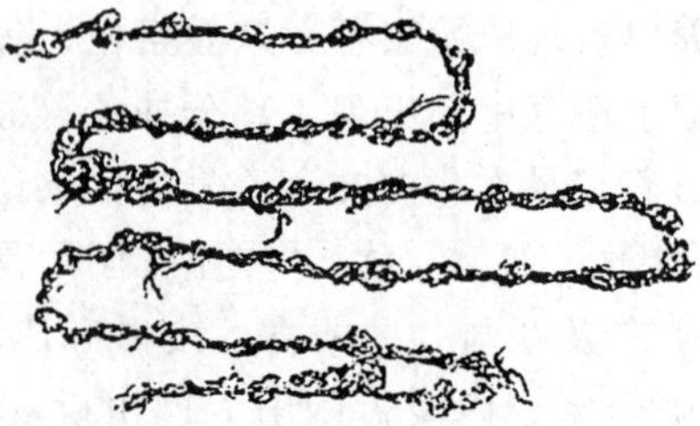

图2-4 傈僳族的结绳记事

4）刻契记事

刻契记事是原始社会创始的以契刻骨木等载体的边缘或表面，以钻凿载体本身而通过物体遗留的边缘缺口、表面痕迹或通体空洞等形式反映客观经济活动及其数量关系的记录方式。刻契记事（计数）是被原始先民广泛使用的记录方式之一。依靠农业、畜牧业或狩猎为生的人们在进行计量活动时，一方面，他们可能通过以商品交换为媒介的日常交往，学习到结绳计数的方法；另一方面，他们本身的生产活动也可能提供相应的计量方法。当时进行农业劳动和狩猎活动所使用的工具主要是木、石或骨器。在准备工具时，总要把石块敲击得锐利些、把木棒斫削得圆滑些，以方便使用。在制作木制工具时，人们渐渐发现在木头上留下的斫削痕迹可以帮助人们直观地记住数量含义或回忆起某件往事，于是，人们便有意识地在木头上刻下一些缺口作为记号，帮助记忆。天长日久，它就成为一种有效的计数方法而被人们广泛地运用于计量活动。至于畜牧业，需要以木棒、树干等围成各种圈、栏，用来畜养牲畜。经常维护和修补圈、栏都离不开对木头的加工。所以，从事畜牧的人们也就学会利用刻木的方法来计数了。这种方法就是我们时常谈到的“刻木记事”的缘起。我国古代许多文献的记载证明了刻契记事的普遍运用情况。

刻契记事（计数）按照刻契结果所留痕迹的不同，其记事（计数）方法有三种形式：

刻契记事（计数）的第一种形式是以骨木等材料为载体，通过在载体边缘上刻契缺口的形式，以载体边缘上缺口的数目反映客观经济活动的数量关系。此刻契记事形式的考古学例证典型者有属于马家窑文化距今5 000多年前原始人（今青海柳湾出土）使用的刻缺口动物骨片，此记事方式以刻契材料的差异而分别称作刻骨记事及刻木记事、刻竹记事等，后两种记事材料的原始社会遗存因材料质地不经年月而未能找到实物，但近现代许多少数民族的刻木、刻竹记事方式可提供间接的证据。

刻契记事（计数）的第二种形式以骨木等材料为载体，通过在载体表面上刻契凹槽痕迹的形式，以载体表面上凹槽的数目反映客观经济活动的数量关系。此刻契记事形式的考古学例证典型者有处于旧石器晚期的山西峙峪人使用的刻画骨片。民族学研究表明，我国的一些少数民族也采用这种方式。

刻契记事（计数）的第三种形式以骨木等材料为载体，通过在载体上钻凿孔洞的形式，以载体上孔洞的数目反映客观经济活动的数量关系。此刻契记事形式的考古学例证典型者有处于旧石器晚期距今1.8万多年前的山顶洞人使用的钻孔禽类腿骨。

5）书符臆测

书符是原始社会创始的以契刻或书写某种物体表面而通过物体遗留抽象符号的形式反映客观经济活动及其数量关系的记录方式。书符是被原始先民使用的记录方式之一。其与刻契记事第二种形式旧石器晚期峙峪人的动物骨片刻划痕迹约有渊源关系，属于仰韶文化距今7 000年左右的半坡人利用陶器刻制的符号为其典型。在陕西临潼姜寨、甘肃临洮马家窑、青海乐都柳湾、河北永年、山东青岛、浙江余杭良渚、山东章丘城子崖、上海马桥和崧泽等遗址多有发现。其地域分布广泛，符号也日趋统一和规范。

书符与后世的文字相对比，约有源流传承的关系。经观察研究，在书符中既有反映数量含义的数字，也有揭示事物含义的文字。在《世本·作篇》中记载“黄帝使……隶首作算数”；汉墓壁画中有伏羲、女娲持规、矩图，反映了人们对数量概念的认识及其使用情况。而《吕氏春秋·君守篇》所称“仓颉作书”，《尚书序》中所称“古者伏羲氏之王天下也，始画八卦，造书契，以代结绳之政”和《说文叙》中所称“黄帝之史仓颉初造书契”等记载，则揭示了人们对文字的创设及其使用情况。

书符的产生和在实践中的运用，是人类计量记录技术发展过程中具有里程碑意义的事件。在书符产生前被长期使用的包括采用实物、绘画、结绳、刻契等技术手段在内的各种计量记录方法，因其受时间和空间因素的双重影响，均存在着不能在不同时期与不同地域之间被不同使用者完全理解和接受的致命缺陷，即上述各种计量记录方法均无法保证应用各该方法而保留、传递的会计信息可以长期、广泛地为人们所运用。一方面，由于时间差异方面的原因，后代人离开自己前辈的解释便不能全部理解和掌握前辈人采用实物、绘画、结绳、刻契等计量记录方法留下的会计信息；另一方面，由于空间差异方面的原因，某一地区的人离开其他地区的人的解释便不能全部理解和掌握另一地区采用实物、绘画、结绳、刻契等计量记录方法留下的会计信息。故而这些方法属于历史范畴和地域范畴，其作为计量记录方法而不得不让位于能够长期、广泛地为人们所接受并使用的实现了超时空统一的书符形式，即后来的文字形式。在相同的文化背景和环境条件下，书符即文字形式可以克服时间前后和空间彼此的差异性，使会计信息使用者不为时间和空间的变化所限制，可随时随地地了解前人或他人保存的会计信息资料。应该看到，书符以抽象的表现形式替代以往计量记录方法具象的实物表现形式，也是人脑经过长期、复杂的生产实践活动锻炼而使智慧水平日益提高的必然归宿。

由结绳或刻木变为书契的关键，在于把绳结或木刻所代表的数量概念及其关系转化为文字形式。《世本·作篇》记载的“黄帝使……隶首作算数”说明书契取代结绳、刻木所遇到的问题可以解决了。隶首受黄帝的委托，首先创制出作为文字的数码字形，进而利用数字之间的关系，研究出简单的运算方法，成功地完成了由借助实物计数到利用数字计数，由形象地比较数的多少到抽象地进行数的运算的转化过程。

隶首之所以能够“作算数”，同原始文化的演进是紧密相关的。例如，受仰韶文化影响而形成的马家窑文化就表明了原始文化之间的渊源关系。在属于马家窑文化的青海乐都柳湾遗址出土的陶器上发现了50多种彩绘符号，其中就有“一”“ǀǀ”“三”“ǀǀ ǀǀ”“乂”“十”“八”“ǀ”等符号。通过这些晚于西安半坡出土的大约1 000年的柳湾彩绘符号可以看出，这两种具有递嬗关系的符号之间存在着走向规范统一的趋势。此外，陕西临潼姜寨、上海马桥、山东章丘城子崖等遗址中出土的陶片上，亦有类似符号。正是在原始文化的不断演变中，才得以在此基础上规定数字的构造，从而为人们提供了简便科学的计量方法。仰韶文化陶器符号如图2-5所示。

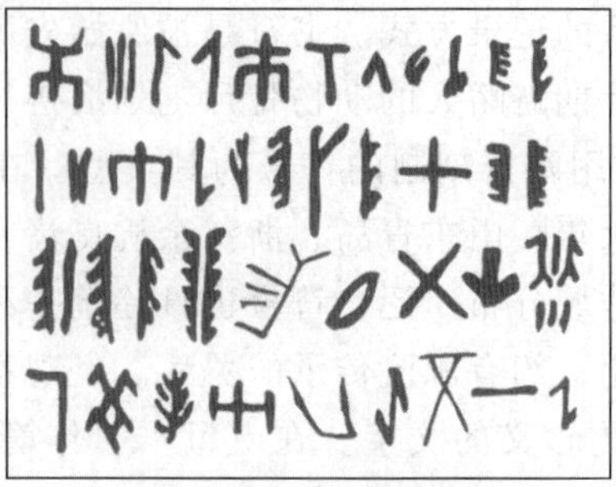

图2-5 仰韶文化陶器符号

使用结绳或刻木记事的方法，关键在于要理解绳结或木刻的意义，这往往需要由结绳、刻木者进行口头解释才能让人清楚明白。那么，结绳、刻木变为书契，口头解释亦应改由文字说明来代替。属于大汶口文化的山东莒县和诸城发现的与后来的甲骨文字极为相近的象形文字，与广为流传的“仓颉造字”相联系，证明其时确已产生了最早的文字。

在由黄帝到夏初的几百年间，既完成了较完备的数字创制，又出现了最早的文字，因此可以说，在此期间出现结绳、刻木记事被“易之以书契”的结果是非常可能的事情。

【小思考2-5】

书符产生和在实践中运用的意义在于（ ）。

（1）是人类智慧水平日益提高的必然归宿

（2）书符克服了其他计量记录形式的时间差异，便于不同时期的会计信息沟通

（3）是人类计量记录技术发展过程中具有里程碑意义的事件

（4）书符形式克服了其他计量记录方法在时空上的差异性

（5）书符克服了其他计量记录形式的空间差异，便于不同地域的会计信息交流

【答案】（4）。

2.3.3 盘点结算法

盘点结算法是中国古代通过盘查、清点财产物资期末实有数目而结算经济收支事项和会计账目的技术方法。盘点结算法约产生于原始社会末期。因为原始社会生产力水平的限制，物质资料的生产尚未达到按照人类主观愿望有计划按比例发展的水平，决定着物质资料的取得及其与物质资料的消耗和剩余之间的关系更多地通过偶然的形式得以表现。因此，人类对于物质资料取得、消耗和剩余之间关系的认识，尚处于缺乏系统理解的程度，不能将客观的经济过程和结果科学地归纳为收入、支出和结存，也就不能将收入、支出和结存有机地统一起来，进而确立结存系收入抵销支出的计算关系。在实践活动中，当时的人类财物收支记录仅发挥着记事或计数以备遗忘时查看的作用，而每当需要了解、确定一定时期内财物的结存数量时，便只能采取盘查实物实有数的方法，即以实物盘存数量作为

财物的期末结存数量。盘点结算法是确立中国会计采用的三柱结算法乃至四柱结算法的基础。

本章小结

物质资料的生产是会计产生的基础。依赖于原始社会生产力的发展，创造并积累出稳固的社会物质基础，由此提供了会计产生的可能性。伴随着生产发展，带来日益突出的劳动产品的分配、交换及消费等问题，出现生产资料和劳动产品的私有制度，由此提供了会计产生的必要性。由社会物质基础所决定的会计产生的可能性和由处理日益突出的社会生产、分配、交换、消费等问题所决定的会计产生的必要性的有机结合，决定着会计产生的必然性。

人类计量记录行为是会计产生的条件。一方面，计量记录行为提供了人类会计行为的方法、手段和工具，使会计得到外在表现；另一方面，通过计量记录行为培养了具有计量记录专门技术的人员，从而使会计与物质资料生产活动相区别，发展成为独立于生产以外的一种专门行为。

中国原始社会末期，生产工具制作精细，种类增多，推动了社会生产力的提高；社会生产分工细密，专业化的生产使剩余产品增多，伴随着原始民主制的逐渐被削弱，出现了财产私有制，促进了商品交换关系的发展，为会计的产生奠定了坚实的物质和社会基础。

在社会分工和私有制的条件下，以交换为目的的商品生产使经济计量行为愈益频繁，促使经济计量方法发生变化。原始计量记录法的应用和完善是人类会计行为产生的条件。原始计量记录法经历了产生、发展和完善三个阶段。原始计量记录法具有原始文化多元化发展的性质。其主要形式有实物记事（计数）、绘画记事（计数）、结绳记事（计数）、刻契记事（计数）等，书符的产生和使用克服了其他计量记录方法在时间和空间上的差异性，使会计信息使用者能够随时随地了解前人或他人保存的会计信息资料，使计量记录方法呈现出统一的趋势。

思考题

2.1 如何理解物质资料的生产是会计产生的基础？

2.2 中国原始先民是如何逐渐提高社会生产力水平的？社会生产力水平的提高对于会计产生的意义如何？

2.3 会计产生的条件是什么？

2.4 人类原始计量记录法的发展经历了怎样的历程？各阶段的基本情况如何？

2.5 人类原始计量记录法的主要表现形式有哪些？

2.6 你认为结绳记事（计数）是怎样产生的？

2.7 你认为刻契记事（计数）是怎样产生的？

2.8 试说明书符产生、使用的历史意义。

2.9 试说明盘点结算法。

练习题

2.1 试说明社会分工扩大、生产工具更新、私有制出现、剩余产品增加、商品货币关系产生与社会物质资料生产之间的关系。其为会计产生奠定了何等基础？

2.2 试述实物记事（计数）、绘画记事（计数）、结绳记事（计数）、刻契记事（计数）等原始计量记录法与书符之间的关系，以及书符与后世文字之间的关系。书符与会计有何必然的联系？

自测题

2.1 如何理解物质资料的生产对会计产生的决定作用？

2.2 试说明经济计量记录行为与会计的关系。

2.3 书符对会计的意义如何？

补充阅读材料

1. 郭沫若．中国史稿（第一册）[M]．天津：天津人民出版社，1976：3-126.
2. 翦伯赞．中国史纲要（第一册）[M]．北京：人民出版社，1979：1-11.
3. 白寿彝．中国通史纲要 [M]．上海：上海人民出版社，1980：26-46.
4. 岑家梧．中国原始社会史稿 [M]．北京：民族出版社，1984：139-146.
5. 郭道扬．中国会计史稿（上册）[M]．北京：中国财政经济出版社，1982：1-18.
6. 李宝震，王建忠．中国会计简史 [M]．北京：经济科学出版社，1989：1-6.

第3章 外国原始社会会计

学习目标

通过本章学习，简要了解在原始社会时期原始人对日常生活进行记录的情况，因为从会计发展的角度来看，后来的会计记录正是从这些最初的记录方式中发展并分化出来的。

与上述学习目标相适应，本章以2节内容，重点阐述了外国原始社会会计起源的技术性基础和实质性基础。

波里比阿曾说过，倘若对过去的重大事件逐一追根究底，过去的一切会使我们特别注意到未来。因此尽管原始社会距离我们十分遥远，它留给我们的想象要远远大于实际证据，但我们仍然有必要从那些极其有限的历史遗迹甚至是传说中去追寻会计的起源。

3.1 会计起源的技术性基础

会计从本质上可以说是人们对人类经济活动的一种记录方式，它必然融合在人们日常生活的记录之中。而在其发展的萌芽时期，连维持生存的基本条件都难以满足的情况下，根本不可能出现经济活动，也更谈不到对其加以记录，因此可以认为原始社会时期人们对日常生活的一些记录为后来会计的产生和发展准备了较为次要的条件。

在原始社会，个人与自然界相比是微不足道的，在生存要求的驱使下，人们结为团体，并在采集植物和狩猎动物的过程中开始形成原始的分工与合作关系，但由于人们对自然界的认知水平极其低下，生产力水平极为落后，因此人们过着朝不保夕、勉强维持生存的生活，根本没有多余的生产资料可供人们向其他方向发展，所以原始人类思维世界的发展也是极为缓慢的。

在原始人看来，天地万物，特别是与自己极其接近的山石、植物、动物等都具有和自己相同的能力，原始人会将这些自然物拟人化。在自然界面前，原始人不是表现出自己的高贵，而是怯懦与卑微，特别是当他们遇到诸如不能获取充足食物等困难的时候，就往往把原因归结于超自然力量，进而引发他们对超自然力或者说“魔力”的信仰与崇拜。

根据人类学家、历史学家、考古学家的研究发现，这种原始宗教与信仰在原始人群的艺术创作中有着明显的体现。例如，在法国南部和西班牙西北部的岩洞中发现的洞穴壁画属于旧石器时代的杰出艺术作品，在这些壁画中通常以大型猎物，如野牛、熊、马、犀牛、猛犸、野猪为题材，用木炭、红土或石粉绘制而成，画面气势宏大，线条粗犷豪放，形象栩栩如生，具有极高的艺术价值。但仅从为艺术创作而为之方面似乎又很难完全解释这些壁画的目的（如图3-1所示）。因为原始人一般居住在山洞的前端或洞口附近，而这些壁画却都绘制在山洞深处最黑暗、最危险的地方，而且图像往往重叠，所以科学家们得出这样的结论，即这些原始艺术家们在晦暗、危险的山洞深处画出如此逼真的狩猎动物，不是出自要将其作为艺术品保留下来的目的，而是要获得狩猎成功的超自然魔力。当然，从研究会计起源的目的来看，这些壁画在向后人传递原始宗教或原始艺术的信息方面似乎并不重要，重要的是它们向我们展示了当时的记录手段与记录形式。而由这种绘画式的记录又进一步衍生出了更为简化的绘图文字、象形文字等，因此说文字的出现与发展是会计早期发展的一个重要客观条件。

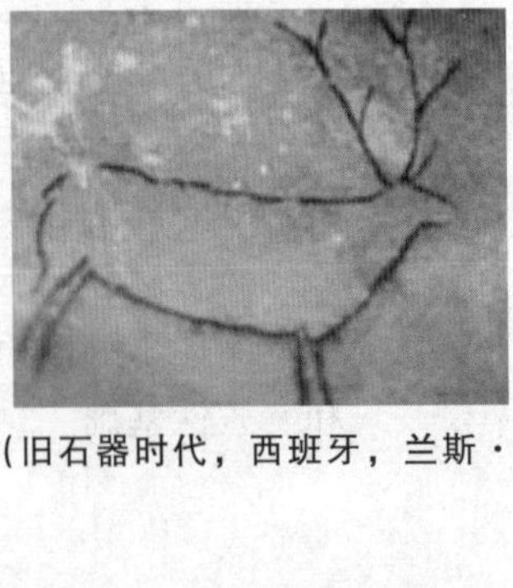

图3-1　鹿（旧石器时代，西班牙，兰斯·切米尼阿斯）

数的概念与记数是会计早期发展的另一个重要客观条件，如人们曾经运用自己身体的一部分表示数的概念，如用一只手表示“5”，用两只手表示“10”等，后又在此基础上发展出了各种记数方式，如采用石子堆、在器具上刻画等，由此又产生了比较完整的记数制度。

【小思考3-1】

人类原始会计萌芽的技术性基础因素有（　　）。

（1）原始文字　　（2）原始人的丰富想象

（3）原始宗教　　（4）数的概念与记数

【答案】（1）、（4）。

3.2 会计起源的实质性基础

应该看到，不管原始人如何用各种文字或记数方法描述其生活，真正使原始会计成为可能的是私有制的出现与国家的产生。

原始人经历了金石并用时代。进入铁器时代后，出现了农业与畜牧业分离的第一次社会大分工，伴随着生产力的发展，农业部族与畜牧业部族的生产生活资料在满足部族成员的基本生存需要的前提下出现了剩余与积累，由此导致了交换的产生。而早期的交换一般是由原始氏族的首领或族长进行的，他们往往利用职务之便将部分氏族财物据为己有，这种情况在第二次社会大分工之后更为明显与突出，这样私有制便逐渐产生了。

与私有制相伴随的、以交换为目的的商品生产和商人也形成并发展起来，并且促进了私有制的进一步发展。在私有制基础上，阶级和国家也产生了。此时，促成会计最终产生的本质性条件已经具备，即以私有制为基础的商品交换和统治者维护统治地位的需要，在这二者的共同作用以及文字、记数制度日趋成熟的情况下，会计也走出了混沌状态，开始了单式簿记的崭新时代。

【小思考3-2】

人类原始会计萌芽的实质性基础因素有（　　）。

（1）剩余产品　　（2）商品交换

（3）原始语言　　（4）图腾崇拜

（5）私有制　　（6）国家的出现

【答案】（1）、（2）、（5）、（6）。

本章小结

在原始社会时期，人们靠自身的感知去体验自然界，由于生产力与认知水平的限制，他们往往将不可解释的现象归结于超自然力，进而形成原始信仰与崇拜。在原始人表达试图追寻或控制超自然力的方式中，我们看到了当时的文字情况，由绘画到图画式文字，再到象形文字；相应地，原始人在数的概念与记数制度方面也在不断地探索并取得了一个又一个重要成果。这些又为会计的产生准备了必要条件，而真正使会计登上历史舞台的充分条件是私有制和国家的产生，它们为会计提供了充分的养料，使会计在人类社会由原始社会进入奴隶社会的重大历史变革中破土而出，为人类文明的发展添上了绚烂的一笔。

思考题

为什么原始文字与记数制度的发展为会计发展提供了必要条件？

练习题

为什么私有制与国家的产生是单式簿记得以产生的关键条件？

自测题

原始文字与记数制度对会计的发展有何重要作用？

补充阅读材料

1.摩尔根L H. 古代社会（上、下）[M]. 杨东莼，马雍，马巨，译. 北京：商务印书馆，2012.

2.山崎正和. 世界文明史［M］. 方明生，方祖鸿，译.上海：译文出版社，2014：48-103.

第4章 中国奴隶社会会计

那些《周礼》教会我们的治国道理

学习目标

通过本章学习，理解和掌握中国奴隶社会夏代、商代、西周时期会计的产生和初步发展的历史过程，明确中国会计的历史起点。

与上述学习目标相适应，本章以3节内容，分别考察夏代会计、商代会计和西周时期会计的简要发展过程。

4.1
夏代会计（约公元前2070—公元前1600年）

根据“九五”期间国家重点科技攻关项目“夏商周断代工程”确定的《夏商周年表》，夏代始年约为公元前2070年，自禹至癸，历十四代，十七王，计470年。

史载，夏后氏禹别九州，建立第一个奴隶制国家，并任土作贡，成赋中邦，开奴隶制国家财计之先河。但是涉及夏代的文献资料与实物证据均欠详尽，所以我们对夏代会计的具体情况尚不能全面系统地了解和把握。据《史记·夏本纪》记载：夏后氏“禹伤先人父鲧功之不成，乃劳身焦思，居外十三年，过家门，不敢入。薄衣食，致孝于鬼神；卑宫室，致费于沟洫。陆行乘车，水行乘船，泥行乘橇，山行乘辇。左准绳，右规矩，载四时，以开九州，通九道，陂九泽，度九山”。所定九州，世称禹域或华夏。

在政治上，夏后氏禹因治水的功绩，受到各部落的拥戴，已成为位居各部落之上的君王。据《说文解字》释称：“后，继体君也，象人之形，施令以告四方，故厂之，从一口，发号者。君，后也。”所以，夏后氏的称谓即指夏部族的君王。《韩非子·饰邪》称：“禹朝诸侯之君会稽之上，防风氏后至，而禹斩之。”可证后为君王的地位不谬。“夏后帝启，禹之子……有扈氏不服，启伐之，大战于甘……遂灭有扈氏，天下咸朝”（《史记·夏本纪》）。夏禹和夏启父子分别以治绩与武功最终建立了奴隶制的夏代国家政权。为治理国家，建立一整套国家机器在所难免。据史书记载，当时曾设置官吏，治理国事，其名曰“正”，其中有车正、牧正、庖正等，各负其责，各司其事。

维护政治统治，需要经济上的物质基础作为保证。夏代已经开始征收国家赋税，据《史记·夏本纪》记载：“自虞、夏时，贡赋备矣。”《孟子·滕文公上》称：“夏后氏五十而贡。”《尚书·禹贡》称：“禹别九州……任土作贡”；“咸则三壤，成赋中邦”。《左传·宣公三年》记载：“昔夏之方有德也，远方图物，贡金九牧，铸鼎象物。”同经济收支事项相联系，必然涉及实物的计量，因此开始使用统一的实物计量单位。《尚书·夏书》称：“关石和钧，王府则有。”《越绝书·卷八》记载：禹巡狩会稽，“审铨衡，平斗斛”，结合夏禹治水时“左准绳，右规矩”的记录可知，夏代约已使用度量衡制度。

在夏朝400多年的统治中，为了适应生产和交换的需要、掌握贡赋收入和安排各种支出，势必建立相应的经济制度，设置某种专门的职官负责对贡品、田赋和其他收入以及战争、生产和其他开支进行记数、计算与登记，为夏王朝的统治服务。只是由于有关史料湮没不传，遂使我们在目前条件下还不可能对夏代的会计情况有更多的认识，据估计，夏代作为我国历史上具有400多年历史的第一个国家政权，其应当是我国政府会计的历史起点。

至夏末代君王履癸时，《史记·夏本纪》称：“夏桀不务德而武伤百姓，百姓弗堪”；“残贼海内，聚敛无度，万民甚苦”。与聚敛无度形成强烈反差的是夏桀奢侈无度的挥霍，《韩诗外传》记载：桀曾为“酒池，可以运舟，糟丘足以望十里”，面对君王无道，以至于平民百姓发出“时日曷丧，予及汝偕亡”（《尚书·汤誓》）的愤怒之情。在此前提下，商汤迎合潮流，率众对夏发动战争，遂殷革夏命，推翻了夏代的统治。

【小思考4-1】

作为奴隶制社会初期的夏代在中国会计发展的长河中（　　）。

(1) 无资料证明其对会计发展的历史作用

(2) 已有史料但无法说明当时的会计情况

(3) 文献资料记载其时已产生国家贡赋

(4) 当时已设置会计管理官员

(5) 应为政府会计的历史起点

【答案】(3)、(5)。

4.2 商代会计（公元前1600—公元前1046年）

商代自成汤至帝辛，历十七世，三十一王，计554年。其中，成汤至盘庚（盘庚迁殷时在公元前1300年）为二十王，计300年（公元前1600—公元前1300年）；盘庚至帝辛（纣）为十一王，计254年（公元前1300—公元前1046年）。

商代遗存的甲骨文披露了商代会计的重要进展：商代已经具备成熟的文字体系，同时，建立了十进制的数字系统，人们已广泛利用文字体系和数字系统进行日常各种活动的记录与计算；并形成了掌握文字、数字和书契技术的阶层；甲骨文中出现大量广泛涉及田猎收获、战事俘获、贡品收纳、祭祀牺牲、赏赠贝币等具有经济意义的记录，这些记录客观上发挥了反映经济活动的会计职能；商代甲骨文的记录已形成较为固定的文字叙述格式，通常能反映出被记录经济活动的时间、地点，收入或付出的业务性质，收支对象的种类、数量，收入的来源或支出的去向，以及收支活动使用的具体方法等内容；此外，据商代甲骨文推测，商代有可能存在用于专门记录经济事项的简册，其作用类似于后世的会计账簿；贝作为货币已用于商代的社会经济生活，作为实物计量单位的度量衡制度已见端倪。商代作为中国会计早期的历史实践阶段是具有翔实的物证的。

4.2.1 商代财经概况

商原系夏之属国，定居于黄河下游。始祖契至成汤历十四世，约400到500年。商祖“立皂牢，服牛马，以为民利”，畜牧业获得迅速发展。由于经济基础的稳定和牢固，而至“相土烈烈，海外有截”，领土得到扩张。成汤七世祖王亥实行部族、方国之间的交易，被各部族、方国称为“商人”，后为有易族所杀。从王亥子上甲微至成汤计七世，在商族内连续享有王权。成汤时任伊尹、仲虺为相，“十一征而无敌于天下”，两次尝试停止向夏王朝进贡而夏王朝最终无力弹压，于公元前1600年商取代夏而建立商王朝。商十世二十王盘庚迁殷（今河南安阳）地以为都城，及至商王朝灭亡。

现代人了解商王朝，除传统的文献资料以外，主要借助于商代遗留下来的甲骨文实物资料，其记载内容具有较文献更加令人信服的真实性，故而我们对商代会计的考察及其结论具有较强的客观性。今人所见甲骨文资料一般为盘庚迁殷后的遗存物。

据甲骨文记载和考古资料可知，商时经济发达。在农业方面，黍、稷、麻、麦、菽等五谷丰登；称商人“沉酗于酒”（《尚书·微子》）、“荒腆于酒”（《尚书·酒诰》）的记载，说明了商代酿酒业发达的史实，从而揭示出商代农业高度发达、农作物储备丰厚的程度。在畜牧业方面，马、牛、羊、豕、犬、鸡等六畜兴旺，商人崇尚祭祀，甲骨文资料中祭祀用牲的记录频率极高，动辄用牲数头、十数头、数十头甚至成百头、上千头；商代用牲的计量单位为“牢”，并分为“大牢”和“小牢”两种，其中“大牢”指马、牛、羊三种牲畜的组合，而“小牢”则指豕、犬、鸡三种牲畜的组合。在手工业方面，其专业分化细密，制陶、制骨、琢石、编织、冶铸各业发达，尤以青铜文化著称于世。

商代疆域辽阔，甲骨文所记载的地名逾500个。作为人类文明标志之一的城市建设，在商代已极具规模，甲骨文中反映此方面的用字颇多，如墉、邑、廪、亭等。

在社会经济生活中，货贝（子安贝）作为一般等价物应用普遍。因殷地地处中原地区，海贝的获取受到地域的限制，故商人制作骨、石、玉、蚌、铜质贝来代替（如图4-1所示）。盘庚时称贝为“好货”，时人常以“得贝”“丧贝”“朋（‘朋’系货贝的计量单位）来”“朋亡”表示财富的增减情况。

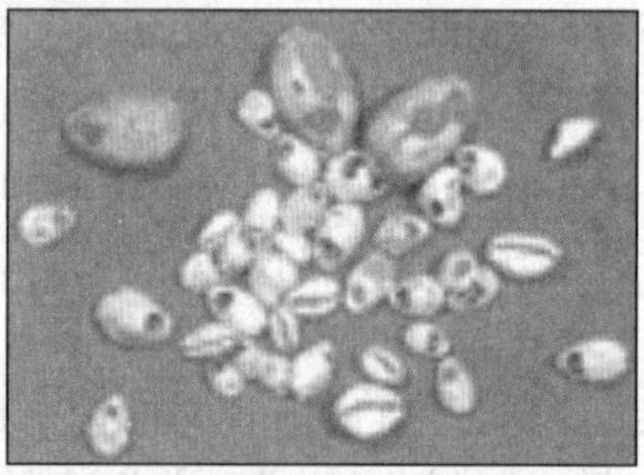

图4-1 商贝币图

实物单位的应用，据《大戴礼记·主言》称：时“布指知寸，布手知尺”。中国现存最早的古尺为出土于河南安阳殷墟的商代骨尺。由该尺测得，商代一尺的长度为16.95厘米，其尺下刻分10寸，但寸的长度不等。

商代社会生产的发达程度，提供了会计初步发展的坚实基础。《史记·殷本纪》记载：商末君王帝辛（纣）“厚赋税以实鹿台之钱，而盈钜桥之粟，益收狗马奇物，充仞宫室，益广沙丘苑台，取野兽蜚鸟置其中，慢于鬼神，大聚乐戏于沙丘，以酒为池，以肉为林，使男女裸相逐其间，为长夜之饮。百姓怨望，而诸侯有畔者……”商纣王的荒淫无道最终葬送了商代。

针对日常大量的经济活动如贡赋、狩猎收入和祭祀、战事、生产支出等，要进行认真详细的计算和记录，借以了解、掌握经济收支的动态和管理经济活动过程。因此，商代人计算记录方法便日渐复杂，会计在事实上得到了重要发展。考古发掘中出土的数以万计的龟甲兽骨文字记载为我们的查考提供了珍贵的历史资料。

4.2.2 商代书契

根据出土的甲骨文资料可知，商代数字、文字体系高度发达，已经形成完整的汉字体系。遗存的商代文字主要为以龟甲、兽骨为载体，以刻刀为工具，以契刻为手段形成的契刻文字，即通常所谓的甲骨文。另外，还有青铜器上以模范浇铸形成的款识铭文。此外，在甲骨上遗存有朱书或墨书文字，说明其时应有使用笔墨而形成的书写文字。

首先，殷墟出土的大量甲骨文字材料证明，甲骨文数字体系完善。在甲骨文字中，由一至十的数码已经形成，并建立、采用了以十为基的进位制。在这一系统中，确定以固定而统一的符号分别表示个位、十位、百位、千位、万位等位值，各位值之间进位关系明确，人们已经广泛利用这一数字系统进行日常的数字计算。如图4-2所示，个位数字五以内采用累积横划方式表示，五至九采用固定符号方式表示；十位数字五十以内采用累积竖划方式表示，五十至九十分别采用个位数字五至九与十合书方式表示；百位数字（不包括一百）采用个位数字与一酒尊象形字合书方式表示；千位数字采用个位数字与一构型不明符号（或称“人”的象形字）合书方式表示；万位数字采用除一以外的个位数字与一蝎子的象形符号合书方式表示。已知甲骨文中最大数值的单位数字为三万。

图4-2　商甲骨文数字表示法

甲骨文中的数字体系避免了古埃及数字、古罗马数字采用累积制，古巴比伦数字采用以十和六十为基的双重进位制，古希腊数字采用字母表示方法等缺陷，因此具有旺盛的生命力，至今仍为我们所广泛使用。

其次，依据文字学对汉字造字和用字的“六书”原则考察，甲骨文中的文字体系堪称完备。其中，象形字，据《说文解字》称：“象形者，画成其物，随体诘诎，日、月是也。”甲骨文中的鹿、水等字均如是。指事字，据《说文解字》称：“指事者，视而可识，察而可见，上、下是也。”甲骨文中的刃、本等字均如是。会意字，据《说文解字》称：“会意者，比类合谊，以见指撝，武、信是也。”甲骨文中的集、涉等字均如是。形声字，据《说文解字》称：“形声者，以事为名，取譬相成，江、河是也。”甲骨文中的鼻、星等字均如是。转注字，据《说文解字》称：“转注者，建类一首，同意相受，考、老是也。”甲骨文中的考、老等字均如是。假借字，据《说文解字》称：“假借者，本无其字，依声托事，令、长是也。”甲骨文中的舞、莫等字均如是。在出土的数以千计的甲骨文字中，计算记录所需的数字体系和文字体系均已成熟，而且数字与文字的结合具有较固定的排列格式，这为经济记录确立统一的形式创造了有利的条件。

同时，通过考察可知，商代已经存在相当于进行会计记录的官员。甲骨刻辞的制作者和保管者，即称为“卜”或“多卜”的贞人在商朝是专职人员，甲骨文中出现的贞人计117人，他们和史、作册等官员既为商代的神权掌握者，又同属掌握文字和书契技术的阶层。虽然我们尚未发现独立的会计机构和明确的会计官员设置，但从上述官员的职掌来看，他们实际上承担了会计人员应担负的某些任务。另外，甲骨文中习刻的存在证实当时对书契教育的重视，由此推论，掌握书契技术的阶层是有后续人力资源保证的。

已知甲骨文的记录内容，大多为占卜的记录，即通常所谓的卜辞。占卜的性质决定着卜辞的迷信色彩，但是占卜涉及丰富多彩的自然和社会生活，卜辞中的验辞部分正是客观事物的真实记录。许多卜辞保留了商代农业、畜牧业、手工业、商业等的第一手资料，使我们得以窥知商代社会经济的基本情况。此列举两版卜辞，如图4-3、图4-4所示。

图4-3 记录狩猎的甲骨卜辞拓片局部摹写本

图4-3卜辞释文为：羽（翌）戊午，焚，（擒）？

戊午卜，贞，我獸（狩）龟支，之日獸（狩），允（擒），隻（获）虎一、鹿‖‖__、犭亡（狐）百六十四、（麑）百五十九、赤、有友，三赤。

这条卜辞义为：第二天是戊午日，用火烧的办法能否获得猎物呢？

戊午这一天占卜，贞人主持卜问："我"将到龟支地去打猎，能否擒得猎物呢？当天，按计划去龟支地打猎，果然擒得猎物，捕获到1只虎、40头鹿、164只狐和159只麑（小鹿）。捕猎时使用三面举火、一面设网的方法，有许多人参加了这次狩猎活动。

从会计意义上考察，该卜辞相当于一条狩猎捕获收入的记录，已具备了现代会计记录经济业务所要求的如时间、地点、业务当事人、业务性质、业务所涉内容的实物种类及其各自数量、记录人等要素。

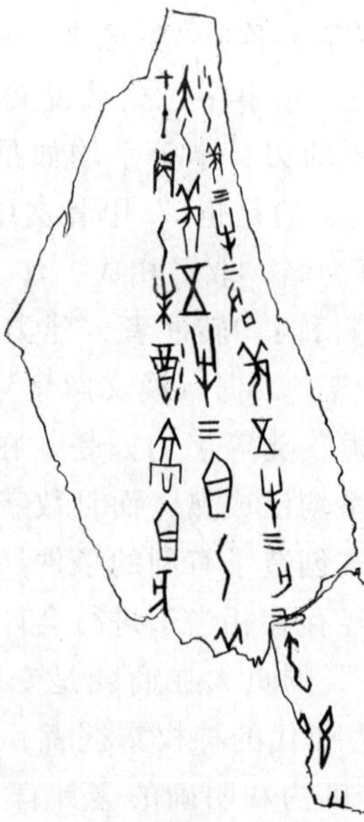

图4-4 记录祭祀用牲的甲骨卜辞拓片摹写本

图4-4卜辞释文为：甲午贞，乙未酉乡高祖亥［羌］□［牛］□、大乙羌五牛三、祖

乙［羌］□［牛］□、小乙羌三牛二、父丁羌五牛三，亡它，兹用。

这条卜辞义为：甲午这一天，贞问乙未日祭祀诸祖先的用牲情况，其中为祭奠商王高祖亥将用牲□名羌奴和□头牛，为祭奠大乙将用牲5名羌奴和3头牛，为祭奠祖乙将用牲□名羌奴和□头牛，为祭奠小乙将用牲3名羌奴和2头牛，为祭奠父丁将用牲5名羌奴和3头牛。上述安排是否妥当？卜问的结果是可以照此办理。

从会计意义上考察，该卜辞相当于一条祭祀牺牲支出的记录，已具备了现代会计记录经济业务所要求的如时间、分类表示的业务对象、业务性质、业务所涉内容的实物种类及其各自数量等要素。

通过两版卜辞记录所反映出的商代记录客观事物的详尽确切程度，可以认为当时的记录技术和手段已经达到会计所需的真实、完整地记录客观事物的要求。与现代会计记录相比较，发现其缺陷在于记录本身系迷信活动产物的性质，未能将业务所涉实物对象折算为货币价值，以及采用了当时的汉字表现形态和刻契的记录形式等。这些缺陷均可以从历史发展的唯物史观意义上得到解释。

【小思考4-2】

根据商代遗存的甲骨文资料可以确定（　　）。

（1）商代已经拥有掌握记录和计算技术的人员

（2）商代已经具备完整的数字体系和计算技术

（3）商代已经具备完善的文字体系和记录技术

（4）商代已经进入完备的会计发展阶段

【答案】（1）、（2）、（3）。

在甲骨文的记录中，除上述卜辞以外，还有为数众多的非迷信性质的单纯客观性记录——记事刻辞。这些刻辞大多刻契于甲骨表面的边缘或角落，如龟甲的甲首、甲桥、甲尾和兽骨的骨臼等不彰显的部位。其内容多为记录刻契材料的来源、材料检查者、检查数量及检查的见证人或记录者等。

例如，甲桥记事刻辞：我氏千，帚（妇）井（邢）示‖‖_，争。

这条记事刻辞义为：名为“我”的方国送抵龟甲1 000版，由邢姓妇检视其中的40版，由“争”贞人见证并将该情况刻契记录下来。

又如，骨臼记事刻辞：戊戌，帚（妇）示一屯，岳。

这条记事刻辞义为：在戊戌日这一天，由……姓妇检视一对兽骨，由“岳”贞人见证并将该情况刻契记录下来。

从会计意义上考察，记事刻辞已摒弃了卜辞的迷信色彩，具备了现代会计记录经济业务所要求的客观属性。与现代会计记录相比较，发现其缺陷在于记录得过于简洁，这是由记事刻辞在卜辞所在甲骨上的附属地位决定的。

我们通过卜辞和记事刻辞发现商代广泛涉及田猎收获、取得战俘、贡品缴纳、祭祀用牲、赏赠贝币等具有经济意义活动的大量原始记录。尽管这些记录并非刻制者主观上要从会计角度去完成的，但在客观上这些记录都执行了会计的职能。透过甲骨文所提供的资料，归纳商代会计记录约分为收入和支出两类，采用文字叙述的形式，记录的文字内容基本上与发生的客观事实相一致，一般包括发生事件的时间（有些记录还记清地点），发生事件的性质是收入还是支出，收入或支出的品种、名称和数量（一次收入或支出品种超过一种时则分项列出)，收入的来源或支出的去向，收入或支出物品所使用的方法等内容。

在商代青铜器所遗钟鼎文中，也能找到具有经济意义的内容。例如，小臣邑斝铭称，“癸巳，王易小臣邑贝十朋，用作母癸尊彝，隹王六祀肜日，在四月。亚□”，这段金文对发生事情的时间、当事人双方、发生的是什么事、结果如何等都记录得十分清楚，是完整的客观事实记录。同时，从会计的角度观察，它也是详细的会计记录，即癸巳日那天，名为邑的小臣获得商王赐予的十朋贝，邑以这十朋贝铸了斝这件青铜器，于六年四月中的祭祀日后竣工。全篇铭文对作器者邑而言，既记录了由商王赏赐而获得十朋贝的来源，又记录了这一来源的十朋贝用于铸斝的去向，使这一事项在会计意义上得到反映。因此，商代有关的青铜器铭文亦可以披露一些其时会计方法的情况。

经过将商代遗存文字内容与现代会计记录的比较，可以得知，商文反映经济活动的要素齐全，完整地涉及活动的时间、地点、人员、内容、所涉及的类别对象、各自数量等，其水平与现代会计的记录无本质差异。

【小思考4-3】

根据商代遗存甲骨文卜辞和记事刻辞的内容可以认定（　　）。

（1）商代甲骨文卜辞是迷信的产物，其内容不可信

（2）商代甲骨文卜辞的形成动机是主观的，但其记录的结果是客观、翔实的，因而具有对会计的史料意义

（3）商代甲骨文记事刻辞是对客观事物的真实反映，其动机是科学的，但其记录的结果往往过于简约

（4）商代甲骨文记事刻辞的内容代表着同期会计的发展水平

（5）综合商代甲骨文卜辞和记事刻辞的各自长处，可以大致反映商代会计记录的水平

【答案】(2)、(3)、(5)。

4.2.3 商代使用“册”之推测

《尚书·多士》称：“惟殷先人，有册有典。”因为册的材质不经年月等原因，商代册的实物尚未发现，但这一记载可作为商代使用册的文献证明。

册是中国古代以不同材质的线绳，将一定数量的竹简或木简编连在一起而形成的文书形式。据文献记载和考古资料证实，中国自奴隶社会的商代开始至封建社会传统的造纸术发明且纸张被广泛应用为止的期间内，普遍运用册的形式作为记录文字的主要载体。册，由简和编两部分编连而成，其中，简是加工为薄片状的木条或竹条，编是麻、丝、皮等不同材质的线绳。记录内容的性质不同，决定着结册时用简长度的分别；记录文字的多寡不同，决定着结册时用简数量的分别。

册的使用，最早见于商代甲骨文中的记载。在商代甲骨文中，“册”字的不同形体约有近10种，其基本结构均由竖向排列、数量不等的简的象形和横向排列的两条编绳的象形叠加而成（如图4-5所示），这一形制已被册的遗存实物所证实。

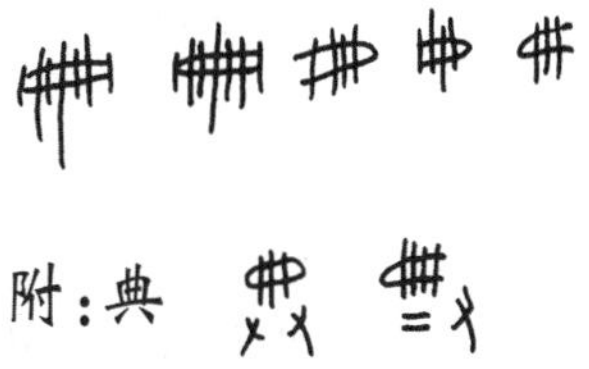

图4-5　甲骨文“册”字样

在商代甲骨文中，以“册”字作为部首构成的单字尚有多种，如将“册”同“舟”“系”“禾”“益”等字相合构成的文字，大约标志着册在用途上的区别；同时，将“册”同其他单字组合成词的运用，如“册入”“册至”“再册”等，又表明了以册作为对象的行为或动作；另外，在商代奴隶主国家政权中还专门设置了以将有关事项登记入册为主要任务的职官——作册，更说明了商代奴隶制国家对于册的重视程度。

出土的一些早期龟甲和陶器上确实存有或朱书或墨书的遗迹，说明当时殷人能够使用毛笔书写，故此推测商代曾存在简册，人们通常使用简册作为书写的载体，记录除占卜以外的各种事项，其中应包括记录经济业务的账簿。但由于其木制或竹制的材料质地限制，无法经受年代的考验，致使这种简册未能保留至今，否则，它们会为我们的研究提供珍贵的文字记载和实物材料。现存其他材质的早期简册有战国时期的玉册，因其质地耐久，故保留至今。

【小思考4-4】

商代存在并使用“册”的事实（　　）。

（1）是有古代文献资料证明的

（2）是有同期文字资料证明的

（3）是有同期实物资料证明的

（4）是既有古代文献资料，又有同期文字资料证明的

（5）是既有古代文献资料，又有同期实物资料证明的

（6）是既有同期实物资料，又有同期文字资料证明的

（7）是既有古代文献资料，又有同期文字与实物资料证明的

【答案】（4）。

4.3
西周时期会计（公元前1046—公元前771年）

西周自武王至幽王，历十一世、十二王，计275年。其中，自周厉王至周宣王期间，由共和执政14年（公元前841—公元前828年），始有纪年史。

西周是高度发达的奴隶制国家，已建立完善的国家行政管理机构。据文献记载，在这一行政机构中已设立职司国家财计的独立职官系统，即司会及其所属的司书、职内、职岁与职币等财计职能部门，负责对西周奴隶制国家一切收支经济活动进行系统的核算和考核，并确立了账务工作与实务工作的分工，以相互制约；形成了一套完整的国家财政收入和支出的项目体系，并明确了不同项目的对应收支关系，是会计核算和考核的依据；已经出现比较严格地按程序定期向上级机构进行会计报告并接受考核的做法。

4.3.1
西周财计职官设置

依据《周礼》记载可知，西周时期在奴隶主政权最高行政长官天官大宰所辖管理体系中，单独设置有司会职官系统，其官吏设置及其各自职能如图4-6所示。

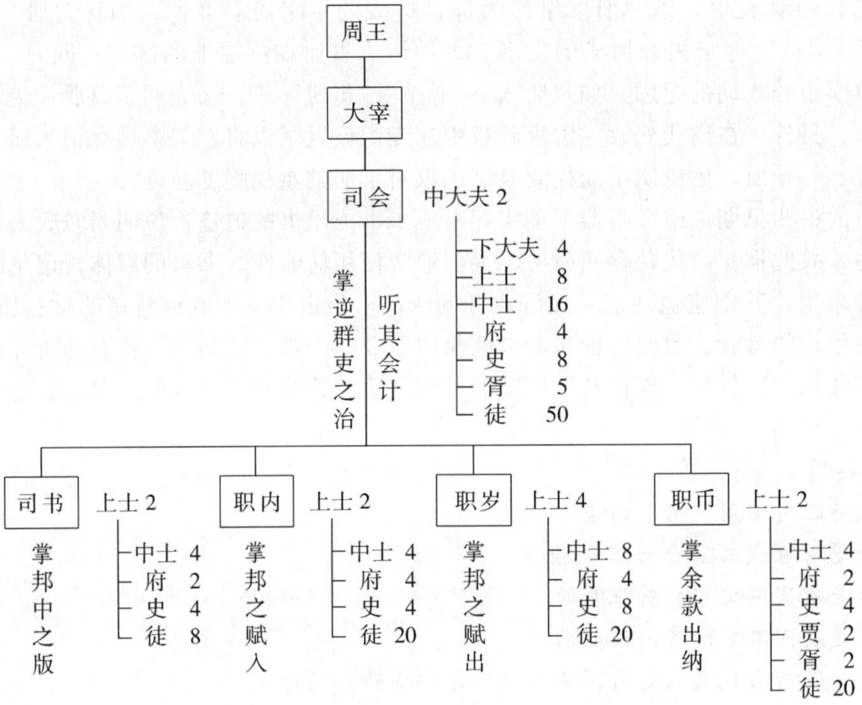

图4-6 《周礼》财计职官系统图

1）司会

司会是《周礼》所记载的西周中央政权中负责财计管理工作的行政长官。据《周礼·天官》记载，在天官职官系统中，设置司会中大夫2员，下辖下大夫4员、上士8员、中士16员、府4员、史8员、胥5员、徒50员，共计97名人员，构成中央政权负责财计管理工作的职官系统。司会职“掌邦之六典、八法、八则之贰，以逆邦国、都鄙、官府之治”，“凡在书契版图者之贰，以逆群吏之治，而聽其会计，以参互考日成，以月要考月成，以岁会考岁成”，即司会依据六典、八法、八则等法律文本接受并考察邦国、都鄙、官府等地方政府和中央各部门的治绩。地方政府和中央各部门将会计文书呈报司会，司会以其所执书契版图的副本（其正本为司书所执）为依据对地方政府和中央各部门呈报的会计文书进行审核判断。司会下分设司书、职内、职岁和职币等4个职能部门，分司执事：设司书掌文书与会计记录；设职内掌财赋收入及其记录；设职岁掌财政支出及其记录；设职币掌货币出纳及其记录。

2）司书

司书是《周礼》所记载的西周中央政权中负责财计核算及文书档案管理工作的行政官员。据《周礼·天官》记载，在天官职官系统中，设置司书上士2员，下辖中士4员、府

2员、史4员、徒8员，共计20名人员，构成中央政权负责财计核算及文书档案管理工作的职官系统。司书职“掌邦之六典、八法、八则、九职、九正、九事、邦中之版、土地之图，以周知入出百物”，凡职掌税敛者皆向司书受税敛之数，税敛已毕，职掌税敛者又向司书书面报告税敛结果，以备日后勾考。每“三岁，则大计群吏之治，以知民之财、器械之数，以知田野、夫家、六畜之数，以知山林、川泽之数，以逆群吏之征令”，即司书职官系统职掌王朝的全部文书档案和会计记录，并据以勾考群吏。司书所执会计簿书，要定期上报司会进行考核。司书又是司会职官系统中联系职掌出纳的职内、职岁和职币等职能部门的中枢，使职掌财政收入的职内部门、职掌财政支出的职岁部门与职掌财政结余的职币部门经其沟通联络而成为王朝的完整出纳及核算系统。

依据西周钟鼎文资料，还可知西周政权中与掌管记录职能有关的职官设置情况，如在奴隶主政权或奴隶主贵族家中设约史、书史、史、大史、中史、内史、右史、御史、省史以及作册等职官。

【小思考4-5】

根据《周礼》记载，设置司书职官（ ）。

（1）作为中央政权中负责财计管理工作的行政长官

（2）作为中央政权中负责财计核算及文书档案管理的行政官员

（3）负责中央政权的财赋收入及其记录工作

（4）司书定期将会计簿书的情况上报司会进行考核

（5）成为司会职官系统中联系职内、职岁和职币等部门的中枢

【答案】(2)、(4)、(5)。

4.3.2 西周报告考核制度

西周实行大计制度和交互考核制度。

1）大计制度

大计是《周礼》记载的奴隶制国家中央政权行政主管官员对所属各级职官实行的定期考核制度。据《周礼》记载，大宰每三年要对群吏进行一次大计，以会群吏上报的治功文书。中央政权虽然在每年已对政绩不同的群吏区别优劣而有所废置，但每逢三年还要大计群吏，对三年来有功的职官不仅要加官晋爵，而且要给予特别的赏赐，而对三年来无功的职官不仅褫夺其官职，还要对他们另行加罪处罚。

2）交互考核制度

交互考核是《周礼》记载的奴隶制国家政权财计组织内部实行的相互考核、相互监督的考核制度。这种交互考核制度具有两方面的含义：一方面在财计组织内部实行由上级职官对下级职官的垂直考核监督；另一方面又在财计组织内部实行由某级职官对同级职官的平行考核监督。由上而下的垂直考核监督，主要为国家政权财计组织的行政长官——司会——对所属司书、职内、职岁和职币等4个职能部门进行的全面考核，“以参互考日成，以月要考月成，以岁会考岁成”。同级职官间的平行考核监督，主要包括：作为国家政权财计组织中枢的司书对职内、职岁和职币等职能部门进行的全面考核；职掌财政收入的职

内部门、职掌财政支出的职岁部门与职掌财政结余的职币部门之间对于财政收入、财政支出与财政结余的相互核对。西周奴隶主国家政权采用的这种交互考核制度对于保证会计核算的质量，减少或避免会计错弊具有重要的意义。

4.3.3 西周收支项目的规定

西周规定分别以九赋和九贡为收入项目，以九式为支出项目，并确定在九赋和九式之间实行对应收支关系。

1）九赋

九赋是《周礼》记载的九种赋入项目的统称。据《周礼·天官》记载：大宰以“九赋”敛财贿。“九赋”为邦中之赋、四郊之赋、邦甸之赋、家削之赋、邦县之赋、邦都之赋、关市之赋、山泽之赋和币余之赋等赋入项目的总称。九赋的内容分别为：①邦中之赋，国都城内百姓缴纳的赋入项目。②四郊之赋，城外百里之内百姓缴纳的赋入项目。③邦甸之赋，城外一百里至二百里范围内百姓缴纳的赋入项目。④家削之赋，城外二百里至三百里范围内公邑的百姓缴纳的赋入项目。⑤邦县之赋，城外三百里至四百里范围内公邑的百姓缴纳的赋入项目。⑥邦都之赋，城外四百里至五百里范围内公邑的百姓缴纳的赋入项目。⑦关市之赋，在国门、都城周围的各处关门和集市贩运或从事交易的百姓缴纳的赋入项目。⑧山泽之赋，依山傍水的百姓以其收入出税充邦赋，充税之物贮存而官府未用，有人取之并为官府出息，由此所得的赋入项目。⑨币余之赋，从事营建制造时，用料结余归于职币，不复入府藏，有取之者应向官府纳钱，由此所得的赋入项目。

2）九贡

九贡是《周礼》记载的九种贡入项目的统称。据《周礼·天官》记载：大宰以“九贡”致邦国之用。“九贡”为祀贡、嫔贡、器贡、币贡、材贡、货贡、服贡、斿贡和物贡等贡入项目的总称。九贡的内容分别为：①祀贡，牺牲和包茅类物品的贡入项目。②嫔贡，皮帛类物品的贡入项目。③器贡，宗庙所用器物的贡入项目。④币贡，帛等物品的贡入项目。⑤材贡，木材等物品的贡入项目。⑥货贡，珠宝、贝类等自然之物的贡入项目。⑦服贡，祭服等物品的贡入项目。⑧斿贡，鸟类羽毛等物品的贡入项目。⑨物贡，九州以外不同地方各自珍贵物品的贡入项目。

3）九式

九式是《周礼》记载的九种支出项目的统称。据《周礼·天官》记载：大宰以“九式”均节财用。“九式”为祭祀之式、宾客之式，丧荒之式、羞服之式、工事之式、币帛之式、刍秣之式、匪颁之式和好用之式等支出项目的总称。九式的内容分别为：①祭祀之式，用于大祭、次祭和小祭牺牲的支出项目。②宾客之式，上公享受赠予或宴请的支出项目。③丧荒之式，逢诸侯或大臣举丧，赠送给死者的衣被和用于送葬的钱币及各种财物的支出项目，以及逢凶年谷物歉收时用于施舍的支出项目。④羞服之式，用于王室膳食和服装的支出项目。⑤工事之式，用于百工劳作所耗物品的支出项目。⑥币帛之式，用于馈赠宾客的支出项目。⑦刍秣之式，用于牛马等牲畜饲料的支出项目。⑧匪颁之式，用于赏赐、犒劳群臣的支出项目。⑨好用之式，用于宴请及赠送礼物的支出项目。

4）赋式对应收支

赋式对应收支是《周礼》记载的九赋收入与九式支出之间的对应关系。

据《周礼·天官》记载，西周奴隶制国家确定了平衡财政收支关系的原则和监督检查财政支出合法性的标准，即对九赋的收入确定固定的去向与之相匹配，对九式的支出确定固定的来源作为保证。九赋与九式之间存在着对应收支的关系，这就是：关市之赋，以待王之膳服；邦中之赋，以待宾客；四郊之赋，以待稍秣；家削之赋，以待匪颁；邦甸之赋，以待工事；邦县之赋，以待币帛；邦都之赋，以待祭祀；山泽之赋，以待丧纪；币余之赋，以待赐予。也就是，以邦中之赋的收入安排宾客之式的支出，以四郊之赋的收入安排刍秣之式的支出，以邦甸之赋的收入安排工事之式的支出，以家削之赋的收入安排匪颁之式的支出，以邦县之赋的收入安排币帛之式的支出，以邦都之赋的收入安排祭祀之式的支出，以关市之赋的收入安排羞服之式的支出，以山泽之赋的收入安排丧荒之式的支出，以币余之赋的收入安排好用之式的支出。

九赋与九式的对应收支关系对从事会计工作具有重要意义，是保证财政支出专款专用的核算依据与检查依据。

【小思考4-6】

九赋与九式的对应收支关系体现了（　　）原则。

（1）量入为出　　（2）量出为入　　（3）对口收支

（4）专款专用　　（5）核对稽查

【答案】（3）、（4）。

4.3.4 核算状况

西周出现三柱结算法的萌芽，产生官厅会计采用的入出记账法和民间会计采用的单式收付记账法。

1）三柱结算法

三柱结算法是中式会计利用入（收）、出（付）、余三要素及其相互关系反映一定时期的财产增减变化并结算账目的方法。

三柱结算法萌芽于周代，确立于秦汉时期。东汉至唐初期间，出现了三柱结算法向四柱结算法的转化，至唐代中期，三柱结算法为四柱结算法所取代。三柱结算法将一定时期的全部经济业务区分为入或收（指本期收入，内含期初结余）、出或付（指本期支出）、余（指期末结余）三项要素，以三要素间的相互关系为依据，采用“入-出=余”或“收-付=余”的计算公式，计算一定时期内某种财产的增减变化及其结果。三柱结算法将一定时期内财产增减变化（即入或收、出或付）及其结果（即余）相互联系，并利用三要素及其相互关系结算账目，较之单纯依靠实物盘点反映财产期末结余情况的盘点结算法具有本质的突破。

采用三柱结算法，不仅能够在期末反映财产结存的静态情况，还能在一定时期内随时反映财产变化的动态情况；但三柱结算法的入或收项要素中，既包括期初结余因素，又包括本期收入因素，致使两因素混淆不清，即在入或收项要素中无法判断期初结余和本期收入各自的真实情况，从而无法划清期初结余和本期收入的时间界限，导致本期收入要素计算失实。三柱结算法为四柱结算法的产生奠定了理论和实践基础。

2）入出记账法与单式收付记账法

（1）入出记账法

入出记账法是中国古代官厅会计采用的以“入”“出”为记账符号的记账方法。入出记账法产生于周代，发展于秦汉、唐宋诸代，明清之际得以完善。清代，入出记账法的命名逐渐为收付记账法所取代，自此，入出记账法与收付记账法融为一体，统称收付记账法。

入出记账法的主要内容：①记账符号。入出记账法以“入”作为反映财政收入的记账符号，对于财政收入事项，均记作“入（货币或财物对象名称）（该对象数量）”，如“入钱四百六十八”；以“出”作为反映财政支出的记账符号，对于财政支出事项，均记作“出（货币或财物对象名称）（该对象数量）”，如“出粟一石九斗三升”。②记账规则。在账簿上以自右至左的顺序，逐行自上而下地登记经济业务，其中，登记入项的记录书写在账页的较高位置，而登记出项的记录书写在较入项记录略低的位置，并使账页上的全部入、出记账符号形成相互平行的两条水平排列，以便分别结计入、出双方各自的发生额合计数额，区别不同记账方向、检查账项记录的正确性。③账目平衡方法。依据“入-出=余”的平衡公式进行账目试算与核对。④总清账一般不设置现金账户，对于现金的增减变化通过设置现金流水账的方式加以反映和控制。

（2）单式收付记账法

单式收付记账法是中国古代民间会计采用的以“收”“付”为记账符号的记账方法。单式收付记账法产生于周代，发展于秦汉、唐宋诸代，明清之际得以完善。

单式收付记账法的主要内容：①记账符号。单式收付记账法以“收”或“受”作为反映经济收入的记账符号，对于经济收入事项，均记作“收（货币或财物对象名称）（该对象数量）”，如“收银二十两”；以“付”或“用”作为反映经济支出的记账符号，对于经济支出事项，均记作“付（货币或财物对象名称）（该对象数量）”，如“付谷两石”。②账目平衡方法。依据“收-付=余”的平衡公式进行账目试算与核对。③总清账一般不设置现金账户，对于现金的增减变化通过设置现金流水账的方式加以反映和控制。

【小思考4-7】

三柱结算法是中式会计反映一定时期的财产增减变化并结算账目的传统方法，其中，（　　）。

（1）“三柱”是中式会计对入（收）、出（付）和余三要素的称呼

（2）三柱结算法是四柱结算法的基础

（3）三柱结算法登记入（收）项的记录书写在账页的较高位置

（4）三柱结算法的入（收）项要素是指期初结余

（5）三柱结算法即单式收付记账法

（6）三柱结算法采用“入-出=余”（或“收-付=余”）的公式计算一定时期内某种财产的增减变化及其结果

【答案】（1）、（2）、（6）。

4.3.5 会计文件

会计文件约以竹、木为载体，采用刀、削刻契或笔墨书写的方法制作，主要有日成、月要、岁会、质剂、傅别等种类。

1）日成

日成，亦称“成”，是《周礼》记载的反映一日或一旬经济情况的计算文书。日成类似现代的日报或旬报形式。《周礼》记载：司会“以参互考日成”，即指司会偕司书等诸吏，相互参证地考查计算文书日成（成），以确定其正确与否。日成原系反映一日内经济情况的计算文书，但对它进行考查的时间却因职司考查职官的级别不同而异。低级职官一般逐日考查日成。而较高级职官一般是按旬考查日成，以了解下属的工作情况，这种按旬上报的日成是经过汇总整理后的日成，故其实际上发挥着旬计的作用。

2）月要

月要，亦称“要”，是《周礼》记载的反映月度经济情况的计算文书。月要类似现代的月报形式。《周礼》记载：司会“以月要考月成”，即指司会凭借群吏上报的月计文书审查他们一个月内的政绩如何。月要的内容主要依据日成的累计记录汇总而得。例如，专掌酒之政令的酒正，每日得到酒人上报的日成后，除审查其内容外，还要据以进行累计计算，到月末依据日成的累计记录汇总出月计文书即月要，然后报告小宰审查。

3）岁会

岁会，亦称“会”，是《周礼》记载的反映年度经济情况的计算文书。岁会类似现代的年报形式。《周礼》记载：司会“以岁会考岁成”，即指司会据群吏上报的岁计文书进行审查，以全面了解四方诸侯的得失。

4）质剂

质剂是《周礼》记载的民间交易所用证明买卖情况的文书。质剂一般以木或竹片制作，使用时将交易情况以同样的内容在同一质剂上书写两次，而后将质剂从中一剖为二，并在剖析后的每一局部质剂上保留一份完整的书写内容，由交易者双方各自收执其中的一份，作为完成交易的证明文件。按照记录内容重要程度的不同，质剂的规格亦有所分别，通常分为长、短两种尺寸。其中，长尺寸的质剂称为“质”，用于大市交易，即买卖人、马、牛等；短尺寸的质剂称为“剂”，用于小市交易，即买卖兵器、珍异之物等。交易结束后，如交易双方对买卖行为产生异议或发生纠纷，则可将双方各自收执的一份局部质剂加以合并，对完整质剂的记录内容进行验证，借以确认交易无误。《周礼》记载：小宰“听卖买以质剂”，反映了奴隶制国家的职官可依据质剂的记录，对发生经济纠纷的交易双方进行判断和裁定，同时揭示了质剂作为经济业务证明文件的重要意义。

5）傅别

傅别是《周礼》记载的民间借贷所用证明债权、债务关系情况的文书。傅别一般以木或竹片制作，使用时将借贷情况书于傅别上，并在傅别的背面作一大手书字，而后将傅别分离手书字从中一剖为二，并在剖析后的每一局部傅别上保留手书字的部分笔画，由交易者双方各自收执其中的一份，作为完成借贷的证明文件。《周礼》记载：小宰“听称责以傅别”，反映了奴隶制国家的职官可依据傅别的记录，对发生债权、债务诉讼的双方进行判断和裁定，同时揭示了傅别作为确定债权、债务关系证明文件的重要意义。

【小思考4-8】

西周的官厅会计和民间会计均创设并使用各自的会计文件，下列文件中，哪些属于官厅会计使用的报告？哪些属于民间会计使用的凭证？

（1）月要　（2）岁会　（3）傅别　（4）质剂　（5）日成

【答案】官厅会计使用的报告有（1）、（2）、（5）；民间会计使用的凭证有（3）、（4）。

4.3.6 货币计量单位和实物单位的运用

1）货币计量单位

西周应用贝壳作为货币，其计量单位为“朋”。会计以货币作为计量单位，是利用了货币的价值尺度的职能。1975年出土的西周恭王三年（公元前920年）的卫盉铭文（如图4-7所示），揭示了当时人们将货币作为衡量物品价值的一般等价物看待的史实。

图4-7　卫盉铭文

铭文称：“……矩白（伯）庶人取堇章（觐璋）于裘卫，才（在）八十朋阙贮（价），其舍田十田；矩或取赤虎两、麀两、一，才（在）二十朋，其舍田三田。”该铭文的面世为研究西周中期的社会经济、土地交换、物价水平提供了重要的历史资料。对会计而言，该铭文显示了其更为可贵之处：矩伯和裘卫双方的交换行为借助了货币作为等价标准，即货币在事实上发挥了物品价值计量单位的作用，即会计的货币计价。

依据铭文，得出下式：

矩伯（买入方）		货币计价		裘卫（卖出方）
10田	=	80朋	=	1觐璋
3田	=	20朋	=	2赤虎+2麀+1

2）实物单位

西周时期的度量衡，已知资料表明：西周时期已经使用骨、牙或铜质尺。洛阳金村出土的一把铜尺，形如简，一端有钻孔，可系绳，侧面有寸的刻度线，其中，第一寸有分刻度线，五寸处有交叉刻度线，首尾两寸一致，中间八寸长短不一，实测约合今23.1厘米的长度。量器以豆、釜等为计量单位，《考工记》称：“食一豆肉，饮一豆酒，中人之食也。”“豆”即成为容量单位，“釜”为饭锅，亦为容量单位；《孔丛子·小尔雅》，“两手之盛谓之掬”，只手之盛谓之“溢”。衡器以钅斤（斧子）为原型，制为金属钅斤币，以其重量较于他物，即成为重量单位。

4.3.7 书计教育

西周时期，奴隶主统治阶级注重对本阶级的后代进行包括计算技术在内的教育，奴隶主君王和贵族的子弟从小便接受专设职官进行的礼仪规范和书写、计算等实用技术的教育培训，使统治者阶层的成员能对计算等实用技术有所了解，同时也形成了相对稳定的知识阶层，培养和储备了从事财计管理的后备人员。

《周礼·地官·保氏》称：“保氏掌谏王恶，而养国子以道，乃教之六艺：一曰五礼，二曰六乐，三曰五射，四曰五驭，五曰六书，六曰九数。”据后世解释，六艺中的“六书”是指创设和使用汉字的六种方法，“六书”的内容为象形、指事、会义、形声、假借、转注。六艺中的“九数”是指涉及九个方面对象的不同计算方法，“九数”的内容为：①方田，分数四则运算与平面图形计算面积的方法；②粟米，各种粮谷间按比例交换的计算方法；③衰分，按等级分配物资、摊派税收比例的计算方法；④少广，开平方、立方的计算方法；⑤商功，工程中各种体积的计算方法；⑥均输，按人口数量、路途距离、谷物价格推算赋税和徭役的计算方法；⑦方程，正负数运算、联立一次方程组的计算方法；⑧赢不足，近似值的计算方法；⑨勾股，勾股定理应用及简单测量的方法。

《礼记·内则》称：教导儿童，在“六年，教之数与方名；七年，男女不同席，不共食；八年，出入门户，及即席饮食，必后长者，始教之让；九年，教之数日；十年，出就外傅，居宿于外，学书记”，其中的“书记”包括书写与计算技术。

4.3.8 会计检查

1）职官设置

据《周礼·天官》记载：宰夫之职，“掌治朝之法，以正王及三公、六卿、大夫、群吏之位……掌治法，以攷百官府、群都、县鄙之治，乘其财用之出入，凡失财、用、物，辟名者，以官刑诏冢宰而诛之；其足用长财、善物者，赏之……岁终则令群吏正岁会，月终则令正月要，旬终则令正日成，而以攷其治，治不以时举者，以告而诛之”。

2）专业术语

（1）“逆”是中国古代表述审查或考核含义的术语。据《说文解字》所释，“逆，迎也”。作为术语，“逆”训为“迎受之”“迎受勾考之”“勾考知得失”。《周礼·天官·司会》称，司会职“掌邦之六典、八法、八则之贰，以逆邦国、都鄙、官府之治”，即司会掌理奴隶制国家的各种法律文件的副本，并据以审查或考核所属地方政权和中央职能部门的治绩。引文中所称“逆”，即审查或考核的含义。

（2）“攷”是中国古代表述考课或审核含义的术语。作为术语，“攷”引申之义为攷课，凡称考校、考问，考字皆为攷的假借用法。《周礼·天官·宰夫》称，“岁终则令群吏正岁会，月终则令正月要，旬终则令正日成，而以攷其治，治不以时举者，以告而诛之”，即每逢年终、月终和旬末，宰夫令各职能部门官吏编定当期报告文书，并据以考课其治绩，凡违反时限规定而致报告文书稽滞未报者，宰夫上报冢宰对其进行斥责。引文中所称“攷”，即审查或考核的含义。在古籍中，“攷”常与其他同义或近义动词组合成词组使用，以突出或加重“攷”字本身的含义，强调考课的程度，如“勾攷”“稽攷”等；“攷”又常与其他名词组合成词组使用，以表明对特定对象的考课或审核，如“攷成”“攷绩”等。上述两种用法，在现代汉语中仍沿袭使用。

（3）“聽”是中国古代表述审查或稽核含义的术语。据《说文解字》所释，“聽，聆也”，“聆，聽也”。作为术语，“聽”之义为平治、治理、断决、判断、确定。《周礼·天官·司会》称，“凡在书契版图者之貳，以逆群吏之治，而聽其会计”，即司会依据奴隶制国家的各种档案文件的副本，判断并确定各级官吏的治绩，进而确定其会计的工作质量等。引文中所称“聽”，即判断、确定的含义。

（4）“失财、用、物”是中国古代表述丢失财产含义的术语。据《周礼·天官·宰夫·注》所释，“财，泉谷也”“用，货贿也”“物，畜兽也”。《周礼·天官·宰夫》称，宰夫“掌治法，以攷百官府、群都、县鄙之治，乘其财用之出入，凡失财、用、物……，以官刑诏冢宰而诛之”，即宰夫依据治法考课或审核中央职能部门和所属地方政权的治绩，核计其财产的收支数字，对于中央职能部门和所属地方政权中出现亡失财产者，宰夫上报冢宰对其进行斥责。

（5）“辟名”是中国古代表述伪造文书含义的术语。《论语集注·先进》称：“辟，便僻也。谓习于容止，少诚实也。”“名，字也”，指文字，引申为文书。《周礼·天官·宰夫·注》称，辟名系“诈为书，以空作见，文书与实不相应也”，即指伪造文书，名实不符。《周礼·天官·宰夫》称，宰夫“掌治法，以攷百官府、群都、县鄙之治，乘其财用之出入……辟名者，以官刑诏冢宰而诛之”，即宰夫依据治法考课或审核中央职能部门和所属地方政权的治绩，核计其财产的收支数字，对于中央职能部门和所属地方政权中出现伪造报告文书，致使报告文书与实际情况名实不符者，宰夫上报冢宰对其进行斥责。

【案例分析4-1】

“会计”命名辨析

在《史记·夏本纪》中有如下一段文字，其称：“太史公曰……或言禹会诸侯江南，计功而崩，因葬焉，命曰会稽，会稽者，会计也。”

在旧中国的会计刊物上曾有人以上述资料为依据撰文提出中国会计的历史起点在夏代，并进而认为禹会诸侯江南实为中国历史上的第一次全国“主计（国民政府主政时期推行“超然主计”制度，主计内容包括会计、统计与岁计）会议”。例如，“远在四千多年之前，夏禹大会诸侯于涂山的时候，就可以说是我们会计学的滥觞”；“就历史的观点看来，四千年前，似亦曾有过全国主计会议。‘禹会诸侯于涂山，定九州之贡’，意思是在涂山召集全国的诸侯，计算九州的实物财富，以定各州出贡的多寡，这难道不能说是全国主计会议？”“我国会计制度发源最古，三代以前，史书简略，不能臆断其有无，今以正史考之，则会计制度，实滥觞于夏禹之时，盖西历纪元前二千余年，已有会计之制度，史载夏禹十年‘帝东巡狩，至于会稽而崩’，太史公赞曰：‘禹会诸侯江南，计功而崩，因葬焉，命曰会稽，会稽者，会计也。’观此，则禹时已有会计之制。”

问题：

依据你对夏代的了解，判断夏代是否有可能出现“会计”称谓的命名？当时的“禹会诸侯”反映何种性质？它是否为中国历史上召开的第一次全国“主计会议”？并说明理由。

本章小结

根据历史记载，夏后氏父子建立中国第一个奴隶制国家，开奴隶制国家财计之先河。夏代开始征收国家赋税，势必建立相应的经济制度，设置某种专门的职官负责对赋税和其他收支项目进行计算与登记，为奴隶主阶级的统治服务，这一朝代应当是我国政府会计的历史起点。

得益于商代甲骨文资料，我们可以了解商代会计的重要进展：商代已经具备成熟的文字体系和数字系统，人们广泛利用文字体系和数字系统进行日常活动的记录与计算，与此相适应，还形成了掌握文字、数字和书契技术的人员阶层。甲骨文中大量涉及田猎收获、战事俘获、贡品收纳、祭祀牺牲、赏赠贝币等具有经济意义的记录，客观上发挥了反映经济活动的会计职能。甲骨文的记录已形成较为固定的文字叙述格式，通常能反映出被记录经济活动的时间、地点，收入或付出的业务性质，收支对象的种类、数量，收入的来源或支出的去向，以及收支活动使用的具体方法等内容。此外，据商代甲骨文和文献资料推测，商代可能存在用于专门记录经济事项的简册，其作用类似于后世的会计账簿。贝作为货币已用于商代的社会经济生活，作为实物计量单位的度量衡制度已见端倪。商代作为中国会计早期的历史实践阶段是具有翔实的物证的。

西周作为高度发达的奴隶制国家，已经建立起完善的国家行政管理机构。根据文献的记载，在这一行政机构中已设立职司国家财计的独立职官系统——司会及其所属的司书、职内、职岁与职币等财计职能部门，负责对西周奴隶制国家一切收支经济活动进行系统的核算和考核，并确立了账务工作与实务工作的分工，以相互制约；形成了一套完整的国家财政收入和支出的项目体系，并明确了不同项目的对应收支关系，是会计核算和考核的依据；出现了比较严格地按程序定期向上级机构进行会计报告并接受考核的做法，同时还设置了职司会计检查的专门职官——宰夫，并针对检查的工作和检查所遇到的会计错弊使用专门的专业术语。依据西周钟鼎文资料可知，货币在西周已经由作为商品交换时充任流通手段的职能演化为价值尺度的职能，并在实践中发挥了会计的货币计价的作用。有资料表明，西周时存在着对奴隶主贵族子弟的书计教育，揭示了财计职官的来源。

思考题

4.1　试说明商代书契的历史意义。

4.2　如何理解商代存在并使用“册”在会计发展中的历史意义？

4.3　如何看待商代的卜辞内容与会计的关系？如何看待商代记事刻辞形式与会计的关系？

4.4　西周财计职官的设置情况是怎样的状况？

4.5　你对西周实行的赋式对应收支制度如何评价？

4.6　你认为西周青铜器铭文所反映的当时的货币计价会对会计产生怎样的影响？

4.7　试说明西周交互考核制度的内容和意义。

4.8　试解释三柱结算法。

4.9　试解释入出记账法。

4.10 西周的会计检查情况如何?

4.11 请分别解释“致”与“聽”的含义。

4.12 如何理解夏代作为我国政府会计的历史起点?

练习题

4.1 说明商代会计取得的历史性进展的主要标志。

4.2 试分析西周财计职官系统的设置具有怎样的特点?

4.3 说明司书的工作执掌及其与职内、职岁和职币等职官之间的关系。

4.4 西周官厅会计报告的几种形式具有何等联系与区别?

自测题

4.1 如何看待商代甲骨文资料反映的数字系统和文字体系的状况对会计发挥的作用?

4.2 通过西周会计检查工作中使用的专业术语可以反映当时会计工作的哪些情况?

补充阅读材料

1. 郭道扬. 中国会计史稿(上册)[M]. 北京:中国财政经济出版社,1982:1-18.

2. 李宝震,王建忠. 中国会计简史[M]. 北京:经济科学出版社,1989:1-6.

3. 王建忠. 中国会计百科全书·会计史[M]. 沈阳:辽宁人民出版社,1999:827-833.

第5章 外国奴隶社会会计

美索不达米亚的土与石

学习目标

通过本章学习，了解古埃及、古巴比伦、古希腊、古罗马会计的产生与发展情况，明确会计产生和发展的基础，掌握这些文明古国财计方面的特点。

与上述学习目标相适应，本章以4节内容，分别重点论述了古埃及、古巴比伦、古希腊、古罗马在其处于奴隶社会时期的会计情况。

在原始社会，由于生活资料极其匮乏，私有制和国家均不能产生，因此会计也不会出现，但作为会计技术条件的文字与记数制度均有了一定程度的发展。在原始社会末期，私有制、阶级和国家的出现，使会计有了产生和发展的基础，从最早进入奴隶社会的几大文明古国中，我们可以找到上述观点的例证。

5.1 古埃及会计

正如众多会计学者所认为的那样，在会计的发展进程中，是先有会计思想与会计行为，而后经历了相当长的一段时间，才出现了官厅会计，而民间会计的出现，则是更晚的事情了。作为四大文明古国之一的埃及，其会计的发展同样经历了这样一个轨迹。

5.1.1 官厅会计的产生

古埃及文明的出现在很大程度上要归功于底格里斯河与幼发拉底河文明，但它并不是苏美尔文明的翻版，而是具有自己的特色。由于古埃及特殊的地理位置，其东面是阿拉伯沙漠，南面是努比亚沙漠和大瀑布，西面是利比亚沙漠，北面是没有港湾的海岸，使其免受外族入侵，可以集中精力进行生产，同时，也有利于其文明发展与积累。公元前4000年左右，埃及进入奴隶社会，建立了以法老为中心的高度中央集权制的国家。在最高统治者法老之下，设置了严密的官僚机构，被誉为“全国的管家”“国王的耳目”，其首脑为宰相，其他官吏还有掌玺大臣、赏赐大臣、财政大臣、管辖各州的州长及下属管理城市和周围村庄的村长。正是由于古埃及奴隶制经济的发展和奴隶制国家的建立，官厅会计才有了萌生和发展的肥沃土壤。具体来说，一方面，在奴隶制国家，一部分人从生产中分离出来专门从事财计工作成为可能。因为在原始公社时期，生产资料极其缺乏，没有剩余产品，所以不会出现专司会计职能的人，而较之原始社会，奴隶制经济下出现了大量的剩余产品，就有可能使一部人专门从事财计工作。另一方面，奴隶制国家的建立，必然相应地需要军队、法庭、监狱等一系列国家机器，要维持国家机器的正常运转，就必须依赖税收，而要管理好税赋的征收，就必须建立相应的征税机构及财计人员。综合上述两方面原因，促成了官厅会计在奴隶社会的产生。

5.1.2 古埃及官厅会计职官

在古埃及，尽管出现了官厅会计，但并没有出现专司其职的机构和人员，而是由一些官吏兼职完成的。这些官吏主要包括：

宰相，一般由太子担任，主要职责是辅佐法老管理政治、经济与司法，每个月都接受作为地方长官的州长所做的财务报告，然后亲自编写决算表向法老汇报国库收支情况。宰相还控制了国库收入的两大来源——土地税和向地方官征收的职务税。公元前15世纪初，古埃及宰相雷赫米尔（Rekhmire）墓石上面详细记录了从地方官那里征得税收的目录，在宰相府内还出现了档案馆，内藏有各种账册、报表和土地契约，这些对于研究古埃及会计具有重要价值。

国库长官，掌管各州的赋税征收及向中央仓库运送征集来的谷物、牲畜。

出纳官，主要负责监督贵重物品的运输。每天清晨，出纳官都要向宰相汇报，然后才能打开仓库的大门，开始工作。在当时，无论是市场上的交易，还是交纳赋税，主要是以实物的形式进行的，因此出纳官面对进进出出的各种实物，其工作是相当繁重、极易出纰漏的。

记录官（scribe），“在古代埃及财政机构中扮演最重要的角色”。如前所述，国家机器是通过赋税来维持正常运转的，而实物税的征收不能仅仅依赖出纳官，还必须有所记录。这样，记录官就成了“使国库和其他部门等所有机构顺利发挥作用的枢纽”。他们认真地记录各项收支的详细情况，严格控制货物的提取，并建立了诸如核对之类的内部控制制度，同时，他们登记的账簿要经监督官审核，如有违法现象将给予严惩。除了国库记录官外，由于具体职责不同，还有书信记录官、军队记录官、国王记录官、“圣书”记录官等。记录官采用的记录工具是用削尖的芦苇秆蘸着由胶、水、烟渣调成的“墨水”，在“纸草（papyrus）”上进行记录，用纸草制成的账簿上最初记载的内容是财产清册。埃及神殿还专门设立了培训记录官的学校，堪称历史上最古老的学校。古埃及第一王朝和第二王朝时期（公元前3400—公元前2980年），每两年对动产和不动产要进行一次盘存，到第四王朝时期，间断的盘存被连续的盘存取代，盘存的目的主要是核对银子、面包等财产收付情况。主要记录过程由三个人完成，第一个人在纸草上记下预计拨付的财富数额，第二个人在旁边记下实际领用的财富数额，第三个人比较前两个数，将差额记录下来。在记录仓库的支付时，主要采取下列步骤：需要领用货物的人必须得到适当的授权，即取得支付命令书，然后交由记录官审查，通过后领用所需物品，记录官登记发出（领用）的货物，并于每日结束后编制报告。在报告中，按支付人和收货人反映财产的金额。

【小思考5-1】

古埃及主管财计的官吏主要有（　　）。

（1）宰相　　（2）国库长官　　（3）出纳官　　（4）记录官

【答案】（1）、（2）、（3）、（4）。

但是应该看到，古埃及的会计记录是属于目录式的，不具备计算书的特征，究其原因，正如查特菲尔德教授所指出的那样，“在多数人均是文盲且缺乏统一交换媒介的社会里，对于簿记方法的选择总是有限的”。这种分析是精辟的，尤其是缺乏统一交换媒介更甚于文字的尚未普及。在实物交换的年代里，金、银等贵金属只是作为一种交换的形式，并没有上升到一般等价物的高度，因此在记录中，要完成不同类别物品的价值合计简直难于登天。

5.1.3 古埃及官厅会计例证

由于历史久远，因此能够帮助我们考证当时簿记水平的资料相当有限。下面援引两个很著名的实例，希望通过它们得以了解古埃及旧王朝时期和新王朝时期的会计记录与报账方法。首先是从《帕勒摩石碑》这部古埃及最早的年代记中找到的证据。尽管历经风雨，这块石碑早已残缺不全，但我们还是能通过它的记载发现第五王朝时期的记账特点。现将石碑中有关内容摘录如下：

Ⅵ 第五王朝

第五年：上下埃及之王乌塞尔卡弗以此作为他的纪念，对于：

赫里奥坡里诸神灵，每一［…］和每一［…］节日，二十份面包和酒；在乌塞尔卡弗地产中［…］，土地三十六斯塔特；

塞普·拉的太阳庙诸神，在乌塞尔卡弗地产中土地二十四斯塔特，每月二牛，二鹅；

拉在北部诸州的土地四十四斯塔特；

哈托尔在北部诸州的土地四十四斯塔特；

荷鲁斯之房屋的诸神，土地五十四斯塔特；在克索伊斯州布陀建立他的神庙的神笼；

塞巴，土地二斯塔特，建造他的神庙；

在南部圣宫的涅赫布特，每月十份面包和酒；

在伯耳努的布陀，每月十份面包和酒；

在南部圣宫的诸神，每月四十八份面包和酒。

第三次清查大牲畜之年。

这段内容可以看作对祭祀活动的一次会计记录，也可称之为报告，撇开浓重的神的色彩不谈，其记录的方式有以下特点：采用叙述式记录，先是神的位置与名称，然后是祭品的数量与土地的数目。另外，它还提到了前面介绍过的财产清查。根据这有限的资料可以推测，当时的官厅会计具备财产清查和收支报告的特征。而且在当时，日常的会计记录与一定时期所做的会计报告从形式上是一致的，即采用这种叙述性的文体，逐一记录事情发生的地点、对象、时间、数量等。正如文硕推测，人类最早的会计账簿，便是人类最早的会计报告。

另外一份资料是镌刻在底比斯卡纳庙墙上的象形文字铭文——《吐特摩斯三世年代记》，从中我们可以找到新王朝时期的一些报账特点。其中，有一部分是记录从各国或地区取得的战利品、贡物及赋税的，摘录一部分，其形式如下：

从列腾努国家得到的战利品：王公三人。妇女三十人。战俘八十人。奴隶及女奴，连他们的儿童，共六〇六。

亚述大公这一年的贡物：真宝石十五基特和容器……

大赫梯这一年贡物：银杯八，重四〇一得朋。光宝石（玻璃）二六块。

塞浦路斯伊斯大公这一年的贡物：铜一〇八块。不成块的铜二〇四〇得朋。铅五块，钴块一二〇〇。蓝宝石一一〇得朋。象牙一枝。察加木棒二根。

从这份资料我们可以看出，它的记录较之《帕勒摩石碑》更加简化、流畅，在有的项目中有了加总的运算。如果仅就两份资料而言，后者显然要比前者更进一步。

在古埃及的官厅中，除了国库长官、出纳官、记录官之外，还有一类官吏——监督官，也是非常重要的。由于“埃及帝国是靠记录得以巩固的”，因此法老十分关心记录官记账的正确与否，为了检查账簿记录及其他国家机构的职权是否正确行使，法老便设立了监督官，其中，记录监督官和谷物仓库监督官的地位尤其重要。记录监督官负责审查记录官和其他各类官吏编制的会计账簿和收支计算书，如果发现差错或舞弊行为，轻者处于笞刑或罚款，重者处以断肢或死刑。谷物仓库监督官的主要任务是监督谷物税的征收，保证有足够的谷物供宫廷使用，每年须向君主提供一次收成报告书。监督官的这种监督职能被认为是审计的早期源流。

5.1.4 古埃及民间会计活动

在古埃及官厅会计发展的同时，民间同样也存在着会计活动，从一些考古的成果能够看出，在古埃及的后期，民间的一些记账算账办法已经很有特色了。例如一张公元一二世纪期间编制的啤酒销售计算单，该计算单由八栏组成，前六栏记载啤酒和销售额，第七栏登记前六栏各项目的合计和预计数额。

5.2 古巴比伦会计

古巴比伦文明是依托两河流域发展起来的，而苏美尔人便是这古老文明的奠基者。在公元前5000年，苏美尔人进入了美索不达米亚平原，在这块由定期洪水泛滥而形成的极其肥沃的土地上定居下来，靠并不很繁重的耕作便能获得较好的收成。在农业发展的同时，商业、建筑、交通等也开始发展起来，随之而来的便是苏美尔城邦的建立，这一时期大约始于公元前3500年。在考古发现中被认为最重要的城邦是乌尔城，一般认为，了解了乌尔城的历史，就等于了解了苏美尔的历史。在对乌尔城的考古研究中，我们不仅可以看到当时的政治经济情况，而且可以找到苏美尔人在泥板上用楔形文字对地产生意的记录。因此可以得出这样的结论，古巴比伦会计早在苏美尔王朝时期就已经随着经济的发展而孕育并产生了。下面我们将从官厅和民间两个角度来了解古巴比伦会计的情况。

5.2.1 古巴比伦官厅会计与民间会计

古巴比伦的统治者出于统治的需要，非常注意财计方面的控制。尽管已无法得知当时古巴比伦王朝财政机构的设置，但还是可以找到蛛丝马迹。在古巴比伦，与财计有关的较为重要的官员是记录官，在中央一级或神殿以及地方政府均有设置。记录官（scribe）在国家和民间的财政经济事务中均发挥着极其重要的作用。在国家方面，他主要负责记录国库的收支及征收贡赋；在民间方面，他负责监督民间契约的签订。从记录的文字和工具来看，所用的文字是苏美尔人创造的楔形文字，采用的工具则是黏土板和削成三角尖头的芦苇秆、木棒或骨棒。在记录的时候，用芦苇等在黏土制成的泥板上刻画，记录完毕将黏土板晒干保留。后来，人们发现晒干的黏土板容易碎裂，便又创造了焙烧的方法，将比较重要的记录泥板进行焙烧，便能较长时间地保存。随着民间契约的签订，记录的形式进一步复杂化。除在黏土板上记录契约有关事项并进行烧制外，为了保密和防止篡改，还要给契约黏土板作一个“外套”，即用黏土作一个薄薄的封套，在封套上简要刻画契约的有关内容，这样，就使封套与其中的黏土板反映的情况是一致的，即使有人篡改了封套上的内容，在不打破封套的情况下，也无法修改黏土板上的内容。在记账方法方面，古巴比伦会计与古埃及会计大体上是相似的，但又有更高明的地方。从遗留下来的古巴比伦第三王朝时期的经济报告文献来看，记录的方式仍是文字叙述式，这与古埃及的情况是一致的，但在分类汇总方面，更能反映经济业务的来龙去脉。例如，文献中的一个例子是有关劳动力的归集和使用，一方面反映了来自各个方面的劳动力的汇总，另一方面反映了这些劳动力用到哪里去了，即如何使用，这是在古埃及簿记文献中没有发现的。

由于古巴比伦人酷爱管理，因此除在官厅中重视财计外，在民间也有广泛的运用，如神殿会计、银行会计、商业会计都能反映这方面的情况。古巴比伦的神殿除发挥宗教职能外，还是商贸中心，为了处理每天大量的经济业务，寺院的祭司和僧侣们很重视会计记录，并把它作为向神报告的方式。作为商业和金融业的重要记录，为数不少的黏土板被保留了下来，而且不少黏土板还带有前面提到的封套，从这些黏土板中我们能够了解到当时的一些商务活动，如出租房屋或土地、雇用劳动力、商品购销等，如图5-1所示。

图5-1 苏美尔人的商业簿记（黏土板）

【小思考5-2】

古巴比伦官厅会计的主要特征有（　　）。

（1）黏土板加封套更为保密

（2）记录方式为文字叙述式

（3）具有宗教色彩

（4）分类汇总更能反映经济来龙去脉

【答案】（2）、（4）。

5.2.2 汉谟拉比与《汉谟拉比法典》

在介绍古巴比伦会计时，有一位伟大的人物必须一提，他就是古巴比伦第一王朝的第六代国王——汉谟拉比。汉谟拉比是一位非常有抱负的君主，在古巴比伦还是亚述小城邦的时候，他就立下宏志大愿，要作出一番轰轰烈烈的事业。他首先巩固内部，通过制定法典、修筑城墙、重建神庙来积聚实力。汉谟拉比在位的第6年，开始向外扩张。他采用团结邻邦、逐个打击敌人的策略，在历经35年的苦心经营后，最终统一了两河流域，号称“强大之王、巴比伦之王、世界四方之王”。汉谟拉比在位期间，实施了一系列促进经济发展的政策，如调整土地租佃关系、禁止大奴隶主肆意掠夺小私有者、限制高利贷和债务奴隶、发展商业、重视水利工程的建设和管理、开凿运河。此外，他也非常重视财计工作，对贪污舞弊者毫不留情。

汉谟拉比的治国思想集中体现在著名的《汉谟拉比法典》（如图5-2所示）之中。《汉谟拉比法典》被认为是世界上最古老、最完备的一部法典，由于是用阿卡德语楔形文字刻在黑色玄武岩石柱上，因此又被称作《石柱法》。法典共3 500行，282条，对刑事、民事、贸易、婚姻、继承、审判制度等都作了规定，其中，对商业契约、授产契据、租地契约、地契、期票、利率、利息、税捐、财产清单等具有会计意义的事项都下了明确的定义，从而对古巴比伦会计的发展产生了重要的影响。

图5-2　《汉谟拉比法典》

5.3 古希腊会计

5.3.1 克里特文明和迈锡尼文明时期的簿记

与两河流域文明和尼罗河文明相呼应的是爱琴海地区的青铜文明，这一文明区主要包括克里特岛和希腊的迈锡尼，后来随着爱琴海与希腊逐渐形成统一的文明区，古希腊文明区便出现在人们的面前。

在大约公元前2000年，克里特岛出现了最初的国家，但随着这一文明的灭绝，此前的爱琴文明便成了一个谜，人们往往只能从遗留的一些神话传说中去追寻那一段遥远的时光。在众多的神话中，最著名的一个要算英雄忒修斯勇闯迷宫、杀死牛头人身怪物的传说，千百年来，它不仅为人们带来了无穷的遐想和憧憬，而且促使一些有心人去探根溯源。从1870年起，德国的作家、商人谢里曼为证实这些古希腊神话是子虚乌有还是确有其事，开始了充满传奇色彩的探险活动，最终他发现了小亚细亚的特洛伊和伯罗奔尼撒的迈锡尼遗址，从而证实了传说中特洛伊人与希腊人争夺的特洛伊古城的确存在。另一位英国考古学家阿瑟·伊文斯同样取得了重大的成果，他挖掘出了前面提到的忒修斯迷宫。迷宫位于克里特岛上克诺索斯的凯夫拉山上，占地22 000平方米，有殿宇1 500多座，包括国宝殿、王后寝宫、双斧宫、贮藏室、仓库等，建筑气势宏大，构思巧妙，加之回廊往复，千折百转，称为“迷宫”确实名副其实。在迷宫的殿壁上，伊文斯发现了大量壁画，其中有国王、贵族的活动以及斗牛戏的描述，此外，他还找到了2 000多块泥板以及一些图章和器具，上面有一些线条形状的文字，这就是后人所说的线形文字。通过考证，可以证明在克里特时期已经有兼管簿记的官吏，具体负责记录国库财产的收支、保管等，但由于克里特人使用的线形文字至今尚未解读成功，因此无法了解泥板上更为具体的内容。

公元前15世纪中叶左右，由于某种原因，克里特文明突然衰落，古希腊文明的发展重心转向了迈锡尼。迈锡尼人全面继承并发展了克里特文明。在文字方面，他们在克里特线形文字的基础上创造了自己的线形文字，后人为区分这两种文字，将前者称为线形文字A，将后者称为线形文字B。值得高兴的是，1952年英国学者文特里斯和柴德威克解读线形文字B成功，从而为我们揭开了公元前15世纪至公元前12世纪迈锡尼文化的面纱。通过解读泥土板上的内容，我们得到了一些当时会计情况的信息，如在一块泥土板上记有“国王的领地，三千六百公升麦籽。将军的领地，一千二百公升麦籽……”诸如此类，可以看出这些泥土板的记录方式属于文字叙述式，这与古埃及、古巴比伦的相关会计记录是很相似的。

根据考古发现，自公元前1200年起，迈锡尼文明逐渐走向衰微，各城市之间战乱频繁，经济萎缩，加之外敌入侵，公元前1150年后，迈锡尼各城市相继毁灭。由于消灭迈锡尼各城市的多利亚人没有马上建立国家，因而使古希腊文明中断了两三百年，从公元前1100年至公元前800年，希腊退回到原始社会状态，记录这个时期的主要文献是《荷马史诗》，因此又称希腊的这一时代为“荷马时代”。

5.3.2 雅典民主制度下的财计情况

荷马时代之后，古希腊元气逐渐恢复，伴随着新的奴隶制城邦的建立，奴隶制经济有所发展，同时民主政治建设也初具规模。进入公元前5世纪后，在希腊的众多城邦中，雅典城邦政治制度的民主化达到了人类历史上前所未有的高度。当然，雅典城邦政治制度的民主化进程也不是一帆风顺的，早期的雅典城邦同斯巴达城邦一样，也是完全的贵族寡头统治，直到一位伟大的革新家出现后，情况才有了根本性的变化。

这位伟大的革新家便是梭伦。他虽然出身贵族，但由于体察民情并且博学多才，所以在民众当中有着很高的声望。他敏锐地观察到当时雅典城邦面临的日趋激化的社会矛盾，一方面是贵族的残酷压榨，另一方面是广大劳动人民难堪重负而决心铤而走险。为了维护整个城邦的利益、协调多方面的矛盾，当选为首席执政官的梭伦决定进行一场政治改革。

公元前594年，梭伦开始了他一系列的重大改革措施，主要包括颁布《解负令》，解除农民债务，取消债务奴隶制；按财产的多少将公民重新划分为4个等级，取消原有的贵族、农民、手工业者的等级划分，政治权力按照新的等级高低而定；恢复公民会议并创立了400人议会，大大降低了原来贵族会议的权力等。通过以上这些措施，广大劳动人民无论是在政治上还是在经济上都获得了很大的好处，特别是新兴的工商业主，更是取得了梦寐以求的实惠，贵族的权力受到了限制，从而大大缓解了社会矛盾，促进了奴隶制经济的发展。

以梭伦改革为契机，雅典走上了建立奴隶制民主政治和发展奴隶制工商业的道路。至公元前508年，克利斯提尼将民主政治推上了一个新的高度。他的一项重要功绩是改革了梭伦改革中以4个血缘部落为基础的选举制度，而代之以10个新的选区，每个选区按抽签法选出50名代表，组成500人会议，使得“每个身体健康并关心政治的雅典公民，原则上都有当选500人会议成员的权利，实际上在他一生中也总有一两次获选的机会”，每个部落中在1年的1/10时间内担任议事会的主席团，负责召集公民大会等事务。主席团中每天选出1名主席，掌管国家文书与国库钥匙，陪审法庭的人员也按部落的抽签法选举产生。

在如此民主公开的政治制度下，对公共财产的管理也是其中一项重要而突出的内容。涉及财计管理方面的官吏主要有公卖官、出纳官和会计官。公卖官主要负责出租、出包事务，对应收款项采取白板记录，记录后，将白板交由会议的事务官保管，付款人结清款项时，事务官再将白板交给出纳官，由其将相应记录涂去。公卖官的产生是由各部落抽签选出的。出纳官的主要职责是负责在付款人付款时，将当初由公卖官所作的白板记录涂去，之后再将白板交给事务官，对延迟付款者，出纳官要作详细的记录，以备会议对其作出惩罚。与公卖官一样，出纳官也是由各部落抽签选出的。在雅典的财计官员中，最重要的官吏是会计官，也称作“阿波德克塔埃”，人数10名，由会议选出，并配有10名助手。其主要工作是处理政府各种收支业务，记录官吏账目，接受官吏离任报告账目等。其中，接受官吏离任报告账目的工作类似于现在的离任经济责任审计，在检查官吏账目的时候，如果发现有贪污舞弊的现象，会计官要向陪审法庭报告，经陪审法庭审判后对有关官吏作出判决。另外，在雅典还出现了公开财政的做法，这也是当时民主之风盛行的重要体现。根据考古发现，公开财政的做法除在官厅部门中被采用外，神殿、学校等组织也作同样处理。

5.3.3 官吏经济责任审计

如前所述，雅典人民经过不懈的斗争和改革，逐步建立了民主政治。公民内部在政治上是平等的，官僚风气相对较弱，官吏经济责任审计制度就是其中一项独具特色的民主制度。

当时，审计官称罗基斯塔埃和埃马苏诺衣。罗基斯塔埃是最高权威，起初为30名，后减至10名，每个部落1名，由抽签法选出，任职1年。所有官员在卸任时，均必须按照规定在离职后30天内向他们报送自己登记的会计账册。罗基斯塔埃只有在确认他们报送的账簿记录中不存在任何工作差错和贪污、受贿行为之时，才允许他们卸任离职，否则，就报送法院裁决，如果法院判决罪证属实，那么就要处以贪污或受贿数额10倍的罚金。埃马苏诺衣为10名，并配有辅助官——帕勒德罗依——2名，他们的主要职责是严格审查各官员报送的财产目录、证据文书、会计账簿，编写审计意见，并报告给罗基斯塔埃，另外，还负责应收账款的收回工作。官吏经济责任观念深入人心的另一个明证是在雅典附近发现的一块公元前4世纪的大理石碑，上面刻有当时地区民众议会（议会与民众管理会）颁布的一项法令，记载了民众议会资金管理良好的情况，还抄录了10位罗基斯塔埃就职宣誓的全文。在古代雅典，无论是谁，只要被发现有徇私舞弊的行为，就会受到严厉的制裁，就连杰出的政治家、首席将军伯里克利也因为被审计官认为有挪用公款罪，而被处以罚款，并被罢免将军职务。有了这样一套审计制度，与周围那些贿赂、裙带风盛行的城邦相比，雅典的政治要清明得多。

雅典的官吏经济责任审计，与希腊的民主政治相伴始终。从公元前4世纪克利斯提尼的改革到伯里克利时代，雅典民主政治逐步达到了全盛时期。随着雅典的日益壮大，引起了斯巴达的敌视，并最终导致了为期20多年的伯罗奔尼撒战争。尽管斯巴达战胜了雅典，但城邦体制本身已是危机四伏，各城邦迅速走向衰落。斯巴达的寡头政治取代了雅典的民主政治后不久，连绵不断的战争再度爆发，希腊这片美丽的土地几易其主，从马斯顿人称霸到罗马帝国的建立，专制统治最终得以彻底确立，民主政治渐渐退出了历史舞台，官吏经济责任审计制度也随之消失了。

【案例分析5-1】

罢黜伯里克利

伯里克利是希腊历史上赫赫有名的人物，他虽然出身名门，但十分热衷民主政治，关心中下层人民的疾苦，因此得到广泛的支持和拥护。公元前461年，伯里克利成为雅典民主派和国家政权的重要领导者。自公元前444年起，他连任首席将军，达到权力顶峰。其施政过程中，大力推行民主政治，尤为称道的是将全部公职人员均置于人民的监督之下，不论是谁，只要做了有违法律的事情，都要遭到处罚。但就是这样一位伟大的领袖，在享有巨大的荣誉和权势后，个人私欲膨胀，最终犯下挪用公款罪。其罪行被曝光后，伯里克利受到了严厉的制裁，不仅被处以罚款，而且被罢免将军职务。

问题：

希腊的民主政治至伯里克利时代达到最高峰，但伯里克利正是在其一手创建起来的制度下丢掉了官位，你如何看待这件事？

5.4 古罗马会计

5.4.1 民间会计的盛行

自公元前753—公元前510年，据说曾有七位王（部落或部落联盟首领）统治过罗马，这段时期称为王政时期。在王政时期末期，第六代国王塞尔维乌斯进行了一系列改革，为罗马由氏族公社转化为国家作了积极的准备。在其改革措施中，对公民及其财产进行普查（census）是影响当时财计状况的一个重要因素。由于公民等级划分以及相应权利和义务的界定都取决于普查结果（如5个等级对应的财产资格分别是10万阿司、7.5万阿司、5万阿司、2.5万阿司和1.1万阿司），所以公民有必要通过会计账簿的设置来反映自己的财产情况。

家庭用账簿一般有三种：一是家长账；二是辅助账；三是记录债权与利息的朔日账。家庭及商业兼用的账簿有日记账和现金出纳账，日记账起流水账的作用，序时记录发生的收支业务，然后再向现金出纳账中结转。在这种良好的会计环境下，随着银行业务由希腊的传入，已存在的账簿体系又进一步得到发展。为了满足记录银行存贷业务的需要，除了设置日记账和现金出纳账之外，又增加了“顾客总账”。

在账簿组织丰富的同时，复式记账的雏形，即根据经济业务的二重性影响（一项业务的发生，应该（至少）影响两个方面）在账簿中作双向记录的做法也在古罗马出现。为了核算投资业务，投资者往往设立现金出纳账的补充账户——人名账户（也称债权债务账户），结合日记账、现金出纳账共同反映与投资相关的各种事项。负责人名账户的大都是经过训练的奴隶，作为主人的代理人负责处理经济业务和各项会计核算，这种奴隶作为贵族（主人）的代理人所做的簿记称为“代理人簿记”。他们的记录体现了经济业务的双重影响，如从主人（投资者）处收到现金时，借记现金出纳账上的现金账户、贷记主人账户；将现金贷出时，借记人名账户、贷记现金账户；收回投资款项时，借记现金账户、贷记人名账户等。

【小思考5-3】

古罗马民间会计的特点主要表现在（　　）。

（1）对公民财产进行普查

（2）账簿组织丰富

（3）复式记账雏形出现

（4）“代理人”负责人名账户

【答案】（1）、（2）、（3）、（4）。

5.4.2 古罗马的财务官和监督官

公元前510年，王政时期的最后一位王——高傲者塔克文——被驱逐出罗马，同时，罗马共和国建立。

进入共和国时期后，元老院掌握着实际的行政指挥权，以人民的名义控制着货币铸造和国家财政，在财计方面设置的主要官吏有财务官（quaestor）和监督官（censor），下面先介绍财务官。

罗马共和国最初有2名财务官，负责国家的会计工作，后来又增加了2名军队财务官，专门管理军队的收支。在疆域扩大之后，财务官的数量增加至8名。苏拉在取得罗马统治权后，实行宪政改革，加强了官僚机构，如将执法官由6人增加至8人，财务官由12人增加至20人，但由于苏拉个人的军事独裁与其拼命维护的共和体制相互矛盾，因此他的统治很快就宣告结束，而代之以凯撒的独裁统治。公元前48年，凯撒战胜了以庞培为首的元老院势力，共和制土崩瓦解；公元前45年，他被授予终身独裁官称号，同时还将统帅、大教长、祖国之父等头衔和称号集于一身，从而开始了个人独裁时代。凯撒掌权后，依然设置元老院，但此时的元老院只不过是他的奴隶。此外，凯撒还增加了其他高级官员的数目，财务官一职由原来的20人增加到40人。

继凯撒之后的另一位杰出政治家、罗马帝国的创建者屋大维同样十分重视财计管理工作，在打败政治上的敌手雷比达、安东尼后，公元前27年，他取得了“奥古斯都”称号，标志着罗马帝制的全面建立。建立元首制后，他采取了一系列的财政改革措施，如为了加强对国家财政收入的管理，设置了财务代理官和会计官，这两类官吏有着极重要的职权，总揽全国财政工作，并作为君主的私人财政顾问为其出谋划策；通过制定第一个政府预算（government budget）来控制国家的财政收支，从而为罗马帝国经济的发展提供了有利的条件。

监督官是财计方面的另一重要官吏。公元前443年，罗马共和国设置监督官，其人员从退休的执政官中选出，主要职责是全权负责国家的财政管理，并进行人口普查、财产登记、行政监察和税收稽核等工作。在哈德良和马卡·奥勒略（公元117—180年）统治时期，一些城市经常在公共建设（如共建剧院和男女浴室等）方面挥霍浪费，致使城市财政经常出现赤字，有些城市甚至因此陷入破产状况。为了防止类似事件的发生，统治者们派出了一批监督官对这些城市的会计账目和兴建的公共设施进行就地审查，统治者根据监督官的审计结果处理了一些管理不力的城市长官，并撤销了财政管理混乱城市的自主权。

本章小结

古埃及、古巴比伦、古希腊、古罗马是最早进入奴隶社会的人类文明，出于国家统治的需要，加之其他方面条件的成熟，会计终于破土而出并取得了一定程度的发展，在出现时间上，官厅会计要早于民间会计。与会计相伴随的便是审计监督，在上述文明古国中已经出现了负责财计监督的官员。

练习题

5.1 《帕勒摩石碑》和《吐特摩斯三世年代记》在会计记录方面的相同点和不同点是什么？

5.2 古希腊负责审计的官员有哪些？他们有什么具体职责？

自测题

5.1 古埃及会计官在记录时采用的文字和工具是什么？

5.2 古巴比伦会计官在记录时采用的文字和工具是什么？

补充阅读材料

1. 巫昌国，程庆. 对古希腊官吏经济责任审计的思考 [J]. 审计与经济研究，1996（6）.

2. 文硕. 世界审计史 [M]. 2版. 北京：企业管理出版社，1996：16-22.

3. 郑力. 世界各国政府审计 [M]. 北京：中国审计出版社，1995：70.

资料来源

1. 文硕. 西方会计史——会计发展的五次浪潮（上册）[M]. 北京：中国商业出版社，1987.

2. 文硕. 世界审计史 [M]. 2版. 北京：企业管理出版社，1996.

3. 巫昌国，程庆. 对古希腊官吏经济责任审计的思考 [J]. 审计与经济研究，1996（6）.

第6章 中国封建社会会计

学习目标

通过本章学习，理解和掌握封建社会会计发展的过程及规律，明确在各个阶段会计发展的主要特点、标志性事件、标志性著作等。

与上述学习目标相适应，本章以9节内容，分别介绍了春秋战国会计、秦代会计、汉代会计、魏晋南北朝会计、隋唐会计、五代十国会计、宋代会计、元明会计和清代会计在财计组织、财计制度、会计方法、会计理论及会计著作等方面的发展情况。

《至正直记》与簿记

6.1 春秋战国时期会计

春秋战国时期（公元前770年—公元前221年）是我国历史上从奴隶社会转变为封建社会的重要时期，生产力的发展促进了经济的发展。在这个时期，人们逐渐明晰会计的含义，并最终确立了“会计”的命名，在各级政权机构和武装力量中设置主掌财计核算的职官，会计核算中使用不同的凭证和账册，会计报告已形成制度。当时颁行的法律也有许多关于会计的条款，核算中借助算筹作为计算工具。此外，货币计量单位已为账目登记和会计报告所使用，度量衡制度具备相当水平。所以春秋战国时期既是我国奴隶制瓦解、封建制建立发展的开端，也是我国封建社会会计发展的重要起点。

6.1.1 “会计”命名

汉语中的“会计”一词，由汉字“会”和“计”两字缀合成词。

1）“会”字源流

（1）“会”字字形。在古汉语中写作“會”。现存的古文字材料表明，“會”字最早见于商代甲骨文，其后，在西周的钟鼎文、东周的金石简帛中多有发现，但字形结构不尽一致。秦代采取书同文措施，将字形统一为小篆，其后只有篆、隶、草、真等书体的相继递嬗，字形结构未曾变化。汉末以后由于草书书法的影响，使得“會”简化为“会”，但多用于非官方文件。“会”字源流如图6-1所示。

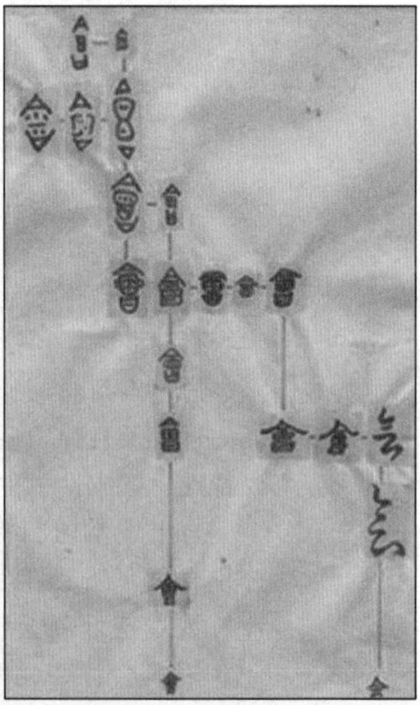

图6-1 “会”字源流图

1935年8月21日，国民政府教育部公布的《第一批简体字表》明令以简体“会”字作为规范用字，唯翌年2月又通令收回，恢复使用繁体“會”字。中华人民共和国成立后，推广使用简化字。1956年1月31日，国务院公布的《汉字简化方案》规定，“会”字为规范用字，由此简化字“会”正式成为通用写法。

（2）“会”字读音。“会”系多音字，其读音在先秦至魏晋时期的上古音中，一为“见”母、“月”部、入声字，另为“匣”母、“月”部、入声字；在南北朝至唐宋时期的中古音中，一为“见”母、“泰”部、去声字（《广韵》反切为“古外切”），另为“匣”母、“泰”部、去声字（《广韵》反切为“黄外切”）；在元明时期的近古音中，一为“皆来去声”字，另为“齐微去声”字；在现代音中，其汉语拼音一为“ㄎㄨㄞ”即“Kuài”，另为“ㄏㄨㄟ”即“Huì”。

（3）“会”字含义。据《说文解字》解释：“会，合也。从亼，从曾省，曾，益也。”分别释之，“合，合口也，从亼、从口”，“亼，三合也，从人、一，象三合之形”。据此可知，“会”字本意为会合。

（4）“会”字使用。据《秦律·内史杂》记载：“都官岁上出器求补者数，上会九月内史。”

2）“计”字源流

（1）“计”字字形。在古汉语中写作“計”。现存的古文字材料表明，“計”字最早约见于东周时期的玺印文字，其字形结构一脉传承，相袭于今，唯汉代草书体使“計”简化为“计”。

民国时期，国民政府教育部公布的《第一批简体字表》在“附说明四”中指出“偏旁如‘言……’等本可采用简体，但如此一改，则牵动太多，刊刻费时，今求简而易行，故此等偏旁，暂不改易”，即繁体“計”字仍为规范用字。中华人民共和国成立后，国务院公布的《汉字简化方案》规定将作为偏旁的“言”改为“讠”，但需试用，至1964年颁行《简化字总表》，才使“计”字为规范用字，由此简化字“计”正式成为通用写法。“计”字源流如图6-2所示。

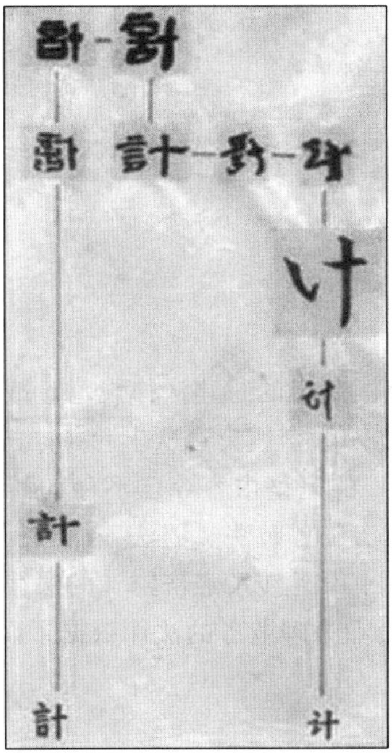

图6-2　“计”字源流图

(2)“计”字读音。在上古音中，为“见”母、“质”部字；在中古音中，为“见”母、“霁”部、去声字（《广韵》反切为“古诣切”）；在近古音中，为“齐微去声”字；在现代音中，其汉语拼音为“ㄐㄧ”即“Jì”。

(3)“计”字含义。据《说文解字》解释：“计，会也；筭也。从言、从十。”分别释之,“会，合也”,“筭，长六寸，计历数者”。古汉语中，“筭”与“算”为同音假借字，“算，数也。从竹、从具。读若筭”,“言，直言曰言”,“十，数之具也，一为东西，丨为南北，则四方中央备矣”。据此可知，“计”字本意有二：第一为会合；第二为算或数。

(4)“计”字使用。据《秦律·效》记载：“至计而上会籍内史。”据《左传·昭公廿五年》记载：“计于季氏。”

3)“会计”命名源流

据文献记载，“会”和“计”两字缀合成词，最初有两种连缀方式。一种方式为将“会”置于“计”前，组合成“会计”，如《管子·四时》：“三政曰：效会计，毋发山川之藏。”另一种方式为将“计”置于“会”前，组合成“计会”，如《六韬·龙韬·王翼》：“法算二人，主计会三军营壁、粮食、财用出入。”

当时，“会计”和“计会”两种词序的含义大致相同，为人们所通用。汉代以后，“会计”逐渐成为固定的单一用法。

“会计”一词的含义，据清代焦循在《孟子正义》中的阐述，为“零星算之为计，总和算之为会”。

【小思考6-1】

考察汉语中“会计”一词的早期使用情况，可以（　　）。

(1) 将“会”置于“计”前，组合成“会计”

(2) 将“计”置于“会”前，组合成“计会”

(3) 既可以组合成“会计”，又可以组合成“计会”

(4) 只使用“会”或“计”的单字

【答案】(3)。

6.1.2 会计法律制度

1)《法经》

《法经》是中国战国时期魏国制定的封建法律规范。战国初期，李悝任魏国相，主持变法，使魏国成为当时的强国之一。李悝集春秋末叶各国法律之大成，编撰出中国第一部封建法典——《法经》。《法经》的完整内容今已不存，其片断章句散见于各种古代典籍中。据史书记载，《法经》共有盗法、贼法、囚法、捕法、杂法和具法等六篇，依据传世的后代法律文本推断，《法经》中不乏涉及经济财计的法律规定，这些涉及经济财计的法律规定不仅是官府执行公务、百业办理业务的法律依据，而且是官府职司财计的部门进行核算、从事审查的法律标准。

2)《秦律》

《秦律》是中国战国时期的秦国和秦王朝制定实施的封建法律规范。战国时期，秦孝公以公孙鞅主持变法，使国力大振。当时，公孙鞅以《法经》为蓝本，“改法为律”，制定了秦国的盗、贼、囚、捕、杂、具等六律。《秦律》条款如图6-3所示。

图6-3　《秦律》条款

考古资料表明，秦国还制定颁行了大量的单行律，广泛涉及刑事、民事、行政、经济、诉讼及其他法律的内容，如《田律》《仓律》《厩苑律》《金布律》《关市律》《工律》《工人程》《均工律》《传食律》《效律》等，直至秦统一六国后仍在施行。其中，《田律》为关于管理农田生产和土地分配的法律规范；《仓律》为关于粮草仓库管理的法律规范；《厩苑律》为关于管理畜牧生产的法律规范；《金布律》为关于货币和财物的法律规范；《关市律》为关于管理关卡和市场税收的法律规范；《工律》为关于官营手工业的法律规范；《工人程》为关于官营手工业生产定额的法律规范；《均工律》为关于调度手工业劳动者的法律规范；《传食律》为关于驿传供给食物的法律规范；《效律》为关于核验度量衡器具、清查官府物资财产、核对账目的法律规范。

这些律条虽然并非《秦律》的全部，但已明显地规定了与会计工作相关的内容，多方面地涉及会计核算中的凭证、账簿、报告，财物保管及出纳，各种收支定额等具体问题，规定了明确而详细的要求和违反要求的处罚标准。这些律文为确保会计工作质量提供了法律保证，也为职能机构从事检查监督提供了法律依据。

在《秦律》中，与会计工作具有明显关系的律条为数较多，其中直接规定会计工作内容的律条大多集中在《效律》内。

《效律》是中国战国时期秦国制定的关于核验度量衡器具、清查官府物资财产、核对账目的法律规范。在《效律》中，有一些直接规定会计工作的律条，是现存中国古代法律中明确规定会计工作中出现的罪错名称、对会计罪错的处罚以及相应的处罚标准的最早法律规范。

《效律》律文称："计用律不审而赢、不备，以效赢、不备之律赀之，而勿令偿。"即规定了对会计核算工作中犯有不合法律规定而致数额出入罪错者进行处罚的法律规范。

《效律》律文称："计校相谬也，自二百廿钱以下，谇官啬夫；过二百廿钱以到二千二百钱，赀一盾；过二千二百钱以上，赀一甲。人户、马牛一，赀一盾；自二以上，赀一甲。"即规定了对会计核算工作经过核对或检查而发现其中存在错误者进行处罚的法律规范。

《效律》律文称："计脱实及出实多于律程，及不当出而出之，直其价，不盈廿二钱，除；廿二钱以到六百六十钱，赀官啬夫一盾；过六百六十钱以上，赀官啬夫一甲，而复责其出也。"即规定了对会计核算工作中犯有账簿记录对象的数量少于或多于相应的具体财产对象的数量，且账簿记录与实存财产的数量不符已超过法律允许限度的罪错者和对会计核算工作中犯有依据规定不准报销的支出项目却办理了报销手续的罪错者进行处罚的法律规范。

《效律》律文称："器识耳不当籍者，大者，赀官啬夫一盾；小者，除。"即规定了对犯有账簿记录对象的种类、特征、标记、编号与相应的财产对象账实不符罪错者进行处罚的法律规范。

《效律》律文称："有赢、不备而匿弗谒，及诸移赢以偿不备，群它物当负偿而伪出之以彼偿，皆与盗同法。"《效律》规定了对会计核算工作中犯有隐匿财产超出或不足应有数量、不向主管部门报告罪错者，对会计核算工作中犯有擅自将财产移多补少罪错者和对会计核算工作中犯有将财产假作注销以抵充应赔财产罪错者进行处罚的法律规范。上述涉及会计工作的法律规范为惩处会计罪错、规范会计操作提供了法律依据，也为从根本上保证会计工作质量奠定了坚实基础。

此外，《效律》还规定了许多与会计工作具有明显关系的律条。例如，在出纳工作中，针对清点物品数目时出现超过或不足数的情况，称量物资出现不足数的情况，衡器、量器存在不准确的情况等，《效律》规定了相应的处罚方式及其量刑标准，这些法律规范为保证会计工作的质量提供了间接帮助。

值得注意的是，《效律》中规定的对于会计罪错的惩罚，其受罚对象具有法定的顺序，即首先确定以从事会计者的主管官员为受罚对象，其次为从事会计工作的当事者，然后是统管会计主管官员的地方长官（县令、县丞），最后为会计工作当事者的其他同级工作人员。这种连坐制度为封建会计法治提供了严苛的社会环境，对上级官府自觉督察下属的工作情况，以及同级官员自觉相互监督发挥了重要作用。

【小思考6-2】

秦国的《效律》对下列（　　）会计罪错规定了相应的惩罚条款。

（1）不使用会计凭证　　（2）账实不符

（3）会计失误超出规定的限度　　（4）做假账

【答案】（2）、（3）、（4）。

6.1.3 春秋战国时期的财计职官设置

春秋战国时期，在政权机构的职能部门中，一般均设置负责核算事宜的会计职官，其官名多采用以职官所在部门名称与"计"字相组合的方式来命名，如"军计"；或采用以具有直接隶属关系的上级职官官名与“计”字相组合的方式来命名，如“尉计”等。不采用上述方法命名的会计职官则径称“计官”或“计”，“计官之玺”印蜕如图6-4所示。所有从事核算事宜的会计职官，统称为“官计”。有些职能部门未设置专门的会计职官，由主管官员的属吏兼事核算，如令史的属吏令史掾、司马令史的属吏司马令史掾等，这些兼管会计的职官亦属官计的范围。

图6-4 “计官之玺”印蜕

有些负责核算事宜的会计职官，其官名不采用“计”字或不通过“计”字组合的方式来命名，而通过与会计相关的其他方式命名，如战国时期，军队中设有主管兵器、粮秣和军饷等收支计算与管理的会计官员，名叫“法算”。据《六韬·龙韬》记载：军中设“法算二人，主计会三军营壁、粮食、财用出入”。

6.1.4 春秋战国时期的财计制度

随着春秋时期政治经济斗争的发展，封建经济关系逐步形成。在社会经济动荡演变之中，列国中一些有见识的政治家和经济家便主动出来为国王出谋划策，以顺应历史潮流，维护和巩固其统治。其中财计制度便成为强国中改革的重要议题。

春秋初管仲事齐桓公为相，遵循并改进周制；精于理财，注重会计，为我国历史上著名理财家。管仲认为，作为一个强国，如果放松了理财，非但不能称霸天下，而且连对本国的统治也不可能持久。那么，如何抓住理财呢？他主张要抓住理财，必须先从建立财制着手，围绕着财用，涉及衣、食、住、行以及人户、生产工具各个方面都要有量、有制、有度、有数和有禁，同时，要贯彻财计制度，就必须相应设置财计部门和委派财计官员。他利用并改革宗周旧制，并实行人户编制，设官分别管理。另外，管仲还发展了我国仓储之制，并初步创立了我国的仓储理论。管仲的财计理论及对国家财政所进行的其他一系列改革，在我国财计发展史上有着深远的影响。

楚国的令尹子木在修补旧制的基础上，在田制、军制的改革方面也有一定成就。对各类土地进行统一测量与登记，按不同土地制定不同的产量标准，并依之征集军赋，为会计核算提供了依据。

到战国时期，魏国李悝和秦国商鞅的改革又进一步。李悝一方面主张“尽地力之教”，从解决农民的土地问题入手，鼓励个体农民进行生产，以增加国家的赋税收入。另一方面，废除旧制，创立新法，用法律的形式把维护封建秩序的政治、经济制度固定下来。李悝所著《法经》，在六法之中（六法，即盗法、贼法、囚法、捕法、杂法及具法）推测会存在涉及经济法规方面的内容。秦国的商鞅变法是战国时期在财计制度变革方面最有成效和影响的，其内容有：组织民户，重编户籍，确定户籍制度；废井田，开阡陌，确定租税之制；划一斗斛，权衡，丈尺，统一确定度量衡制度；取法《法经》，拟定秦律等。出土的秦国法律文书证明秦在会计方面的法律规定，对保证会计工作的质量发挥了重要的作用。

在春秋战国时期的各种财计制度中，复计著制度与上计制度影响重大。其中，复计著制度是春秋时期齐国实行的逐级定期报告制度。春秋初期，管仲在齐国进行一系列内政改革，重财计、置机构、设职官，并规定了逐级定期报告制度。据《管子》记载，齐国行政隶属关系为：国分五乡，各置乡师；乡分五州，各置州长；州分十里，各置里尉；里分十游，各置游宗；每十家为一什，置什长；每五家为一伍，置伍长。所谓逐级报告，指由什长和伍长复于游宗，由游宗复于里尉，由里尉复于州长，由州长计于乡师，由乡师著于士师。所谓定期报告，指三月一复、六月一计、十二月一著。其中，“复，白也”，“白”，即陈述、禀告；“计，上计也”；“著，标著也，使崩曹署著其名”。这一制度揭示出春秋时期已确定了各级政权向上级官府进行季报、半年报和年报的报告形式和时间限制，也披露了上级官府接受下级官府的季报、半年报和年报并对所受报告进行审查和稽核。上计制度是中国古代实行的各级地方政权向中央政权报告各自治绩并接受中央政权考核的制度。据《周礼》记载，百司百官和群都、县鄙定期向中央政权报告，每三年还要行大计，并接受考核。春秋时期的齐国实行复计著制度。战国时期的各国均沿袭此法，并确定为上计制度。其具体做法是，每逢年终，地方官吏将其所治地方的财政收入、财物支出和年内该地域的人口、垦田、盗贼、狱讼等情况以及下一年度赋税收入的核算书于券，呈送国君，经审批后将右券留存中央，将左券带回本官府。在下一年度，地方官府即按原定计划执行预算，俟年末再书券上于君王，君王据原收持预算右券与载录新年度实际情况的券相核对，考稽官吏，并视政绩优劣而予其升降或任免。与上计相对应的是受计制度，受计是中国古代实行的中央政权接受和审核各级地方政权治绩报告的制度。据《周礼》记载，天官大宰定期接受、考核百司百官和群都、县鄙的报告或大计，并根据考核结果，对不同职官给予不同处理，置有功，废无功。赏大有功，罪大无功。春秋战国时期，逐渐形成上计制度，时由国君接受、考核地方官府的上计，并视政绩给予地方官吏以升迁罢黜。汉砖刻考核官吏图如图6-5所示。

图6-5　汉砖刻考核官吏图

【小思考6-3】

齐国实行的复计著制度主要含义为（　　）。

（1）由下而上逐级报告　　（2）按照规定期限定时报告

（3）同级官吏互相监督　　（4）上级职官对所属人员予以指导

【答案】(1)、(2)。

6.1.5 春秋战国时期的会计方法

1）会计文件

（1）券是中国古代证明业务办理状况、作为会计核算依据的经济文书名称，亦称“契”“书契”（如图6-6所示）。“券”最初用作记载债权债务、买卖合同的经济凭证，由参与经济活动的双方当事人各执一半，作为办理业务的依据，即发生债权债务关系时，需订立证明文件“券”，其一分为二，其中的一半付债务人收执，另一半留债权人收执，借以证明债务人和债权人各自的义务与权利。当终止债权债务关系时，需将债务人和债权人分别收执的两半券相合，验证无误后同时销毁，借以解除债务人和债权人各自的义务与权利。后来，“券”逐渐扩大其使用范围，在更广泛的经济活动中充为凭证，其中左券用于证明业务的执行情况，右券用于核算、核验业务。右券，又称校券。秦《法律答问》称，“亡校券右为害”。

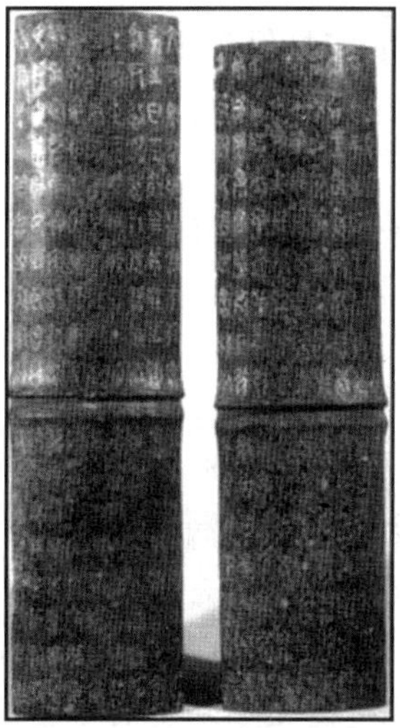

图6-6　券形制——战国鄂君启节

“券”的形制，最初是利用带有竹节的竹片制成，以竹节的特征作为验证两半券是否为同一凭证的标记。随着记录内容的增加，竹片的面积不敷使用，改为木制“券”，在两片木契的侧面一次同时契刻不同数量的刀痕，借以作为同一凭证的标记。《周礼·地官·质人》注称，“其券之象，书两札，刻其侧”。

时至秦代，“券”由左右两半发展为参辨券（叁瓣券），即可以一分为三的券形式，其中一半券由主管官府的官员收执，作为核验的依据，另两半券分由办理业务的双方当事人收执。秦《金布律》称：“县、都官坐效、计以负偿者，已论，啬夫即以其值钱分负其官长及冗吏，而人与参辨券，以效少内，少内以收责之。其入赢者，亦官与辨券，入之。”汉代也使用参辨券。辨券系多联式凭证的滥觞，它的使用为审核勾考工作提供了更为有利的条件。

（2）用书是《秦律》记载的反映财产损失的注销文件名称，亦称“用”。中国战国时期的秦国和秦代，在办理官有财产因受损而注销的业务手续时，按照法律规定，需使用“用书”或“用”作为注销财产的证明文件。《秦律・厩苑律》规定：“叚铁器，销敝不胜而毁者，为用书，受勿责。”

（3）官致是《秦律》记载的反映发放财物的支出文件名称，亦称“致”。中国战国时期的秦国和秦代，在办理发放财物的业务手续时，按照法律规定，需使用“官致”或“致”作为支出财产的证明文件。《秦律・金布律》规定：“县、大内皆听其官致，以律禀衣。”

（4）籍是《秦律》记载的记录财物收支业务的账簿名称。中国战国时期的秦国和秦代，按照法律规定，在财物管理部门设“籍”作为登记财物收支业务的账簿。例如，秦代《仓律》规定，“入禾稼、刍稿，辄为廥籍”，“县上食者籍及它费太仓”，其中的廥籍和食者籍分别为记录粮仓与领取口粮者的账簿。另外，在财物管理部门按照确定的发放范围与固定的领取对象之间对应关系设立的账簿，称为“恒籍”。《秦律・田律》规定：“禀大田而无恒籍者，以其致到日禀之。”

（5）题是《秦律》记载的由实物保管部门记录财物收支业务的账簿名称。中国战国时期的秦国和秦代，按照法律规定，在实物保管部门设“题”作为登记财物收支业务的账簿，“题”由仓库出纳人员登记，系实物保管账簿。“题”与“籍”分别由会计和出纳人员记录，两种账簿具有相互制约的关系。

【小思考6-4】

依据出土的秦简资料可知，秦国使用的作为凭证的文件主要有（　　）。

（1）题　　（2）官致　　（3）籍书　　（4）用书　　（5）辨券

【答案】（1）、（2）、（4）、（5）。

2）会计记录方法

春秋战国时期也是会计记录方法的变革时期，开始从文字叙述式的会计记录向定式简明会计记录过渡。文字叙述式的会计记录方法的主要特点在于：一是通过文字采取叙述式的会计记录；二是采用单式会计记录法；三是序时流水式地进行记录。定式简明会计记录是运用既比较科学又比较简要的记录方法所进行的会计记录。这种会计记录的特点在于：一是能够简明扼要地反映会计对象；二是已初步有了一定的会计记录格式。定式简明会计记录革除了文字叙述式的会计记录方式，而采用比较固定划一的会计记录格式，但仍然保留着单式和序时流水式的记录方法。同时，文字的革命、数学的发展、计算工具算筹的运用为会计记录方法的进步也创造了一定的条件。在春秋战国时期的官厅会计核算中，以“入”“出”作为记账符号已基本上成为定式，这对符号一般冠于每笔经济事项的开首，使会计记录有了一定的格式。

3）会计术语

（1）“计用律不审而赢不备”是中国古代反映会计未按法律行事而致数额错误之含义的法律用语。在上述法律用语中，“计”指会计；“用律不审”指不合法律规定；“赢”指多于应有数量；“不备”指少于应有数量。“计用律不审而赢不备”，全句义为：会计工作不符合法律的规定，导致多于应有数额和少于应有数额的结果。战国时期秦国的《效律》规定：凡犯此罪错者，应比照“赢、不备”法律条文的规定进行处罚，但无须当事人赔偿。

(2)“计校相谬”是中国古代反映会计经核对发现其中存在错误之含义的法律用语。在上述法律用语中，“计”指会计核算工作；“校”指会计核对（或会计检查）工作。“计校相谬”，全句义为：会计核算工作经过核对或检查而发现其中存在错误。战国时期秦国的《效律》规定：凡犯此罪错者，应根据错误的数量分别给予不同的处罚，具体处罚的标准参见上引秦《效律》原文。

(3)“计脱实及出实多于律程”是中国古代反映会计工作中账簿记录对象的数量与相应的财产对象的数量账实不符且超过允许限度之含义的法律用语。在上述法律用语中，“计脱实”指会计账簿记录对象的数量少于相应的财产对象的数量；“（计）出实”指会计账簿记录对象的数量多于相应的财产对象的数量；“多于律程”指超过法律允许的限度。“计脱实及出实多于律程”，全句义为：会计工作中账簿记录对象的数量少于或多于相应的具体财产对象的数量，且账簿记录与实存财产的数量不符已超过法律所允许的限度。

(4)“不当出而出”是中国古代反映会计工作对于依据规定不准报销的支出项目办理了报销手续之含义的法律用语。在上述法律用语中，“不当出”指会计核算工作依据规定不准报销的支出项目；“出”指已完成并办理了会计报销手续，进行了相应核算工作的支出业务。“不当出而出”，全句义为：会计核算工作对于依据规定不准报销的已完成支出项目办理了报销手续，并进行了相应的核算工作。

(5)“不当籍”是中国古代反映会计工作中账簿记录对象的种类、特征、标记、编号与相应的财产对象账实不符之含义的法律用语。

(6)“亡券”是中国古代反映会计工作中丢失作为审核、查验依据的会计凭证之含义的法律用语。战国时期秦国的《法律答问》有答问称：“何为‘亡券而害’？亡校券右为害。”全句义为：什么叫做“丢失券契而造成危害”？丢失了作为审核、查验依据的右券，为造成危害。对于丢失券契而造成危害的处罚一经确定，即使当事人将丢失的券契自行找回，亦不得免除对当事人的论罪。《法律答问》有答问称：“亡……符券……已坐以论，后自得所亡，论当除不当？不当。”

(7)“赢不备而匿弗谒”是中国古代反映会计工作中出现财产超出或不足原有数量而隐匿不报之含义的法律用语。在上述法律用语中，“赢”指多于应有数量；“不备”指少于应有数量；“匿弗谒”指对出现的异常情况加以隐瞒，不向主管部门报告。“赢不备而匿弗谒”，全句义为：会计人员对会计工作中出现的财产实有数量多于或少于应有数量的情况加以隐瞒，不向主管部门报告。秦《效律》规定：“有赢、不备而匿弗谒……与盗同法。”即对会计隐匿财产超出或不足应有数量、不向主管部门报告者，视为盗窃罪并进行相应处罚。

(8)“移赢以偿不备”是中国古代反映会计工作中以财产超出数弥补财产不足数之含义的法律用语。在上述法律用语中，“赢”指多于应有数量；“不备”指少于应有数量。“移赢以偿不备”，全句义为：将会计工作中出现的某种实有数量多于应有数量的财产用于弥补别种实有数量少于应有数量的财产。秦《效律》规定：“有……移赢以偿不备……与盗同法。”即对会计擅自将财产移多补少者，视为盗窃罪并进行相应处罚。

(9)“当负偿而伪出之以赎偿”是中国古代反映会计工作中将某种财产假作注销而用以弥补应赔偿的其他财产之含义的法律用语。在上述法律用语中，“当负偿”指应赔偿的物品；“伪出之”指假作注销；“赎偿”指补垫应赔偿的物品。“当负偿而伪出之以赎偿”，全句义为：在会计工作中，将某种财产假作注销，并以被注销的财产抵充应赔偿的其他财产。秦《效律》规定：“有……当负偿而伪出之以赎偿，……与盗同法。”即对会计将财产假作注销以抵充应赔财产者，视为盗窃罪并进行相应处罚。

(10)“雠”是中国古代表述校对或核对含义的术语。秦《仓律》：“县上食者籍及它费太仓，与计偕。都官以计时雠食者籍。”依据上述律文可知，秦时各县应在上报每年的会计报告时一并向太仓缴送领取口粮人员的名籍和其他费用，由封建国家政权的都官机构在年终结账时核对领取口粮人员的名籍。

(11)“比”是中国古代表述类比或考比含义的术语。据《说文解字》所释，“比，密也”，段玉裁谓：“比”的“本义相亲密也，余义……校也、例也、类也”。《周礼·地官·小司徒》称，“及三年，则大比”，即每满三年期限，便进行一次考比。《秦律杂抄》称，“三岁比殿”，即连续在三年的考比中，其考核成绩被评为末等。

4）会计计算工具

算筹是以竹、木、骨、牙、玉、铁等材料制作的由一定数量尺寸一致、外形相同的棍条组成的计算工具。据《说文解字》解释：“算，数也，从竹、从具，读若筭。”“筭，长六寸，计历数者，从竹、从弄。言常弄乃不误也”，“筹，壶矢也。从竹、寿声”。算筹又称策，《方言》称：“木细枝为策。”算筹初为圆形竹木棍，长沙楚墓曾出土40枝12厘米的细竹棍。后材质变化，秦有骨筹、角筹，晋有牙筹，唐有铁筹。

《孙子算经》称：“凡算之法，先识其位。一从十横，百立千僵，千十相望，万百相当。”《夏侯阳算经》称：“满六以上，五在上方，六不积算，五不单张。”《周髀算经》《九章算术》用“置（放上去）”“列（排开来）”的术语表述运算的操作。为运算快捷，当时的人们还创设和使用了计算口诀，即“九九表”。《管子》《荀子》《淮南子》等著作中均提及“九九表”。

5）计量单位

尽管这个时期的会计核算所采用的计量单位还主要是实物量度，但货币量度已有了较多的使用，并开始在会计核算中发挥它的作用。

当时使用的货币计量单位，据《国语·周语》称：“景王二十一年（公元前524年）铸大钱。”春秋时期周、晋、郑、卫等国用铜铸布币。战国时期齐、赵、魏、秦国用铜铸布币（农具的演进形式），齐、燕、赵国用铜铸刀币，楚国用铜铸蚁鼻币（贝币的演进形式）和爰金（铸造金版），周、齐、赵、魏、燕、秦国用铜铸圜钱。春秋战国时期，黄金也作为货币用于流通，以镒（二十两）和斤（十六两）为计量单位。

实物单位的使用情况比较混乱。在度的方面，春秋战国时期，各国及公、私尺度不一。在量的方面，秦国制造商鞅方升，铭文规定，以十六又五分之一立方寸的容积为一升。在衡的方面，春秋战国时期，权衡运用较普遍。以一棍中点系纽，一端置物，另一端置石，调换不同重量石头保持木棍平衡，以称量物品重量，此器称“衡”，石头称“权”。此外，制作并使用天平，用来称量黄金等金属货币。天平制作精良，一般以竹片为横梁，丝线为提纽，两端各悬一铜盘，以经过称量的环形黄金饰物为砝码（称“环权”），“环权”上刻有重量，且以倍数递增重量，分别有一铢（合零点六克）、二铢、三铢、六铢、十二铢、一两（合二十铢）、二两、四两、半斤、一斤（合十六两），天平精度达一斤的一万分之六。

6.1.6 春秋战国时期的财计理论

在财计理论方面，这个时期的理财家从不同的方面论述并明确了会计在国家理财中的重要作用，并对如何做好这项工作以及做好这项工作的标准进行了讨论。例如，孔子对财计的有关议论，即在财政征收方面，孔子反对聚敛，在国家开支方面，又提倡节用。墨家学派的代表人物墨子在财计方面主张合理征收租税、市税和合理支出，反对浪费。《管子》一书通卷贯穿着对数和计数的议论，其中不少是涉及会计方面的。尤其应该指出的是，这一时期作为儒家创始人的孔子在他青年时曾结合自己职司委吏的经历，提出“会计当而已矣”的看法，对其基本含义的理解成为会计界长期以来研究的课题。

【案例分析6-1】

“会计当而已矣”是中国儒家创始人孔子青年时对会计发表的个人见解。语出《孟子・万章下》，全句为：“仕，非为贫也，而有时乎为贫；娶妻，非为养也，而有时乎为养。为贫者，辞尊居卑、辞富居贫。辞尊居卑、辞富居贫，恶乎？宜乎？抱关击柝。孔子尝为委吏矣，曰：‘会计当而已矣’；尝为乘田矣，曰：‘牛羊茁壮长而已矣’。位卑而言高，罪也；立乎人之本朝而道不行，耻也。”

长期以来，会计学术界对“会计当而已矣”阐述过几十种不同的理解，关键在于解释“当”字的含义时各抒己见，主要的理解差异表现在：①释“当”为“合适”、“恰当”、不繁不简，引申为“正确”或指“正确”。②释“当”为“正确”，并以此系于不同行为主体，得出类似“正确”的各种解说，约有：实物出纳正确说，登记正确说，计算正确说，簿记正确说，谋求正确说等。③释“当”为“平衡”，进而分为：收支平衡说，动态、静态双重平衡说，谋求平衡说等。④释“当”为包括“核算与管理”。⑤释“当”为“反映会计目的或要求”。⑥释“当”为反映会计工作者的“职能”和“职业道德”。⑦释“当”为体现会计原则。⑧释“当”为会计学术应符合实际需要。⑨释“当”为同时具有多重含义，应作不同理解，如“要求会计做到‘当’——计算要正确，收支要平衡，管理要适宜”，“‘当’字可以分着三点来讲：一是的当，何以谓之的当？我们知道会计的表现靠簿记，而簿记最重要的是单据方面的东西，与数字方面的记载，都要求其全对，这就是所谓‘的当’。二是确当，就是说，要簿记所记的，与实际方面相符，这就是‘名实相符’。三是应当，要问账簿所代表的财产的支配，究竟支配得应当不应当……法人究竟应该有多少固定资金，有多少流动资金，有多少事业投资，有多少货物欠款，对于他们的安全，极有关系，应该如何支配，最为应当”，“‘当’的含义是多方面的，一是讲在会计工作中对于经济收支事项要遵循财制，处理得当。二是讲对会计事项的计算、记录要正确。三是从统治者方面讲，要善于选择合格的、适当的会计人才”，“夫‘当’岂易言哉？精密正确，明晰清楚，迅速经济，紧凑防弊，凡斯数者，缺一则不当”。⑩释“当”为“账”的假借字，以名词“账”作为动词“记账”使用。

有人将会计学界长期以来对孔子“会计当而已矣”论述的各种理解概括为四说，即平衡说、得当说、正确说和记账说。

问题：

根据上述资料，试述你对“会计当而已矣”的理解：①你赞同上述哪一种观点？说明你赞同的具体理由。②你不赞同上述哪一种观点？说明你不赞同的具体理由。③除上述观点以外，你有何不同的想法？说明你的主要思路及其依据。

6.2 秦代会计

秦始皇二十六年（公元前221年），秦王嬴政统一了中国，建立起第一个封建集权制国家，并采取统一文字、度量衡、货币及财政赋税制度等一系列重要措施，促进了这一时期（公元前221—公元前206年）会计的统一和发展。

6.2.1 秦代的财计组织与制度

在秦代皇帝下设置丞相、御史大夫和太尉，号称“三公”。三公下分设九卿，形成中央政府的组织格局。丞相为最高行政长官，是皇帝的助手，辅佐皇帝处理全国政务；御史大夫一方面协助丞相处理政事，另一方面又分掌政治、经济监察，由其监督百官；太尉则协助皇帝掌管全国军事。在三公尤其是丞相与御史大夫之间形成了相互制约关系，体现在丞相处于主导地位，而御史大夫又行使监察行政之权，从行使监察权方面对丞相进行制约。这一关系对财计组织部门之间牵制关系的建设影响深远。

1）中央的财计组织

九卿之中掌管财计者，一为治粟内史，二为少府。治粟内史掌理国家财政，为国家财政之最高长官，具体管理租税之各项收入，国用之各项开支。治粟内史之下设“太仓令”掌理中央粮谷总库的收纳与发放事宜，设“大内”掌粮谷之外的其他财物的收支。在国库之中又设有“仓啬夫”“库啬夫”，由其具体进行赋税收入与国用支出的处理。当时处于最基层的会计人员称为“计”。少府掌皇室财政，为握持皇室财政权的最高长官。在秦代以前，官厅中国家财政与王室财政混为一体，而自秦始则将中央机构划分为两大系统：一是朝廷，为处理国务之机构；二是宫廷，为皇室之机构。如前述及，依此相应将中央财政划分为国家财政与皇室财政两部分，各自形成组织系统，分别设官管理。从皇室财政方面讲，凡山海池泽与官办手工业收入，均划归皇室财政，由少府掌理之。少府之下分别设置库官及会计官员，分工掌理其事。

秦代把国家财政与皇室财政划分开来，分别建立财计组织部门及委任财政官进行管理，并按财政收入项目划定各自财政收入范围，实行财物归口入库，分簿考核的办法。这种不同性质的财政各自独立而又相互调剂的做法，是秦朝中央财计组织建设中的创举，具有深远的历史影响。

【小思考6-5】

在秦代官厅，皇帝之下重要的职官设置有“三公”：(　　)。

(1) 丞相　(2) 御史大夫　(3) 九卿　(4) 太尉　(5) 少府

【答案】(1)、(2)、(4)。

2) 地方财计组织

秦代实行郡、县两级行政组织管理体制，地方财计组织部门设置和财计官员委任与中央保持一致。郡设郡守为最高行政长官，主一郡之财政，负上计之责。县设县令为一县之行政长官，掌理一县之财政，负责一县之上计。县为基础行政组织单位，其下设乡，乡以下设置亭、里，实行逐级控制，其统治趋于细密。在以上两级行政机构中，除设置主管政治、经济监察的官员外，都相应设有主管财计的官员。由于基层国库聚集着各种赋税收入，故在乡一级专设仓啬夫之类的官员具体负责，而仓库财物之核计则由“计”进行。

每年郡、县两级都须通过递交“上计”报告的方式，将财政收入上交情况及地方财政收支情况向中央呈送公文，以接受中央财计与监察部门的审查。这种组织制度及通过逐级上计的财计报告制度对两汉时期产生了直接的影响。

3) 财计制度

秦代财计制度的基本内容已大体以法律的形式确定下来，这是秦代财计制度上的特色。李悝是把经济法写进法典的创始人，秦王朝就是这种经济法规的继承者、执行者，又是得力的传播者，后来的两汉、唐宋、明清是一脉相承，并不断发展。秦代严格执行财经法规，在其有关会计的法规中对会计核算有以下要求：规定会计必须按照皇朝的要求正确处理经济收支事项，认真审查经济事项，并要求做到账实相符，否则就要按照法律的有关条文进行惩罚；要求会计必须廉洁奉公，不做违法乱纪之事；要求会计官员对于会计籍书的记载必须准确无误，如果造成经济上的差错损失，要根据差错损失情况，进行赔偿惩罚；要求会计在计算上准确无误。另外，在经济责任交接、财物损失损耗处理及财物出入管理等方面均有相应的法规。秦代还继承和发展了战国时期普遍实行的“上计”制度。

【小思考6-6】

(　　)是把经济法写进法典的创始人，而(　　)则是这种经济法规的继承者、执行者和得力的传播者。

(1) 齐桓公　(2) 秦始皇　(3) 管仲　(4) 李悝

(5) 秦王朝　(6) 战国时期　(7) 春秋时期

【答案】(4)、(5)。

6.2.2 秦代的会计方法

1) 会计凭证

秦代的经济凭证沿用了秦国时期的传统做法，有“券”“书”“符券”“致”“参辨券”等。这些一般由单支竹简书写而成的凭证，大都作为财物验收、支出、报损及通行的证据。秦代官厅所用的会计凭证大体可以分为收入和支出两类，这些经济凭证在国家财政经济收支活动中发挥着不同的作用。常用的凭证为左右两半券。参辨券的使用，在会计核算和会计检查中发挥了很大的作用。

2）会计籍书

（1）会计籍书的设置与分类

秦时将会计账簿多称为“籍”或“籍书”，各级会计部门依据收入项目设置会计籍书，在基层部门，对于财物的征收，按收入项目、缴纳对象以及财物品种设置分项会计籍书。物资征收之后如期上调指定的太仓，太仓的会计部门对于这些财物又相应设置分项会计籍书进行核算。凡各级官府机构所征收的钱币统一上缴大内，在大内设置钱籍，详考钱币的出入。钱籍中又按黄金和钱币分户记录，以黄金作开支虽少，但其单位价值大，故为当时会计核算的重点。不过，钱币进出频繁，在会计核算中，又大量是以钱币为计量单位，对各种财物一般统一折算成钱币计算。钱籍由少内掌管，出入均以印鉴为凭，其性质已类似于现在的库存现金日记账。

以上会计籍书，都是序时流水式的会计籍书，亦无总与明细之分，分类的月结、年结数额，便是月度、年度的会计报告数额。秦代会计籍书的分类虽然还不是按照会计对象的经济性质及特征所进行的科学分类，但是这种按照国家财政收支项目以及会计对象自然属性所进行的分类，正是后来科学分类的必经阶段。

（2）会计籍书的登记方法

从秦代起，正式进入到我国“记账方法”的定式简明会计记录时期。比较固定划一的会计记录格式，取代了文字叙述式的、烦琐不一的会计记录方法。秦代已初步展现了我国官厅会计所运用的“入出会计记录法”的成熟形态。这时以“入、出”作为会计记录符号，已得到普遍使用。这对会计记录符号在会计记录中居于固定的位置，是这个时期会计记录方法进步的重要标志。

人类最初采用的单式会计记录法由繁到简，由粗到精，具有一定规格，成为一种独立的会计记录方法，经历了相当长的历史时期。在战国时期之前，采用的是文字叙述式的会计记录方法，故单式会计记录法的眉目尚不清晰，还处于粗放烦琐的阶段。从战国时期起开始简化，定式简明的会计记录已初有眉目，但尚未成为人们普遍一致的行为。到了秦代，定式简明会计记录的眉目进一步清晰，并逐渐在全国范围内成为统一运用的方法。

定式简明会计记录法具有如下特点：其一，直入直出（或直收直付）的单一会计记录法。每一经济事项的发生，都有其来龙去脉，都存在着相互联系、相互制约的两个方面。但单式会计记录法仅反映每笔经济事项的一个主要方面，而非同时反映这笔经济事项的另一个方面（在记录者看来，这个方面在这笔经济事项中所处的地位，要次于前一个方面）。其二，在会计籍书上采取序时流水式的登记方法。基于单式会计记录法的第一个特点，决定了这种方法必然是按照经济事项发生时间的先后，依次在会计籍书上登记。其三，会计籍书之间彼此独立，缺乏有机统一的联系。有简要的、按人的主观意志或经济事物的自然属性分类设置的会计籍书，而无科学的、系统的会计籍书体系。其四，在会计籍书中所进行的分项核算，系以按部门、单位（或人名）的分项为主，另兼有物名项目的设置。

【小思考6-7】

从（　　）起，我国定式简明会计记录的眉目进一步清晰，并逐渐在全国范围内成为统一运用的方法。至此，比较固定划一的会计记录格式，取代了文字叙述式的、烦琐不一的会计记录方法。

（1）春秋战国时期　　（2）秦代　　（3）汉代　　（4）唐宋时期

【答案】（2）。

3）会计计量单位

秦代币制的统一，使货币量度在会计核算中的运用迈出了关键的一步。秦代以农桑为本，实行重农抑商的政策。但是，秦始皇统一中国客观上又为商业的发展创造了条件。同时，秦在统一中国之前，就十分注意钱币的铸造和使用，如秦王政听从尉缭和李斯的计谋，用铸造出来的金钱收买六国的大臣，这对吞并六国起了很大作用。秦统一中国后，划一币制，这不仅有利于商品货币经济的发展，而且使货币量度在会计核算中有了较多运用。当时虽然田租、刍稿之征全部为实物，在“廥计”中以石、斗、升等实物计量单位进行核算。但是，口赋的一部分，盐铁收入及商业收入，则全部是以货币为计量单位进行核算的。秦统一战国货币如图6-7所示。

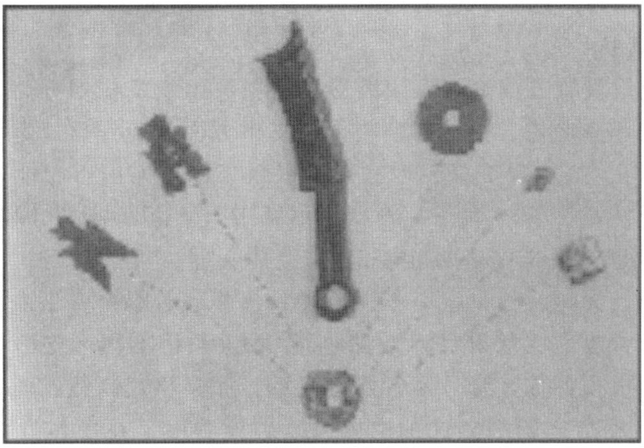

图6-7　秦统一战国货币

4）财物盘点方法

秦代的仓储保管已经有了一定的制度，并且有了一定的管理方法。粮食、饲料、柴草的储存均分为万石一积，实行分仓、分积保管，分仓、分积发放的管理办法；财物进出、交接也建立了一些比较有效的手续制度，仓管官员及管理人员之间分工明确、职责分明、彼此牵制。在考古发现的秦代私人印鉴中，就有仓库保管官员的印章，这也从侧面证明他们对财物保管承担着一定的经济责任。那时候对库存财物的盘点也受到重视，有了定期盘点和临时盘点的规定。定期盘点主要是年终盘点；临时盘点主要是新旧官员交接时的实地盘点，将盘查后的实数移交新任官员，以明确经济责任。当时所采取的盘点方法是整数整盘。

【小思考6-8】

秦代时已有了定期盘点和临时盘点的规定，当时采取的盘点方法是（　　）。

（1）整数整盘　　（2）整数零盘　　（3）零数整盘　　（4）零数零盘

【答案】（1）。

6.3 汉代会计

秦代后建立的西汉封建政权在最初的70年，实行“休养生息”的政策，社会经济得到恢复和发展。文帝、景帝时，封建国家的财政经济呈现出繁荣富庶的景象。与此相适应，会计取得长足发展。刘秀建立东汉政权后，其时会计基本同于西汉，无突出的进展。

6.3.1 汉代的财计组织

西汉时期，封建统治者进一步强化了中央集权制度，使统一的国家得到巩固。在官僚机构建设中进一步进行了改革。西汉初，在中央统治机构中，亦由丞相、太尉与御史分掌政务、军事和监察大权，也并称为“三公”。其后武帝改太尉为大司马，成帝改御史大夫为大司空，至哀帝统治时期又改丞相为大司徒，其称谓虽不相同，职权范围却依旧。承秦之制三公之下分设九卿，分掌各种事务，也只是官名不同而已。

1）中央财计组织

在中央财计组织设置方面，西汉因袭秦制将财政组织机构划分为国家财政与皇帝财政两大系统。政权建立之初，便从财政收入与支出方面明确作出规定，注意保持两大财政系统的独立性。史称：“量吏禄，度官用，以赋于民，而山川园池市井租税之人，自天子以至于封君汤沐邑，皆各为私章养焉，不领于天下之经费。”同时，在两大财政系统的具体支出方面也进一步作出明确规定：“武库兵器，天下公用，国家武备，缮治造作，皆度大司农钱。大司农钱自乘舆不以给共养，共养劳赐；壹出少府，盖不以本藏给末用，不以民力共浮费，别公私，示政路也。”收入取用不同，支出界域分明，会计处理各依其据，分别报告各负其责。两者既有联系，而又相互制约，通常皇室收入积蓄多用作国家财政支出不足之调剂。这种中央财政划分制度，在操作方面较之秦朝又进一步。在国家财政系统方面，汉初以治粟内史掌理，统率财计官员各司其事。其后，汉景帝改治粟内史为大农令，至武帝太初元年（公元前104年）又更名为大司农，自此大司农之称固定下来，成为国家财政之总汇。大司农为国家财政最高执行官，故不仅国家的一切财政收支归其统一筹划，国库收发亦由其承担调度供应之总责，而且凡仓储、货运、水利，以及官办经济事业均受其统管。此外，大司农还掌管国家财政收支的核算。大司农下设太仓、均输、平准、都内、籍田五令丞。太仓掌管国家粮库，负责粮谷及其他财物之收发，以及储存与会计核算。均输掌管运输，执行国家均输政策。均输之法行于汉武时期，一方面令郡国缴纳贡物钱和运输费，另一方面又要求地方均输官在价低的地方买进货物，运至京都，然后运往价高的地方去卖，此种专项收支由均输令所属会计官员负责核算。平准掌管调节物价。都内掌管国库中的钱币收纳与发放，并负责核算钱币收支。籍田掌管皇帝籍田事务，其收入归口用于祭祀开支，由籍田令所属会计官员专门核算这个项目的收支。除此之外，还设置有斡官、铁市二长，主掌盐铁与酒类专卖事业。由大司农统管的官员在郡、县两级都有相应设置，在归口核算方面亦由相应的会计官员进行。同秦朝的情况一样，西汉亦把最基层的会计人员称为“计”，而且到这时“计”已成为军政部门中的基本编制。

在皇室财政系统方面，首席主管官亦为少府。其下设置六丞，其中与财计相关者，有掌财物保管的中藏府令，掌管文书计籍及其核算的尚书。岁终由少府详考一岁入出，编制皇室财政部分的上计报告。西汉时，掌管皇室财政的除少府之外，尚有水衡都尉一职。其专掌君王个人收入等事，其下设置五丞，并兼设多种令官，其中均输令掌贡献品运输，农仓长与甘泉仓长掌仓储，钟官令掌理铸钱，这些处所亦各自分别进行核算。

2）地方财计组织

西汉亦采取郡县制，郡、县两级为“上计”的基本单位。郡一级最高行政长官为太守，总揽全郡之行政大权，下置郡丞掌郡中具体政务；设仓曹掾一职分掌一郡之财计。郡下置县，由县令掌一县之政务，其下设县丞分掌具体政务工作，设典知、仓狱分掌一县之财政。同时，县一级亦设吏分掌会计及负责“上计”工作。县以下还设置有乡，乡有大小之分，大乡长官称之“秩”，小乡长官则称之“啬夫”，掌一乡财计。其下还分别设置乡佐掌税收，设置“计”具体进行会计工作，“计”是最基层的会计人员。此外，汉代在中央政权和郡县官署中均设置主簿官职，以典领文书、办理有关事务。

上计工作是一年之中郡中在财计管理方面最基本的工作，尤其是岁终“上计”为自上而下所关注的重要工作。在郡县具体负责会计工作及上计事宜的为“上计吏”。“上计吏”是中国封建社会地方政权中执掌上计事宜的职官名称，亦称“计吏”。汉代实行上计制度，要求地方官府定期向中央政权呈递上计报告。地方官府为此设置并派遣专司上计事宜的职官，这种职官称为“上计吏”或“计吏”。在上计职官中，除设置“上计吏”或“计吏”外，还设置称为“计佐”“计掾”的职官，其与“上计吏”或“计吏”同为地方政权中负责上计事宜的职官。

东汉虽然以太尉、司徒、司空作为共同执政的首脑，然而却大权旁落于尚书之手，由尚书协助皇帝处理政务。尚书衙门称为尚书台，置尚书令、尚书仆射各一人，其下设尚书六人，分管六曹事务，从而形成了一个新的官僚组织格局。东汉的财计组织设置与西汉大体相同，在中央仍将财政一分为二，分设国家财政与皇室财政两套组织机构。光武时（25—55年），曾将原属皇室所有的大量田地拨归国家财政，并规定此后皇室支出均由国库负责，国家财政与皇室财政分立之制一度发生动摇。不过，从组织体制方面讲，光武帝仅对这两套财政机构作了一些精简，事实上两套班子还都依然存在。此时，依然由大司农总揽国家财政，其下仅设太仓、平准两令，而西汉时的均输、都内、籍田之职掌则均裁并其中。在皇室财政方面，则废水衡都尉而集权于少府，这种做法在一定程度上节省了费用开支，使朝中冗员减少，光武以后，又恢复到西汉中央官制模式，此后便无多大变化。

6.3.2 汉代的财计制度

从维护其长久统治着眼，西汉政权先后创立了包括律令、军法、历法、礼仪及财计在内的重要制度。其中，财计方面的制度主要包括编户制度、上计制度、专仓储备制度、有关经济管理和会计核算方面的法律制度、财政收支制度等。

1）编户制度

编户制度是按照一定的要求将民户编列入册，为核算提供相关数据的制度。这一制度是在秦代户籍制度的基础上发展起来的，它是西汉统治者控制国家经济的一个十分重要的经济制度，是当时官厅会计机构核算国家收入的重要依据。书写在简牍上的人户册籍简称“户籍”，这种户籍由财计部门编制，亦由财计部门管理。户籍上的内容分作两部分：一部分是人户情况的登记，记有户主、人数、各成员姓名、性别及年龄等；另一部分是财产情况，记有土地、房屋，以及其他有关财产。内容的详略程度取决于赋税征收和征发徭役的具体条件及要求。国家的各种收入是否能够到手，会计部门一是按户籍检查各种赋税是否如实征收，核定应征多少和已征多少，尚欠多少；二是按规定的财政收支项目进行归口核算。所以，对于当时的财计部门来说，户籍与财政收支项目，二者缺一不可。我国西汉时期的编户制度以及户籍编制法是唐代的计账，明代的黄册、鱼鳞册编报制度及编制方法的发展基础。

2）上计制度

上计制度到西汉时期已比较完善，是当时中央控制全国经济收支的重要经济制度。上计制度从西汉到东汉四百年间几乎没有间断过，皇帝特别看重它，把它写进当时的法律条文中，被称为“上计律”。上计制度的主要规定是，要求每年（或每月）自下而上地逐级呈递上计报告——上计簿。每年各县委派计吏将计簿送到郡国，由太守或上计长吏主持召开上计会议，审理本郡一年来的财政收支及人户变化情况，并根据中央的规定作出下一年度的安排。在郡国召开上计会议之后，各郡一般由上计长吏率领有关会计官员诣京上计。中央一级召开上计会议时，各郡计官、主要官员同中央一级的计官及主管官员都在场，一般最后的一个节目是皇帝亲临受计，评论各郡、各官功过，并对郡国财计工作作出指示。有时还要提出一些问题，让别人当场回答，以尽可能地掌握第一手的资料，这体现了最高统治者巩固和加强自己统治的决心。总之，到西汉时期，上计制度的内容已经比较充实、完善，有了一套上下贯通的组织机构，以及比较完备的推行办法。此制对维护封建统治者的经济利益、监督会计核算、加强经济集权发挥着愈来愈显著的作用。

3）专仓储备制度

专仓储备制度是维护和调剂国家财政经济的重要制度。专仓设置既是封建统治者控制经济的一个重要方面，又是封建国家进行会计核算的重点。专仓储备的物资主要是粮食，故吞吐数量大、进出频繁，不仅需要进行技术方面的管理，而且要有较高的经济管理水平。随着仓储规模的扩大，还需要有比较进步的会计核算方法。所以，专仓制度的建立与会计核算的发展有着密切的关系。

4）有关经济管理和会计核算方面的法律制度

西汉在立法用刑方面虽比秦朝要宽，但经济法律制度方面却有所加强。汉初萧何在《法经》和秦法的基础上制定了“九章律”，以后又以“九章律”为基础进行修订，经济法律制度也便逐步得到加强。汉律包括户律、上计律、钱律、金布律、田律及市律等。其中，上计律是汉代制定实施的关于上计的法律规范。汉代承袭前代旧制，实行上计，并使之不断完善。统治阶级为规范这一行为，制定了专门的法律——《上计律》。《上计律》对于地方政权向中央上计作了明确的规定，如各地方官府必须自下而上地按隶属关系逐级呈交上计报告，以至中央。各官府必须按年度（或月度）及时地向其上级呈交上计报告，凡上计不及时者依法论处。上计报告的内容必须真实可靠，凡报告欺瞒不实者依法论处；上计报告的数字必须准确，凡数目有误，也要进行处分。《上计律》的制定及其实施标志着汉代的上计已被提高到法律的高度，它具有法律保证并受其约束，从而表明了上计的重要地位。史书记载中有关建成侯刘拾因延误上计期限而被免职，上谷太守郝贤因计簿欺瞒而被罢黜的史实印证了这一法律的实施情况。

5）财政收支制度

在西汉时期，国家所规定的财政收支项目，依旧是当时会计簿书设置和分户核算的依据。汉代封建国家对国家收入规定有租、赋、专卖、官田屯田、均输等项目，其中，租系汉代的农业税收项目即田租，是汉代国家的基本和主要收入项目，也是会计核算的重点；赋系汉代按户、口和力役征收的税收项目，包括户赋（即按户征收的税收项目）、算赋（即按人口征收的税收项目）、更赋（即按应服工役或兵役计算缴纳以顶替劳役而征收的税收项目）；专卖收入系汉代国家专营收入项目，包括盐、铁、酒类等专卖收入项目；官田屯田收入系封建国家利用军队、农民或商人垦种土地所征取的收入项目；均输系封建国家为调剂各地供应而统一征收、买卖和运输货物的收入项目。对国家支出规定有祭祀、俸禄、赏赐、农田水利工程、抚恤赈济、水陆交通、军事、行政、教育外事等费用项目。

皇室收支实行“私奉养”，即将皇室收支管理与封建国家的收支管理相区别，专设职官机构负责皇室收支管理。皇室收入主要来源项目包括山海池泽税、圆税、市租税、口赋、官田收入、苑囿与池籞收入、贡献收入及其他收入等。皇室开支项目繁多、内容庞杂、数量惊人。皇室支出项目主要包括膳食费、器物费、服装费、赏赐费、舆马费、后宫费、娱乐费及其他费用。总体来讲，西汉时期国家财政与皇室财政基本上是分别进行核算的。以上收支项目为两套财计班子各自的核算依据。

【小思考6-9】

汉代的财计制度中涉及定期报告的内容是（　　）。

（1）编户制度　（2）上计制度　（3）专仓储备制度　（4）财政收支制度

（5）九章律　（6）户律

【答案】（2）。

【小思考6-10】

我国西汉时期的（　　）以及户籍编制法是后来唐代的计账，明代的黄册、鱼鳞册编报制度及编制方法的发展基础。

（1）上计制度　（2）专仓储备制度（3）编户制度　（4）财政收支制度

【答案】（3）。

6.3.3 汉代的会计方法

1）会计文件

（1）会计凭证

从汉简中考察，西汉时期的经济凭证大体可以分作三类。第一类把经济凭证叫做“券书”，这是当时的一种普遍说法，此与先秦时期一脉相承。这种券书被写进《汉律》，受到国家法律的保障。第二类是具有经济凭证作用的官方律令，这是一种支付命令。凡属于这种支付命令一般都加盖有官印（或私印）。第三类是与经济收支有关系的各种名籍。同时，西汉官厅所使用的某些原始凭证已有了编号，编号的根本目的是为事后进行查核服务，这种情形在西汉以前尚未发现。西汉时期凭证编号的出现，是当时会计方法发展中的又一个突出进步。西汉官厅所使用的原始凭证已基本上具备了两方面的作用：其一，能够比较明确地反映经济出入事项的性质及内容；其二，明确了经济责任，可以发挥书面证明的作用。

（2）会计簿书

①会计簿书的设置与分类

簿书，亦简称“簿”，是中国封建社会进行会计核算使用的记录文书。战国时期即以“簿书”或“簿”作为记录文书的称谓，秦代和汉初时期，曾将“簿书”或“簿”与“籍书”或“籍”混用，汉代逐渐区分“簿书”“簿”与“籍书”“籍”的使用范围，一般将“簿书”“簿”用作会计文书的名称，主要用于登记财物出入的情况，通常均冠以钱粮或财物名称的字样，如无此字样则多为文书。因而出现“簿曹”“主簿”等从事会计管理工作的职官，后来才产生“簿籍”“簿册”“簿记”“簿要”“簿最”“账簿”“计簿”等名称。“籍”的叫法依然存在，不过主要是用作记载户口、人丁等资料及其他文书的名称，属于与会计核算相关的统计资料的记录。在实际使用过程中，籍与簿的划分也未必十分严格，有的可以称籍，也可以称簿，如“卒名籍”也称“卒名簿”，“廪名籍”也称“廪名簿”等。

用作会计文书的“簿书”或“簿”，包括作为会计账簿的“簿”和作为会计报告的“簿”两种类别。作为会计账簿的“簿”，使用时一般冠以记录对象的名称，如守御器簿，或将记录对象加记行为动词，如钱出入簿。按其内容，可以分为：记录工作情况的，如省卒日作簿；记录财物、钱、谷出入的，如谷出入簿；记录债权债务情况的，如债券簿；记录财物实存数的，如官谷簿；记录口粮饲料的，如菇出入簿；记录兵器被服的，如守御器簿等。账簿的名称是由记账人员按簿所记内容而定。作为会计报告的“簿”，使用时一般冠以记录对象的时间，如“月言簿”“四时簿”等，或径称“上计簿”“计簿”。

东汉时期的会计簿书设置与西汉时期基本一致，主要会计簿书仍然是“谷出入簿”“钱出入簿”“财物出入簿”等。大司农掌握钱谷金帛诸贷四时出入情况，均倚靠由下而上的会计核算资料及在此基础上编报的计簿。

【小思考6-11】

在西汉时期，“簿”“簿书”的使用具有双重含义，它们既可指文书，也可指账簿。试指出下列名称中，（　　）属于文书，（　　）属于账簿。

（1）谷出入簿　　（2）廪名籍　　（3）守御器簿　　（4）吏卒名籍

（5）赋钱出入簿　　（6）长物名籍

【答案】（2）、（4）、（6）属于文书；（1）、（3）、（5）属于账簿。

②会计簿书的登记方法

单式会计记录法在西汉已经有了比较固定划一的记录格式，为官方会计核算中比较划一的登记方法。在记账符号方面，当时的官厅会计核算中，“入”“出”作为会计记录符号已通行一致。尽管是以“入”“出”为主，但也已出现了“收”“付”做符号的苗头，在民间的会计账簿中，“收”“付”的使用更为广泛。在登记形式方面，每笔经济事项在会计簿书中的位置是以其发生时间的先后为序，收入事项与付出事项一笔一笔混合交叉登录。到一定时间将全部收入事项数额汇总，抵减全部付出事项的汇总数额，结算出余额，这即是“流水账”式的基本特征。为了便于计算最终结果，到一定阶段分别入与出进行小计。在会计结算公式方面，西汉通用的结算公式为“入-出=余”（即本期收入-本期付出=本期结余）。尽管此式在西汉以前已有运用，但尚无史料证实人们已经把它归结为定式，而在西汉却有了这一方面的证据。在会计记录法方面，当时比较科学的会计记录法是单式记录法。这种记录方法能够较好地完成会计的记录任务，无论从形式上还是从内容上看，这些记录都是完整的。通过对汉简的分析说明，可以说西汉时期的会计记录已经达到简要、明确、完整的基本要求。一般每笔会计记录都控制在30字左右，把内容书写在一支简片上，松紧适度，宽绰有余。它们在会计簿书之中行次分明、不相混淆，既有利于节约记录的时间，又便于汇总考核检查。汉代碑刻的记账场面，如图6-8所示。

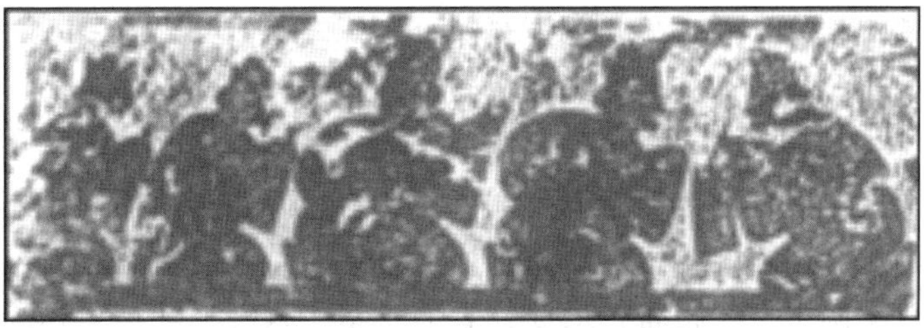

图6-8　汉代碑刻的记账场面

东汉时期官厅所运用的会计记录方法，依然是以入、出作为会计记录符号的单式记录法。每笔会计记录所反映的内容及记录方式与西汉大体相同。东汉时期，人们在会计核算中，已经能够分别“上期结存”“本期收入”“本期付出”“本期结存”这四大经济项目。人们的这种认识无疑是东汉时期会计发展中的一个突出进步。甚至可以说，这种认识为后来“四柱结算法”的产生奠定了思想基础。

（3）会计报告

在介绍会计报告之前，必须首先明确会计报告与上计簿的关系。在简册文时期，凭证集合而成簿籍，簿籍上报而成报表，所以会计凭证、会计簿籍、会计报表是一而三、三而一的问题。它们的区别，只在使用目的不同。西汉开始，会计报告和上计簿之间的关系发生了一些变化，上计簿是官厅报告文书的一种，只不过其性质主要是会计方面的报告文书而已。从计簿的内容上讲，它主要反映两方面的情况：一是财政经济收支方面的实况；二是人户方面的实况。此外，还记录有官吏的功过，以及民间生活方面的情况等。这说明上计簿还不是纯粹的会计报告。有一点需要注意的是，虽然上计簿仍以会计报告为主要构成部分，但会计报告并不等于上计簿。这是因为：第一，上计簿包括钱谷出入、人户土地的增减；而会计报告则只反映财政收支、钱谷等财物的实存情况。第二，上计是一年一次，为中央监督地方财政的办法；会计报告可报中央，也可报地方最高行政官署，而且不限于年度。西汉的会计报告，基层向地方最高行政官署——郡——上报的称“四时簿”，主要为季报形式。按其内容又有“四时算簿”“四时杂簿”等，但泛称“四时簿”。此节录东汉会计报告《永元器物簿》释文：

—广地南部言永元五年六月官兵釜磑月言簿

承五月余官弩二张箭八十八发釜一口磑二合

今余官弩二张箭八十八发釜一口磑二合

赤弩一张力四石木关

陷坚羊头铜镞箭三十八发

故釜一口有锢口呼长五寸

磑一合上盖缺二所合大如□

• 右破胡燧兵物

赤弩一张力四石五木破切｜往往绝

盲矢铜镞箭五十发

磑一合敝尽不任用

• 右涧上燧兵物

• 凡弩二张箭八十八发釜一口磑二合　　毋入出

永元五年六月壬辰朔一日壬辰广地南部

候长信叩头死罪敢言之谨移六月见官兵物

月言簿一编叩头死罪敢言之

上计簿是中国封建社会各级地方政权向中央政权报告治绩的文书，亦称“计簿”。汉代沿袭战国确立的上计制度，实行逐级上计。在上计时，各级上计官府根据会计簿书及其他相关资料，汇总编制出上计报告，向受计官府呈报。这种上计报告称为上计簿（计簿）。上计簿一般要具备上计时间，官府名称，上计官府所治地域在报告期内的人口、田地、垦荒、狱讼、贼盗、赋税收入、钱谷支出以及下个报告期的财政收支预算等内容，其编制方法、报告手续等均具有严格规定。上计簿是上计官府对报告期内各项工作情况的总结，也是受计官府对上计官府治绩进行考核的依据。

“计最”是中国封建社会各级地方政权向中央政权报告治绩的文书。地方政权向中央政权报告时呈报的上计报告，由包括会计簿书在内的各种资料摘编汇总所成，故将上计报告称为“计最”，其中，“计”系计簿，“最”系概要。

【小思考6-12】

会计报告与上计簿的关系为（　　）。

（1）会计报告等于上计簿　　（2）会计报告不等于上计簿　　（3）二者关系不确定

【答案】（2）。

2）会计计量单位

西汉官厅会计主要还是以实物量为计量单位，原因是财政收入的主要来源——田租——是征实物的，而主要支出的官吏俸禄和士卒口粮也是发实物的。但随着生产的发展，商品流通不断扩大，与此相适应货币也大量增加，并促使社会经济生活的各个方面使用货币。国家确定了统一的货币制度，使货币的流通得到确实的保证。在国家规定的财政收支项目中，已经有相当一部分是金属货币。货币不仅成为国家主要的收受支付、积累储藏财富的手段，而且是度量商品价值、进行商品交易的手段。因而，除田租刍稿等以外的各种赋税，如算赋、口赋、更赋、户赋、算訾、算缗、算车船、算牛羊马等，都征收货币。在财政收入中，货币有所增加，至于榷酒酤、管盐铁、行均输、平准，涉及商品买卖等官营事业，当然也用货币进行收支结算。在会计核算中，货币量度所占的比重亦渐次扩大，会计计价、换算实物、核算盈亏、进行综合核算已经离不开货币。例如，居延汉简所记“董次入谷六十六石，直（值）钱两千三百一十，入钱二千一百八十七，凡四千四百九十七”，“小奴二人直（值）三万，用马五匹直（值）三万，宅一区万，大婢一人二万，牛车二辆直（值）四千，田五顷五万，轺车一乘直（值）万，服牛二六千，凡赀直（值）十五万”等内容证明了货币的使用。这样，随着会计核算中以货币作为计量单位比重的扩大，可以明显地看到会计核算水平也相应得到提高。

3）财物的保管与盘点

西汉官厅比秦代更重视对财物的保管。在国家政权的各个部门、各单位除设置主要会计簿书外，还设置了备查性质的各种杂簿，用以考核属于固定财产和家具用具之类的财物。从汉简上看，大到都尉府，小到烽火台，都设置了兵器和财物的登记簿。例如，对各官所配备的交通车辆，一律按官吏的姓名进行分户记载。连车上所配备的工具也要一一进行登记，达到一定时期还要进行专门的检查。对于官吏所用的器具，小到一些低值易耗物品，也要在杂簿中一一进行登记。当然，那时候财物保管的重点是钱粮。在日常，会计簿书要正确记录，月终要求结算出余额，无余额则要求写明结平的字样。财物盘点的重点也在钱谷，平时主管官吏发生调动，在钱谷簿书移交之时，先进行实物盘点，然后办理移交手续。一般是按月盘点，月盘结果书写在“钱谷簿书”的最后一支竹简上，盈亏通过校券进行调整。

6.4 魏晋南北朝会计

魏晋南北朝时期（220—581年）由于战火不断，社会经济衰退。在农业方面，由于长期战争，造成农业生产的大破坏。为了解决当时的民食军粮问题，三国都实行了屯田制。西晋统一后，废屯田而行占田制。北魏则行均田制，并且一直延续到隋、唐，对于促进农业生产起到一定的历史作用。在工商业方面，南方的破坏比北方小一些，工商业也比北方繁荣。到东晋建都于建康后，政治的重心南移，更促进了南方工商业的兴盛，南方工商业经宋、齐、梁、陈四朝，也有一定的发展，并且展开了南北朝之间的互市贸易。但在当时的形势下，经济发展的缓慢使得会计发展的步伐缓慢甚至停滞不前，但其中一些局部的发展、变化应当是加以肯定的。

6.4.1 魏晋南北朝的财计制度

1）魏晋南北朝的财计组织

其一，魏是在中央官制建设方面因袭汉制的重要代表。208年（建安十三年）以前，依旧以大司农为主理国家财政的首脑，由其掌钱谷征纳、货币铸造及会计之事，而皇室财政则依然归少府掌理。但据《三国志·武帝纪》记载，208年“罢三公官，置丞相御史大夫”，以曹操为丞相，官制自此一变。其后，在中央组织体制上便逐步形成了尚书、中书、门下三省并立之局面，其中尚书的地位进一步提高，权势也逐步得到加强，已真正处于执行政务的位置之上。魏晋时期，由某部尚书分掌某事已十分明确。在中央政府中已形成了尚书令、中书令、侍中“三省首长制”。

其二，在魏晋至南北朝时期，“八座”格局形成。在魏朝时，在尚书省下便有“吏部、左民、客曹、五兵、度支五尚书”之设置，晋朝时亦设置有“吏部、祠部、五兵、左民、度支五尚书及金部、仓部、度支等十五曹”。至南北朝，尚书省首席长官尚书令及其属下左右仆射二人，连同五曹尚书（即吏、礼、都官、度支及工部）史称“八座”。这一组织格局自然而然也影响到隋唐尚书省中户部尚书及其度支部之设置。

其三，对后世度支尚书及其下属官员配备也产生了具体的影响。魏设度支尚书掌理国家财政，吴设户曹尚书主掌计算之事。在晋武帝统治时，遂于度支尚书之下，设置吏部、金部、仓部与度支分主财计之事。南北朝时期，亦设度支尚书主掌财政，如“后魏度支尚书之属，统度计，掌计会。凡军国损益及军役粮禀事，仓部掌诸仓出入事，左户掌天下计账户籍等事，右户掌天下公私田宅租调等事，金部掌权衡量度内外诸库藏文账等事”。而北周“有计部大夫，其户部、度支、金部、仓部、咸准六官”。此外，在后齐所设度支尚书之下，又进一步明确了度支、仓部、左户、右户及金部之掌事分工。

2）魏晋南北朝的财计制度

其一，财政上的租调制。据《三国志·魏志》记载，曹操在消灭袁绍后所下田租令中提出：“其收田租母田升，户出绢二匹，绵二斤而已，他不得擅兴发。郡国守相明检察之，无令强民有所隐藏，而弱民兼赋也。”按户征绢、绵，称户调，与按亩征的田租合称“租调制”。其后两晋合南北朝，都租调实物，但租调数额标准有所不同。这一制度延续到唐中期实行两税后才废除，时间长达六百年左右，对会计核算中以实物为计量单位产生了长期的影响。

其二，选任官吏的九品中正制。九品中正制始于魏文帝。州郡置中正，由当地有名望的人担任。把当地人才评为九等，政府按等选用。在战争年代人才流动较大的情况下，这不失为选拔人才的一种方法。

【小思考6-13】

魏晋南北朝的财计制度方面，较为突出的是实行于整个魏晋南北朝时期的两种制度。这两种制度是（　　）。

【答案】财政上的租调制和选任官吏的九品中正制。

6.4.2 魏晋南北朝的会计方法

1）会计书写材料的变化

东汉蔡伦造纸得到推广以后，接着乱亡相继，造纸业的发展受到影响，所以到西晋初还是以简牍为主。西晋当是会计书写工具简、纸并用的时期，东晋时废简用纸。纸张在会计方面的运用，使人们在会计事项的登记中受到启示，为中式会计方法的发展创造了条件。

2）会计计量单位的变化

整个魏晋南北朝时期，总的倾向是以实物量为计量单位，但各朝情况又有所不同。例如，由于租调制度施行，国家征收实物的范围扩大，因此影响到流通领域货币的使用问题。但废钱以后产生了流弊，因为谷帛作交易结算之用，奸商就用湿谷薄绢牟利，虽用严刑也禁止不了，到魏明帝时才复用五铢钱（汉钱）。至于吴、蜀两国，从他们投降西晋时所献出的财物中只有米谷、金银、锦绣、彩缎、舟船等而没有钱币来看，也反映出货币的使用不占重要地位。晋初也曾废钱而用布帛，南北朝时情况有所好转。

3）会计核算方法的变化

三国时期，在魏、蜀、吴三国内部，经济上各自都有一定的发展，这主要表现在屯田方面。在屯田中，先计其成本，然后从成本中除去屯田费用，从而核算屯田收入。诸葛亮治蜀，除着重发展农业生产外，还抓了煮盐和丝织事业。对各项收入都分别进行核算。西晋的短期统一，在会计上较三国有起色。在西晋的官厅会计核算中，主要运用单式会计记录法，与汉时相同，当时的会计簿书大部分仍由简片编缀而成。东晋王朝时，商税是政府的主要收入之一，凡大笔的买卖交易，都立有“文券”，官方按成交数额，计算税额的多少。一般是一万钱取税四百，买方出三百，当时把这种做法叫做“输估”。对于无“文券”的小买卖，则采取逢百取四，这叫做“散估”。官府对商税的征收既设有专门的机构，也实行专项核算。南朝的各代统治者，其赋役均以户为课征对象，故统治者对户口问题十分重视。当时实行“户断”之令控制人户的流失。同时还实行一种称为黄、白籍的登记制度，规定凡侨户登记入白籍，凡土著实户则登记入黄籍。黄、白二籍由财计部门掌管，并负责进行定期的检查清理，以防止伪籍“冒荫”事故发生。南朝时，皇帝穷奢极欲，滥用无度，国库成了天子的私库，官厅会计也变成了皇帝的私家会计。北周在财计方面的一个贡献是首创计账、户籍之法。北周的计账、户籍之法，不仅为隋朝所继承，而且为盛唐时期户籍、计账之法系统发展奠定了基础。

6.5 隋唐会计

隋建国于581年，589年完成统一。隋初曾出现过短暂的繁荣，但不久隋文帝就不惜民力，大兴土木。其子杨广更是忤逆不道，荒淫残暴，最终导致身死国亡。李渊父子趁隋末战乱之际，起兵太原，建立了唐朝。唐太宗李世民以隋亡为戒，实行了许多开明的政策措施，所以初唐时期社会安定、政治清明、人民安定。到高宗开元时，出现了人民丰衣足食的太平盛世。唐是我国封建社会的鼎盛时期，农业生产得到迅速发展，工商业也达到以前各朝没有过的水平，与此相应，不断完善会计凭证、会计账簿和提高记账的技术水平。此外，根据杨炎的建议，从“量入为出”改制为“量出制入”，这是我国财政制度方面的一次重大改革，对监督财政收支和审计产生了很大影响。

6.5.1 隋唐的财计官制

隋统一中国后，隋文帝从强化中央集权组织体制着手，试图确立一种具有一定规模的永久政体，以发挥新官制在政治、经济方面上下一体的控制作用。尤其是在财计组织建设方面，隋文帝废北周政权仿效《周礼》而成的六官之制，在承袭汉魏旧制的基础上加以改进，在中央推行"五省六部制"。其中，五省为尚书省、门下省、内史省、秘书省及内侍省。五省之中事权最重的是尚书、门下、内史三省。三省的职能大体与秦汉时期丞相的权力相当，而隋朝的进步则在于将原来丞相的权力一分为三，一般由内史省决策，门下省审议，而由尚书省执行。三省既协同执政，又相互牵制，从而强化了中央集权。在三省之中，尚书省为中央政府的最高行政机关。尚书省设令1人，左右仆射各1人，下置吏部、礼部、兵部、都官（后改为刑部）、度支、工部六曹（亦称之为六部）。各部置首席官1人，命名为尚书，以此形成六部尚书理政之格局。六部之中度支为国家财计之主管机关，度支尚书（583年改称民部尚书）掌理国家财政与会计。度支以下设度支（称为本司）、仓部、左户、右户、金部和库部六大部门。度支取义于"量入为出"之制，此制以控制支出为重点，故度支应度其支出，求其财政收支平衡。度支使命在于掌管天下会计，以及课役、粮库之事，实为会计之主管机关。仓部掌国之仓储，重点在粮食之类实物入出控制方面，并主掌库藏财物之核算，实为出纳职能的一个方面。左户掌管天下计账、户籍等事，其所提供的户籍、计账资料为税征之重要依据，实为具有统计之职能。右户掌管天下公私田宅租调之事，实为全国税收之最高主管机关。金部主管国家度量衡之标准及其使用，以及钱帛之类财物之库藏出纳，并负责对这一部分财物的核算，实为出纳职能之另一方面。库部掌管全国之军用财物、加戎丈器械之类等，负责收发与核算结果，实为军队之最高出纳部门。以上六大部门的首席长官称为侍郎，主掌一部之事务，并对度支尚书负责。隋朝的度支尚书（民部尚书）一职与汉代大司农职权范围大体上相同，其进步在于度支尚书所统部门在分部理事方面较之汉代有很大进步。六部之中既有明确之分工，又有密切之联系。同时，会计地位也明显提高，作用也较之汉代突出。会计与出纳之间分工明确，且相互制约。

地方仍分郡、县两级，恢复到秦汉时期两级组织体制。不过州改为郡只是名称上的变化，而统辖范围依旧大致相同，基层财计官员设置亦无多大变化。郡一级最高行政官为太守，县一级为县令。主持这两级财计事务的长官为户曹，此外还相应设置了西曹、金曹、租曹等财计官，分管郡、县的仓储、赋征、会计事务。由于隋朝的财政权力统由中央控制，故郡、县两级的财计官员的实际工作只不过是代中央进行征税、核算而已。

唐朝的官制基本上承袭了隋制而作了一些调整。唐朝中央的组织体制为"三省六部制"，从形式上讲，唐朝的中书、门下、尚书三省，依然是共同辅佐皇帝处理国务的首脑机构，在国务处理分工方面由中书省决策，经门下省审议，而具体由尚书省执行，体现三省权责一体。从组织制约关系方面讲，为了防止大权旁落，皇帝通常委派其他官员参与国务，表达皇帝意图，让三省长官听旨顺命。这样，长此以往，这种被委派的官员事实上却成了具有一定实权的宰相，皇帝为让其参与政务合法化，便给他们加上一个"同中书门下平章事"或"中书门下三品"的头衔，他们通常以皇帝的名义发号施令，在组织关系上对三省形成制约，体现了皇帝集权所采用的一种特别的组织手段。

在尚书、中书、门下三省中，由尚书省主掌包括财政、会计在内的一切政务，其首席长官为尚书令，其下为左右仆射。尚书省下设吏、户、礼、兵、刑、工六部，各部设尚书1人，侍郎1~2人。六部之中户部为国家财计的总理机关。户部下辖四个职能部门，即户部、度支部、金部和仓部，四部各有所司。户部因名称与总名称相一致，故俗称其为本司或头司，该部的职权与责任范围体现在两方面：其一，负责全国田土、人户之登统，并据此编造计账，作为征税之依据；其二，按照户籍计账所规定的纳税名目，具体进行各项赋税征收，并将所征钱币、稻谷等财物按归口要求入库。这两项工作前者体现了会统工作的结合，后者体现了税征的专门职能。度支部统管国家预算与会计，从职责方面讲，度支部所掌一是财政预算，以它为标准考核各项收入，并按照规定度其所用，以最终体现贯彻“量入为出”之制；二是总揽天下会计，上至中央各部门，下至地方各机关，以及军队所拨及所用，均须向其申报年度会计结果，并接受其检查。此外，凡月度、季度国库及财管部门须向度支申报本期财物结存之数。度支部首席长官为度支郎中，其下设员外郎1人、主事2人、令史16人，另设书令使33人、计使1人、掌固4人，属员共计57名。这58人便是唐朝最高会计主管部门的全班人马。金部与仓部分别为掌管全国钱帛和粮谷的出纳。四部之中，户部为首；度支部与金、仓二部虽系同级职能部门，但金、仓二部受度支部的制约，它们必须将钱帛和粮谷的收入、支出与结余的详细情况当期向度支部进行报告，接受其审查。度支部依据报告安排国家的财政预算，量出为入，专款专用。在州、县两级地方政权里，亦设有相应的职官掌管财物出纳和会计核算事宜。

【小思考6-14】

在官制方面，隋朝奠定了封建官僚机构“六部”的基础，其中的“度支”一部及其所属的（　　）、（　　）、（　　）、（　　）、（　　）、（　　）等六大职能部门初步构成了一个较为完善的财计组织系统。

【答案】度支、仓部、左户、右户、金部、库部。

【小思考6-15】

唐朝的官制基本上承袭了隋制而作了一些调整。唐朝中央的组织体制为“（　　）”，它是在隋朝“五省六部制”的基础上建立起来的。

【答案】三省六部制。

6.5.2 隋唐的财计制度

1）隋朝的财计制度

隋朝的财计制度主要体现在户籍制度、仓储制度、度量衡制度及节俭等方面。

（1）户籍制度方面。隋朝的计账、户籍制度把封建国家的赋役征收制度与会计控制方法大体统一起来，这是封建统治者加强经济控制的一个重要转变。隋朝所推行的计账户籍之制，是沿用北周苏绰的那一套做法，但在实行中又有所发展。计账户籍确定由左户主管，这为推行此制从组织上得到了保证。所谓计账，其实质就是把户籍的核算、管理与赋役收入的核算、管理结合起来，通过户籍账目与赋役征收账目的结合，达到控制和落实各项赋役收入的目的。计账户籍和赋税收入簿账均由会计部门掌握，但在具体业务上已经有了分工，左户专管计账户籍，其工作重点在统计方面，而这种统计核算资料又是为会计核算和审查服务的。所以，在计账户籍工作方面，充分体现了会计与统计的结合，统计与会计既有紧密的联系又有明确的分工，在统计核算的辅助下，促进了会计的发展。

（2）仓储制度方面。隋朝时大举置仓积谷，以备荒年。仓有官、社之别，前者由朝廷兴建、管理和支配，以应大灾之需；后者属民仓，由地方自行安排建制，以应小灾之需。隋朝的仓储设施和惊人的储存量，以及吞吐浩繁的钱粮收发工作，对会计账簿的分类设置及财物的分类核算产生了明显的促进作用。

（3）度量衡制度方面。隋文帝统一确定了国家的度量衡标准。自东汉末年以来，度量衡度过了三百多年的混乱时间。因此，隋文帝对度量衡的统一，意义重大、影响深远，不亚于秦始皇在这方面的作为。文帝不仅立足统一标准，而且改变古制，革新了度量衡的标准，使我国古代度量衡之制发生了转折。这种统一和变革对中式会计的发展起着重要的促进作用。

（4）节俭方面。隋文帝还有一种护国法是崇尚节俭，博取民心。他把节俭的重点放在节约费用开支和反对贪污这两方面，这对经济管理和会计核算有着直接影响。

2）唐代的财计制度

唐代的财计制度主要表现在其计账户籍制度、预算制度、“量出制入”制度、上计制度及仓储制度等方面。

（1）计账户籍制度方面。唐朝发展了北周、隋以来的计账户籍制度，已有了一整套编户的规定及检括户口的方法。计账与户籍都是由下而上逐级编制、逐级汇编上报的，最后由户部在各州所送账籍的基础上归类汇总，编制出全国的计账、户籍。计账与户籍之间既有联系，又有明显的区别。户籍是计算各项赋税收入的重要依据，故它的基本内容是围绕着国家对赋役征收的要求的。计账是根据户籍资料和国家规定的收入项目归类计算编制的，是一种具有预算性质的经济账目，是会计资料与统计资料相结合的一种经济报告，是检查和落实各项赋役收入的重要依据。

（2）预算制度方面。唐初，国家从对整个财政收支管理出发，每年对军、州、县另有编制预算的要求。当时实行“量入为出”之制，故预算编制的重点仍放在赋税收入方面。每年逐级编制，但耗费过高，同时条目过多，造成审查不易。到开元二十四年（736年）户部尚书李林甫奏请颁发《长行旨条》五卷，《长行旨条》是财政会计史上最早出现的全国性的财政预算原则。它的出现标志着我国预算制度早期形态的确立，是唐代财计制度发展中的一大特色。《长行旨条》重点将赋税收入细目、税率及征收放免办法，形成条文，编入书籍，从原则上将有关规定明确下来。这样，《长行旨条》便成为各军、州、县编造和审查预算之准则。此后，每年除部分项目（主要是支出项目）规定编造预算外，大部分的内容无须每年编造，从而既节省人力、财力，又便于检查审核。此外，在岁出预算方面，唐代对某些项目实行专款制度，如代宗时将青苗钱指定为百官俸钱，这也反映出我国预算制度的早期形态。

（3）“量出制入”制度方面。“量入为出”是私家经济的基本原则，在小农经济占优势的封建社会里，一般也是国家经济的重要原则。自西周以来，历代统治者大都实行此制，以入制出已成为一种传统的财政思想。

（4）上计制度方面。上计制度自隋文帝复兴上计之制，到唐代又继承之。不过，唐代皇帝受计不一定固定在年终，根据日常的需要，还经常临时受计。唐代上计所呈送的会计报告有两种：一种是关于钱谷入、出、存方面的报告；另一种是计账。这便于中央对照钩稽，凡有弊伪，容易查核清楚。随着唐代交通运输业的发展，这些会计报告已开始通过邮递送呈京都，唐代的上计开始朝着书面报告方式的方向发展了。

（5）仓储制度方面。唐自高祖时便很重视国家储备。唐代的仓库可划分为以下两大类：第一大类为国家赋税收入库藏，凡金、银、钱币、珍宝之属出纳决定之权归于金部，保管和具体收发之权在于太府寺；凡粮食之属出纳决定之权归于仓部，保管及具体收发之权在于司农寺。粮食仓库又可分为两小类：一类叫做诸色仓，为中央重点之粮仓；一类叫做正仓，为州一级管辖的仓库。第二大类为粮食储备调节之库藏，包括和籴仓、义仓及常平仓三种。

【小思考6-16】

计账与户籍的关系为（　　）。

（1）二者是一回事　　（2）二者是绝对没有联系的两回事

（3）二者既有联系，又有区别　　（4）无法确定

【答案】（3）。

【小思考6-17】

（　　）是我国财政会计史上最早出现的全国性的财政预算原则，它的出现标志着我国预算制度早期形态的确立，是唐代财计制度发展中的一大特色。

【答案】《长行旨条》。

6.5.3 隋唐会计的发展情况

1）会计法律制度

唐代在中国法律制度建设上取得了光辉成就，唐代法规的完善是中国封建法律制度发展成熟的标志。《唐律》是中国唐代制定实施的封建法律规范统称，系唐代法规的主要形式，如图6-9所示。《唐律》律文分30卷，12篇，502条。律文12篇依次为《名例律》《卫禁律》《职制律》《户婚律》《厩库律》《擅兴律》《贼盗律》《斗讼律》《诈伪律》《杂律》《捕亡律》《断狱律》，广泛涉及刑法、民法、婚姻法及其他法律的内容。

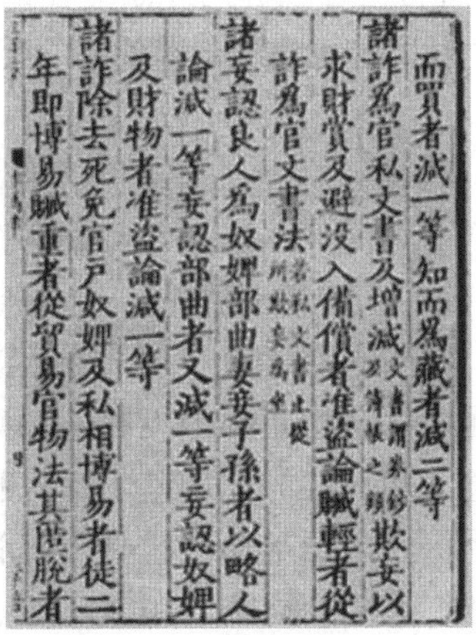
而買者減一等知而爲藏者減二等
諸詐爲官私文書及增減欺妄以
求財賞及避沒入備償者准盜論贓輕者從
詐爲官文書法
諸妄認良人爲奴婢部曲妻妾子孫者以略人
論減一等妄認部曲者又減一等妄認奴婢
及財物者准盜論減一等
諸詐除去死免官戶奴婢及私相博易者徒二
年即博易贓重者從貿易官物法其價脫者

图6-9　《唐律》书影

在《唐律》中，一些律条与会计工作具有明显的关系。如《职制律》称：“诸公事应行而稽留、及事有期会而违者，一日笞三十，三日加一等。过杖一百，十日加一等。罪止徒一年半。即公事有限，主司符下，乖期者，罪亦如之。”

《户婚律》称："诸脱户者，家长徒三年；无课役者，减二等；女户，又减三等。脱口及增减年状，以免课役者，一口徒一年，二口加一等，罪止徒三年。其增减非免课役及漏无课役口者，四口为一口，罪止徒一年半；即不满四口，杖六十。"

《厩库律》称："诸出纳官物，给受有违者，计所欠剩，坐赃论。其物未应出给而出给者，罪亦如之。"

《擅兴律》称："诸有所兴造，应言上而不言上，应待报而不待报，各计庸坐赃论减一等。即料请财物及人功多少违实者，笞五十；若事已损费，各并计所违，赃庸重者，坐赃论，减一等。"

《诈伪律》称："诸诈为官私文书及增减，欺妄以求财赏及避没入、备偿者，准盗论；赃轻者，从诈为官文书法。"

《杂律》称："诸主守官物而亡失簿书，致数有乖错者，计所错数，以主守不觉盗论，其主典替代者，文案皆立正案，分付后人，违者，杖一百。"

上述律文，从不同侧面规定了诸如违反报告期限、记录错误、假造或篡改簿账等文书、丢失簿书而致数目差误、未办理离任与继任交接手续等事项的论罪。从法律高度规范了会计报告的期限、会计账目的准确及其保管等会计工作内容。

2）会计文件

（1）会计凭证

唐代的凭证中，较为常见的有券、契、抄及牒等数种，也有些特殊的文书用作经济凭证。《唐书·百官志》中记载："凡上之逮下，其制有六：一曰制，二曰勅，三曰册，天子用之；四曰令，皇太子用之；五曰教，亲王、公主用之；六曰符，省下于州，州下于县，县下于乡。"这些制、勅、令、符中涉及经济事项的，就成了会计凭证。纸文书的优越性，到唐朝得到充分的发挥，对促进会计的发展起到了很大的作用。唐代的经济凭证可以分为两类，即木契和纸券。木契是财物出纳和核验的凭证，是财物保管出纳部门设置使用的一种多联制凭证形式。纸券为木契以外的其他凭证的统称，是国家有关主管部门向财物保管出纳部门发出的支付某种物品的命令文书，它是进行会计核算的原始凭证，会计人员据以记账算账。其他如皇帝下达涉及财物支出的"诏""勅"等也属于记账依据的会计原始凭证的范围。

（2）会计账簿

唐代账簿的名称也未定型。当时，对会计账簿除沿用"簿"的旧称以外，更多的则是以"账"代"簿"了，并出现了"账簿"的连用。称之为账簿，却没有装订成册，通常以一卷纸作为一本账。"账"与"簿"虽已合称，但仍有细致的差别，唐时凡在署为簿，在寺为账。在建制上，寺大署小，寺为署之主管，署为寺之隶属，则在寺之账即为概括反映各种财物变化的汇总账簿，而在署之簿便是详细反映某种财物变化的明细账簿。

唐代官厅会计中的簿账设置，与西汉时期的基本情况相似，大体上也分为两大类：一是户部所属赋税征收部门及财物保管出纳部门（包括户部管辖范围以外的仓储保管出纳部门在内）的会计簿账设置。另外，如工商之征、国营工业、商业收入亦相应设置有专门的会计簿账。二是户部以外其他部门（主要是财政支出部门）的会计簿账设置。这类部门系按照国家规定的费用项目进行核算，主要项目如薪俸还设置专账，一般费用项目则归并在同一卷簿账中核算。

唐代官厅的会计簿账设置，较之汉代的进步在于，这时从上到下都有了比较明确的按照财物自然属性划类的汇总核算与明细分类核算。各主管部门一般只设置汇总分类账，在账中仅分类反映财物的入、出、余总数，其所属部门则设置明细分类簿账，分类反映各类财物的入、出、余细数。这样，当所属部门定期汇总上报时，就便于分类对照进行检查。当然，这种汇总分类账与明细账之间的关系与现代的总账与明细账之间的关系还不相同，前者仅以财物的自然属性划类，而后者的分类则是建立在科学的会计科目分类的基础上的；前者的分类显得杂乱无章，而后者的分类则是井井有条。唐朝的会计簿账设置情况表明，其在划类核算方面，又朝着科学分类的方向前进了一步。

【小思考6-18】

唐代官厅的会计簿账设置，较之汉代的进步在于，这时从上到下都有了比较明确的，按照财物自然属性划类的（　　）与（　　）。

【答案】汇总核算，明细分类核算。

(3) 会计报告

唐代的会计报告，一方面继承和总结了自西周以来日成、月要、岁会的基本方法，吸收了西汉以来上计中的基本经验，另一方面又有它自己的创造和发展。当时，以财物出纳部门为编报重点，并根据不同部门、不同工作环节以及不同的情况规定会计报告的具体内容及编报时间，以分门别类地掌握各个方面财物收支动态，随时检查预算收入项目的执行情况。在我国会计发展史上，唐代是会计报告编制比较有法的第一个朝代，尤其是在财物保管出纳部门。日有日报，旬有旬报，月有月报，季度及岁终还编制有比较全面的会计报告。唐朝书面报告分日、旬、月、季、年报五种，各有固定的上报内容和行文格式要求，其中日报和旬报主要上报财物的收支情况，月、季和年报则要全面上报财物收支和结存情况。日、旬、月报一般由本部门的主管机关复核和地方政府主管部门勾复，而季报和年报则要呈送中央政权审查。

3) 会计方法

(1) 记账方法

唐代是我国单式记账法发展的完善时期，它比较全面地总结了以前单式记账法的基本特点，并在原有的基础上加以发挥，使之趋于完善。唐代的记账符号，仍然以“入、出”作为记账符号，但对记账符号的具体运用，已能够根据会计事项的具体内容而较灵活地加以掌握：或明确地将这对符号冠于每笔经济事项的首位；或加以省略，而在对经济事项内容的摘要中加以明确；或在按收支事项分别设置簿账的情况下，在簿账名称上加以明确；或当收入、支出事项在簿账记录中比较集中的情况下，分段运用，而不逐笔罗列。总之，在记账中已自由处理，不拘一格。唐代继承了传统的序时流水账式，但从会计核算的需要出发，记账时又不一定受固有格式的限制。例如，在某些会计簿账登记中，从整体上看是序时的，但从局部考察，又打破了时间界限。这样做并非破坏了记账的眉目，相反，通过把相关账目联系在一起登录，更便于达到核算的目的，并使整个账面有条不紊。当时，对每一笔经济事项的记录，一般仍集中反映它的一个主要方面，但服从核算与管理的需要，并不排斥对两个方面的同时记录。当然这并非讲当时已发现并有意识地采用了复式记账的方法，而是人们企图通过变换记账方式，更清晰地突出会计事项的来龙去脉，只是这种情形并未超脱单式记账法的范围。

(2) 结算方法

在唐代的官厅会计核算中，进行月结、季结及年终决算，其主流仍然是采用“入-出=

余”的三柱结算法。但是，唐朝中期已经有了“四柱结算法”的名目，已经有了由“三柱结算法”向“四柱结算法”过渡的迹象。“三柱结算法”与“四柱结算法”的根本区别在于，从结算时间上划清本期收入数额与上期结余数额之间的界限，明确哪些是本期新收入的数额，哪些又是上期剩余的数额。划清这一界限对于国家财政收支的管理具有十分重要的意义，它在一定程度上可以防止因新旧账目混淆而发生贪污盗窃的现象，可以保证国家各项预算收入的实现，以及对这些预算收入的正确核算，同时，也便于加强对库藏财物的管理。

四柱结算法是中式会计利用旧管、新收、开除、实在四要素及其相互关系反映一定时期的财产增减变化并结算账目的方法。四柱结算法脱胎于三柱结算法，自东汉至唐代，在三柱结算法的基础上，逐渐将三柱结算法的入项或收项要素中的上期结余同本期收入依其性质的不同而区别开来，成为两项独立的要素，遂使三柱结算法演变为四柱结算法。宋代以后，四柱结算法广泛运用于官厅会计和民间会计事务的处理与核算中。

在长期的演变过程中，四柱结算法中的四项要素在不同时间和空间范围内，使用着各自习用的名称状态：反映期初结余的要素，曾先后有“承×（×为报告期的前一期）月”“原给”“旧额”“原管”等表述，最终统一命名为“旧管”；反映本期收入的要素，曾先后有“入”“收”“新附入”“新加”等表述，最终统一命名为“新收”；反映本期支出的要素，曾先后有“出”“付”“已支”“破使”等表述，最终统一命名为“开除”；反映期末结余的要素，曾先后有“余”“见管”“见在”等表述，最终统一命名为“实在”。

四柱结算法以四项要素间的相互关系为依据，采用“旧管+新收-开除=实在”的基本计算公式，计算一定时期内某种财物增减变化的结果即期末结余。此外，又可利用“旧管+新收=开除+实在”的总额平衡公式和“新收-开除=实在-旧管”的差额平衡公式检查财务收支或财物出纳的平衡情况，为制定预算、从事分析提供条件。四柱结算法的创立为会计核算提供了科学的结算方法，也为会计检查和会计分析准备了前提条件。其基本原理亦为现代会计所承袭，成为“期初结余+本期收入-本期支出=期末结余”会计公式的理论渊源。

在四柱结算法的运用期间，人们承袭旧习，将运用四柱结算法编制的会计报告文件竖行书写为以“旧管”“新收”“开除”“实在”四项要素的总计数额写满纸张的高度，以各项要素所属具体项目的数额依次排列附于各该要素后，并采用低于各项要素书写高度的位置这一特定形式。这种会计报告文件的书写形式，直观反映为“旧管”“新收”“开除”“实在”四项要素的记录在报告文件上形成突兀竖立的四桩柱子，因而这种报告文件被形象地称为“四柱”册，如“四柱清册”“四柱奏销册”等，四柱结算法亦因此而得名。后唐四柱簿如图6-10所示。

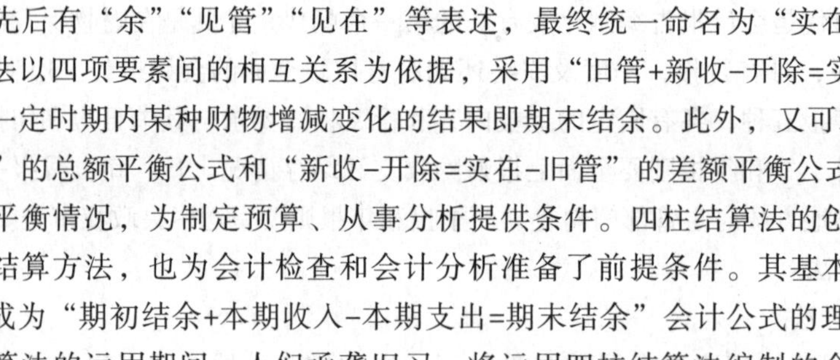

图6-10 后唐四柱簿

后唐《长兴净土寺年终报告》：

净土寺直岁愿达

右愿达从庚寅年正月一日已后至辛卯年正月一日已前众

僧到北院算会愿达手下承前账迴残及一年中间田收园税梁

课散施利润所得麦粟油蘇米面黄麻麸滓豆布纸等承前账

惣壹阡捌伯参硕半抄

伍伯贰拾柒硕伍斗肆胜麦

伍伯玖拾捌硕贰斗玖胜粟

陆硕捌斗玖胜半抄油

……

壹阡伍伯肆拾玖硕柒斗陆胜半抄麦粟油蘇米面黄麻麸滓豆布纸等承前账旧

肆伯伍拾参硕柒斗壹胜麦

伍伯参拾伍硕贰斗玖胜粟

参硕捌斗壹胜半抄油

……

贰伯伍拾参硕贰斗肆胜麦粟油蘇米面黄麻麸滓豆布| 等自年新附入

柒拾参硕捌斗参胜麦陆拾

参硕粟参硕肆胜油

……

参伯贰拾肆硕柒斗壹胜半抄麦粟油面黄麻麸滓豆布| 等沿寺修造破用

壹伯肆拾陆硕参斗麦陆拾

伍硕壹斗壹胜粟参硕参斗

肆胜半抄油

……

壹阡肆伯柒拾捌硕贰斗玖胜麦粟油蘇米面黄麻麸滓豆布纸等沿寺破除外应及见在

参伯捌拾壹硕贰斗肆胜麦

伍伯参拾参硕壹斗捌胜粟

参硕伍斗壹胜油

……

右通前件算会出见破除一一访实

如前伏请　　处分

长兴二年辛卯岁正月　日净土寺愿达

徒众

（3）会计核算项目

唐代官厅会计核算中规定了核算所依据的对社会经济收支活动按其性质划分类别的标准。唐代封建国家对国家收入规定了租庸调、专卖、关市税及其他收入等项目，其中，租系唐代对丁男、中男授田一顷后得每年缴粟二石的税收项目，庸系唐代丁男每年应无偿服役20日而不愿服役者需每日缴绢三尺的税收项目，调系每年缴绫、绢等各二丈和棉三两（或缴布与麻）的税收项目；专卖收入系唐代国家专营收入项目，包括盐、铁、茶、酒类等专卖收入项目；其他收入包括屯田、和籴、贡献、公廨等税收项目。对国家支出规定有皇室、俸禄、工程、军事、行政、外事、其他等支出项目。

4）会计计量单位

我国封建社会的货币经济，到隋唐有了很大的发展，扩大了钱的使用范围，改变了魏晋南北朝时期用布、帛、盐、米等行使货币职能进行商品买卖的情况，并且首先使民间会计转变为以货币价值为主要度量单位。至于官厅会计，由于隋行租调制、唐行租庸调制，财政收入是大量的谷、绢、布、绵、麻等实物，因而基本上还是以实物量为计量单位。不过，受货币经济发展的影响，在财政收支上，钱的比重已有较大的增长。中唐以后，财政收支起了变化，一度以货币为主。唐德宗建中元年（780年），采用杨炎建议，改租庸调法为两税法，按田亩收租，按丁口收取算赋，实物地租转变为货币地租，国家的主要收入便是货币了。而且，当时所通用的是我国货币史上最稳定的一种铜币——开元通宝。这时，布帛的货币地位则大大下降了。

这样，在会计核算上，计量单位也发生相应转变。开元通宝钱在会计核算中发挥着重要作用，尤其是在综合计算上发挥着显著作用。到唐朝后期，白银在货币流通中出现了，金属货币的地位进一步上升，实物货币的势力范围进一步衰退，从此出现了一个银铜并用的复本位的货币制度时期。这个时期的到来，为货币量度在会计核算中占据主位起着强有力的促进作用。

关于唐朝会计计量单位的发展，有两件事需要注意：一是货币本身计量单位的变化。就我国钱币制度而言，唐朝是一个分界点。唐以前，钱的重量按铢计算，如汉的“四铢钱”“五铢钱”等。前述唐德宗年间，铸开元通宝钱，十个钱重一两，后来形成了“十钱一两”的计算单位，钱以下为分，分以下为厘。由于钱制度变革引起了衡制度变动，并成为会计核算中统一的实物重量计算单位，且被沿用到现代，这是具有划时代意义的一次变革。二是标准工作日的应用。在古代，人们只知日出而作，日入而息，无冬夏长短之分。秦律中开始有冬三日当夏二日计算工作日的方法。唐朝发展了秦律的做法，但比秦律更合理。《唐六典·工部》中记载：“凡计功程者，夏三月与秋七月为长工，冬三月与春正月为短工，春之二月三月、秋之八月九月为中工。”这种把工作日划分为长、中、短的方法，与确定不同的工资计算标准有关。至于奴婢劳动，虽与工资计算无关，但也涉及考核勤懒问题。标准工作日的运用，反映了唐朝经济管理方法和会计核算技术较前代有所提高并逐步完善。

5）会计著作

唐代出现了我国最早的会计专著——《元和国计簿》和《大和国计》，为我国会计发展史书写了重要的一页。

唐宪宗元和二年（807年），宰相李吉甫撰著《元和国计簿》共10卷，为我国第一部会计专门著作。该书内容分为三个部分：第一部分根据有关的统计资料，介绍国家预算的来源，说明赋税收入的情况；第二部分按照具体的项目记载国家财政收入的实际数额；第三部分以历史资料同现实资料进行对比分析，揭示财政收支中的问题所在及其产生的原因。以元和同天宝年间相比较，发现元和年间的供税户只有天宝年间供税户的1/4，而对军兵的负担却比天宝年间增加1/3，平均每户便要负担1兵的开支，造成支多收少、入不敷出的财政困难。而冗兵过重、军费浩繁兼之水旱天灾，正是国家财政困难的原因所在。

继《元和国计簿》之后，文宗大和年间（827—835年），韦处厚又撰得《大和国计》20卷，该书深受《元和国计簿》的影响，其结构、内容及方法均似《元和国计簿》，是我国早期的会计著作之一。上述两书运用有关资料、发现其中的问题并找出原因的做法，为我国的会计分析树立了典范，被后世效仿。宋代及其以后出现的《会计录》，便是以此为基础而形成的。

【小思考6-19】

在唐朝时，产生了我国最早的会计著作（　　）。

（1）《元和国计簿》　（2）《大和国计》　（3）《会计录》　（4）《法经》

【答案】（1）。

6）会计术语

（1）“脱漏增减”是中国古代反映基层会计工作中少记、漏记、错记应记录内容之含义的法律用语。在上述法律用语中，“脱”指应记录的内容被全部遗漏，如登记户籍时整户未被记录；“漏”指应记录的内容被部分遗漏，如登记户籍时有1人或几人未被记录；“增减”指应记录的内容被篡改，如登记户籍时虚报病、残情况，其中，“增”又指应记录的内容被添加记录内容，如登记户籍时对中年人加算年龄而计入老年，“减”又指应记录的内容被削减记录内容，如登记户籍时对中年人减算年龄而计入小人。“脱漏增减”全句义为：在会计工作中，少记应记录内容、漏记应记录内容和错记应记录内容。

在上级官府的会计工作中，“脱漏增减”分为“不觉脱漏增减”和“妄脱漏增减”两种情况。“不觉脱漏增减”，“不觉”指未被发觉或觉察。“不觉脱漏增减”全句义为：在会计工作中，未被觉察而少记、漏记和错记应记录内容。“妄脱漏增减”，“妄”指自觉、故意或胡乱、非法地。“妄脱漏增减”全句义为：在会计工作中，故意或非法地少记、漏记和错记应记录内容。

（2）“主司应言而不言及妄言”是中国古代反映下级官府应向上级官府进行报告而不报告以及报告不实之含义的法律用语。在上述法律用语中，“主司”泛指各级官府的主管官员；“言”指下级官府向上级官府进行报告；“妄言”指故意报告内容不真实的情况。“主司应言而不言及妄言”全句义为：在会计工作中，下级官府按照规定应向上级官府进行报告而不报告，以及故意报告不真实的内容。

（3）“覆检不以实”是中国古代反映不从实进行核查工作之含义的法律用语。在上述法律用语中，“覆检”指审核、检查；“不以实”指不从实进行工作。“覆检不以实”全句义为：在会计工作中，承担审查职责的官员对有关经济事项或报告不从实进行核查。

（4）“给受有违”是中国古代反映支出和收入事项违反有关法律规定之含义的法律用语。在上述法律用语中，“给”指给予、付出或支出；“受”指受到、收入。“给受有违”全句义为：在会计工作中，支出和收入事项违反有关法律规定。

（5）“物未应出给而出给”是中国古代反映应支出物品未到发放时间而提前发放之含义的法律用语。在上述法律用语中，“出给”指给予、付出或支出。“物未应出给而出给”全句义为：在会计工作中，未到发放时间而提前发放应支出物品。

（6）“回避诈匿”是中国古代反映逃避、作假或隐瞒应税项目之含义的法律用语。在上述法律用语中，“回避”指逃避；“诈”指作假；“匿”指隐瞒。“回避诈匿”全句义为：逃避、作假或隐瞒应缴纳的田税“租”和户税“调”。

（7）“巧伪湿恶”是中国古代反映对应税项目弄巧作假或纳税物品质量不合标准之含义的法律用语。在上述法律用语中，“巧”指取巧；“伪”指作假；“湿恶”指质量不佳、富含水分。“巧伪湿恶”全句义为：对应缴纳的田税“租”和户税“调”弄巧作假或纳税的物品质量不合标准。

（8）“应待报而不待报”是中国古代反映应等待批准后办理的业务未待批准即行办理之含义的法律用语。在上述法律用语中，“报”指上级官府批准的命令。“应待报而不待报”全句义为：对兴建工程等业务，应等待批准而未待批准即行办理。

（9）“料请财物及人功多少违实”是中国古代反映估算、请领业务所需财物与人工虚假不实之含义的法律用语。在上述法律用语中，“料”指估计、预料。“料请财物及人功多少违实”全句义为：在兴建工程等业务中估算、请领业务所需的款项、材料与人工等虚假不实。

（10）“诈为官私文书及增减”是中国古代反映伪造和篡改官府与私人各种文件之含义的法律用语。在上述法律用语中，“诈”指伪造；“官”指封建国家和各级官府；“私”指私人；“增减”指文件所反映的内容被篡改。“诈为官私文书及增减”全句义为：伪造和篡改官府与私人的券、抄及簿账等文件。

（11）“亡失簿书致数有乖错”是中国古代反映因丢失账册而导致财物数额出现差错之含义的法律用语。在上述法律用语中，“乖”指相违。“亡失簿书致数有乖错”全句义为：因丢失账册而导致财物数额出现差错，使财物应有数额与实有数额相互不符。

6.6 五代十国会计

五代十国（907—960年）是继魏晋南北朝之后又一次大分裂时期。朱温于907年建立后梁，继起的有后唐、后晋、后汉、后周，共五个王朝。与此同时，各地实力较强的节度使，也先后称王称帝，建立了一些独立王国，如南方的吴、南唐、吴越、闽、楚、南汉、南平、前蜀、后蜀，以及北方的北汉，史称这一时期为“五代十国”时期。这一时期的政治中心在北方，经济中心则在南方。南方的会计发展要比北方更完善，但史料缺乏，难以考证，因此本书着重介绍五代的会计情况。

6.6.1 五代十国的财计官制

五代沿袭了唐的三司之制。后梁太祖朱全忠原在唐昭宣帝时，曾官拜“盐铁、度支、户部三司都制置使”，建国后他又设置了建昌院，专管地方财赋出入，不久又以国计使取而代之。后唐庄宗，以唐之后裔自称，登位后，肆意恢复旧制，设租庸使，为财政主管机关，而将盐铁、度支、户部三司置于租庸使之下。因为租庸使孔谦专以聚敛为急，剥削万端，所以后来又废除租庸使，仍归盐铁、度支、户部三司，并由宰臣一人专管。930年，又委任许州节度使担任工部尚书，为三司使，吏部尚书李琪为国计使。但是，工部和吏部都不是主管财计工作的部门，却让工部尚书管财政，吏部尚书管会计，可见后唐的财计官制是非常不合理的。后唐庄宗为了享受奢侈生活，大肆搜刮财赋，将内外府库进行了划分。后晋、后汉的财政制度，大都沿用后唐的制度。到周太祖和世宗时才将财政制度上的许多弊端革除。

6.6.2 五代十国的会计方法

五代的统治者大都忙于争夺帝位，困扰于战争之中，财政上忙于应付军费开支，根本谈不上健全财政管理制度。不过，朝廷为了掌握地方财政收支和钱谷出入情况，会计记录还是必需的。但是，至于会计凭证、账簿及记录的完善程度，根本无法稽考。如《新五代史·郭崇韬传》中曾记述："上蜀簿，得兵三十万，马九千五百匹，兵器七百万，粮二百五十三万石，钱一百九十二万缗，金银二十二万两，珠玉犀象二万，文锦凌罗五十万匹。"所谓"蜀簿"，是指破前蜀时取得财富所编造的财产账簿，类似接收清册。这种账簿的正确性，是很难令人相信的。但在当时，能编造出财产清册已经很不错了。

五代管理会计的机构为"国计使"，实际掌管会计籍账的还是尚书省户部。909年，尚书户部奏："请天下州府，准旧章申送户口籍账。"所谓"旧章"，很显然是指唐朝的规章。但这种籍账的性质、内容和申报时间都不是很明确。不过，从后晋开始，"籍账"的含义就比较明确了。五代的籍账，不同于唐朝的计账。唐朝的地方计账每年上报一次，有关课调数是估算数，是户部确定年度预算的依据；而五代的籍账，是反映秋夏两次实际征收的钱谷数，每季奏报一次，是地方（州）向财政主管部门反映每季财赋收入情况的会计报告，但也不同于唐朝的季报。唐朝设置比部，规定京师仓库和诸司、诸使钱谷出入和一切财赋收入经费支出，每三个月考察一次，下一季度与前一季度紧密相连；而五代的籍账，从性质上讲也属于季度报告，但对地方（州）则年终总检查一次。另外，后晋对地方的征课设有定额，以是否完成定额作为奖惩官吏的标准：每一年达到限额的，地方官可以连任一年；没有完成定额的，则要被罢官。按季上报，按年考核，三年中考核，是从会计报告上控制地方财政收入的方法。如果年年达到限额，没有欠税，则可以评功升官。很显然，要考核赋税收入是否完成限额，必须要有完备的会计记录，唯此才能编出正确的籍账，作为财政部门考核的依据，也是财政监督的一种方式，即财政与审计二者合一的制度。

6.7 宋代会计

960年，赵匡胤结束五代之后周，建立了宋朝。宋初进行了土地占有方式和剥削方式的变革，提高了生产技术水平，调动了农民的生产积极性，推动了农业生产的发展，使农业增产丰收，上下给足，府库羡溢，带来了工商业的繁荣。活字印刷术等许多发明创造，对社会政治、经济、文化都有着重要影响。同时，手工业作坊规模扩大，生产过程日趋复杂，产品的花色品种、数量增加，对会计核算提出了更高的要求。适应工商业发展的要求，宋代发明了我国乃至世界上最早的纸币——"交子"，更促进了商品流通、金融与会计核算的发展。在这个时期，中式会计的方法体系基本形成，财计制度也得到进一步加强和完善。

6.7.1 宋代的财计组织

宋太祖从官制设置着手，巩固和加强中央集权的工作，一举把各州、郡的行政、司法及财权统统收归中央，空前强化了专制主义的中央集权统治。钱粮财权的控制、财计机构的建设，是当时统治者工作的重点之一。但是，宋代财计组织的建设始终处于反复变动之中。现分时间段对宋代的财计组织建设情况予以介绍。

1）宋代初年（960—1068年）

宋太祖为防止重臣擅权，承唐之制以“同中书门下平章事”为宰相，并设“参知政事”作为副职加以牵制。同时，又根据五代的做法设置枢密院掌全国军事。这个时期所体现的创新之处是设置三司使专掌财计，把财计权从宰相府中划分出来。这样，在中央政府中便形成了中书省、枢密院与三司并列的局面。三者各自不相统属，仅听命于皇帝，直接为皇帝负责。在960—1077年间，六部的职务已由其他机构代替，其中三司取代原户部掌全国财计大权。这是宋朝前期官制变化的一个重要方面，但这种变化也带来了许多麻烦。由于财计大权归于三司，这样，要主理全国财计就须加强三司的组织建设，使它能控制全国的户籍计账、税收与会计。围绕三司组织建设与调整，从960年至1068年，在这长达108年的时间里，北宋统治者反复进行了多次变革，根据郭道扬教授《会计史教程：历史·现实·未来》一书的归纳，宋初中央财计组织的变化情况为：960—992年设三司（计省），置三司使（计相）和副使，辖盐铁（以盐铁使为长官）主管税收、度支（以度支使为长官）主管会计、户部（以户部使为长官）主管赋役户籍；993年设总计司，置总计使，辖左计（以左计使为长官）分掌十道税收、右计（以右计使为长官）主管会计和赋役户籍；994—1002年设总计司，置总计使，辖三部（以三部使为长官）掌税收、会计、赋役和户籍；1003年设总计司，置总计使，辖三司（以三司使为长官）掌税收、会计、赋役和户籍；约景德年间至1068年设三司，置三司使，辖盐铁（以盐铁使为长官）主管税收、度支（以度支使为长官）主管会计、户部（以户部使为长官）主管赋役户籍。

地方官制亦大体承袭唐制，实行州、县两级制，但也有改进。从太祖起就把过去节度使的兵权、财权及司法权收归中央，解除了军人节度使的职务，委派文臣去做地方的军事、行政长官，从而加强了对州一级的控制。964年宋太祖诏令诸州，从令下三日起，规定各地每年所收租赋及专卖收入，除去地方支用的部分外，其余应全部运送至京师。公元965年3月重申此令，同年4月便委派朝官到各地收受民间租税。太宗时，派使成为定制，986年规定这种“监当使臣”三年一更换。由此，从收受机构到会计核算全部由中央掌握，这是宋代比唐代进步的方面。

2）王安石变法期间

理财是王安石变法的首要目标，而理财又首先从改革财计组织系统出发。熙宁二年（1069年）2月王安石呈请设置三司条例司作为推行改革的总机构，该司在宋神宗支持之下设立，成为中央政府执掌财计的最高机关，并由王安石主持三司条例司的工作。在改革期间，王安石罢黜三司使之名，将盐铁、度支、户部三机关合而为一，使财计大权又回到宰相手中。三司条例司刚一成立，宋神宗便令其考核盐铁、度支、户部三司簿籍，并作出规定：凡全国一年经费开支，先编制预算，再依据预算执行，以节制国家财政支出。经过一段时间的工作，在节用方面已颇有成效，共裁省冗费40%，这是制置三司条例司之后的一项成效。然而，由于这一组织建制遭到保守派的反对，到1070年5月便被罢黜，将其并入中书省，此后财计权又复归于三司。至熙宁七年（1074年）宋神宗诏准设立“三司会计司”，以总考天下财赋出入。该司设立之后，一度实行一州、一路汇总会计报告，最后由会计司统一勾考的办法，然而，此机构未进入正常工作阶段便“流产”了。三司会计司是宋代设置的中国会计史上最早的独立主管会计事务的政府部门。会计司的组织形式及以会计作为中央主管机构的名称均是史无前例的，它的出现在组织上确定了会计部门在中央财计组织中的重要地位，对后世也产生了深刻的影响。

3）元丰改制后的财计组织

到宋神宗推行元丰新官制，宋代的财计组织机构又发生了重大的变更，这种变化又回到唐朝三省六部制的组织格局。三省六部组织体制复归之后，省、部、寺、监依旧收回自己的职权，而财计主管部门依然为户部。户部下设度支掌会计，设金、仓二部掌出纳，另设置太府寺、司农寺分掌钱币、粮谷出纳保管事宜。鉴于太府、司农二寺设置在组织格局方面与金、仓二部相重复，故南宋建炎三年（1129年）曾罢司农寺，将其职权并于仓部，罢太府寺，将其职权并入金部，这是精简机构的一种举措。但需注意的一点是，元丰改制后，户部尚书虽为户部长官，形式上总辖财务行政，握持财计大权，然而，实际上其中部分财权已不在其掌握之中。具体讲，当时左曹隶属户部，而右曹则划归右曹侍郎掌管，故右曹所掌部分财权，户部已无权过问。

南宋时，虽然由于兵戈四起，导致财政失其常规，但是，统治者为了从经济方面着手挽救败局，不仅没有放松对财计的控制，而且从局部讲，在财计组织机构建设方面还有新的更张。宋孝宗乾道年间，一度令宰相兼判国用。宋宁宗时设置“国用司”，专考国家财政收支。开禧二年（1206年）又改“国用司”为“国用参计所”。这些都是南宋财计官制上比较突出的方面。

元丰改制后，地方行政机构仍为州、县两级制，州、县两级的财计机构大体与中央机构相适应。

6.7.2 宋代的财计制度

宋代已经有了比较完善的财计制度，如计账、户籍制度、上计制度、审计制度、经济法律制度、仓储管理制度及定额管理与奖惩制度等。

1）计账、户籍制度（即账籍制度）

户口统计与户籍编造是唐代官厅会计核算的重要方面，这个制度到宋代又有了新发展。依据土地、资产的多寡、有无立定户籍，宋代将人户大致分为主户、客户两类。主户指占有土地，交纳赋税的业户；客户指无土地而耕种地主土地的佃户。主户又按其资产占有的多寡分列为五等：一等为大地主；二、三等为中小地主，习惯上统称“上户”；四、五等则为“下户”。按照这五等人户和财产编造的户籍册叫做“丁产簿”或“五等簿”。丁产簿按甲编为一大册，叫做“结甲册”。有时又把丁口与户产分别开来造册，前者叫做“丁口簿”，后者叫做“户产簿”。同时，为了防止隐瞒土地、资产，当时已开始绘制“鱼鳞图”册。此后，“鱼鳞图”册便作为检查田产、落实赋税收入的重要依据之一。客户除少数侨居的小商业者外，大都是佃农，这一类的户籍仅作为缴纳身丁税的依据。

2）上计制度

上计制度从宋代开始，已基本上改变了过去每年年终（或每隔几年）皇帝亲临受计的做法。当时，宋代上计制度的基本内容是封建帝王主要通过览阅会计报告的办法掌握国家财计状况，并奖励或惩罚官吏，故定期编制、报送会计报告。月报、季报皇帝一般不过问，而授权地方主管官和中央的财计、审计部门负责进行复核审查。如果审查之中发现重大问题，可以随时向皇帝奏报；如果官员检查审核不尽职责，造成了损失，也要受到处罚。皇帝注意的重点是年度会计报告，一般情况下都要亲自过问。当时统治者已经认识到，要坚持上计制度，就必须坚持会计年报制度。南宋时，这种上计方法又在两汉及北宋做法的基础上有了进一步的改进，即由户部统一汇总全国各地的会计报告，并按照规定的类别及项目编造上计簿册，于次年正月呈报；然后，由宰相指派专官审核，其结果再呈皇帝览阅。虽然这种上计办法在南宋未得到长久实行，但是，它却是从旧有的上计法向新的上计法转变的一个标志。这种转变深深地影响到明清时的上计制度，乃至近代的会计报告制度。

3）审计制度

元丰改制后，宋代便承袭唐制，以刑部中的比部为专门的审计机构，自此，审计制度亦加以确立。与唐代相类似，宋代比部的审计工作也可以分为两个方面。《宋史·职官志》称：一方面，“凡场务、仓库出纳在官之物，皆月计、季考、岁会”，对这一部分比部实行全面的审计。另一方面，对于州、县的会计报告，则在岁会或三年大计时进行总的勾覆、审理。账目不经过比部勾覆不能了结，了结的账目必经比部批示。账目到期不按规定送审，或会计报告编制违反规定，都要受到处分。后又专设马步军专勾司、审计司，成为中国设立官厅审计部门的早期实践。宋代审计司印蜕如图6-11所示。

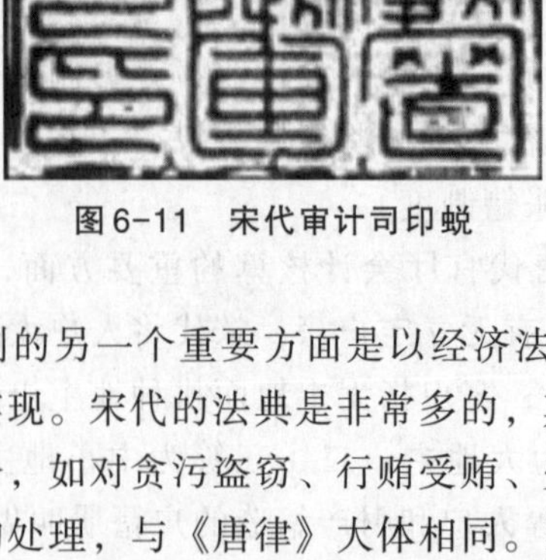

图6-11 宋代审计司印蜕

4）经济法律制度

宋代统治者加强经济管制的另一个重要方面是以经济法律制度维护国家的经济利益，保证财计审查、监察权力的实现。宋代的法典是非常多的，其中的基本条款包括经济法律制度，大都是承袭唐朝的律令，如对贪污盗窃、行贿受贿、受财枉法，以及伪造印鉴、经济凭证诈取官物等犯罪行为的处理，与《唐律》大体相同。当然，宋代的经济法律制度也有自己的特色，如宋代对会计簿账、报告的记录与编造都判定并颁布了严格的法规，对各类簿账一律按规定格式及书法编写，如有违犯，以杖罪惩处。至南宋时依然坚持这些法规，对于违反财物收支手续制度者，亦根据情节轻重依法惩处。配合库藏管理，宋代还立定了仓法。其中，库官验收，监临官则监收。到神宗时还立定了加强库藏财物管理的专门法律制度——《诸仓丐取法》。此外，凡挪用、扣压库藏财物者，亦如法治罪。仓法中对盗窃罪制裁极严，凡盗窃国库钱物者，轻者杖刑，重则处死。

5）仓储管理制度

宋代已有健全的仓储管理制度。其在库藏管理方面突出的进步是更多地考虑了管理与会计核算的结合。宋代库藏财物出入有比较严格的手续制度，凡财物出入以合法的经济凭证为准。财物入库，由库官与监临官共同验收；财物出库，又由监门官根据库房所开出库证件，逐项检查。为了防止监门官日久作弊，规定监门官一年一换。每晚库房结业后，由仓库监临官亲收库房钥匙，次日再发给各库负责人。另外，按照规定对监临官实行两年一换的制度。对常平仓、义仓、社仓也有一套管理办法。如县一级的义仓，由县官同令丞共同负责经管。每到岁终，令丞合计诸乡所入之数，上报给提举常平，最后由提举常平汇合一路之数，上报给中央主管部门。当令丞调换替移之时，还必须批核印纸，考核专仓盈亏，然后方可交接。

6）定额管理与奖惩制度

宋代官厅对部分财政收支项目，实行定额管理制度。对租赋收入，每年按经济收入区划，分别核定标准，年终将实收数额对照标准进行检查，以决定奖惩。仁宗康定年间还具体确定课利与租额亏损的比例，以5%作为控制数，凡每十分亏五厘者便罚两月俸，亏损在一分以下者罢三月俸，亏损在一分以上者罢官免职，并听候处理。对部分支出项目，宋代官厅也确定了开支定额，以限制扩大开支。通过制定定额达到控制经济的目的，这是宋代在经济管理与会计核算方面的一个进步。宋代的这种定额管理是在财政入不敷出的情况下，以督促收入、限制支出、解决财政收支困境为目的的一种强制性的办法。同时，定额的确定方法也十分简陋，还缺乏科学性。再者，对于库藏管理妥善、出纳有方、能做到账实相符的官员，给予酬奖；对于库财出纳不慎、账实不相符者，亦加以惩罚。

【小思考6-20】

宋代，已经有了比较完善的财计制度，主要包括（　　）。

（1）计账、户籍制度　　（2）上计制度

（3）审计制度　　（4）仓储管理制度

（5）定额管理与奖惩制度

【答案】(1)、(2)、(3)、(4)、(5)。

6.7.3 宋代的会计方法

1）会计文件

（1）会计凭证

在宋代的会计核算中，经济凭证方面的进步表现在两方面：一是作为会计凭证的作用进一步明确；二是出现了不少专用性质的经济凭证。总的来讲，宋代的经济凭证在部门间以及各经济环节间发挥着控制经济的作用。宋代的会计凭证可分为收入与支出两类，皆有正、副两联。作为收入凭证，一联为记账依据，另一联则交由提供收入的一方保存，作为收据。作为支出凭证，一联存实物出纳部门，为支出依据；另一联充当领取凭证，由实物收纳单位所执，依其领取实物。当领取实物时，支出与收纳双方所执两联经核验无误后，出纳部门方如数支给，并收回此联，会计人员据以入账。会计凭证与账簿在宋代受到足够的重视，它们同其他经济档案一起由专吏负责长期保存。

(2) 会计账簿设置及分类

宋时已将会计账簿叫做“账”，但作为记录统计资料的簿籍亦同样称之为“账”，要区别二者的性质，须视“账”或“簿”前的文字及簿册的登记内容而定。根据《宋史·食货志》《宋史·刑法志》《宋会要辑稿·食货类》等史书资料可知，其中属于统计簿册的有户账、丁账、甲账、图账、地步账、左右厢账及囚账等；属于会计簿册的有租账、课利账、钱账、粮账、钱谷账、库账、粮草账，以及各种出入账等。人们常常把会计与统计记录簿册连称为“簿账”“账籍”“簿籍”“文账”，同时，还把它们列作国家的文书，也叫做“簿书”。凡称账籍者，一般“账”表示会计簿册，籍则指各类统计资料。在多种称呼中，以“簿账”的称呼最为普遍，这为近代“账簿”的称谓奠定了基础。“簿账”之称是对当时各类经济簿书之称的总概括，它所包括的内容相当广泛，这是研究宋代会计簿账必须加以注意的问题。

与唐朝的官厅会计部门账簿设置情况相似，宋代的官厅会计部门账簿设置也按部门划分为赋税征收部门、财物保管出纳部门，以及军、政费用开支部门。其中，赋税征收部门的簿账设置包括户籍、计账和钱粮簿账等方面。户籍是赋税征收的依据，计账和钱粮簿账是收、调核算及报账的依据，两者相辅相成，缺一不可。

户籍又包括户账及丁账。户账是计算应纳赋税数额的依据，主要有户产簿、丁产文簿、人户产业簿、丁产等第簿、五等丁产簿、五等簿、结甲册、鱼鳞图等；丁账是征派劳役的依据，主要有丁口簿、丁籍、类姓簿等。一般来讲，户账三年一造，丁账则每年一编。《清明上河图》中的记账场面如图6-12所示。

图6-12 《清明上河图》中的记账场面

与唐朝的计账制度相一致，宋代的账籍制度是根据户籍和赋税项目的规定纳税额结合计算编制的，税征数额落实到各家各户，基层赋税征收部门据此进行征收。当时属于账籍的有税簿、租簿、租税簿、空行税簿、夏秋税簿、夏秋税管额账等，这些是属于农业方面的计账。工商税征则另有计账编制。基层赋税征收部门的钱粮簿账设置，用以反映税征中的钱粮收入及上调情况。

财物保管出纳部门的会计簿账设置，用以系统反映、监督各类财物的入、出动态及结存之数。司农寺所属各粮仓，一般分仓设置保管出纳账。

在军、政费用开支部门，主要会计簿账的设置分为钱账、粮账及其他财物出入账三种。通过这些簿账，系统反映钱粮及其他财物领取、开支情况。军队还涉及军马饲料问题，故军队中还专设有“粮草账”，在簿账中按领用粮食的种类及草料分别设户核算。另外，在宋代的簿账中，分户核算取得了显著进展，在簿账中明确了分别科目核算，在会计报告中明确了分别科目上报。

【小思考6-21】

在宋代，人们常常把会计与统计记录簿册连称为“簿账”“账籍”“簿籍”“文账”，同时，还把它们列作国家的文书，也叫作“簿书”。在多种称呼中，以“（　　）”的称呼最为普遍，这为近代“账簿”的称谓奠定了基础。

（1）簿账　　（2）账籍　　（3）簿籍　　（4）文账

【答案】（1）。

（3）中式三账

中式三账是中国古代民间工商金融业所采用的以草流、细流和总清三种账簿为骨干的账簿体系。中式三账随着民间工商金融业的发展而逐步发展形成，是我国固有的账簿组织体系。据考证，宋代民间工商业就已经初步设置了中式三账的账簿体系，即草流、细流、总清三种账簿。至明清两代，三账体系得到了发展与完善，在工商、钱庄、票号、典当业得到了广泛的运用。

草流是中国古代传统三账体系中起原始凭证作用的序时账簿，亦称“草账”“草批”“原流”“底簿”“底账”。草流起源于唐宋，完善于明清，在清末民初西式簿记的引进和中式簿记的改良过程中衰败消亡。唐代官厅会计中的流水账尚分不清草流与细流，到了宋代，草账在官厅会计中得到运用，出现了户籍草账（编制正式户账的底本）和暂记草账（忙时暂记，闲时正式往账簿上誊写）。在宋代民间工商业中，草流多用于日间营业期间，具有备忘的性质，同时也起到原始凭证的作用，以便在晚间或营业结束时登记细流。

细流是中国古代传统三账体系中起日记账作用的序时账簿，亦称“日流”“清流”“二流”“汇清”。细流作为一类账簿源远流长，西周、秦代的“籍书”和汉代的“簿书”皆可找到细流的萌芽。在唐代民间“私簿”中，序时流水账已经很流行，如商业、寺院的“支出簿”“庄田账”“贷粮账”“器物账”，邸店（货栈）、柜坊（代人存放钱财）和质库（典当）业的流水账。到了宋代，无论是官方，还是民间，细流已成为三账体系中的主账之一。

总清是中国古代传统三账体系中起分类核算作用的汇总账簿，亦称“誊清”“总簿”“总账”。总清账簿源于唐宋时代，周秦的“籍书”与两汉的“簿书”都是序时流水性质的账簿，到了唐代，官厅会计中出现了汇总核算的账簿。例如，唐代国库所属太府寺和司农寺设总分类账，二寺下属各仓则设明细分类账。在民间“私簿”中，多以“草流”和“细流”为主，“总清”的线条尚不清晰。据考证，在唐代民间商业、寺院、邸店（货栈）、柜坊（代人存放钱财）、质库（典当）业等各行业中已经有了总清账簿的雏形，从零碎的史料中可以看出账簿体系中流水与誊清的关系。在宋代，官厅会计中总账与会计报告合二为一。

(4) 会计报告

宋代会计文书的上报有各种规定，但接受会计报告的财政主管机关和财政监督机关变动较多，因而报送办法和报送时期也不尽相同。就报告反映的时期来说，有月报、季报和年报；就上报部门来说，有上报中央的，也有上报地方行政主管机关的。当时对京都诸仓、各直属部门以及州、县都有月报的要求。月报的基本格式是四柱式，由于“旧管”一项逐年结清，故一般表现为“收、支、存”三柱。州、县的月报系按国家规定的财政收支项目汇总，京都诸仓的月报则按保管财物的项目汇总。季报的内容和编造方法与月报相同。各财政支出部门按规定的费用项目按季报送主管部门，由主管部门汇总报送中央。年报也是宋朝皇帝和计臣抓的重点，对编制方法及报告内容都有严格要求：一是无论中央、地方，报告格式均以“四柱”式为准；二是要求“岁收、岁支随事分别科目”不得在项目间发生混淆；三是要求汇总单位注意分清一州一路及一类部门，不得在地区之间或部门之间发生混淆；四是要求有比较详细的文字说明。

2）记账方法及结算方法

宋代的单式记账法已经发展完善。在这一时期，“四柱结算法”的普遍运用，使中式会计中的结算方法问题得以解决。宋代官厅会计核算中的单式会计记录与唐代没有多大区别，只是由于这个时期官厅、民间会计核算相互有了较多的接触和影响，表现在记账符号的使用方面便出现了交互运用的现象。在登记账簿时，普遍使用“收”与“支”作为记账符号，但属于政府会计的文书、报告仍沿用“入”“出”为符号。当时的账簿已不再是以一卷为一账的形式，而是装订成册的账簿了。

“四柱清册”是宋代会计的重大发明，后人又把它称为“四柱移交清册”或“奏销册”，即封建官厅办理银钱移交或报销时编制的报告清册或表册，它继承了唐末和五代时期的四柱结算法并逐步完善之，据以规定会计报表和账簿的基本结构，从而确定了报账、算账、记账的科学方法，也就创造出中式记账的基本原理。据《文献通考·止斋陈氏论系省钱》所载：“淳化五年十二月初置诸州，应在司具元管、新收、已支、见在钱物申省。”可见，从太宗时起便已采用四柱形式的表册向上级申报钱物财产的情况了。元管、新收、已支、见在等四柱，即上期结余、本期收入、本期支出、本期结余。后来四柱的名称逐渐变化，除新收维持原称以外，元管改为旧管，已支改为开除，见在改为实在，至此，四柱之称即告统一，后世相沿，未曾更张。四柱间的平衡关系为“旧管+新收-开除=实在”，成为我国收付记账法的理论依据。后来，收付记账法中“上期结余+本期收入-本期支出=本期结余”的公式便是由此四柱间的平衡关系演变而来的。这一平衡关系还借助于“旧管+新收=开除+实在”的总额平衡法和“新收-开除=实在-旧管”的差额平衡法来反映。由于四柱清册科学合理，在其发明后的近千年的政府会计中，始终以它为会计报告的形式，而且在民间会计中亦广为流行，一般工商银钱各业亦广泛采用四柱清册的形式编制会计报表。

3）会计计量单位

宋代财政收入中的实物分为谷、帛、金、物产四大类。大类下又细分为若干小类。名目很多，数量也不小。但货币（铜钱、纸币）的收入，也是大量的。北宋九朝至南宋六朝都铸钱，且同时发行交子、会子等纸币。在财政收入项目中，直接以钱命名的项目也非常多，如免行钱、免役钱、助役钱、水场钱、月桩钱等。其他各种商税以及各种专卖收入，也都以钱计算。在财政支出方面，官吏俸薪以及工程等货币支出也是大量的。由此可见，在宋代的财政收支核算中，实物与货币处于同样重要的地位。

宋代货币的发展有三大特点：一是铜铁钱兼用，北宋以铜钱为主，南宋时则以铁钱为主。二是白银自宋代开始具有浓厚的货币性，成为当时重要的支付手段。白银进入流通领域，对中式会计发展具有重要意义，自此，我国币制开始进入一个银铜并用的复本位时期，它迫使实物货币逐步退出流通舞台，还原其个别商品的本来面目。这不仅净化了货币流通领域，而且有利于会计计量单位的统一。三是纸币的正式诞生。以金银为后盾的纸币制度的产生，对于会计计量单位取得一致，比白银发挥着更加显著的促进作用。轻便而易于携带的纸币，逐步取代一切实物形态的货币在流通领域里的作用，最终成为一切财产物资的统一折算中心。宋代发行的纸币如图6-13所示。

图6-13　宋代发行的纸币

【小思考6-22】

下列表述中，属于宋代货币发展特点的有（　　）。

（1）铜铁钱兼用

（2）以货币价值为主要计量单位，但币制很复杂，有银、有钱、有钞

（3）纸币正式诞生

（4）白银开始具有浓厚的货币性，成为当时重要的支付手段

【答案】（1）、（3）、（4）。

4）计算工具

据考证，宋代已经开始使用“串档算盘”。文献记载：宋代孝祥（1132—1169年）在《于湖居士文集·卷八》中称“富归斗算珠”；《四库全书总目提要》称“宋人三珠戏语已有算盘珠之说，则是法盛行于宋矣”；宋末元初的刘因题为《算盘》的五言绝句为：“不作翁商舞，休停饼氏歌。执筹仍蔽簏，辛苦欲如何。”元初蒙学课本《新编对相四言》中绘有一幅九档算盘图，此书系在南宋同类书籍基础上编辑而成。在宋代著名画家张择端的《清明上河图》中，于画卷末端的“赵太丞家”药店柜台上放置两样物品，经专家鉴定，一为记账用的水白牌，另一件物品即一把15档的串珠算盘。宋代还出现了关于算盘制作技术的文字记录，《谢察微算经》称：“中，算盘之中；上，脊梁之上又位之左；下，脊梁之下又位之右；脊梁，盘中横梁隔木。”其中的一些术语与现今的用法一致。

1921年，河北巨鹿挖掘出北宋大观二年（1108年）被洪水淹没的王、董两姓故宅中的一颗木制算盘珠，直径为2.11厘米，顶径为1.6厘米，珠高0.9厘米，中间有串档的孔，这是宋代使用串档算盘的物证。

5）会计著作

宋代财计著述甚丰，以《会计录》为最，几贯宋代始终，有史可稽者，如北宋真宗、仁宗、英宗、神宗、哲宗、徽宗和南宋高宗、孝宗、光宗、宁宗、理宗诸朝均为之，计有景德四年（1007年）三司使丁谓著《景德会计录》六卷；大中祥符九年（1016年）三司使林特著《祥符会计录》三十卷；庆历三年（1043年）王拱臣著《庆历会计录》二卷；皇祐二年（1050年）三司使田况著《皇祐会计录》六卷；治平四年（1067年）三司使韩绛以及蔡襄著《治平会计录》六卷；熙宁年间（1068—1077年）有《熙宁会计录》；元祐三年（1088年）户部尚书李常及韩忠彦、苏辙等主编《元祐会计录》三十卷；宣和七年（1125年）两浙转运使程昌弼编《宣和两浙会计总录》；绍兴五年（1135年）张绚著《绍兴会计录》，三十年（1160年）亦有《绍兴会计录》成；乾道元年（1165年）诏撰《乾道会计录》；绍熙元年（1190年）叶翥等著《绍熙会计录》；庆元三年（1197年）姚愈建著《庆元会计录》；端平元年（1234年）尚书省计镈房撰《端平会计录》等。何以《会计录》陈陈相因、不绝于宋，诚如高宗朝殿中侍御史张绚所言：“是知国之财用，必得节制之法，节财之要，必资会计之书。”通过《会计录》，“可以见有无之实，绝长补短，斯可以制裁损之宜，庶几国用有节云”。既然“会计之书”对于管理国家财政经济有如此重要的功用，则历朝重视会计，就是一条重要的经验了。

据《古今图书集成·国用》的记载称，宋代《会计录》的内容“括岁入之厚薄，计岁出之多寡，分其品目，别其名色，总贯旁通”，其“包括巨细，网罗出纳。凡天下赋入，与官吏养兵之数，章条各立”。它的结构一般可分为序言、资料、分析和结语四部分，其中第二部分同时罗列会计与统计资料。在会计资料中，除开列全国财政收支总额外，还分别地区按收支项目尽列明细数额。例如，岁入类科目计有田税、丁身税、行商坐商税、契税、牙税、杂税和私籴、私卖收入、盐茶酒矾专卖收入、徭役免役钱收入及官庄租赋等；岁出类科目计有军费、政费、皇室支出、其他支出等。分析部分建筑在资料部分所提供的相关数据基础上，运用比较的方法，对数据及其相互关系、出现的问题及其原因，透过数据反映出的经济趋势等进行详细的分析，包括对本期收支的对比分析、以本年为基期同前朝或前几朝某年的对比分析，借以探索管理国家经济的方法和途径，节减冗费，防止弊伪，并向朝廷陈述意见，以供最高统治者参考国家的经济状况，统筹安排国政大计。

除《会计录》外，宋代郑伯谦所撰《太平经国之书》中设有“会计上”和“会计下”两章，专门研究周代的会计机构和会计制度的情况，是我国会计史上早期研究会计发展历史的考据著述。

【小思考6-23】

我国会计史上早期研究会计发展历史的考据著述为（　　）。

（1）李悝：《法经》　　（2）丁谓：《景德会计录》

（3）郑伯谦：《太平经国之书》

【答案】（3）。

6.8 元明会计

6.8.1 元代会计（1206—1368年）

南宋时，北方蒙古族势力日盛。1206年，铁木真建立蒙古国，称成吉思汗，屡兴战事。1271年，蒙古定国号为“元”。1279年，元灭南宋，元世祖忽必烈入主中原，开始了元朝近90年的统治。在元代的90年间，由于社会经济发展的不协调、不一致，造成会计发展的步伐缓慢。

1）财计组织

元代虽有一套统治全国的行政机构，但却无一套比较固定健全的财计组织，当时的财计组织异常粗糙，财计组织与军事体制混在一起。元代亦设置有六部，六部中以户部为全国财计主管部门，置尚书总其事。户部内以内度科专掌会计事项，户部所属的仓库，在财物主管方面有一定的分工，如都提举万亿广源库掌管香药纸札诸物、都提举万亿宝源库掌管宝钞等。但元代在一个方面相对于唐宋两朝来说，却是退步的，即元代中央设置有御史台，负责监察官吏善恶及政治上的得失，但却没有设置专门的审计组织，全国各地呈送中央的会计报告，系由御史台兼带考核。元代的地方分行省、省、路、府、州和县各级建制，设有相应的财计机构和主管官员。民间俗称进行会计工作的人员为“主管”或“坐馆先生”。

2）财计制度

元代的财计制度基本上沿袭了汉代的做法，而且在建制上亦显粗糙。

（1）户籍制度。元代的户籍制度，也是按户划类，规定缴纳赋税的标准。其赋税制度大体有税粮和科差两种。税粮一项，在北方表现为丁税和地税，在南方则按地亩分夏秋两季征收；科差一项，在北方表现为丝料、色银、俸钞三种，在南方则主要有户钞、色银两种。

（2）仓储制度。元代重视各种专仓的设置。除四大万亿宝库外，还设置有提举富宁库、宝钞总库、行用六库、京师二十二仓、河西务十四仓、通州十三仓，以及十七大河仓等。各库、仓委贯管理，财物出入有制可循。对钱粮交纳入库、钱粮出纳检验、钱粮收支勘合和审核仓库凭据等都有相关的规定。

（3）交接制度。元代与秦汉以来的各朝一样，对财物收支环节的手续交接亦有相应的制度规定。在元朝的交接制度中，重点强调了库存财物的对口交接，明确规定新旧官员必须将交接结果书面上报，即明确了新旧官员的责任界限。

（4）财物收支制度。元朝按照以前各朝的做法，对财物收支也作出了相应的规定。具体收入方面及支出方面都有相应的划分。同时，元朝亦以“量入为出”为基本的财政原则，依然把支出作为财务控制的重点。

3）会计方法

唐宋时形成的四柱结算法对元朝深有影响，据孔齐的《至正直记》记载，当时的人们在生产和经营中多将四柱格式用于会计。“人家出纳财货者，谓之掌事……计算私籍，其式有四：一曰旧管、二曰新收、三曰开除、四曰见（现）在。盖每岁、每月、每日各有其报。事目必依此式，然后分晓，可校有无多寡之数。……虽微物钱数，亦必日、月具报明白，免致久而迷乱，无可考也”，即每当会计结账和报告业务情况时均采用四柱格式，开列旧管、新收、开除和实在四项，并利用四柱之间的相互关系进行会计核算，同时也反映了四柱结算法在民间会计中的普及。图6-14为《至正直记》书影。

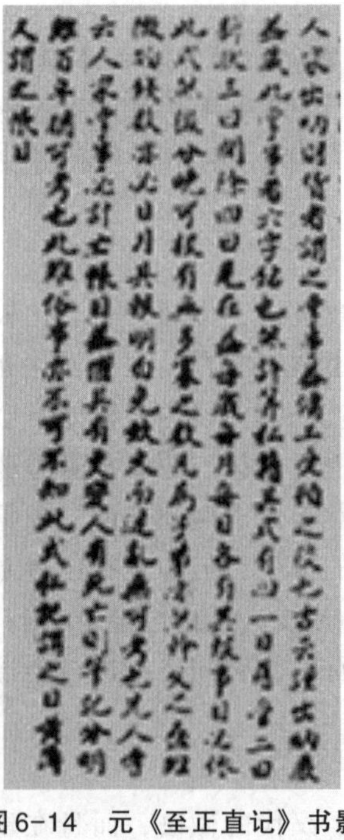

图6-14　元《至正直记》书影

元代的赋税征收部门按收入项目设置账簿，财物保管部门按照所管财物的种类设账核算，财政支出亦按主要支出项目设置会计账簿。当时，具体部门的会计账簿大体上有底簿、流水簿和总清簿三种。

元代初期不用钱而用纸币，称“元宝交钞”。交钞持有者随时可以到交钞库调换白银和货物，反映出银和钞同时作为货币流通。金在元代做过货币使用，在岁入方面就有金课、银课。在元代的财政收入中，金、银、钞都占有相当比重，并产生了以货币表现的价值为计量单位的复杂问题。因为金、银都以锭、两、钱为单位，五十两为锭，十钱为两，而金与银代表的价值又相差悬殊，钞则以锭或贯计算，金、银、钞之间的比价也并不固定，因此，在商品交换中产生的金、银、钞之间的折算关系，必然会促使会计核算技术的提高。

元代时，算盘的使用已十分流行，这可以从流传于世的元代文学、戏剧作品中得到佐证。宋元之间的学者刘因（1249—1293年），在其《静修先生文集》中载有一首关于算盘的五言绝句。元杂剧中也有关于算盘的记录，如《叮叮当当盆儿鬼》中提到了“算子”，《庞居士误放来生债》中亦有“闲着手，去那算盘里拨了我的岁数”的唱词。元末文学家陶宗仪在1366年所撰三十卷本《南村辍耕录》“井珠”条中有借用“算盘珠”比喻婢仆工作情况的文字。凡此种种，说明了将算盘作为其时会计核算所使用的计算工具较之算筹显见方便，因此算盘便被广泛应用的历史事实。

6.8.2 明代会计（1368—1661年）

元末农民起义结束了元朝的统治。朱元璋登基，建立明朝。政权甫立，朱元璋亲召全国州县长官面谕：当今天下，“唯廉者能约己而利人”，声言重奖廉洁，严惩贪污。遂使政治清明，经济发展，采取了一系列有利于恢复经济、缓和矛盾的措施，如移民垦荒、大举屯田、兴修水利、蠲租减税等，使明代成为我国封建社会经济的又一鼎盛时期，为这一时期的会计发展奠定了良好的基础。

1）财计组织

明代中央政权在中书省下分置吏、户、礼、兵、刑和工六部，洪武十三年（1380年），废中书省，设六部。六部之中，户部为全国财计主管部门，设户部尚书总负其责，辅以侍郎。洪武六年（1373年），曾设总科和一、二、三、四诸科于户部内；罢中书省后，户部中易设总、度支、金、仓四部；二十二年（1389年），将总部改称民部；次年，按地区将原有四部分置十二部；二十九年（1396年），十二部易名十二清吏司。至宣宗宣德十年（1435年）增置一司，计设有浙江、江西、湖广、陕西、广东、山东、福建、河南、山西、四川、广西、贵州、云南等十三清吏司，由清吏司郎中和员外郎为主管。各清吏司下设民、度、金、仓四科，其职掌与原来的民、度、金、仓四部相同。从职掌分工方面讲，民科就相当于现在的业务和统计部门，度支科相当于现在的会计部门，而金、仓二科则相当于现在的出纳部门。

明代地方政权建制中以行省为一级，洪武九年（1376年）将行省改为承宣布政使司，下有府、显建制，皆设有相应的财计主管部门和职官。明代地方在财政会计机构方面，府、县两级的设置，与省一级民、度、金、仓四科的设置是一致的。

2）财计制度

明代财计制度主要包括黄册与鱼鳞图册编报制度、上计制度、财物出纳勘合制度、经济法律制度及仓储管理制度等。现分别予以介绍。

（1）黄册与鱼鳞图册编报制度。黄册和鱼鳞图册制度是明代管制户口、控制田土、征收赋役的重要财政会计制度。黄册制度是在唐代户籍、计账制度的基础上，结合明代当时的情况建立的；而鱼鳞图册制度则是仿照生产编造“鱼鳞图”的做法建立的。不过，鱼鳞图册成为田土科学登记制度，并得到普遍推行，乃是产生于明代。

黄册制度是明代制定实施的作为征收赋税依据之一的户籍编制与管理制度。黄册制度是明洪武十四年（1381年）在唐宋时期的户籍计账制度、明代初期的户帖制度基础上建立、发展而成的。黄册是以黄色纸张裱制封面、记载户口、人丁及产业情况的户籍簿册名称。

为推行黄册制度，明代又制定了里甲制度，规定编制黄册时“以一百一十户为里。一里之中推丁粮多者十人为长，余百户为十甲，甲凡十人。岁役里长一人、甲首十人，管摄一里之事。……凡十年一周，先后则各以丁粮多寡为次，每里编为一册，册之首总为一图”。黄册以户为单位，详细登记各户的乡贯、姓名、年龄、丁口、田宅、资产，并以职业为依据确定人们的籍贯。籍贯分别民、军、匠、灶四类，其中，民籍包括应役的民户、儒、医、阴阳等户，军籍包括应役的军户、校尉、力士、弓、铺兵等户，匠籍包括手工业户、向官府承应工匠差役、厨役、裁缝等户，灶籍为制盐户。

明代规定每十年大造黄册一次（因称编制黄册之年为“大造之年”）。编制黄册的程序为人民以户为单位，每年填报户帖，并向地方官府报告，地方官府核实所辖人民的丁口、田宅、资产等变化情况，逐年累计，积十年造黄册一次，直至中央政权，由户部统一汇编成册。黄册采用四柱格式，并运用四柱结算法计算编报户口与人口数量。黄册编制一式四份，以一份上报户部，其余三份分别留存布政司、府、县各一份，因上报户部一份以黄纸裱制封面，故名黄册。

鱼鳞图册制度是明代制定实施的作为征收赋税依据之一的土地登记与管理制度。鱼鳞图册制度系以宋代的鱼鳞图为蓝本发展而成。鱼鳞图册是记录土地户主、绘制土地形状与面积的田亩簿册名称。明洪武二十年（1387年）建立、推行鱼鳞图册编报制度，以鱼鳞图册作为国家承认土地所有权的凭证和征收赋税的依据，规定由地方政权以粮区为单位组织编制鱼鳞图册，并逐级向上级官府报告，直至中央政权。鱼鳞图册的内容主要有土地所有者姓名及编号、土地形状、面积、土质、方圆四至以及有关的附加说明等。该图册因绘制的不同所有者的地块相互毗邻，状如鱼鳞，故得名“鱼鳞图册”，如图6-15所示。

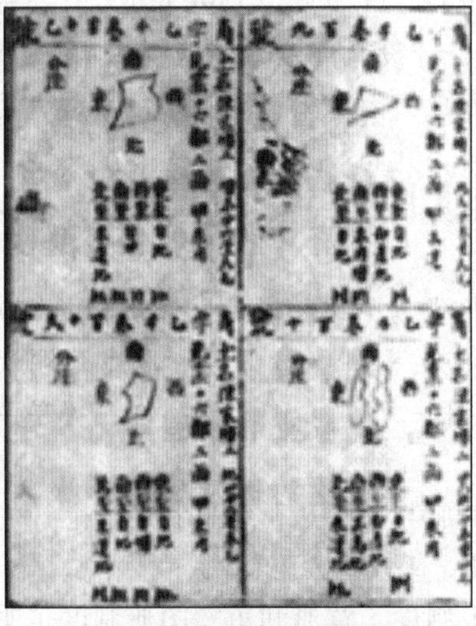

图6-15 明《鱼鳞图册》书影

（2）上计制度。明代继承了唐宋时期上计制度的那一套方法。每年年终，在自下而上逐级编制、汇总会计报告的基础上，规定由各布政使司及府、州、显，委派计吏赴京送审会计报告，奏销一岁钱粮，由户部集中统一勾考。

（3）财物出纳勘合制度。财物出纳勘合制度是明朝颁行的对以钱粮为主的财物出纳进行审核、验收的制度。明代颁行的这个制度，是唐之木契勘合制度和宋之纸契勘合制度的继续与发展，是对我国两千多年财物验收、查核方法的系统总结。洪武十四年（1381年），始立勘合比对附缴之法。洪武十九年（1386年），凡出纳官物之勘合，改用“印信手本”。洪武二十六年（1393年），财物出纳的勘合方法又有新发展。凡勘合，均由户部预先统一编制，按照财物类别和具体情况规定半印勘合字号，并将半印勘合字号以及有关勘合的各项具体规定书写明白，下达各司。另置底簿两册，一册由户部收藏，另一册连同勘合下发各司。

（4）经济法律制度。以重典治理经济是明朝统治者在经济立法方面的一个特点，其中包括关于户籍、赋役方面的律令，关于库藏出纳方面的律令，关于账簿、凭证及印信方面的律令及关于惩办贪污、盗窃的律令等。

（5）仓储管理制度。明代的仓管之制严格，方法完善，在钱粮收支、调运、盘查考比中发挥了重要作用。明代的仓储管理制度的内容主要包括：钱粮收支设置专仓，进行归口管理；验收制度；钱粮出纳制度；钱粮盘点与交接制度；仓库钱粮稽查制度。

（6）官厅会计核算项目。明代国家进行核算时规定了所依据的对社会经济收支活动按其性质划分类别的标准。明代《会计录》的资料表明，明代封建国家对国家收入规定有屯田、盐法、茶法、钱法、钞关、船料、商税、杂课等项目；对国家支出规定有内库供应、光禄寺供应、宗藩禄粮、本部职官、文武官俸禄、仓场、漕运、营工俸粮等项目。

【小思考6-24】

鱼鳞图册成为田土科学登记制度，并得到普遍推行，乃是产生于（　　）。

（1）宋代　　（2）明代　　（3）唐代　　（4）清代

【答案】（2）。

3）会计文件

（1）会计账簿

明朝对会计账簿的称呼逐渐由“簿账”改为“账簿”，或者单用“账”或“簿”。明朝官厅会计账簿的设置和分类，与唐宋情况大体相同，但为加强对财政经济的控制，除一般会计簿籍外，明朝官厅会计部门还设置有印信文簿、印信稽考文簿、印信号簿和循环簿等几种特殊文簿。这几种特殊簿籍的设置，是明朝财计部门加强管与算的重要措施。其中，印信文簿是由明代户部统一颁发的用于核算、稽考钱粮收支的一种特别簿籍，这种文簿不仅有规定的格式，而且要求以钱粮主管官员的印鉴作为合法的标志；印信稽考文簿是明朝官厅专门用于某项钱粮收支的簿籍，这种文簿在钱粮收支中起着控制作用；印信号簿以特定的编号控制钱粮收支，以对号方式检验账目，在经济主管部门间发挥着牵制作用；循环簿是明朝官厅用于交替查算钱粮的一种会计文簿，其轮流在部门之间传递，既便于核算，又便于审核。

明朝的账簿已具备统一的账簿格式，在账页中间以腰线将账页分为上下两部分，腰线以上规定为记录收入项目的专栏，腰线以下则是记录支出项目的专栏。凡发生经济业务，就要区别收支性质，记入不同专栏，不容混淆。这种上收下付的账页格式一直为中式记账所沿用。账簿所用记账符号亦是“收”“付（支）”与“入”“出”并用。前一对符号的运用多于后者，无论政府会计还是民间会计均采用之。唯政府会计的年终结算报告，更多使用“入”“出”为符号。

（2）会计报告

明朝十分重视会计报告，当时习惯于将会计报告称为“奏销册”“报销册”。由于明朝政府规定这种“奏销册”必须按照“管、收、除、存”的格式编制，故后世人们又称这种报告为“四柱奏销清册”、“四柱报销册”或“四柱清册”。明朝政府所编制的会计报告，有定期报告和不定期报告两种；根据各主管部门管事范围的不同，又有专项会计报告和全面会计报告的分别。定期编制的会计报告，主要有月报、季报和年报三种。不定期编制的会计报告也有三种类型：一为四柱式移交会计报告；二为临时钩稽钱粮所编制的专项会计报告；三为清查经济案件所编制的专案奏销报告。并且，明朝官厅对以年报为重点的会计报告的编制、汇总、报送、审批、驳回、更正以及送达期限，都作了十分明确的规定。明朝会计报告的成熟及完善主要表现在以下几个方面：完善的内容、划一的格式、完善的程序及严格的审核制度。

【小思考6-25】

明朝会计报告的成熟及完善主要表现在以下几个方面：完善的内容、（　　）、完善的程序及（　　）。

【答案】划一的格式，严格的审核制度。

4）会计计量单位

明初，国家所征收入以实物居重，夏地产麦，秋田出米，以及丝、麻绢、绵、布等均为征输。太祖洪武八年（1375年），始造大明宝钞，并立钞法。次年，许民以银钞线绢代输，遂实物与货币并行。英宗正统元年（1436年）规定田赋可折银以代，称为金花银，自此，银即成正赋。穆宗隆庆六年（1572年），张居正为内阁首辅，任用户部尚书张学颜整肃财政。神宗万历九年（1581年）实行赋税制度的改革，推行一条鞭法，钱物兼课变为货币缴纳。此制既开，促进了明代货币经济的发展，简化了纳税手续，使“小民得无扰，而事亦易集”。国家收入对象统一于货币，则国家支出对象亦随之统一，使用货币量度为会计核算的主要计量单位，避免了计量单位使用的多元化，这就减轻了会计计算、记录和检核工作的负担，为保证会计工作质量提供了有利的条件。

5）会计著作

明朝万历年间，张居正当政，时以张学颜为主户部事，“撰会计录以钩稽出纳”，是为《万历会计录》。《万历会计录》是综合反映明朝万历年间官厅会计概况的专门著述。《万历会计录》于明万历九年（1581年）由户部尚书张学颜经过五年编撰而完成。全书43卷，可分为四部分内容，即：①第1卷，以四柱格式开列由洪武至万历年间各报告项目的总额；②第2~26卷，按照布政司所辖地域顺序反映各项田赋收入的会计、统计数字资料，主要包括田土亩数、夏税（麦、钱钞、绢等）数量、秋粮（米、钱钞、绢等）数量和人户数量；③第27~29卷，重点反映国家屯兵重镇的年饷开支数额；④第30~43卷，反映国家各项收入与支出的数量，主要包括屯田、盐法、茶法、钱法、钞关、船料、商税、杂课等收入项目和内库供应、光禄寺供应、宗藩禄粮、本部职官、文武官俸禄、仓场、漕运、营工俸粮等支出项目。此外，在各项数据间，通过加注议论的方式，对国家财政收支状况进行比较，借以揭示财政收支中存在的问题。《万历会计录》不仅在明代发挥了重大作用，而且被清代统治者引为规范。崇祯十七年（1644年）9月，清世祖福临由盛京至北京，号顺治帝，十月即宣布以明《万历会计录》所载各项标准征收钱粮。

除《万历会计录》外，在明朝的财计分析著作中，较为著名者还有汪鲸的《大明会计录类要》十二卷、刘思潔的《太仓考》十卷、赵官的《后湖志》十一卷、王仪的《吴中田赋录》五卷、徐民式的《三吴均役全书》以及万历三十年成书、户部尚书赵世卿的《岁计录》等。在《明史·食货志》中还列有《会计》专项，详细记录田赋税收和经费收支情况，也说明了当时社会对会计的重视程度。

6）记账方法

大约在明朝和明末清初之际，适应着经济发展的需要，我国固有的复式记账法开始形成并获得一定的发展，“三脚账”和“龙门账”可为其标志。

（1）“三脚账”

“三脚账”是中国传统的在单式记账基础上演进而成的不完全的复式记账方法。考其形式，颇似单式记账，但它是较传统单式记账更为进步的记账方法，是中式簿记由单式记账向复式记账转化的过渡阶段中所采取的一种记账方法。“三脚账”的特点在于它既保留了单式记账的特点，又增加了复式记账的因素。它分别不同性质的业务进行不同的账务处理：凡属现金出纳性质的业务如购进货物、售出商品等，一经明确为现金收付事项，即省略对现金一方的账务处理，只考虑现金对方科目的处理。凡属转账业务均应同时记入双方科目，即同时进行该项业务的收方（来源）和付方（去向）的账务处理，不得偏记一方而忽略另一方，此乃复式记账之要求。收方内容包括往来客户的来货、来款、资本以及各项收入等；付方内容包括客户欠款、购置财产物品、现存款项、各项支出等。遇有现金出纳业务，本应同时记录现金和对方科目两方面账户，但实际账务处理时却略去现金一方不记，独记现金的对方科目。这种账务处理方式譬如人应双足，却伤其一，唯余一足，故而将对现金业务的处理过程形象地喻为“一脚”。对转账业务处理，则并重一笔业务的来龙去脉的双方处理，故被喻为“两脚”。处理现金业务应用单式记账方法的“一脚”与处理转账业务应用复式记账方法的“两脚”构成这种记账方法的两个侧面，故将此法命名为“三脚账”，顾名思义，此账法又被称作“跛行账”。“三脚账”所使用的账簿主要包括具有记账凭证作用的草流和日记账性质的细流，有些厂家还设有“誊清簿”并编制结账报告。草流水账登记内容包括全部银钱收支和货物购销业务，是登记日记账的依据。细流水账是“三脚账”的关键，它往往分别不同性质的业务，分设几种专记同类业务的账簿，如可设“卖钱账”（专门记录每日销货情况的日记簿）、“进货账”（专门记录每日进货情况的日记簿）、“堂号支使账”（专门记录股东和店职员用款情况的账簿）、“日用杂项账”（专门记录每日营业开支、各种费用情况的日记簿）和“各项往来账”（专门记录各种应收和应付款项的账簿）等，亦可简化账簿设置，以“货清簿”“银清簿”“往来簿”分别归类记录货物购销、现金收付和各项转账业务。设有“誊清簿”的店家将各类日记簿的余额转记于“誊清簿”，并在该簿内计算经营成果；还可根据“誊清簿”的启示和店家盈亏状况编制“清结账单”，以综合反映一定时期内资产负债的全貌。

“三脚账”的账务处理约如下述：发生经济业务后，根据业务内容或有关原始凭证登记草流水账。以草流的记录为依据，区别业务性质，确定以“一脚”或“两脚”将业务记入不同的日记账。对于以“一脚”方法处理的现金业务，采取定期（每5日、1旬、半月或1月）盘点库存现金，同时在日记账上利用旧管、新收、开除和实在四柱之间的关系计算出本期库存现金余额，并将盘点和计算的结果相互比较。如果两数额一致，表明账务处理正确；倘若两数额不符，则说明账目有误，须检查账目登录或账务处理是否正确，找出原因，予以更正，使两数额互相吻合。按照记账原理，以一定时期内的销货及各项收入扣除销货成本及各项支出便可了解该期经营成果，但采用跛行账法的店家，只有卖钱账所反映的销货收入数和堂号支使账、日用杂项账所反映的费用开支数，并不记载销货成本数，故而无法反映经营状况。为此，各类日记簿均应定期结算总计数额，转记于誊清簿的相关一方。年终（亦可半年或逐月）利用誊清簿各账项的记录数额结合实地盘点货物结存并适当估价计算本期的经营成果：经本期财产盘存总额扣除负债和资本总额，其差额即为经营成果；若资产总额小于负债与资本总额，其差额表示经营亏损。

（2）“龙门账”

明朝海禁渐开，对外联系加强。随着经济恢复，国内商业亦获发展。适应着商业的需要，明末清初之际，山西商人（据说名为富山）根据唐宋以来“四柱清册”原理设立创造了“龙门账”，后经不断发展完善，成为我国民间商业流行的一种会计核算形式。

“龙门账”是明末清初以四柱清册原理创设的民间商业流行的复式记账方法。其特点是使用龙门账的店家将经营中发生的全部经济业务按其性质的不同划分为“进”“缴”“存”“该”四大类。发生业务时，将业务按其性质划归相应的大类，进行核算。四大类中，规定进类包括全部收入性质的业务；缴类包括全部支出性质的业务；存类包括全部资产、货物及对外债权；该（又称“欠”或“除”）类包括业主投资和对外债务。在各大类下又详细划分出若干项目，如现今的会计科目或会计账户，这类明细称为“纲头”，分别记载客户存欠、财产物资、经营损益、业主资产等项内容。

“龙门账”具有完整的账簿组织系统，其中有原始簿、序时簿、分类账（或称誊清账）和会计报表四部分。在这四部分中，原始簿部分起着记账凭证的作用，因当时发生的经济业务很少或根本就不使用原始凭证，故而业主便设置原始簿，又名“草流”代替记账凭证，作为记账和核算的依据。序时簿部分可分设现金日记账、进货与销货日记账、转账日记账三种账簿（以上三种账簿称作“银钱流水”“货物流水”“普通流水”），亦可单设一本同时记录现金、货物和转账业务的综合性“流水账”。分类账部分可分设分户往来账簿、各种货物进销账簿，以及专记各项资产、收入、支出及损益等内容的账簿（以上三种账簿称作“交关总账”“货物总账”“杂项总账”），亦可单设一本同时记录交关总账、货物总账和杂项总账内容的总分类账簿，称作“总清”账。如单设总清账，其下可设明细分类账簿若干，称作“分清”账。会计报表部分包括两种：其一为反映经营盈亏状况的损益计算书，称为“进缴结册”；其二为反映资产负债关系的资金平衡表，称作“存该结册”或“存除结册”。

“龙门账”的账务处理过程约如下述：当发生经济业务时，根据业务内容或原始单据记入草流。以草流为记账依据登记序时账，将序时账登录内容分别性质过记分类账。俟年末，以分类账的记录为依据分别编制进缴结册和存该结册。以进缴结册计算经营成果，如进类总额大于缴类总额，即为经营盈利；反之，如进类总额小于缴类总额，即为经营亏损。在编制进缴结册、计算盈亏的同时，以存该结册平衡资产负债关系，如存类总额大于该类总额，说明资产多于负债；反之，如存类总额小于该类总额，则反映负债多于资产。当进缴结册和存该结册分别编就后，以进缴结册的盈利或亏损数额同存该结册的资产或负债余额相比照，若进缴结册的盈利总额同存该结册的资产余额相符，或是两结册的亏损总额与负债余额相符，则一年的账务处理是准确无误的；倘两结册的余额不符，则说明账务处理有误，亟须查核账目，寻找差错所在并予以纠正，而后重新编制进缴结册和存该结册，再度平衡。

因为把进缴和存该两结册的余额互相比照以验证账务处理正确与否的做法同古代修筑堤坝、兴建桥梁所使用的由两端为起点向中间施工，最后在中间交接的"合龙"方法相类似，故而该账法的设计者便借用了"合龙门"的概念来表述以两结册余额相互对比来加以验证的过程。如果两结册余额一致即为龙门相合，否则，便是龙门不合。因为两结册余额能否合龙是包括记账、过账、算账、结账、造册诸环节在内的全部会计工作质量优劣的集中表现，亦是这种账法的关键所在，于是这种账法就被命名为"龙门账"。

"龙门账"区别于以往其他记账方法的突出标志是同时重视资金平衡试算和经营损益结算，体现在账法之中便是采用双轨计算制，即同时进行进与缴两类之间的计算和存与该两类之间的计算，且将两类计算的结果互相比较。计算及其结果互相对照所凭据的公式有两个，即：

①进－缴＝存－该

②该＋进＝存＋缴

上述两个公式反映了经营收入扣除经营支出的余额同资产减去负债的余额之间的平衡关系，以及负债及经营收入的总额同资产及经营支出的总额之间的平衡关系，故而此法体现了完整的复式记账。

"龙门账"的出现，一扫长期以来使用的年终盘点存该、倒轧盈亏的单轨计算制的传统，应用双轨计算，既可全面掌握店家资本与负债的整体情况，亦可准确计算出店家的经营结果。"龙门账"这种以科学道理和严密组织为基础的一整套记账、算账和报账方法，推动了中式簿记由单式记账向复式记账的转变。"龙门账"以其独到的科学性、严密性和实用性在中国会计发展史上树立起标志着中式簿记产生质的飞跃的里程碑，至今，"龙门账"的原理仍为我们借鉴应用。

7）计算工具

明代，人们使用算盘作为主要计算工具。有关算盘的记载屡见不鲜，如太祖洪武四年（1371年）撰成的《魁本对相四言杂字》，成祖永乐年间（1403—1424年）马欢所撰《瀛涯胜览》，景帝景泰元年（1450年）吴敬所撰《九章译著比类算法大全》，神宗万历元年（1573年）徐心鲁所撰《盘珠算法》、六年（1578年）柯尚迁所撰《数学通轨》、十二年（1584年）朱载堉所撰《算学新说》、二十年（1592年）程大位所撰《直指算法统宗》等书均有关于算盘的记载。其中，《盘珠算法》系流传下来的我国第一部、亦为世界第一部专述珠算的著作；《魁本对相四言杂字》《数学通轨》《直指算法统宗》还分别刊有十档、十三档和十五档的算盘图样。对于算盘的规格，其时亦有专著述及，据15世纪中叶之《鲁班木经》记载："算盘式，一尺二寸长，四寸二分大。框六分厚，九分大……线上二子，一寸一分；线下五子，三寸一分。长短大小看子而做。"由此可推知明代珠算方法使用的普及程度。

算盘不仅是我国国粹之一，这一发明创造亦为世界上许多国家所使用。早在明初，算盘便已传入日本，伊势地区的山田市现仍完好地保存着一把我国明代的算盘，其左设十四档，右设十档；间隔一空档，算盘盖板上刻有“文安元子年”字样，即明英宗正统九年（1444年，农历甲子年）所制。日本人毛利重能还曾专门学习我国计算技术，著《归除滥觞》传其国人。在从中国传入的算盘的基础上，日本人于17世纪中叶将算盘改造为梁上一珠、珠为棱形的日本算盘，这种算盘又回传我国，被使用于实际工作中。明末珠算方法相继传入朝鲜、泰国、越南等亚洲国家，后来还传入欧美国家，对这些国家计算技术的发展产生了积极的影响，这是中华民族对世界文明作出的又一贡献。

【小思考6-26】

大约在明朝和明末清初之际，适应着经济发展的需要，我国固有的复式记账法开始形成并获得了一定的发展，“（　　）”和“（　　）”可为其标志。

（1）四脚账　　（2）三脚账　　（3）龙门账　　（4）四柱清册

【答案】(2)、(3)。

6.9 清代会计

明万历四十年（1616年），女真贵族努尔哈赤建立后金政权。天聪十年（1636年），皇太极继皇帝位，改国号为清。到顺治元年（1644年），世祖入关建立起清王朝，其统治由顺治始至宣统终，历十朝、逾两百年，是我国封建社会的最后一个朝代。清朝后期，由于资本主义势力的侵入，我国逐渐沦为半殖民地半封建社会。为叙述历史事实的方便，本节部分内容的时间下限适当延伸到辛亥革命前。

6.9.1 清代的财计组织

清代区别国家与皇室而分设财计组织。掌国家财计的中央机构为户部，后易名为度支部，皇室财计的主管机构是内务府。户部以尚书和左右侍郎为主管官吏，户部内亦如明代按地区设置有山东、湖广、云南、陕西、山西、河南、江南、江西、福建、浙江、四川、广东、广西、贵州等十四清吏司，对口考核与管理布政司的钱粮征收与会计，各司设郎中和员外郎主其事。这种由皇帝通过户部、户部通过清吏司控制各布政司，从而达到控制全国财政收支目的的体制，体现了封建国家财计的条条官制关系的巩固和完善。继承明代分科建制的做法，各清吏司中又分设民科、度支科、金科及仓科各部门，分管户籍计账、会计、银钱出纳、粮物出纳之事，其中的度支科就是专门负责会计工作的职能部门，这又体现了封建国家财计的块块控制关系的巩固与完善。主管皇室财计的内务府以总管大臣为主吏，内务府中置广储、会计、掌仪、都虞、慎刑、营造、庆丰计七司，据黄本骥《历代职官表》记载：七司中以会计司“掌核理内府帑项出之数，及庄园、地亩、徭役之籍”，以郎中、员外郎领其事。

清代地方政权有省、道、府（州）和县四级建制，分由总督或巡抚、布政使、知州和知县为主管官吏。在各级政权中，均有较健全的财计机构，设立诸如督粮道、粮盐道、盐法道、粮储道、盐茶道等分管各项实物和税款的征收、存储、转运、上缴事宜，并设相应人员负责征物收税的会计核算工作。在县级政权的主吏知县以下，除依职官制度设置县丞、主簿、巡检等品官和典吏、驿丞等未入流属吏以外，往往延聘办理文书、刑名、钱谷的辅佐，此等人被称为“幕僚”、“本宾”或“师爷”。他们之中即有负责征收税物的钱谷师爷和负责钱物出纳及其核算的账房师爷。尽管这些师爷并非命官，但他们深为知县所倚重，办理钱粮财物的征缴出纳、计算记录事宜，是县级长官掌治一县不可缺少的重要帮手。

6.9.2 清代的财计制度

在财计制度建设方面，清政府大体因袭明制，也可以讲是集历代封建财计制度之大成。

（1）赋役册籍制度。从巩固统治出发，清初统治者通过清理赋役簿籍、重立赋役簿籍来整顿赋役制度。清政府所编制、运用的赋役册籍主要有“赋役全书”“丈量册（鱼鳞图册）”“黄册”“粮册”“循环册”等。

（2）预算制度。清政府通过黄册和赋役全书对国家的各项收入作出预算，而支出则依赖于清册的对比查考。虽然总的精神依然是“量入为出”，但仍缺乏收入与支出相结合的预算形式。我国的预算编制方法在清代取得了明显的进步，其主要标志之一是由刘岳云编制的《光绪岁出总表》。

（3）钱粮收支制度。清代对钱粮流转（收、支、调、存）的全过程都采用了限额控制的管理办法。此外，凡钱粮入库，则立有验收制度，动支有额定的标准，调拨有规定的手续程序，转运有法定的消耗限制，而储存则有比较科学的保管成法。这是一种分环节的管理制度，而且在各个环节是多制度兼行，以达到严格控制的目的。在钱粮财物运转各环节中，清政府又以支出和储备环节作为控制的重点。清代官厅在收支制度建设方面的另一个突出的做法，是坚持专款专用、专项对口报销和对口进行检查。

（4）经济法律制度。在经济法律制度建设方面，清代在钱粮手续交接环节、用印环节、验收环节、调运环节及钱粮盘点环节等都有相应的制度。因清承明制，差异之处不大，故不再赘述。

【小思考6-27】

至清代时，我国的预算编制方法取得了明显的进步，这一进步的主要标志之一是（　　）。

（1）李希圣：《光绪会计录》　　（2）《大清会典》

（3）刘岳云：《光绪岁出总表》

【答案】（3）。

6.9.3 清代的会计方法

1）会计文件

（1）会计凭证

清朝很多税收凭证，沿用明制而有所改进。清朝征收凭证与明朝相比，变化之处主要体现在：

①截票，又称串票。截票是田赋征收所使用的会计凭证。明朝的盐引、茶引，用截角的方法来防止盐商、茶商反复用“引”领销盐、茶。清朝把这种截角的方法，运用于征收钱粮的票证，故称之为“截票”，但形式又不尽相同。办法是把地丁钱粮实数，按月分为十限，每限应纳钱粮分写在票内，每月完纳一次就截去一份。“其票钤印中分，官民各执其半”，根据每票截分为二的原则，后来发展而成串票。顺治十二年（1655年），初行二联串票。由于二联存在弊端，康熙二十八年（1689年），改行三联串票，一联存官，一联给差役应比，一联缴纳税户执照。雍正三年（1725年），一度改为四联串票，除存官和缴纳税户各一联不变外，一联作存根，一联由纳税户另行投入柜内作销账用，但到雍正八年仍用三联串票。由于三联印单分掌于三处，各自发挥作用，不仅可以保证账实一致，而且可以加强稽核，减少弊病。

②由单。由单是明朝已经使用的凭证，清朝时对其进行了两方面的改进：一是针对经征胥吏常用额外加派的手法欺诈农民的情况，据王庆云的《石渠余记》记载，顺治十五年（1658年）下谕“将申饬私派之令刊入由单”，目的是让缴纳钱粮的人知道官府禁止在正课以外加派的命令，以便拒绝额外加征；二是进一步简化由单的内容，真正做到简而易知。

③滚单。滚单是数户同立一单，其发挥催征催收作用。滚单与由单配合串票使用，在征收过程中自始至终发挥牵制作用。

④盐引。清朝盐引由户部发行，有定额，按年分纲造册奏销，称“纲引”；盐称“纲盐”。纲引为正印，在定额以外的称“余引”，这是户部根据预算控制的需要而划分的。至于具体使用时，盐引还有不同的名称，如在产盐附近区域行销的称“食引”，陆运的称“陆引”，水运的称“水引”，行商的称“肩引”，估商的称“估引”。因为引有专卖地区而称“引地”。这种划分，有利于分清引地，防止走私。

（2）会计账簿

继明朝以后，清朝依然是中式账簿组织的设置和发展完善的时期。清朝的账簿印有统一的账页格式，装订成册，覆以蓝布封面，在封面上以红纸墨书题签标出账簿名称。

在民间会计中，各行业账簿名称不甚一致，且往往不直接写明账簿性质，而借用一些吉语作为账簿名称，以图经营生意的顺利。例如，记录厂家店号各股东入股资本的账簿名为“万金宝账”，企业进货账名为“一本万利”，门市销售账名为“利市大吉”，应收款账名为“利达三江”或“万商云集”，应付款账名为“源远流长”，店号之间往来账名为“义结金兰”，年终决算报表名为“本固枝荣”或“根深叶茂”。非但账簿命名如此，各种涉及会计的辅助记录，其命名亦颇具匠心，如存货盘点记录称为“光前裕后”，呆账损失记录称为“万象回春”，盈亏结算记录称为“堆金积玉”或“日积月累”等。在登记账簿时，使用的记账符号以“收”“付”为主，反映了民间经济的发展，以及民间会计所使用的会计记账符号对政府会计的影响。

（3）会计报告

肇端于唐，成型于宋的传统四柱结账法至清朝方得正式命名。此法此前虽已广泛应用，但尚无定名，清朝确定了对这一结账方法的命名，称之为“四柱”结算法。在办理钱粮实物的移交或向上级报告注销时均使用此法，并将报告清单或表册按四柱格式编制，称为“四柱移交清册”或“四柱奏销册”。清朝著名学者钱大昕曾在其《十驾斋养新录》中写道：“今官司钱粮交代，必造四柱册。四柱者，盖旧管、新收、开除、实在也。”《清会典》中亦记有：“凡奏销，必以四柱之册。一曰旧管，二曰新收，三曰开除，四曰实在。司若道以册申于总督、巡抚加印而送部焉。及本下，十有四司各按其所隶而核之。”这种由清朝政府在全国上下统一确定的会计报告格式，通行于各部，并采用了逐级编报、逐级汇编、逐级审核的办法。不同的主管部门则按系统归口编报，各地、各部的会计报告最终汇集于户部，由户部统一审核，向皇帝奏报。承历代之制，或依奏准销，或驳回重报，或立案提参，均有一定之规。

清政府所编制的会计报告，也分为定期报告与临时报告两种。定期报告主要有年、季、月三种。此外，对某些部门，如官办企业，也有旬报和日报的要求。编制年度奏销报告是全国上下通行一致的要求，它又分为按行省编制的综合会计报告和按主管系统、部门编制的专项会计报告两种。其中，综合性的奏销报告，包括各项赋税征收、各项支出，以及各项钱粮结存数额等，它是按行省体制由下而上逐级汇总编报的；专项会计报告，又分为专项收入类会计报告、专门支出类会计报告，以及仓储部门的会计报告三种。季报起初是对重点部门的要求，如对各藩库财物收支要求季报。到宣统年间，季报一度成为全国统一要求编制的会计报告。月报的编制是普遍的要求，凡专项收入、专项工程收支，以及仓库钱粮出纳等，均有月报的要求。月报也采用“四柱清册”的编制方式，每柱之下又采用“一”字排列法，分项列示数据。临时编制、报送的会计报告，其方式方法与定期报告相同，只是为了满足某种特殊需要，在编报时间上没有一定限制。

【小思考6-28】

肇端于唐，成型于宋的传统会计结账方法——“四柱结算法”——至（　　）方得正式命名。

（1）宋朝　　（2）元朝　　（3）明朝　　（4）清朝

【答案】（4）。

2）记账方法

在清朝民间工商企业中习用的四脚账是清朝会计最富有特色的一种记账方法。四脚账是以三脚账和龙门账为基础形成的一种复式记账方法，它同时重视经济业务的收方（即来方）和付方（即去方）的账务处理。其记账规则是：有来必有去，来去必相等。不仅转账业务必须按照此规则处理，即使现金出纳业务亦须如此。它明显地弥补了三脚账对现金收付业务的处理实行“一脚”即只记对方科目、省略现金科目做法的不足，使现金收付业务均实行来、去双方的处理，此即“四脚账”命名的含义。此账法凡业务的收（来）方记录位于账簿或报表的上半部分，被称为“天”（或“天方”）；而付（去）方内容则列于账簿或报表的下半部分，被称为“地”（或“地方”）。待结账时，报表上下两部分的总计数额应相等，即“天”与“地”相符，表明账务处理正确；否则，说明账务处理有误。该账法的关键在于“天”“地”相合，故而又称该账法为“天地合账”。

四脚账使用的账簿包括草流水账、细流水账、总清簿三种。草流水账按照经济业务的发生顺序依次登记，其作用相当于现今的记账凭证，是各种日记账的记账依据。细流水账按不同内容而设，一般有“银清簿”（专门记录现金收入与支出的日记簿）、“货清簿”（专门记录购货与销货的日记簿）和“日清簿”（专门记录企业往来业务的日记簿）等。总清簿可设综合反映企业全部业务内容的单独一册，也可分设若干册专门反映一类业务的总簿，如“交关总簿”（汇集登录往来等业务的总清簿）、“货物总簿”和“杂项总簿”等，总清簿的内容系由各种日记簿的余额转记而得。四脚账编制的会计报表称为“结册”，有“彩项结册”和“存除结册”两种。“彩项结册”即损益计算表，用以反映企业的经营盈亏状况；“存除结册”即资产负债表，用以反映企业的资本平衡关系。

四脚账的账务处理过程约如下述：发生经济业务后，以业务内容和原始凭证为据登记草流。以草流作为记账凭证登录日记账，各种日记账的内容经归类计算后将各余额过记总清簿。在总清簿内进行成本计算与结转，为会计报表作准备。最后，定期编制计算经营盈亏的“彩项结册”和反映资产负债状况的“存除结册”。其中：(1) 结转销售成本：根据货清簿所记录的各种货物的进货数量与销货数量，计算本期各种货物的结存数量，并对各种货物分别盘点实物，与计算出的货物结存数相比较，经核对无误，分别合计各种货物销售总量，以相应的进货单价确定各种货物的销售成本，进行账面结转。(2) 编制“彩项结册”，计算经营损益：利用“本期盈利（亏损）=（本期销货收入+本期其他收入）-（本期费用支出+本期其他支出）”的公式，以账簿资料为据，编制“彩项结册”。(3) 编制“存除结册”，谋求天地相合：在编制“存除结册”前，与三脚账的做法相同，对财产、货物和现银进行期末盘点，将各种实物、银两盘存数与账面计算数核对，待各项实物、银两核实后，分类计算本期收（来）账总额和付（去）账总额。利用“收（来）账总额=付（去）账总额”的平衡关系，以“彩项结册”和账簿内容及盘点结果为据，编制“存除结册”。

3）会计计量单位

清朝会计以货币价值为主要计量单位，但币制很复杂，有银、有钱、有钞。在市场流通中，一般“大数用银，小数用钱”。在银钱兑换中，有了比较固定的折算比例，这给当时的货币流通带来了很大的方便。《清会典》卷十九户部记载“国用之出纳，皆权以银”，是清政府对财政收支所确定的一项基本原则。凡收入，直接取得为银两者，以白银为计量单位核算；其征纳为实物者，则将实物折合成银两核算。凡支出，均统一以白银作为计量单位核算。凡呈送奏销报告，收支数额，存留起运之数，各类、各项，均须以白银为量度。这种以白银为主要计量单位，并对各种量度的位数作出明确的规定，是清朝官厅会计的一个突出进步。

以货币为主要计量单位，对当时的会计核算起到了重要的促进作用，主要表现在三个方面：一是加快了会计核算的速度，缩短了会计结算的时间和会计报告汇总上报的时间；二是便于开展会计分析，扩大了应用的范围；三是为正确编制国家预算创造了必要的条件。

4）会计著作

清代不乏反映其各朝财政经济状况的著作或相关记述，如顺治三年（1646年）户部编制的《赋役全书》，汇集钱粮书目；《东华录》详细记载了雍正十三年（1735年）以前每年的收支情况；而《大清会典》中的清代历朝收支一直记录到光绪二十五年（1899年）。上述各书所列诸朝历年的收支数额无一不是借助于会计记录，经加工整理后方能成文，得以流传至今的。

本章小结

春秋战国是我国从奴隶社会转变为封建社会的历史时期。这一时期，地主经济得以确立，自由商人阶层得以形成，货币经济得到了发展，文字得到了传播。这些方面均促进了会计的发展。其一，经过长期的实践，最终确立了“会计”的命名。其二，在制度方面，西周王朝的岁计、大计之制被继承，并正式命名为“上计制度”。不过这时的上计之制，重点放在财计方面，并开始实行逐级上计，上计之制成为封建国家经济集权的重要工具。另外，在这个时期，仓储制度及户籍制度等也得到了一定程度的发展。其三，在会计方法方面，有关会计的各种要素，在这一时期基本形成。在西周时期尚不普遍、不一致的“籍书”之称，到了春秋战国时期已很普遍了。但当时使用的账簿名称尚不统一。这时的会计记录方法，开始从文字叙述式的会计记录向定式简明会计记录过渡。在官厅会计核算中，以“入”“出”作为记账符号已基本成为定式，这对符号一般冠于每笔经济事项的开首，使会计记录有了一定的格式。在会计记录中货币量度有了较多的使用，并开始在会计核算中发挥作用。此外，在会计凭证等方面也有了一定的发展。其四，在财计理论方面，这个时期的理财家从不同的方面论述并明确了会计在国家理财中的重要作用，并对如何做好这项工作以及做好这项工作的标准进行了讨论。

秦汉时期是会计在全国得到统一和迅速发展的时期。尤其西汉时期，是中式会计发展具有鲜明特色的时期，这个时期会计发展的影响贯穿其后封建社会的整个历史时期。其一，在财计组织与制度方面，财计机构自秦王朝建制以来，在西汉时期得到了巩固和发展，从中央到地方有了一个比较完整的系统。与此同时，封建国家的财计制度的基础被建立起来，为后来的封建朝代树立了样板。其二，秦汉时期，是中式会计方法全面奠基的时期。在会计簿书登记方法方面，继战国之后，秦代进一步破除了文字叙述式的烦琐不一的会计记录方法，建立起以“入”“出”为会计记录符号的定式简明会计记录方法的基础；西汉时期又进一步巩固和加强了这个基础，使中式会计单式记录法开始有了一个显明的轮廓。春秋战国时期的“上计”之制在秦时得到了统一；到了西汉，“上计”之制的全部基础则被建立起来，尤其是西汉时期“上计簿”的创立，确立了中式会计报告的基本形态，这是中式会计方法方面的一大基本建设。继西周之后，“入-出=余”的基本结算公式在秦代得到了明确的运用，在西汉时期则已成定式。东汉时期对“上期结存”这个结算要素有了初步的认识，这些为唐宋时期“四柱结算”法的建立奠定了基础。此外，在这个时期，按照自然形态分类的会计簿书设置、会计凭证的运用，以及财物盘点方法的发展，对后代均有着重要影响。其三，这个时期的财计理论也有所发展。

魏晋南北朝长期处于分裂状态，一切财政措施服从于军事需要，财政的收支管理也逸出了常规。三百年间，在会计发展方面，值得一提的是户籍、计账制度的创建、运用及初步发展。此外，随着会计书写工具由竹简、木牍向纸张运用方面过渡，会计账簿名称及其内在含义也相应地发生了变化。但这些变化只能是局部的，而不是全面的。

隋统一中国后，中式会计开始进入一个新的历史时期。其一，在财计组织方面，隋朝奠定了“六部”的基础，其中的“度支”一部及其所属度支、仓部、左户、右户、金部、库部等六大职能部门，分工明确、相互关联，初步构成了一个较为完善的财计组织系统。唐朝的官制基本上承袭了隋制而作了一些调整。其二，在财计制度方面，隋朝的计账、户籍制度，仓储制度及度量衡制度对会计账簿的分类设置及财物的分类核算产生了明显的促进作用。这些都对唐宋时期财计组织及会计方法的全面发展产生了深刻的影响。

唐宋时期是我国封建社会的鼎盛时期，商品货币经济有了较大的发展，因而会计进一步得到了完善。其一，在官厅会计方面有了比较健全的组织机构。唐朝中央的组织体制为“三省六部制”，它是在隋朝“五省六部制”的基础上建立起来的。宋朝则出现了“会计司”这样的组织。其二，这一时期有了比较严格的财计制度，如计账、户籍制度，预算制度，上计制度，财务保管、出纳制度，会计报告制度及审计制度等。其三，在会计方法的全面发展中，“四柱结算法”得以创建与运用。同时，会计簿账设置的基本结构初步形成，分项目编制的会计报告已有了类似现代会计报告的基本轮廓，经济凭证在会计核算中的地位、作用有了提高。在记账规则方面，开始有了比较一致的做法。其四，这一时期也是财经理论发展的兴盛时期。唐朝的《国计簿》、宋朝的《会计录》都是我国会计发展史上的重要著作。

元代官厅承袭汉制，在其经济恢复时期，大体上沿用了宋朝的财计制度和会计方法。由于元代的社会经济不稳定，故其官厅会计并无起色。中后期，官厅财计组织混乱，财计制度有名无实，会计方法停滞不前。终元之时，民间会计应用四柱形式记账和编表，并且有了各种特殊的账簿名称。

明朝的官厅会计，在唐宋时期的基础上，又取得了一定的进展。一方面，它几乎全盘地继承了旧有的财计制度和会计方法，并在运用中巩固下来；另一方面，它又确立了一些新的财计制度，对原有的会计方法作了适当的改进，使单式簿记的方法体系最终达到了比较完善的程度，如定式简明会计记录法、“四柱结算”法、会计报告编制法以及简明会计分析法等。另外，大约在明朝和明末清初之际，适应着经济发展的需要，我国固有的复式记账法开始形成并获得一定的发展，“三脚账”和“龙门账”可作为其标志。

清朝是我国封建社会最后一个全国统一的中央集权的王朝。它处于资本主义萌芽时期，虽然统治者主观上重农抑商，但也不自觉地实行了一些有利于资本主义的政策。其一，清朝的财计部门和财计制度，基本上承明之制，由户部主国家财政，但王室财政则由内务府管理，内务府向户部取得供应，需经皇帝批准。对仓库财物的监督，统治者显得特别重视。各省库存有定额，支用要先报闻，控制较为严格。其二，在会计上，从凭证、账册到报表，都比明朝有了不少改进和创新。四柱式广泛运用于会计结算和官吏新旧交接，漕粮的专库储存供指定用途。其三，随着官办企业的产生和发展，在国外会计传入的影响和归国留学生的带动下，以大清银行为代表的官办企业，开始走上改良会计的道路，着手进行改良会计的工作。其四，这一时期，民间会计也取得了显著的发展，尤其是中国固有复式簿记“四脚账”在民间会计中得以产生和运用。

思考题

6.1 试说明“会计”命名的过程及其原始含义。

6.2 试对文字叙述式的会计记录与定式简明会计记录进行比较。

6.3 复计著制度对后世会计制度发展的意义何在？

6.4 上计制是不是我国最早的审计？如何评价它在当时历史条件下所起的积极作用和消极作用？

6.5 春秋战国时期的财计职官是如何设置的？

6.6 如何理解《秦律》对会计的作用？

6.7 试对上计簿与会计报告进行比较分析。

6.8 通过春秋战国时期使用的会计术语，可以透视出当时会计的哪些情况？

6.9 “券”是怎样使用的？

6.10 汉代的上计情况如何？

6.11 唐朝会计账簿有哪些种类？籍、簿、账等名称，有无区别，如何区别？

6.12 试简述唐朝会计账簿编制的目的及其对会计的作用。

6.13 “脱漏增减”是何含义？共有几种情况？各指什么？

6.14 比较三柱结算法与四柱结算法。

6.15 试述宋朝会计账簿的设置情况。

6.16 什么是“四柱清册”？

6.17 宋代货币有何特点？

6.18 宋代盛行《会计录》的原因何在？

6.19 试述明代的赋役黄册制度。

6.20 清朝王室财政管理有何特点？

6.21 概述“龙门账”的账务处理程序。

练习题

6.1 试说明中国封建社会的法律条款中对于会计造假账行为的相关规定。

6.2 试述“中式三账”的意义及其主要内容。

6.3 试说明四柱结算法。

6.4 中国封建社会的知名会计著作情况如何？

6.5 中国封建社会采用的主要记账方法有哪些？它们的各自情况如何？

6.6 进行三脚账的账务处理。

（1）正月初五，赵松山出银二百两开设茂源货栈，钱鸣礼入股一百两，孙竹岩入股一百两。将全部资本的一半送存宏发钱庄，余银留本号银柜。

（2）初六，租得店堂与库房，议定租金为八两，支出修缮费用四两，雇用员工，共支付薪金三两，上述费用均以现银付讫。

（3）初八，由亨达号购入甲货物二百件，每件进价半两，计银一百两，货款由本号银柜付清。

（4）初十，由宏发钱庄取银八十两，付购乙货物三百二十件货款，本号银柜出现银一两半付运费。

（5）十一日，是日茂源号开张，庆贺耗资计二两半，银出本号银柜。天利号赊购本号甲货物八十件，价银六十四两。售出乙货物一百件，售价为每件三钱，货款已送存宏发钱庄。

(6) 十二日，购进外埠隆昌店丙货物一百件，价银七十两，货款未付。

(7) 十四日，收天利号送来部分欠款三十四两，经清点存入本号银柜。

(8) 十五日，计算本号结存银款与盘点数额互相核对，并结算本号开业以来的经营损益。

6.7 试按龙门账要求对下列经济业务分别计算进缴差额和存该差额，并利用所得两差额"合龙门"。

设某商号在腊月二十五至三十共六日期间发生如下经济业务：

(1) 腊月二十五，卖给兴隆商行甲商品一百件，价值一千二百两，收到货款存入银号。

(2) 腊月二十六，购入天源店商品一批，价值六百两，即以现银付讫。

(3) 腊月二十七，卖出乙商品五十件，每件单价十两，茂昌店提货后未付银款。

(4) 腊月二十八，赊购利生号一批商品，价值一千六百两。以现银付运杂费等计五十两。

(5) 腊月二十九，提取银号存银二百五十两，付本店员工薪金。同一天，收到茂昌店送来购货欠银，经清点无误将货银存入银号。

(6) 腊月三十，由银号提款八百两，偿还赊购利生号商品的部分欠款。

6.8 进行四脚账的账务处理。

(1) 清和月十日，筹办星记丝绸店，周甲、吴乙、郑丙和王丁四人各出资一千两作为经营本钱。其中三千两送存冯记钱庄，余留本店银柜备用。

(2) 清和月十一日，预交房租二十两，修理店铺及库房支用现银一十两，购置营业器具及日用什物计耗银五两。

(3) 清和月十二日，由外埠宝源祥丝织厂进货柞丝绸一批，价银四百五十两；双宫绸一批，价银八百四十两。由弘发泰丝织厂进货漳缎一批，价银一百二十五两；软缎一批，价银三百六十两。上述货物尚未付款，以本店现银付运输费用计二十两。

(4) 清和月十四日，购进福寿织锦缎一批，价银一千两；花布一批，价银一千四百两。上述款项均由冯记钱庄拨付。另购红、白布各一批，红布价银五百两，白布价银三百两，货款以本店现银付讫。

(5) 清和月十五日，由宝源祥、弘发泰所购绸缎到货，经清点发现柞丝绸短缺，价值三两，系运输途中丢失，其他货物入库。

(6) 清和月十六日，本店开业经营，秦记成衣铺购漳缎一批，收回货款三十两；软缎一批，收回货款一百四十两；柞丝绸一批，收回货款一百两；红布一批，收回货款三十五两；花布一批，收回货款九十两。上述货款送存冯记钱庄。

(7) 清和月十八日，外埠义和成裁缝店派人提货织锦缎一批，价值二百五十两；双宫绸一批，价值三百六十两，货款未付，代垫运费十五两。

(8) 清和月廿日，付本店员工薪金计十二两，付税金十八两。

(9) 清和月廿四日，收到义和成还来部分货款及代垫运费计三百二十五两，其中三百两送存冯记钱庄，余留本店银柜。

(10) 清和月廿五日，售出白布一批，收银二十两；包皮布一批，计银二两。

(11) 清和月廿八日，由冯记钱庄拨银偿还部分赊购货物欠款，付宝源祥五百两，付弘发泰二百八十五两。

(12) 本月末，登记总清簿并结转销售成本。

自测题

6.1 试总结中式结算方法的演进过程。

6.2 试比较三脚账和四脚账。

6.3 中国封建社会与会计相关的法律条款意义如何？对于当代中国会计现状有何历史借鉴意义？

补充阅读材料

1.郭道扬. 中国会计史稿（上册）[M]. 北京：中国财政经济出版社，1988.

2.赵友良. 中国古代会计审计史 [M]. 上海：立信会计图书用品社，1992.

3.李宝震，王建忠. 中国会计简史 [M]. 北京：经济科学出版社，1989.

4.郭庠林. 中国封建社会经济研究 [M]. 上海：上海财经大学出版社，1998.

5.郭道扬. 中国会计史教程：历史、现时、未来 [M]. 北京：中国财政经济出版社，2004.

第7章 外国封建社会会计

学习目标

通过本章学习，了解中世纪时期外国封建社会国家中会计的发展情况，特别是掌握意大利会计的特点。

与上述学习目标相适应，本章以4节内容，分别重点阐述了拜占庭帝国会计、法兰克王国会计、意大利会计、法国和德国会计。

封建社会取代奴隶社会是历史发展的必然，封建国家建立后，其财计在奴隶社会的基础上进一步发展起来。昔日的罗马帝国分裂形成的东西罗马先后灭亡之后，拜占庭帝国、法兰克王国开始出现在历史舞台上，使罗马会计的成就继续得以延续与发展。

7.1 拜占庭帝国会计

7.1.1 查士丁尼和《民法大全》

395年，罗马帝国分裂为东西两部分，史称东西罗马。476年，西罗马帝国灭亡，日耳曼人在其故土上建立了一系列封建国家，而以君士坦丁堡为首都的东罗马帝国仍然保持着奴隶制度，东罗马帝国也称为拜占庭帝国。

代表没落奴隶主阶级利益的拜占庭帝国皇帝查士丁尼，竭力想阻止奴隶制的灭亡，并妄图重建旧日雄踞整个地中海的罗马奴隶制帝国。为了达到目的，他不断出兵，先后征服了汪达尔、东哥特封建国家，占领了西班牙东南部、科西嘉岛、撒丁岛以及巴利阿里群岛。在对外武装扩张的同时，查士丁尼在国内也采取了一系列手段加强统治，最显著的一个特征便是下令搜集整理从罗马共和国以来的法令和元老院决议，编纂成《民法大全》。这部《民法大全》包括四部法典：第一部《查士丁尼法典》，收集了历代罗马皇帝颁布的法令；第二部《法理汇要》，包括历代法学家对法律的解释；第三部《法学总纲》，简要叙述了法学原理；第四部《法令新编》，汇纂了查士丁尼即位后所颁布的法令。在这四部法典中古罗马会计也以罗马法的形式被收录进来，这一做法不仅使前人创造的文明成果得以完整保存，而且为古罗马会计随着《民法大全》的影响传播开来，为更先进的会计思想与方法的诞生准备了条件，因而该法典对于会计来说有着重要的意义。

查士丁尼尽管采取了以上种种手段，但由于其妄图复辟奴隶制是逆历史潮流而动，因而引起广大隶农、奴隶和城市贫民的强烈反抗。至七世纪初，东罗马帝国的奴隶制政权在人民起义和斯拉夫人入侵下倾覆，东罗马帝国开始向封建社会过渡。1453年，奥斯曼土耳其人打败了东罗马帝国，拜占庭帝国终成明日黄花。从今天的眼光看来，查士丁尼的复国宏图虽是一场大梦，但《民法大全》对整个欧洲的发展却是功不可没，以会计而言，后来欧洲各国会计的发展都得益于这部法典中对古罗马会计的收录。

7.1.2 教会会计的发展

中世纪的教会，其权力和影响是今天人们所不能想象的，它不仅行使宗教的权力，而且还有政治、经济、社会等多方面的权力。它的管辖权不仅超越了国界，而且超越了民族、种族和语言，因此中世纪的教会既是国中之国，同时还是超越国家的国家。要使上述权力得以有力实行，就必须有一个严密的组织体系作保证，人们普遍认为中世纪教会的行政组织要比封建王朝稳固。它的最高统治者是教皇，各省的省长是大主教或主教，它可以自己制定法律，设立自己的法庭和监狱，它拥有庞大的土地基金，有权向社会中的一切人收取什一税，总而言之，教会是“一个行政长官、大地主、收租者、征税者、物质生产者、大规模的劳动雇主、商人、手艺人、银行家和抵押掮客、道德的监护人、节约法的制定者、校长、信仰的强制者——这一切身份都集于一身”。

财计组织是教会整个严密体系中的重要环节，从有限的史料中，我们可以对中世纪教会会计有一个管中窥豹的认识。首先是前面已经提及的什一税，这种税是教会向居民收取的一种重要捐税，从公元六世纪起，教会利用《圣经》中所谓农牧产品十分之一“属于上帝”的说法，开始征收。在征税的过程中，教会要利用账册检查居民在缴纳税赋的时候是否作了不允许的扣除。

除什一税外，教会还在广阔的经济领域（如领地开发、市场管理、铸币权力等方面）显示着它的智慧与才华，这也使对簿记提出更高要求成为可能。但随着财富的日益膨胀，教会中贪污腐化的现象日益严重，如在12世纪就发生过巴斯葛二世向教皇随行的红衣主教行贿的丑闻。不过值得庆幸的是，在如此污浊的环境中，依然存在着保持廉洁和清醒的人，正是他们提出了教会财政方面的诸多弊端，由此使簿记方面得到了一些改善。例如，教会的有关财政事项原来是由主教来记录，但由于其本身经管财政事项，为防止舞弊情况的发生，教会聘请一名熟悉会计的僧侣专职记录财政事项，并引入了内部审计。

教会寺院同样也有着严密的组织结构。11世纪前后，寺院制度在西欧颇为兴盛，这些寺院不仅拥有庞大的地产，而且还饲养和贩卖牲畜，并从事食盐贸易和抵押放款，有的寺院甚至成了当地的贸易中心，并收取交易费用。这些寺院的经济管理组织较为严密。在住持下，设有一名院长或一名以上的副院长，院长之下还配备了许多专职寺院各部门和财产管理的管理人员，包括经管土地、动产和其他财物的人员，管理作坊与从事贸易的人员，办理核算的会计或出纳以及对财物收支与会计账目进行检查的人员等，其中以总务长权力最大，会计和稽核员一般都隶属于他。

会计人员负责记录寺院的经济业务，根据遗留下来的寺院账簿，我们既看到了当时的簿记水平，同时也了解了寺院的经济情况，如在冒必逊富裕寺院的账簿中可以看到主持曾通过出售猪、木炭、青葱、铁、建筑石、木材来增加其资财。为了加强寺院管理，监督受托人员经济责任的履行情况，寺院还在总务长之下设有稽核员，通常是选择具有会计知识的僧侣担任。他们的主要任务是对会计人员编制的会计账目和财产清单进行审查，并对发现的记账差错、舞弊及奢侈浪费行为进行处理，如16世纪时，唐·安杰格·彼得拉就曾在意大利的乔瓦尼·贝蒂斯塔寺院担任过会计和审计，此后成为一名著名的会计家。需要说明的是，在有的寺院里，稽核人员直接隶属于院长，其地位较隶属于总务长的稽核人员高，而且独立性较强，在正确履行检查会计记录的职责时也更有保证。

罗马中央法王金库的组织体系也毫不逊色，财务方面的主要官吏为出纳官和支出总监，出纳官的权力要高于支出总监，他们掌握的财权非常广泛，上至国家、下至居民的财产都在他们的控制之中。另外，中央法王金库还在全国各地派遣了许多代理官，由他们负责收集各地的贡物并向罗马运送。

7.1.3 封建关系逐渐成熟中的拜占庭帝国财计

拜占庭帝国步入9世纪后，封建关系发展更为迅速，同时在财计方面也有了一些新的变化。国家的主要理财官员包括国库的管理官、国库的会计官、国库的记录官和国库的出纳官。与9世纪之前相比，他们的职能及隶属关系都有了一定的变化。总的来说，这些官员的职能均有所加强，如国库记录官原来只是负责保管和记录各种文书的，而后来成为重要的财政方面的官员。他们之间的关系也更能体现相互制衡的内控思想，如国库出纳官原归国库管理官管辖，而后隶属于国库记录官，国库管理官则成为对其他财政方面官员进行监督的一个总监督官。

7.2
法兰克王国会计

486年，墨洛温王朝国王克洛维消灭了西罗马在北高卢地区的残余势力，建立了法兰克王国。6世纪后，法兰克王国逐渐封建化。7世纪中叶，宫相（宫廷总管）开始专权。751年，法兰克王国被加洛林王朝取代。8世纪后期至9世纪初则是查理大帝的统治时期。

768年，查理大帝继承王位，之后他与教皇结成同盟，对外实行扩张政策，在位46年间，发动了50多次侵略战争，其中包括774年征服伦巴德王国；772—804年多次进攻萨克森人，夺取易北河地区；788年占领巴伐利亚；796年征服多瑙河中游的阿瓦尔汗国；先后2次出兵西班牙，从阿拉伯人手中夺取厄布罗河以北的地区……经过不断的扩张战争，法兰克王国的疆域达到历史上最高点，东至易北河和多瑙河，西南至厄布罗河，北达北海，南临地中海，占有了西欧大陆绝大部分土地。800年，罗马教皇利奥三世为之加冕，号称“罗马人的皇帝”，法兰克王国由此成为查理曼帝国。

查理大帝除了穷兵黩武之外，在国内他还不断加强中央集权，并奖励学术文化，特别是在庄园经济的管理方面他也作出了突出贡献。

中世纪的庄园不仅是封建制度下的政治单位，同时也是重要的经济单位。庄园的公爵或伯爵由于不能亲自管理大片的土地和各分区的劳动者，于是便委托授予正式官职的人和各分区的首领进行日常管理，并作会计记录。在庄园主看来，记账的目的是检查这些受托者是否诚实可靠，防止损失和盗窃，提高功效，而对受托管家来讲，会计记录则是证明自己忠实履行义务的证据。庄园的监视人类似现代的总经理，负责掌管土地和租地人的情况，编制地租和封地捐税的会计账。总收入官的主要任务是根据地租账征收地租和通行费，并编制反映庄园收支业务的庄园账目。而庄园的审计人员的职责是通过检查账簿，来查明受托人员经济责任的履行情况。最后，经审计人员证明过的义务与履行报告书要在庄园主和管家面前宣读，这主要是由于大多数人还是文盲的缘故，在宣读过程中，每个管家都可能被叫出来回答问题，并就自己了解到的事实进行证实。

812年，查理大帝发布了《庄园敕令》，该文件是规定如何对庄园进行管理以保证国家财政收入的一份王令，为了达到上述目的，敕令中特别对庄园会计方面详加规定，如规定管理员每年应向其呈报一份收入报告，在报告中要详细列明各种物品及人员的数目；在账册的管理上要求“管理人应把为朕的需要而拨给、用去和提出的东西，记入一本账册内，把一切自己用去的东西，记入另一本账册内，并把剩余的东西，记入另一本特种账册内，向朕呈报”等。在《庄园敕令》的影响下，法兰克王国的庄园会计有了一定的发展，但就得到的资料与文明古国时期的会计记录方法相比较，其会计的发展却是倒退的。例如，古埃及、古罗马已经用很简明的方法来处理财产清单，在中世纪的西欧国家却仍然采用冗长的叙述式文本，也许人们并没有意识到两种方式有何根本的区别。

843年，查理大帝的三个孙子经过长期内战后，在凡尔登签订条约，查理曼帝国的辽阔疆域被一分为三。长孙罗退尔承袭皇帝称号，并分得意大利及莱茵河和罗讷河沿岸地区；秃头查理分得莱茵河以西地区，称法兰克王国；日耳曼路易分得莱茵河以东地区，称东法兰克王国，这次划分大体形成了以后意法德三国的雏形。因此，意大利、法国、德国三国的会计发展实际上是出于同一根源，即法兰克王国会计。

7.3 意大利会计

7.3.1 经济发展是意大利簿记发展的沃土

会计的发展总是与经济的进步并行的，落后的经济不可能产生先进的会计方法，只有发达的经济才能为会计上的飞跃提供充足的养料。进入人类社会第一个千年后，会计首先在意大利取得了重大进展。下面先来看一下其政治经济文化背景。

罗马天主教会、西欧封建主和大商人为了缓和西欧社会的危机，掠夺财富，借着从伊斯兰教徒手中解放耶路撒冷圣地的宗教幌子，从1096年至1291年，先后发动了8次十字军东征，侵略地中海东部的国家，但最后以失败而告终。不过这一系列侵略战争在客观上也产生了一定的积极作用，那就是带来了地中海贸易的繁荣并加强了东西方文化的交流。十字军战士除必要的航船、粮食以外，还带回了丝绸、香料和其他东方的产品，刺激了西欧居民对这些商品的需求，同时刺激他们去生产能与这些商品相交换的欧洲产品，这种新的交易促成了长达300年的商业革命。之后不久，热那亚和威尼斯获得了作为联结欧洲和近东交易的中继地地位，使意大利人不仅成为中世纪最活跃的商人，而且几乎垄断了国际金融业。而佛罗伦萨又是当时意大利的金融中心，其银行业十分发达，分店遍布西欧。以经济发展为先导，意大利会计也最先在这几个地区取得了进展。

7.3.2 佛罗伦萨的簿记发展情况

佛罗伦萨是当时欧洲的金融中心，银行不仅数量众多，而且规模较大，为了反映债权债务的发生及清偿，银行家们便采用了账簿进行记录。这些账簿被认为是意大利复式簿记的开端。现存最早的意大利银行账簿是1211年佛罗伦萨银行账簿，通过研究，我们可以从中了解到当时意大利银行会计的特点。第一，从账户的性质来看，均为人名账户，这充分体现了银行家们记账的最根本目的，即对债权债务的管理。第二，从记账术语来看，采用“di dare”和“di avere”这类的动词。前者表示“他应给我”的意思，指银行的债权，相当于后来的“借”；后者表示“我应给他”的意思，指银行的债务，相当于后来的

“贷”。可见这种记账术语也是以银行业务为核心发展起来的。第三，从记账的格式来看，账页分成上下两个部分，上面的部分表示借方，下面的部分表示贷方。第四，从记账的形式来看，采用叙述式，每一笔业务均用很长的文字加以描述。另外在金额方面，没有采用已经传进意大利的阿拉伯数字，而是采用罗马数字。图7-1表现了15世纪意大利的货币兑换业。

图7-1　15世纪意大利的货币兑换业

这种产生于银行业务的记账方法很快便扩展到了商业贸易之中。但商人们在运用其记录日常经济业务的时候，发现较适合银行业务的人名账户并不能完全满足商业的需要，因为除了债权债务之外，商业中还存在大量的物品购销，因此出于对商品增减反映的需要，人们又设计了物名账户，这样，产生于金融业的人名账户在商业贸易中又得到了新的发展。比较有代表性的商业簿记，如里内里奥·巴尔多·菲尼家的商业账簿、法罗尔菲商会的总账、达蒂尼商会的总账等。

还有一点要说明的是，物名账户出现的最大难点不在于账户的设计（其形式与人名账户是一致的），而在于如何利用它来记录商品的增减变动。在实务中，人们采用了这样的方法：继续采取使用人名账户记账时运用的术语（即前面提到的“他应给我”“我应给他”之类）来记录商品的增减变化，只不过在记录时要将商品的增减看作是人与人之间债权债务的处理，也就是所谓的拟人化。这种处理实际上是记账术语演化过程中的一个重要阶段，是记账术语由反映实际的借贷关系到变成没有任何意义的纯记账符号的一种过渡形式。

除银行和商家外，簿记在行会这样的团体中也有应用和发展。11、12世纪，西欧兴起了按产业或地区组成的行会，为参加的成员在产品的制造或贸易方面提供条件，以及对发生的经济纠纷进行裁决。当时在佛罗伦萨共有大行会7个，分别是公证人、进口布匹商、银行家和钱兑商、呢绒布商、医生和药剂师、丝商、皮货商。小行会16个，分别是屠夫、鞋匠、铁工、皮革工人、石匠、葡萄酒商、烘面包工人、油脂商、猪肉屠夫（与一般屠宰分开的行业）、麻布商、锁匠、武器匠、马具匠、马鞍匠、木匠、旅馆主人。理事通常是行会的执行机关，负责收取会费和罚款，仲裁行会成员间的纠纷，管理行会的财产，并对行会经济业务进行记录。同时，还要从行会的成员中选举负责对行会的财物及账目进行检查的人员，检查结果要在行会大会上进行报告。

7.3.3 热那亚的簿记发展情况

就在佛罗伦萨簿记发展的同时，热那亚的土地上也孕育着新式簿记的生命。在古罗马会计与银行簿记的推动下，独具特色的“热那亚式簿记”产生了，其代表作是1340年热那亚市政厅财务官的两套总账。据说这两套总账是参考当时银行簿记的特点编制而成的，只是那些银行簿记现在已无从查考，其真实面貌便不得而知了。这两套总账反映的是热那亚市的财政状况：一套由两名财务官记录，另一套由另两名负监督责任的财务记录官按原账抄录。两套总账的特点主要有：第一，从账户的性质来看，除了人名账户之外，还有物名账名、损益账户。其中损益账户可以说是热那亚式簿记中最大的成就所在。第二，从账户格式来看，采用左右对照的方式，左方为借方，右方为贷方。这与佛罗伦萨簿记中上下对照式的账户是不同的。第三，记账术语方面，采用反映人与人之间实际借贷关系的术语，这与佛罗伦萨簿记是相同的。第四，从记账的形式来看，采用文字叙述式，与佛罗伦萨簿记相同。应该说，热那亚式簿记在账户体系方面比佛罗伦萨簿记更为先进——损益账户的引进，使得商品账户达到了平衡。但损益账户本身还未实现平衡，而完成这项工作的就是引进资本账户、更为先进的威尼斯式簿记。

7.3.4 威尼斯的簿记发展情况

较为著名的威尼斯式簿记有1406年威尼斯政府的总账、1406年多纳多·索兰佐兄弟商会的总账、安德烈亚·巴尔巴里戈商会的账簿、贾科莫·巴尔多家的总账、威尼斯兵工厂的会计账簿。其中最具代表性的为巴尔巴里戈商会的账簿，其特点可概括如下：第一，在账户设置方面，不仅有人名账户、物名账户、损益账户，而且还有资本账户和余额账户。其中资本账户的设置使整个账户体系达到了平衡，商品账户与损益账户紧密相联，而损益账户又向资本账户中结转从而达到平衡。余额账户是试算平衡表早期的雏形，通过汇集各账户借方、贷方的记录，从而证明借贷方是否相等。第二，在账簿体系方面，除总账外，还设有日记账和分录账，且三账之间通过过账符号紧密地联结在一起。第三，在记账方法上，采用“per”和“A”作为区分借方、贷方的术语，记录的方式仍然采用叙述式，但比佛罗伦萨簿记和热那亚式簿记要简练得多。

【小思考7-1】

早期意大利复式簿记主要的代表城市有（ ）。

（1）佛罗伦萨　　（2）罗马　　（3）热那亚

（4）威尼斯

【答案】（1）、（3）、（4）。

7.3.5 在相互促进中共同发展

总的来说，威尼斯式簿记在佛罗伦萨式簿记和热那亚式簿记之上达到了一个新的高度，但也应该看到，这三种簿记是相互影响、相互促进的，如威尼斯式簿记对佛罗伦萨式簿记就有很大的影响。佛罗伦萨式簿记在产生之后相当长的一段时间内停滞不前，直至14世纪80年代才在威尼斯式簿记影响下，有了较大改观。仅就账户格式而言，一直采用上下对照式的佛罗伦萨式簿记开始采用左右对照的方式进行记账。

创办于1397年的梅迪奇银行反映了较高水平的佛罗伦萨式簿记，而且出于管理的需要，总店要求分店应于每年3月24日结清会计账簿，并将资产负债表副本报送佛罗伦萨，在资产负债表上，要求列明各客户账户的余额，这样一来，就使梅迪奇的一些资产负债表包括200多个项目。由于当时使银行家们支付能力受到威胁的主要原因是呆账，所以，总经理和他的助手在对分店报表进行检查时，主要是确定是否存在可疑的或过期账款，以防止信用过期。同时在进行全面检查时，还要求分店经理参加，国内分店的经理一年应赴佛罗伦萨集中一次，国外分店经理至少每两年到佛罗伦萨集中一次。尽管如此，但由于缺乏频率更高的定期检查，总店仍不能及时有效地控制分店的经营管理，终于在1494年，梅迪奇银行破产。

7.4 法国和德国会计

由第二节所述，法、德会计与意大利会计系出同源，都是在法兰克王国会计的基础上发展起来的，而更为巧合的是，在意大利会计取得较大进展的13、14世纪，法、德会计也有了长足的进步。

7.4.1 法国会计的发展

这一时期比较有代表性的法国簿记如波尼斯的账簿、奥里维埃家的账簿。波尼斯是兼营金融业的商人，其账簿特点主要有：第一，从账簿体系来看，包括日记分录账、总账和存款账，但保留下来的只有总账C和存款账，其中总账C是为债务人而设，存款账是为存款人和受托财产而设。第二，从记账方式来看，账页分为上下两方，一方为借，一方为贷。但至于上方为借（或贷）还是下方为贷（或借）并不固定。采用“Item deu”“Item devem a Ihui”分别表示借方、贷方，记录方式采用叙述式。奥里维埃家的账簿几乎也具备同样的特征。由此可以看出在中世纪的法国商家账簿中已经引入了二重性因素，这为后来法国复式簿记的发展奠定了基础。

7.4.2 德国会计的发展

德国会计在中世纪的发展可以分北部与南部两方面进行探讨。

1）德国北部会计的发展

先来看德国北部会计在13、14世纪的特点。

可以说，这一时期德意志北部城市形成的汉萨同盟是影响或者决定会计发展的最重要背景因素。进入13世纪之后，德意志北部城市就经营着西欧各国和斯拉夫东方之间的中介贸易，但由于德意志微弱的王权，不能保护各城市的工商业免受封建主的侵袭，各城市的富商便联合起来，结成同盟以保护自身的利益，这就是汉萨同盟的最初形式。该同盟开始时只有律贝克、汉堡、不来梅等几个城市，到14世纪则扩大到70个至100个以上的北欧城市，在1367年正式成立同盟。汉萨同盟的形成，促进了德国北部地区经济的发展，同时会计也随之发展起来了。图7-2为14—17世纪垄断北欧商业的汉萨同盟的商人和船只。

图7-2　14—17世纪垄断北欧商业的汉萨同盟的商人和船只

早期单式账簿的典型例子有维特博尔格家在1329—1390年间记录的一套商业账簿，还有维尔纳家的会计账簿。到15世纪中叶，出现了引入双重观念的单式簿记，其代表为约翰·毕斯兹家的商业账簿。这套账簿虽然使用的是单式记录，但从某些处理上已经显现出对经济业务的双重反映观念，如在赊销发生时，在账户左方记录销售收入，这实际上是确认应收账款，而在收回这笔款项的时候，在账户右方予以反映，这实际上是冲减应收账款同时收到现金。这种处理为以后复式记账的发展准备了条件。

2）德国南部会计的发展

与北方相呼应，德国南部地区的经济与会计也在不停地向前迈进，现存文献中比较有代表性的是累丁格尔家的账簿和格尔德森的总账，这些账簿都采用单式记账，但从采用左右对照式或上下对照式的账户格式来讲，年代要早于北部城市商家会计。

3）德国复式簿记的产生

不管是在14世纪中叶后就采用左右（上下）对照账户的南部商业会计，还是在15世纪中叶后才使用这种办法的北部商业会计，最后都走到了同一个点上，这就是复式簿记的萌芽阶段。

至15世纪末16世纪初，在前述簿记中出现的迂回的对经济业务的二重性反映发展到了一个新的阶段，同时，以海因里希·施雷贝尔（Heinrich Schreiber）的《新技术著作》（Ayn new Kunstlich Buech）为标志，德国复式簿记著作也翻开了崭新的一页。这部数学著作出版于1518年，其中《采用分录账、商品账、债务账的商人簿记法》（Buechhalte durch Zornal Kaps vnd Schuldtbuch auff alle Kauffmanschafft）是讲解簿记的，该部分以举例的方式总结归纳了当时德国簿记实务中的精华，并从理论的高度进行了阐述。在施雷贝尔介绍的账簿体系中，包括分录账、商品账和债务账。其中商品账、债务账均分作左右两方，凡商品销售、债权债务减少、现金增加均记入左侧，凡商品购进、债权债务增加、现金减少均记入右侧。另外施雷贝尔还介绍了10个记账规则，基本上符合复式簿记的原理。所以可以认为施雷贝尔这部著作反映了受意大利式簿记影响之前德国簿记的最高水平。

本章小结

拜占庭帝国、法兰克王国继承并发展了罗马会计，并将其传递给了意大利、法国与德国。其中，意大利会计的步伐走得最快。以经济发展为契机，佛罗伦萨、热那亚、威尼斯等地的簿记技术迅速发展起来，而威尼斯簿记可以说是意大利会计的集大成者，随着对外传播，其影响了许多国家会计的发展，在会计史上占有重要的地位。

练习题

7.1 简述寺院的组织管理体制。

7.2 庄园会计中涉及的主要管理人员有哪些？

7.3 佛罗伦萨式簿记、热那亚式簿记以及威尼斯式簿记在账户方面有哪些区别？

自测题

7.1 复式簿记的借贷记账符号是如何产生的？

7.2 佛罗伦萨银行簿记的主要特点是什么？

补充阅读材料

1. 文硕. 西方会计史——会计发展的五次浪潮（上册）[M]. 北京：中国商业出版社，1987.

2. 施万尼茨. 欧洲：一堂丰富的人文课 [M]. 刘锐，刘雨生，译. 太原：山西人民出版社，2008：49-81.

第8章 中国半殖民地半封建社会会计

学习目标

通过本章学习，理解和掌握半殖民地半封建社会会计发展的过程及规律，明确在各个阶段会计发展的主要特点、标志性事件、标志性著作等。

与上述学习目标相适应，本章以4节内容，分别介绍了鸦片战争至辛亥革命时期的会计、北洋政府时期的会计和国民政府时期的会计在财计组织、财计制度、会计方法、会计师事业、会计专著等方面的发展情况。

8.1 清代末期会计

8.1.1 财计机构

鸦片战争后，清政权的财计组织依从旧制，唯光绪朝始有变更。光绪三十二年九月廿一日（1906年11月7日），改户部为度支部，废户部尚书和左、右侍郎官制，改由度支大臣和副大臣总理。在度支内，按分管事项的内容不同分设田赋、税课、漕仓、库藏等十司，其中专设会计一司，掌理会计核算事宜，并进行内部的审计。次年，将地方财计组织亦行更动，在各省设立财政处，隶属中央度支部，由其分管各省财计。由此，在我国始开以“财政”命名政府机构之先河。

8.1.2 财计制度

在财计制度建设方面，清政府大体因袭明制和清前期的体制，就预算制度而言，通过黄册和赋役全书，对国家的各项收入作出预算，而支出则依赖于清册的对比查考。虽然总的精神依然是“量入为出”，但仍缺乏收入与支出相结合的预算形式。

光绪年间，由于受到日本和欧美资本主义国家财政预算制度的影响，清政府开始学习接受外来的做法，并在财政预算制度建设方面取得了明显的进展。开始将岁入与岁出较为系统地结合在一起编制，同时，在对入出项目的划分方面，也有明显的改进，既考虑到常规，也预见到可能发生的变化。预算思想方面的进步表现在当时的人们意识到理财者必须精通会计预算的道理，而又明确预算编制必须是“收支合一”的精神，同时，只有编制出完整的预算形式，才有利于执行。随着这种预算思想的产生，我国的预算编制方法也有了明显的进步。这种进步的主要标志之一是刘岳云的《光绪岁出总表》的编制，这种表式为稍后新式预算的编制打下了一定的基础。光绪三十四年（1908年），岁入、岁出总数的系统资料的编录，是我国预算编制方法取得进展的又一标志。

8.1.3 西式复式记账方法传入中国

鸦片战争以后，西式复式记账方法开始传入中国，成为中国会计史上的重大事件，对后来的会计发展产生了深远的影响。西式复式记账法，即源于13世纪以后的意大利沿海城市佛罗伦萨、热那亚和威尼斯等地，后经英、美等国长时期不断改进而形成的借贷记账法。传入中国后，初有蔡锡勇的《连环账谱》，继有谢霖和孟森的《银行簿记学》，是借贷记账法在中国的系统理论介绍，为其应用奠定了理论基础。至1908年大清银行创办，标志着借贷记账法从此开始在中国的企事业中得以实际应用。而在中国官僚资本兴办的现代工业、交通、金融企业中，多由外国会计人员直接应用西式借贷记账法，如开平矿务局、中国通商银行等现代企业均采用借贷记账法。

【小思考8-1】

借贷记账法开始在中国的企事业中得以实际应用的标志为（　　）。

（1）谢霖和孟森的《银行簿记学》　　（2）蔡锡勇的《连环账谱》

（3）大清银行的创办　　（4）第一位会计师诞生

【答案】（3）。

1）蔡锡勇与《连环账谱》

鸦片战争后，中国半殖民地半封建经济形式对中国会计产生了深刻影响，不同的经济成分与其性质相适应，使用着不同的会计方法，故而形成“中式簿记”与“西式簿记”同时并存的局面。中国的封建地主、民族资本家和小资产阶级经营的工、商、金融企业大多运用“中式簿记”，其特点是：设置流水簿及誊清簿，期末编造四柱式清结账单或上收下付式存该表，一般实行单式记账，采用收付记账法，进行账务处理。而被外国势力把持的中国海关、铁路、邮政等部门，外国资本在中国开办的工厂、商行、金融、保险等企业，受外国控制的中国官僚买办资本与部分民族资本经营的工、商、企业均采用“西式簿记”，其特点是：设置日记账、明细分类账及总分类账，期末编制损益计算书和资产负债表，一般实行复式记账，采用借贷记账法进行账务处理。

随着资本主义生产关系渐次成长，中国封建经济的完整体系趋于崩溃，传统的生产方式逐渐为蓬勃兴起的近代工业所取代。伴随着机械大生产的普及，除需要进行科学的技术指导、采用先进的机器装备和对生产过程进行严密的组织管理以外，还要求在经济上系统、全面、科学地反映、监督和控制整个生产过程，但我国传统的“中式簿记”，显然不适应近代生产的客观需要。有鉴于此，曾随使美国、秘鲁和西班牙的中国学者蔡锡勇撰著《连环账谱》，这是中国出版的第一部研究借贷复式簿记的专著，其书影如图8-1所示。

图8-1　《连环账谱》书影

蔡锡勇（1850—1897年），字毅若，福建龙溪（今福建龙海）人。少时肄业于粤东同文馆。光绪元年（1875年）随陈兰彬出使美国，任公使翻译官，驻华盛顿4年，并随使西班牙、秘鲁等国。归国后留广东差遣，充实学馆教习及文报局差使，并任事雷局多年。光绪十年（1884年），蔡氏以广州府三品候选知府衔被两广总督张之洞任命为办理洋务处坐办提调，总理该处的日常工作，并向外商订购冶铁和纺织机械等，为广东省创办银元局等出力甚多。光绪十五年（1889年），张之洞调任湖广总督，蔡氏亦随往湖北，深得张之洞器重，先后受命筹建、创办汉阳炼铁厂以及武备学堂等。

蔡氏生前该《连环账谱》不曾问世。蔡氏之子蔡璋，继承父志，以其本人考察日本会计的心得，对《连环账谱》的内容作了增补和修订，于光绪三十一年（1905年）将《连环账谱》交湖北官书局镌版付梓，刊行于世。但由于清朝当局不重视我国学者的研究成果，兼之该著"设例详备而释理不足"，以致该书出版后，在当时未能得到实践的肯定。但蔡氏介绍的西式复式记账方法终为我国社会所采用，成为各行业广泛流行的记账方法之一。

蔡锡勇在该著卷首的凡例中指出：连环账法，创自意大利。欧、美两洲经商者，无不效之。其妙处在一收（该）一付（存）。凡货物出入，经我手者，必有来历去处。我该（收）即彼存（付）；彼该（收）即我存（付），无彼、我之可指者。如买物，则物该银款、银款存某物，所谓'连环'也。结账时，所该必与所存相符，如有不符，即是错误，亟须查明、更正。至总结时（或半年一总结，或一年一总结），以买棉之价及局用之费与售布之价比较，多者为盈，少者为亏。其盈亏之数又必与我欠人者及人欠我者对除外所余之数相符，则毫无错误。

该书对西式复式记账从账簿设置、记账符号、记账方法、记账时间、报表编制及报表格式诸方面逐一阐明其要点，细述无遗。但由于西式复式记账法与中国传统记账法所采用的"收""付"符号不同，以"借""贷"为记账符号，考虑到国内难以立刻理解并接受这种符号，蔡氏乃根据借贷原理，结合"中式簿记"的具体情况，将"借""贷"改为我国习用的"收""付"符号，而在账务处理时则遵循有该（收）定有存（付），该（收）存（付）应相符的原则，这种切合国情的改变是蔡氏科学的学习、引进"西式簿记"的可贵之处。

《连环账谱》分两册，计十三卷，全书分为以下几部分：第一部分：平江吴绩凝所作《连环账谱・序》《连环账谱凡例》。第二部分：设例一（辖五卷），其中，卷一、设题六十则，卷二、流水簿，卷三、汇清簿，卷四、总账簿（附总结单），卷五、期票表，汇票表。第三部分：设例二（辖四卷，附一卷），其中：卷一、流水簿，卷二、银钱簿（钱款杂用簿），卷三、汇清簿，卷四、总账簿（附总结单）。第四部分：设例三（辖三卷，附一卷，三表），其中，卷一、流水簿，卷二、银款簿，附上卷、钱款杂用簿，卷三、总账簿（附总结一单）、汇票表、期票表、薪水表。第五部分：花县汤金铸所作《连环账谱・跋》和蔡璋所作《连环账谱・后述》。

《连环账谱》介绍的西式复式记账法所使用的账簿，会计报表和辅助记录约有"货单簿""流水簿""买货簿""卖货簿""钱款杂用簿""汇票簿（表）""期票簿（表）""薪水簿""货款簿""银款簿""票款簿""汇清簿""总账簿""总结单"等多种。其中：（1）"货单簿"乃记账的辅助记录，系以购货清单序时粘贴其内，并对全部购货清单进行统一编号，以简化登记"买货簿"的内容。（2）"流水簿"具有备忘录的作用，是厂家全部收付业务完整的序时记录，亦为登记其他各种账簿的主要依据。（3）"买货簿"与"卖货簿"为分别专记购入货物与销售货物的序时簿，发生购、销业务时，及时将购、销货客户，货物名称及其等级、数量、单价、运输装卸费、佣金等内容记入相应账簿，如设“货单行簿”，则可简化“买货簿”的登记内容，只记“某月某日某单货物”即可。(4)“钱款杂用簿”是浮记性序时簿，专记材料运杂费、办公费、邮费、电费、伙食、房租等各项日常零星小额营业支出，业务发生即刻登记，月末一次性结算总额，以费用计数过入“银钱簿”。(5)“期票簿（表）”与“汇票簿（表）”，该簿（表）亦为辅助记录，前者为应付票据的记录，是专门记载期票支兑情况的登记表格；后者为应收票据的记录，是专门记载汇票收兑情况的登记表格。以上二簿（表）均以原始业务证件的详细说明为依据，在期票发出或汇票收到时即刻登记，一俟期票或汇票到期兑现，即行注销本簿记录。(6)“薪水簿”为辅助性表格，该表按厂内全部员工的职务、级别和发薪标准每月登记一次，并计算出当月本厂各项人员薪金小计，月末将总支出数转记“银钱簿”。(7)“货款簿”凡涉及买、卖货物均应在业务发生时顺序登记该簿，月末该簿账项一次过记“汇清簿”，“货款簿”亦可称之为“流水簿”，但它与作为备忘录的“流水簿”不同，应以其登记内容而确定其性质。(8)“银款簿”专为记载银钱收付之用，此簿分“存”“该”两项，每月清查一次，须将账面结存数与现款结存数核对无误、试算平衡后转入“汇清簿”。(9)“票款簿”汇总登记汇票或期票的收、发期末余额，据以过记“汇清簿”。(10)“汇清簿”的内容由各种序时簿提供的数字转记而成，其作用与现今的记账凭证及记账凭证汇总表相似，该簿所记账目定期过入“总账簿”的各有关账户。(11)“总账簿”根据不同业务内容开设相应账户，并定时将“汇清簿”的不同业务分别记入该簿的有关账户，定期对本簿各账户的记录试算平衡，据以编制“总结单”。(12)“总结单”同于现今的“总账余额平衡表”，该单分“该类项下”和“存类项下”两栏，其数字分别源于“总账簿”中全部结有该方和存方余额的账户，并计算总计，以总括反映一定时期内厂家的该存概况。

【小思考 8-2】

中国出版的第一部研究借贷复式簿记的专著为（　　）。

(1) 谢霖和孟森的《银行簿记学》　　(2) 蔡锡勇的《连环账谱》

(3) 刘岳云的《光绪岁出总表》　　(4) 李希圣的《光绪会计录》

【答案】(2)。

2) 谢霖与《银行簿记学》

谢霖（1885—1969年），字霖甫，江苏武进（今江苏常州）人，图 8-2为谢霖像。光绪三十一年（1905年），谢氏东渡日本，于明治大学攻读商科；宣统元年（1909年），学成归国；次年，应试经济特科，被清政府录为商科举人，分到四川总督衙门，任文案委员，后改任劝业道署商业科长，创办商业传习所，并兼任所长；清末，就职大清银行；辛亥革命后，先后为中国银行、交通银行改革传统记账法，建立新式银行会计制度。谢氏首倡中国会计师制度，是我国第一位注册会计师，创建了我国最早的会计师事务所——正则会计师事务所。在山西省修建同蒲铁路时，谢氏为之设计了中式铁路会计制度，打破了以往由哪国修建铁路便采用哪国会计制度的惯例，维护了民族尊严。多年来，谢氏先后兼任北京大学、复旦大学等高等院校教授，以及光华大学商学院会计系主任、院长和光华大学成都分校副校长等职。日寇侵入上海后，谢氏受光华大学委托，在成都建立了光华大学成都分校并主持该校工作。在各院校，谢氏亲授“银行会计”“商法”等课程，又在正则会计师事务所附设会计实习学校，培训会计人才。谢氏曾任中央银行秘书长，后被财政部任命为财政特派员，入川整顿币制。曾任成都自来水公司董事长，被聘为粮食部、民生轮船公司等机构、企业的常年会计顾问。谢氏平生著述颇丰，主要有《簿记学》《会计学》《审计学》《银行会计》《中国之会计师制度》等。中华人民共和国成立后，谢氏曾被选为成都市人民代表，四川省政协委员等。

图8-2　谢霖像

谢霖在留学东瀛期间，于光绪三十三年三月（1907年4月）间与孟森合著《银行簿记学》一书，在东京刊行。书中所述如西式记账凭证（称为“传票”）、会计报表（“损益计算书”“资产负债表”）等的设计与使用说明均为首次传入我国。该著系统地介绍了西式账法在银行业的应用，为中国的银行业采用西式复式账法、为中式簿记的改良，奠定了理论基础。

【小思考8-3】

谢霖和孟森合著的《银行簿记学》在中国会计史上（　　）。

（1）系统总结了中式记账方法

（2）首次将西式记账凭证、会计报表等的设计与使用传入我国

（3）系统介绍了西式账法在中国银行业的应用

（4）对传统的中式簿记进行改良

【答案】(2)、(3)。

8.1.4 财计著作

清朝奉明代《万历会计录》为楷模，有光绪二十二年（1896年）所撰《光绪会计录》和刊于光绪二十七年（1901年）的《光绪会计表》问世。其中，《光绪会计录》系清代刑部主事李希圣撰著，清代光绪二十一年（1895年）成书，次年由上海时务报馆刊行，分上下两册。作者在“序”中称：“泰西各国，岁出岁入之款，年终则布告国中，登诸报馆，故虽五尺之童，无不能言国用者。中国则不然，虽司农大臣老于其任者，不能尽知也；通才硕学博及古今，至问以左藏之所掌，则愕眙而不能言。盖官既无成书，吏亦无专

牍，虽欲稽考，其道无由。”因此，撰著该书。图8-3为该书书影。

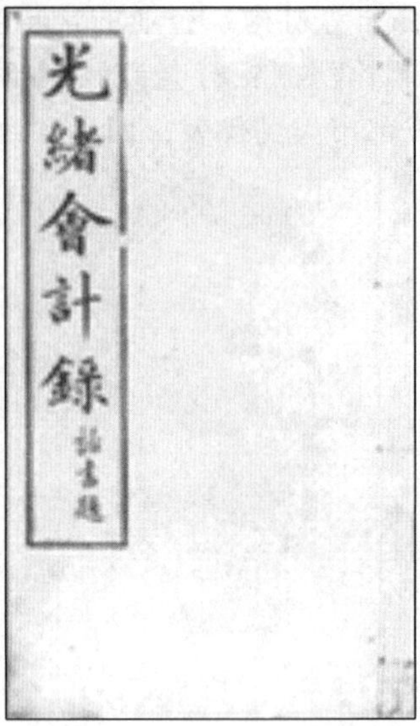

图8-3 《光绪会计录》书影

《光绪会计录》的主要特点是，该书在《例言》中对中、西入出项目进行了对比考察，提出仿效西法，力求改革的主张；该书采用了西式簿记决算报告表的结构，便于进行收支项目的对比分析。该书根据光绪十九年（1893年）的国家财政收支数额的资料，首先列示全国收支总额，然后按行省列示各项目所辖细目的具体数额，以白银作为统一计量单位，对当时社会经济的实际状况进行会计分析，揭示了国家财政收支中存在的问题，并针对一些问题提出解决的思路与设想。

《光绪会计录》是继《万历会计录》以后在中国被完整保留至今的又一部具有较大影响的财计著作，它在进行会计分析时所采用的将中国传统做法与外国现实方法相互结合的方式，对于促进中国会计分析方法的改良发挥了一定作用。

8.2 北洋政府时期会计

1911年的辛亥革命，推翻了清王朝的封建统治，成立了“中华民国”。但是，袁世凯窃取革命的胜利果实，组成北洋军阀统治下的国民政府（简称北洋政府）。袁世凯死后，北洋军阀分裂成直、皖、奉三系，连年战争，给中国造成无尽的灾难。这一时期，经济发展极其缓慢。当然北洋政府在经济的发展方面也做了一些工作，如北洋政府采取了一些发展工商业的办法措施。

8.2.1 财计组织

1912年1月，孙中山在南京就任临时大总统，按当时《中华民国临时约法》第十七条的规定，中央行政系统之下设置有外交、内务、财政、军务及交通五部。其中，财政部虽是沿袭以往度支部而设置的，但却首次以“财政”作为这一主管部门的命名。其后，孙中山又将中央政府改设陆军、海军、司法、财政、外交、内务、教育、实业和交通九部。北洋政府大体沿袭了南京临时政府中央行政系统的官制规模，并扩大了财政部的管事范围。将全国的会计权、出纳权与赋税征收、货币发行及官办企业集中于财政部，并通过管事范围的分工，初步建立了一种牵制关系。

财政部以下分设总务厅及赋税、会计、泉币、公债、库藏五司，另设置有盐务处，总揽国家盐政。此后，又陆续增设了盐务署、烟酒署和公债局等。在一厅五司中，财务会计工作既有独立的主管部门，又穿插其间，分管各环节的核算事宜。其中，总务厅主管本厅经管的财物，管理本厅经费、各项收入预算、决算及日常会计，稽核直辖各官署的会计等。赋税司，主管田土清册的编造、赋税调查的稽核以及赋税征收与计算，其管事范围与以往各朝大致相同。会计司，该司的设置既继承了我国古代的做法，又在管事范围方面吸收了国外的经验，主要职掌总预算及决算事项、国家特别会计的预算及决算、各种会计账簿的记录、各种计算书的检查、岁入岁出会计报告的编制、支出预算事项和预备金支出事项、现金和物品的出纳及会计、中央公共团体有关岁计的一切事项、有关会计方面的其他事项等，会计司对国家财政的控制是全面的，已经包括事前、事中和事后三方面，既有总的控制，也有具体的控制。库藏司，其职掌与会计司关系非常密切，二者相互配合成为财政部中最主要、最关键的职掌，库藏司的管事权限主要包括国家资金运用及出纳事项、支付命令的稽核、国库出纳的全面管理、国库各种账簿的正确记录、国库出纳报告的定期编制、金库和出纳官员的监督、政府的各种基本金及其他有关出纳的事项，库藏司对财物的控制也是比较全面的，其控制也以核算为基本手段，在口径上与会计部门完全保持一致。泉币司，主管货币的制造、发行，并对货币的使用进行控制，具有中央银行的作用。公债司，主管公债的发行和出纳管理，以及公债簿登记等事项，北洋政府的公债司是对内进行特殊控制的一种特殊部门。

北洋政府的地方财计组织机构设置变动比较频繁。1912年，各行省均于都督府之下设财政一司，总理一省的财政，实行财政收入地方分权制。1913年春，为提高地方财政组织的职权，遂设置国税厅。国税厅下设三科。其中主管会计者为主要的职位。1914年秋，又将财政司与国税厅合二为一，设置财政厅，直属于财政部，集财权于中央。此外，对于海关及国家专卖事业之管理，设有常关监督署与盐务署等，其中设有会计、统计和稽核三科。

北洋政府的财计组织，已经开始摆脱封建财计官制的束缚，引进日本等资本主义国家在财政、会计组织机构建制方面的基本做法，使其有了一定的改善。尤其是1914年以后，逐渐摆脱了计政与财政混而不分的状况，开始有了会计立法、执行与司法的区别，并初步发挥了统计在国家预算中的作用。

【小思考8-4】

北洋政府时期的财计组织可归纳为“一厅五司”，其中一厅是指（　　），五司分别是指（　　）、（　　）、（　　）、（　　）和（　　）。

【答案】总务厅，赋税司、会计司、库藏司、泉币司、公债司。

8.2.2 会计法令与财计制度

1）会计法令

1912年中华民国成立后，颁布了《中华民国临时约法》。袁世凯窃取辛亥革命的成果，成为中华民国临时大总统，1914年5月，由袁世凯的御用工具“约法会议”制定公布了《中华民国约法》，依次分设国家、人民、大总统、立法、行政、司法、参政院、会计、制定宪法程序和附则计十章，共六十八条款。这是中国历史上在宪法性质的法律中单独设置“会计”专章的唯一尝试。其中的“会计”一章，含第五十条至第五十八条，内容如下：

第八章 会 计

第五十条 新课租税及变更税率，以法律定之。现行租税，未经法律变更者，仍旧征收。

第五十一条 国家岁出岁入，每年度依立法院所议决之预算行之。

第五十二条 因特别事件，得于预算内预定年限，设继续费。

第五十三条 为备预算不足或于预算以外之支出，须于预算内设预备费。

第五十四条 左列各项支出，非经大总统之同意，不得废除或裁减之：

一 法律上属于国家之义务者；

二 法律上之规定所必需者；

三 履行条约所必需者；

四 陆海军编制所必需者。

第五十五条 为国际战争或勘定内乱及其他非常事变，不能召集立法院时，大总统经参政院之同意，得为财政紧急处分；但须于次期立法院开会之始，请求追认。

第五十六条 预算不成立时，执行前年度预算；会计年度既开始，预算尚未议定时亦同。

第五十七条 国家岁出岁入之决算，每年经审计院审定后，由大总统提出报告书于立法院，请求承诺。

第五十八条 审计院之编制，由约法会议议决之。

北洋政府时期，产生了我国正式颁行的一部《会计法》。1912年，由财政部初拟“会计法草案”，共八章三十六条。随后，以此为基础，又另拟一草案，更改为九章三十六条，此为《会计法》的试拟阶段。民国三年（1914年）三月，北洋政府财政部公布“会计条例”，同年十月二日，经参政院决议改称“会计法”，并正式颁布。这部《会计法》分为总则、预算、收入、支出、决算、期满免除、契约、出纳官吏以及附则，共九章三十六条款。民国四年（1915年）九月，参政院决议修改《会计法》，改会计年度七月制为历年制。民国六年（1917年）一月，根据众议院建议又改历年制为七月制。当然，这一《会计法》是在日本《会计法》的基础上拟定而成的，除少数条款参考了中国的实际情况外，大部分章节条文的安排及内容，与日本相差无几。民国三年《会计法》如图8-4所示。

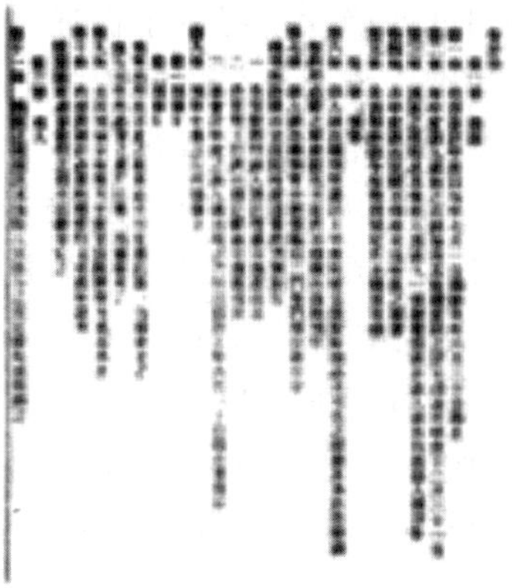

图8-4 民国三年《会计法》

1912年秋，审计处成立时，初订了审计条例。民国三年（1914年）六月，按北洋政府《中华民国临时约法》会计部分第五十七条规定："国家岁入、岁出之决算，每年经审计院审定后，由大总统提出报告于国会，请求承诺。"这是我国审计权力列入根本大法的开始。与此同时，又公布了《审计院编制法》，并着手修订原定审计条律。《审计院编制法》共十五条，它确定了审计院在政府机构中的地位及其职权，意在为执行《审计法》提供保证。在原编基础上修订后的审计条例，分为八章，第一章为总则，第二章为审查收入、支出，第三、第四、第五和第六章分别为检查国库、国债、工程买卖贷借与检查簿记，第七章为"处分"条款，最后一章为附则。民国三年（1914年）十月正式颁布《审计法》后，遂废止审计条例。《审计法》中规定，除总统岁费及政府机密性费用开支外，政府机关的全部收支计算、决算、特别会计的收支计算，以及对公共财物的收支计算，均须审计院审查。同时，对于指定国债项下的支出，办理时应将支付命令连同领款单据，送交审计院稽核。

【小思考8-5】

（ ）时期，诞生了我国的第一部会计法。

（1）明朝 （2）清朝 （3）北洋政府 （4）国民政府

【答案】（3）。

2）财计制度

北洋政府时期的财计制度主要包括会计预决算制度、金库制度、会计制度及审计监察制度等。

中国有正式的预决算制度，始于清朝末年，但很不完善，也没有认真执行。北洋政府时期，预决算制度的颁行却有明显的进展。

1912年年初，北洋政府财政部便有各月临时预算编制的规定，继而又有下一年前半年度预算的编订，而且这种预算已有提交参议院决议的程序，在当时预算制度建立方面有承上启下的作用。不过，从这类预算的基本内容方面考察，它的范围仅限于京都各衙门，尚无全国统一预算的规定。同年十二月，北洋政府又通电各省，决定于财政司内设立预决算处，赶编1913年的正式预算书，自此，才有会计年度的规定。然而，这一时期的预算尚没有国家经济法律制度保障。民国二年（1913年）十一月，由财政部拟议修正预算标准八条，对二年度的预算酌情加以修正。同时，1914年10月《会计法》的公布施行，对于北洋政府预算编制制度的确立也提供了保证。在《会计法》中，有关预算制度方面的条文，既明确又比较详细，如会计年度及编报期限的规定、岁入岁出计算的规定、关于追加预算的规定，以及其他相关的一些规定等。这些规定对于达到预算收支相适合的目标有着重要的作用。此后，从民国四年（1915年）至民国六年（1917年），预算的编制均有了比较固定的格式，在项目与项目的编排方面也有了一定的章法。1912年年初，北洋政府财政部一度宣布“办理临时决算例言”二十五条，对于决算报告册的编制、汇编、决算期限、四政特别会计决算，以及决算报告册的格式都作出了比较明确的规定。1913年春，财政部正式通知各省，办理1912年决算表册。民国三年（1914年）十月，又制定元年及二年决算办法七条，对编报、汇总以及报送时间又作出了进一步规定。

在清朝末年，曾颁布过十五条的统一国库章程，这一章程虽然最终没有施行，它的颁布却是我国近代金库制度萌芽的标志。北洋政府也曾颁布并施行金库出纳暂行章程，对于当时代理国库的中国银行作出了各种规定，如收发现金的制度和账簿设置、抽查及其要求等。当时这一制度被会计学界称为单一金库制。民国二年（1913年）五月，北洋政府又颁布了“金库条例草案”，财政部也颁行“委托交通银行代理金库暂行章程”，从此，单一金库制被复杂金库制所代替。“金库条例草案”共有十二条，主要就现金保管和出纳，总库与分库的账簿设置，以及出纳细则等内容作出了规定。

在民国三年（1914年）制定的《会计法》和《审计法》中，大体确定了政府会计制度的基本内容。不过，当时制定的《会计法》的着眼点在于广义会计方面，而对于会计的具体方法则未曾涉及。民国四年（1915年），北洋政府的审计院在制定支出单据证明规则之后，又随即修订了原来颁布的“普通官厅簿记”和各机关通行书式样，以及登记方法，从而使会计制度的部分内容，如账簿的组织、记账方法以及会计凭证的运用程序等，得以确定。这种官厅簿记已吸收了近代流行的先进会计方法，如会计科目的设置应与预算书、决算书中的款目、项目保持一致，使预算与决算相照应。所以，这种官厅簿记不失为一种简便易行的会计制度，使官厅会计制度的建设初具规模。

在着手建立官厅会计制度的同时，政府对路（铁路）、电（电力）、邮（邮政）、航（航运）四政特别会计的建制方面的工作也开始着手进行。民国二年（1913年）五月，在设立铁路会计委员会之后，随即订立铁路会计则例九种。民国九年（1920年）十二月，又订立了国立铁路会计条例。民国十四年（1925年），设立改良电政会计委员会后，又订立了电政会计则例3种、收支科目8种、收支报告书16种，以及辅助账6种。这些会计规则的制定虽然还不够完整、系统，却开创了我国四政特别会计建制的先河。

【小思考8-6】

（　　）时期，政府对路（铁路）、电（电力）、邮（邮政）、航（航运）四政特别会计的建制方面的工作也开始着手进行，并订立了相关的会计则例，虽说不够完整，但却开创了我国四政特别会计建制的先河。

（1）明朝　（2）清朝　（3）北洋政府　（4）国民政府

【答案】（3）。

8.2.3 会计方法

1）会计科目的设置

北洋政府时期，对于会计科目的设置与运用依然处在初步改良的阶段。民国初年按预算收入与预算支出两大环节，分别设置两类预算科目。在“收入分类簿”中，以收入预算科目作为分类核算的依据，而在“支出分类簿”中，则以支出类预算科目为依据。在民国三年（1914年）的会计改革中，把预算科目的设置向前推进了一步，不仅科目名称标准化，而且预算科目也在《会计法》和《审计法》中被确定了下来，其运用受到国家经济法律制度保障。从预算科目具体运用方面看，一般是科目统辖款目，如田赋科目之下设地丁、漕粮、租课、杂款四款；关税科目之下设常关与海关二款；正杂各税科目之下则设有契税、当税、烟酒糖税、矿税、牙税、茶税、印花税、所得税、统捐税、渔业税以及杂税十一款。从岁出科目设置方面讲，在1912年年初，分为国家费及地方费两类，各类之下设有若干费用项目，以此作为分户核算的依据。后来又按部门来确定科目，各科目之下设若干款目，与收入类科目、款目协调一致。

2）会计文件

（1）会计凭证

在北洋政府所颁行的“普通官厅簿记”中的“凭单”，即收付款项的原始凭证。将原始凭证在会计方法体系中的地位与作用予以了确认，把国家规定使用的各类原始凭证看作控制财政收支的重要手段，并明确提出凡账面记录必须以合法原始凭证作为依据的原则。当时对原始凭证的运用与控制，开始贯穿于会计核算的始终。凡分类簿的登记，必须注明单据的号数。另外，凡各官署的凭证，必须由官署稽核后保存，并作为定期报告的一个依据。

（2）会计账簿

北洋政府的账簿设置基本上参照了当时发达资本主义国家的做法，将账簿组织区分为普通官厅会计的岁出账簿组织与普通官厅会计的岁入账簿组织两大类。这两类的相同点在于账簿类别划分的一致性，即都将账簿分割为主要簿与补助簿，以及会计报表三部分。其不同点在于，前者以执行国家预算为主要目标，账簿中的分类以预算科目为依据，而后者则以落实、考核各项岁入的实现为目标，其重点是对各项岁入项目的考核方面。现分别对这两类账簿进行介绍。

普通官厅会计的岁出账簿组织由主要簿、补助簿及会计报告组成。其中主要簿由现金出纳簿、支出分类簿和编制决算底簿组成，补助簿又由整理各种货币用账簿（如各币收付明细簿、各币兑换盈亏簿、货币换算簿）、整理物品用账簿（如消耗物品购入簿、消耗物品支出簿、存储物品编号簿、存储物品供用簿）、整理金钱用账簿（如薪俸类账簿、共同类账簿）及其他类（如邮电簿、修缮簿、预付金记入簿、银行往来簿），会计报告又由收支对照表、物品分类收支表、消耗物品现计表和存储物件现计表组成。

普通官厅会计的岁入账簿组织的基本结构与岁出账簿组织相同，只不过其重点在于控制收入的明细数额方面。该账簿组织由主要簿、补助簿和会计报告组成。其中，主要簿又由现金出纳簿与收入分类簿组成，补助簿又由各种收入补助簿与整理各种货币用账簿组成，会计报告又由收支对照表与每月收入计算书组成。

总之，这时的账簿组织以较为科学的分类核算为基础，在账账之间建立起了有机统一的体系；按证、账、表相结合的体系组合账目，并通过在证、账、表之间建立的牵制关系，促使会计核算资料达到了准确无误；通过在各账、各表的反映、监督预算支出的核算过程中，使会计预算、会计核算与会计决算能够贯通一气，并最终融合为一体；已经注意到当时币值的不稳定性，因此增设“换算簿”，通过换算，使计量、记录的标准达到统一，从而使会计核算资料准确无误。这种中外结合的账簿组织建设，是我国官厅进行初步改良的成果之一，标志着我国官厅的账簿设置朝着科学账簿组织体系建设的方向发展。

【小思考8-7】

北洋政府的账簿设置基本上参照了当时发达资本主义国家的做法，政府会计对账簿组织的设置，视各机关的性质及权限而定，将账簿组织区分为（　　）与（　　）两大类。

【答案】普通官厅岁出簿记组织，普通官厅岁入簿记组织。

（3）会计报告

北洋政府的会计报告分为日常编制的会计报告与决算报告。当时，日常编制的会计报告主要有旬报和月报，分收、支环节和财物控制对象，分别确定目标，如通过金库所编制的五日报，主要掌握日常的收、支、存动态，而通过“月计表”的编制，则着重检查月度预算收支的执行情况。至于决算报告北洋政府的文件中也有相应的规定，即各省、特别区的官署部门，须于三月之内编成预算报告书，报财政厅或分厅汇核，而全省、区的决算报告的汇总，则要求于次年六月以内报送财政部。财政部须于次年十月内，将全国的决算报告汇编齐备，连同附件送审计院审查。此外，对决算报告书的格式也有具体要求。凡总决算，先经审计院审定后，再由大总统提交国会，其分门、分款及款目的排列顺序必须与预算科目保持一致。

3）记账方法与决算方法

北洋政府所采用的记账方法，是从日本引进的一种收支簿记法，其做法与现金式收支分录法大致相同。在这种记账方法下，账簿的格式为新式的。现金出纳簿为收、支、余三栏式，而支出分类簿则为支付（预算数）、实支、未支三栏式，其摘要另辟专栏。根据现金的控制重点，出纳簿中须标明科目分类的号数，而根据分类核算的要求，在支出分类簿中强调标明出纳页数与单据号数。适应于对预算收支的反映，以收支为会计记录符号，其金额记录采用阿拉伯数码。在现金出纳簿中，在拨给用于开支的收入数额一定的情况下，对每笔账目的处理只记现金的对方，而现金方面则略去不记；每日结存时收支相抵，便可以考核账目处理的正确性，这种做法已然体现了复式记账法的思想。凡涉及实物消耗，则配合以数量核算，在辅助账簿中这种记录，以与金额核算相配合。在政府的会计工作里，现金的直接收付业务是大量的，转账业务是非常少的，故而采用收支簿记法是可行的。但是，类似转账业务性质的账目也时有发生，对此类业务便采用了借贷分录法，一律是复式会计记录。

4）会计计量单位

中华民国成立后废除了封建时代的漕粮制度，从此财政收支全部按货币计算。但当时货币的种类繁多，计量单位不同，如银有计两、计元之分。计两的银，又有公码银、规元银之别。1914年11月财政部规定，除了契约约定以银两计算的以外，其他的一律用银元进行计算。凡收支银元以外的货币，不能立即兑换成银元者，可以先假定一个标准记入“货币换算簿”，待折合成银元后，再转记入现金出纳簿内；凡收入各种货币可即时兑换成银元者，应将其兑换情况记入“各币兑换盈亏簿”内。通过此簿折算出时价与标准价之间的差异，若时价大于标准价者，则为盈，盈利金额转记入“现金出纳簿”收入栏内；反之则为亏，亏损金额则转记入“现金出纳簿”支出栏内；凡收入银两或其他货币，如当日可兑换成银元，可按银元数记账，但必须在账簿摘要栏内注明兑换率，以便于事后稽考。由于银元与银两的比价经常变动，因而产生折算的方法和折算后的损益处理，必然导致会计核算与会计监督工作的复杂化。但这种会计计量单位统一的过渡方法，在当时获得了良好的效果。

8.2.4 四政特别会计的发展

四政，即路政、电政、邮政和航政，1912年年初简称“四政”为路电邮航。四政特别会计是“民国”时期运用于路电邮航行业的会计。1912年年初，一面沿袭清末旧制，由交通部主管四政，一面又进一步将普通官厅会计与官办事业的特别会计明确区分开来，以发挥特别会计在管理官办事业中的作用。此后，特别会计的范围又进一步扩大了，除原来的四政外，又把官办印刷局、造币局、造纸厂等也陆续改为特别会计。北洋政府四政特别会计的施行，最早见于1913年特别预算的编制。此后，1914年、1915年、1916年均有四政特别会计预算的编制，关于特别会计的方法，也相应有所发展。

1）路政特别会计

路政特别会计是民国时期运用于铁路行业的会计。清末铁路主要干线的主权旁落，各路所用的会计制度、会计方法亦章法不一。1912年年初，铁路的主权状况虽未能扭转，但在爱国学者的努力奋斗之下，铁路会计的状况，尤其是自办铁路的会计状况有所改善。1912年，我国自办铁路——京张铁路进行会计制度改革，开始采用西式簿记法，并呈请交通部批准试行，这是北洋政府时期实行特别会计的最早的一次会计改革。1913年，交通部针对铁路部门账目、格式混乱的情况，进行特别会计的改良。在部中设置特别会计总核处，决定从铁路会计入手加以改良。由京汉铁路会办王景春所倡，经交通部批准，于民国二年（1913年）三月成立统一铁路会计委员会，由交通部布政司司长叶恭绰任会长，筹划铁路会计改革。委员会先后派员赴各路调查，并聘请美国专家亨利·亚当斯（Henry C.Adams）为顾问，经反复讨论，制定了改良会计的十项则例。该则例的建立，有助于克服在会计核算方面所产生的各自为政的现象，基本上统一了各路的会计科目及其使用范围和各路所采用的会计核算方法。另外，则例的建立是我国在路政范围内首次进行统一会计制度的尝试，揭开了我国官厅着手制定统一会计制度的序幕。民国三年（1914年）十一月，交通部建立了“统一铁路会计会”取代了“统一铁路会计委员会”，制定了九种计算书及会计报告格式。1917年，交通部颁布了“国有铁路会计法”“国有铁路会计规程”“路政会计规则”等试行草案，进一步明确了特别会计的性质和科目分类、收支程序、款项存放、统计报告、盈亏结算拨补的方法，以及会计预算、决算办法等。1920年，又拟定“国有铁路会计条例”十八条，从此确定铁路会计为一独立系统的营业会计。

2）电政特别会计

电政特别会计是民国时期运用于电政行业的会计。1912年，北洋政府设置电政司，其电政会计由电政司所属“主计科”掌理。当时，主计科负责人虽有会计改良的想法，主张以新式簿记取代中式簿记，但具体实行却偏差太大，核算比较粗糙。1913年，北洋政府交通部在进行改良铁路会计的同时，建立了“电政统一会计委员会”，着手进行改良会计的工作。但由于1914年交通部改组，“电政统一会计委员会”解体，会计改良工作流产。1922年3月交通部复议改良会计之事，并成立“电政会计委员会”，由于种种原因，终未实行。1925年，又建立了“电政会计改良会”，再度进行电政会计的改良工作，但也未付诸实施。总之，北洋政府时期电政会计工作的改良，由于行政、管理等原因，一直处于飘忽不定的状态中，收效较之铁路会计甚微。

3）邮政特别会计

邮政特别会计是民国时期运用于邮政行业的会计。1913年，北洋政府在变更邮政组织的同时，对原颁布的会计制度进行了修订。1914—1923年间，邮政部门仍然沿用中式簿记，并无改良的倾向。其间虽有人提出改用商业复式簿记的建议，但终搁浅。1924年，试行复式簿记。同年10月，邮政总局发布第五五三号英文通令，正式确定采用新式会计制度。次年，将历年来有关的会计通令、通谕的有效者，连同新颁布的会计制度汇编成《邮政纲要第三编》，此书成为当时邮政会计最完备的文件。但当时在邮政部门中采用复式簿记的，仅仅局限在总局、供应处和管理局，其他部门则仍然采用单式簿记，故邮政会计的改良，也仅仅是一个开端。

4）航政特别会计

航政特别会计是民国时期运用于航运行业的会计。航政会计与邮政、电政会计演进状况有所不同。根据航政最初的管辖范围，其会计分为负责反映监督民办航业及航路业务事宜的普通官厅会计和主管官营航业会计核算事宜的特别会计。其中普通官厅会计与前述情况相同，不再赘述，而仅介绍特别会计部分。从清末至北洋政府时期，国营航业主要是轮船招商局，轮船招商局是1860年由李鸿章招商筹办，是我国最早设立的轮船航运企业。从清末招商局开办到北洋政府结束之时，整个会计事务一直由旧式账房操持。起初所采用的会计方法大体上是单式簿记，到北洋政府时期仅局部有所改良，采用了中、外复式簿记中的某些做法，渐自在会计方面形成了自己的特点，以至在官办企业中独树一帜，成为一种特别的类型。现分别予以介绍。

其一，在账簿组织方面。轮船招商局的账簿组织，由草账、清账和补助账三部分组成。草账所容纳的是序时记录，清账所容纳的是分类记录，而补助账所容纳的则是备查或补充性质的会计记录。在清账中，对外往来类清账所列账目属于负债类，对内往来清账所列账目属于资产类，存欠不定类清账所列账目则界于资产与负债类之间，其余则为损益账目及其他账目。这种分类整理账目的方式，是轮船招商局所用账簿组织吸收复式簿记法的明显表现。

其二，在对账方法方面。轮船招商局账房所使用的账簿格式、上收下付的处理会计记录的方法以及过账转记的方法，均与传统单式簿记相同。其中具有特色之处，是其过账工作。过账时，须由二人核对，一人持草账，一人持清账，一唱一和，若出现错漏，立即更正或补记，唱和相符则加盖“对”字戳记。

其三，在计量单位方面。在日常的会计账目处理中，同时采用规元与银元两种计量单位，但定期进行结算时，则统一折算成规元。而在日常核算中，凡与洋户往来各账，一律按银元结账、记账，以集中控制这类往来账目，其余各种则用规元核算。

其四，在会计结算与会计报告方面。轮船招商局的会计结算有日结、月结和年结三种，一般日记账每日必结，各清账则一月一结，年终时，各账均进行一次总结，年结服务于会计报告的编制。编制年终会计报告时，先在“草结”上进行试算，而后在其基础上汇总编制“账略”。“账略”的基本内容包括四个方面，即股票挂失章程、结账概况、综合部分和彩结。其中综合部分，按照该、存顺序逐项开列，其作用相当于西式簿记的“借贷对照表”。彩结部分，按照先收后支的顺序依次开列，其作用相当于西式簿记的“损益计算书”。这两部分所存在的平衡关系，既借鉴了西式会计报告的编制方法，也吸收了“四脚账”的平账原理。“账略”编成后，一律铅印装订成册，分送各股东审阅。

8.2.5 银行会计的发展

1912年改大清银行为中国银行，于南京设立中国银行筹备处，同时开办高级商业学堂，教授西式簿记，主持者即是由日本高等商业学校毕业的归国留学生。2月5日，中国银行在上海正式开业。8月1日，北京中国银行总行开业。主其事者，初为吴达铨、谈舟崖，继以谢霖甫氏。谢霖由大清银行总司账改任中国银行总会计后，力主采用西式复式账法。当时能知西式会计的人员唯银行学堂及江南高等商业学堂的毕业生而已，自不敷使用，乃征选山西票号、安徽钱庄各数十人在北京设立讲习所，教授新法，进行人员培训，谢氏亦亲授“银行簿记”等课程，为银行改行西式复式记账法提供了人才来源。经5年努力，到1916年，始将中国银行所采用的传统记账法尽行废除，代之以西式复式账法，实行新式记账，在账簿组织中除设置各种账簿外，专设称为“传票”的记账凭证部分，作为记账的依据，并根据需要将传票分为收入、支出和推收等3类，区别不同业务择而用之。记账时使用西式账页，以阿拉伯数码登记账目。1917年，交通银行亦邀谢氏主持该行会计改革，不久即见成效。中、交两行会计的改革成功为银行业采用西式复式账法树立了榜样，自此，凡新设银行，咸相仿效，莫不以西式复式账法为其所用。

8.2.6 会计师事业的发展

欧、美一些国家和日本实行会计师制度，注册会计师不仅执业于本国，而且在20世纪20年代随着中国各口岸的通商涌入我国。起初，注册会计师服务于外国人经营的企事业，后来中国企业遇有请求破产、清理资财或因账目纠葛等经济争执而涉讼时，租界当局即指定外国会计师仲裁。由于中国当时尚无执业会计师制度，由外国会计师裁定的中外经济纠纷，无论中方属原告还是被告，权益均无从保障，据谢霖的《中国之会计师制度》称“国人含冤不白者，实属不可胜计”，有辱国家尊严。有鉴于此，出于维护民族利益、提高国人地位的目的，其时在中国银行担任总会计职务的谢霖于民国七年（1918年）六月向北洋政府农商部暨财政部上交呈请执行会计师业务的呈文，详细陈述理由，经两部批准开办会计师业务。谢霖于当年七月在《银行周报》第五十八号封底刊登“农商部、财政部批准谢霖会计师事务所广告”一则，向社会公告该事务所承办检查账目并出证明书、清算账目并制报告表、规定会计章程及账簿组织、编制统计报告、答复关于会计之咨询等事务，标志中国注册会计师开始执行会计师业务。谢霖因在广告中使用了“会计师”的称呼，成为中国人最早使用这一名称者。《银行周报》所刊会计师事务所广告如图8-5所示。

图8-5 《银行周报》所刊会计师事务所广告

北洋政府接到谢氏呈文时，派员求教于谢氏。谢霖除对相关内容进行解释外，遂拟订《会计师暂行章程》十条呈农商部。农商部采纳了谢氏建议，遂批准之，于同年九月七日颁布了《会计师暂行章程》十一条，并向谢氏颁发第1号会计师证书，谢霖成为我国第一位会计师。

《会计师暂行章程》规定：凡本国年满30岁以上的男子，“（1）在本国或外国商科或商业专门学校三年以上毕业，得有文凭者。（2）在资本五十万以上银行或公司充任会计主要职员五年以上者”。具备条件之一者，即可准其为会计师。因会计师的资格限制较严，故能取得会计师证书者极少，至民国十年（1921年）七月止，领取证书的会计师仅15人。

民国十二年（1923年）五月三日，农商部将原《会计师暂行章程》修改后重新公布。修订后的“暂行章程”主要作了两处更动：其一为原章程对会计师性别的规定放宽，则凡年满30岁以上者均可成为会计师；其二为原章程对会计师条件第一条规定放宽，改为“在国内外大学或专门学校工商科或经济科、以会计学为主要课程之一，肄业三年以上，得有文凭并具有相当经验者”。由于上述修订，申请会计师者渐多。

会计师的职业初为“办理关于会计之组织、查核、整理、证明、鉴定及和解各项事务”，后增加为“一、受公务机关之命令或当事人之委托，办理关于会计之组织、管理、稽核、调查、整理、清算、证明及鉴定等事项。二、会计师得充任检查员、清算人、破产管理人、遗嘱执行人及其他信托人。三、会计师得代办纳税及登记事项并得代撰关于会计及商事各种文件”。

【小思考8-8】

我国第一位会计师为（　　）。

（1）徐永祚　（2）谢霖　（3）潘序伦　（4）杨汝梅

【答案】（2）。

自实行会计师制度以来，根据章程取得会计师证书的注册会计师多在城市或单独或联合地设立会计师事务所，接受当局指定或客户委托，执行会计师业务。在众多的会计师事务所中，以正则会计师事务所、正信会计师事务所等最为著名，其开办历史长、执行业务范围广、学术贡献大并设立了分所，为我国会计事业的发展作出了不可磨灭的贡献，在全国享有很高信誉。

正则会计师事务所系谢霖取得会计师执照后在天津、北京所创办，是中国最早的会计师事务所。1930年，“正则”总所移往上海。抗日战争时期，“正则”重心移向四川。正则会计师事务所在全国大、中城市遍设业务机构，计有除天津、北京、上海以外的南京、汉口、重庆、成都、广州、济南、青岛等20余处。正则会计师事务所还附设正则会计实习学校，传播会计科学，培训会计人才。

正信会计师事务所即徐永祚会计师事务所，创设于1921年，所址设在上海爱多亚路38号。该所成立后，在执行会计师业务、开设会计学校、普及会计教育、编纂会计刊物、传播会计理论、推动会计研究等方面的成绩，深为世人所称道。尤其是该所为中式簿记的改良，改良中式簿记的推广、应用所付出的努力，更为会计界同仁所感佩。

在这一时期末成立的潘序伦会计师事务所（后改为立信会计师事务所）发展迅速，进入国民政府时期，成为与正则、正信、公信等会计师事务所齐名的会计师事务所。

【小思考8-9】

北洋政府时期，我国的会计师事业得到较快发展，并设立了许多会计师事务所，当时比较著名的有（　　）。

（1）正则会计师事务所　（2）正信会计师事务所

（3）立信会计师事务所　（4）公信会计师事务所

【答案】（1）、（2）。

8.3 国民政府时期会计

8.3.1 财计组织

国民政府的财计组织，初由财政部总揽全国财计，后推行超然主计制度，成立主计处，主管全国会计。1927年，在财政部所属财赋、公债、钱币、国库及会计等五司中，以会计司主全国会计。为改良各机关会计，还设立了统一会计委员会。1928年年底，国民政府成立行政、立法、司法、考试、监察五院，财政部便隶属行政院。部内机构亦行调整，在原有五司基础上增设总务司，共计六司，仍由会计司掌理全国会计。1931年3月，为使会计、统计取得独立地位，宣布成立直属国民政府的主计处，为全国最高会计机构。由此，会计的执行权利与监督权利相互分离，全国的会计、统计事务大体由主计处以超然的地位执行，原为财政部所属会计司职掌，改为主计处职掌。

在主计处内部分设岁计、会计与统计三局，各司其职。岁计局主掌总概算、总预决算报告的编制工作，以及有关表册的设计、颁行工作；会计局主掌国家总会计的日常会计工作及对会计人员任免、迁调、培训、管理方面的工作，以及各机关所用会计制度的制定、颁发，对各机关日常会计事务的指导与监督，对各机关会计报告的查核及汇总编制全国的会计报告等事宜；统计局主掌统计及相关事宜。地方政府各省、特别市皆设会计处具体负责各该省、市的会计事项。在中央各部和各省、市会计处设会计长掌会计大权。省下属厅、局、处、所设会计室，以会计主任领其事。

8.3.2 会计法令与制度

1）会计法令

1935年8月14日，国民政府以634号训令颁布《会计法》，于1936年7月1日施行。该部《会计法》共十章一百二十七条。其中第一章为通则，第二章为会计报告，第三章为会计科目，第四章为会计簿记，第五章为会计凭证，第六章为会计人员，第七章为会计事务程序，第八章为会计报告程序，第九章为会计交代，第十章为附则。该《会计法》虽然大体上以北洋政府时期《会计法》为基础，但无论从内容或从形式上均较北洋政府时期的《会计法》充实、完备。其内容详尽，分项说明具体，是国民政府主计法令中条文最长的法令之一。国民政府颁发《会计法》的训令如图8-6所示。

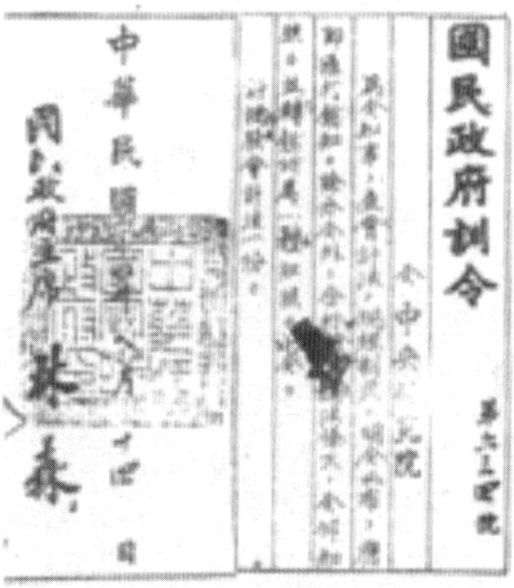
國民政府訓令

中華民國

林森

图8-6 国民政府颁发《会计法》的训令

经过实践，到1948年3月将该部《会计法》修订为六章一百二十二条。其中第一章为通则，第二章为会计制度，第三章为会计事务，第四章为会计报告及决算报告，第五章为会计人员，第六章为附则。从内容上看，修订后的会计法更合理、更切合实际。修订后调整了各章的安排，着重在于简化会计程序，如将会计报告、会计科目、会计账簿及会计凭证四章合并为会计制度一章，重点说明会计制度的内容、种类以及设计的机构和要求等；

将会计交代并入会计人员一章；将会计事务处理程序修改为会计事务一章，重点说明会计事务的种类；将会计报告程序修改为会计报告及决算报告一章，把原来决算法中规定的决算报告归并入会计法，但只在年度终了时编制的称决算报告，其他如遇机关裁撤、改组、合并或因组织变更，以致预算分立时；因基金结束和合并，名称变更和分立时，也应编制决算报告。平时按月、按季编制的均称会计报告。

2）会计制度

国民政府时期，在以往建制的基础上，逐步进行了会计制度的建设。民国十六年（1927年），国民政府在沿用北洋政府“收支簿记”制度的基础上，着手改善政府的会计工作。同年六月，设立了统一会计委员会，拟定适合财政部系统所属机构运用的簿记。九月，订立了国民政府财政部会计则例三十八条。十一月，再次订立了统一会计制度办法六条。民国十七年（1928年），再次修订原颁会计则例。民国二十年（1931年）春，主计处正式成立后，施行所谓“超然主计制度”，围绕财政体制的建设，进行政府会计制度的修订工作。民国二十一年（1932年），主计处正式颁布《中央各机关及所属统一会计制度》，这一文件可以说是我国政府会计制度建设的第一个文件。这一会计制度对政府会计的方法体系进行了比较全面的论述，从原始凭证的分类、格式及填制方法，到三种传票的使用方法；从凭证的传递、账簿记录，到各式会计报告的编制，都进行了详细的说明。该制度主要特点：一是该制度以英、美会计制度为样板，其内容的组合主要受美国的影响；二是从制度建设方面把复式记账原理确定下来，统一了政府会计的记账规则；三是系统设置了一套“预算科目”，并按此种科目设置预算账户，从而为总账中的分类核算奠定了基础；四是统一了凭证、账簿、报表的基本格式。但该制度由于存在种种缺陷，拖延到民国二十二年（1933年）七月才得到贯彻执行，但此后的执行也不甚顺畅。民国二十四年（1935年）颁布的《会计法》第一章第一条的规定，明确了将会计制度建设置于经济法律制度建设的基础之上。1937—1938年间，主计处依法设计出《中央各机关及所属普通公务单位会计制度之一致规定》（下文简称《一致规定》）。《一致规定》较之原有《统一会计制度》，在会计科目的设置、账簿设置、记账方法及会计报告编制等方面具有明显的进步。

【小思考8-10】

（　　），国民政府以634号训令颁布《会计法》，于（　　）施行。

【答案】1935年8月14日，1936年7月1日。

8.3.3 会计方法

1）会计科目的设置

国民政府时期，曾先后延聘国外专家代为设计会计科目，使官方的会计核算具有科学的素质。如在《统一会计制度》和颁行的《一致规定》两个文件中，其会计科目的设计就仿照了西方政府会计的基本做法。《统一会计制度》和《一致规定》都是预算科目与财务科目并行设置，都把预算控制放在十分重要的地位。通过将“预算科目”和“财务科目”并行使用，可以达到监督国家岁入、岁出预算执行的目的。“预算科目”用以反映年度和各月预算的执行情况，以便随时检查各预算收支项目的实际执行情况；“财务科目”则用以反映日常财政收支的变化情况，即同一系统的会计科目分别两个不同方面的情况，一方面表现为资产，另一方面则表现为负债。这样表现在科目表中，既有资力，也有资产，既有负担，也有负债。另外，“财务科目”包括的范围要比“预算科目”广泛，通常划分为“收入类科目”“支出类科目”“往来类科目”“现金类科目”四个方面。但由于这两种会计科目并行使用，故在国民政府的《统一会计制度》中，又把这两种科目有机组合以后划分为两大类：一为收入类科目，包括各种性质的收入、借入款、应收款、暂收款以及岁入分配数；一为经费类科目，包括各种支出、备用金、押金、借垫经费以及经费剩余等。1938年施行的《一致规定》，在原《统一会计制度》的基础上进行了改良，包括会计科目设置的规定、会计科目名称等均进行了改善。

2）会计文件

（1）会计凭证

国民政府时期，对会计凭证的运用较之北洋政府时期有很大的进步。在1932年的《统一会计制度》、1935年的《会计法》以及1938年的《一致规定》中，对于记账凭证的运用都有比较明确的规定。在《统一会计制度》中，关于传票一节，不仅对于收入、付出与转账三种传票的格式和填制方法进行了说明，而且在簿记方法的组织系统中，确定了传票的重要地位。在《会计法》第五章中，对于会计凭证的运用又有了进一步的规定，确定了原始凭证与记账凭证各自的种类及记账凭证的传递方法。在《一致规定》中，还把会计凭证的设计作为会计制度设计中的一项重要内容，并在收入、支出、转账传票之外，增设了现金转账传票，以通过凭证加强对现金的管理与核算。并且，在当时记账凭证的运用中，已较为普遍地采用了按颜色分类的方法，对于凭证的编号、装订、保管与销毁都有了具体的规定。

（2）账簿组织的设置

国民政府统治时期，吸取以往的经验教训，设计出一套适合政府会计运用的账簿组织。遵循借贷复式簿记的原理，在国民政府所颁发的《统一会计制度》中，将账簿组织划分为主要账簿和补助账簿两类。主要账簿又由分录簿、现金日记簿和总账三种组成，其中分录簿是根据转账传票登记，现金日记簿根据收入、支出传票登记，而总账则根据分录簿与现金日记簿所记事项，分别科目加以处理登记。补助簿大体由十种组成，即支出预算账、支出计算账、收入分类账、收入分户账、银行往来账、暂记分类账、备用金簿、财产登记簿、物品登记簿与单据粘存簿。这些账簿对于主要账簿起辅助作用，侧重反映某一方面的会计事项，对会计事项的处理，是以相应的传票为依据加以记录。此时，总账已经处于整个账簿组织的核心地位。总账的记录以科目为转移，一个科目立一户。总账每年一总结，结算期划定在决算之前。

1935年所颁布的《会计法》中，对会计簿籍设置的规定有所改进。《会计法》将会计簿籍的设置划分为账簿和备查簿两类，并在此基础上进一步分割。其中账簿分为序时账簿和分类账簿两类，序时账簿又分为普通序时账和特种序时账，分类账簿又分为总分类账和明细分类账。《一致规定》对账簿设置又进行了改良，其将账簿组织划分为四类：一类为序时账，二类为总分类账，三类为明细分类账，四类为财产账，从而将会计凭证、会计科目、会计账簿记录与会计报表编制贯穿一致，形成了一个较为完善的组织体系。同时，《一致规定》中的岁入、岁出预算明细账的设置，虽然依然是起辅助账的作用，但由于它是以年度预算为主，故每月只求收支累计数，而不必进行收支整理。此外，它的总分类账中的分户能够正确地、全面地反映资力负担状况。再者，通过统制账的设置，对财产物资起到了控制的作用。

(3) 会计报表编制方法的改进

国民政府的会计报表编制制度与方法，也是参照借贷复式簿记而进行的。会计报表从时空界限上分为静态与动态两类报表；从编报内容上分为总表（主要表）和明细表（附表）两类；从编报期限方面分为日、旬、月及年报；从编报种类方面，按照当时制度规定所编报表有二三十种。当然，这些报表也有主次之分，在《统一会计制度》中所规定的主要报表有：一是总平准表，又称“资力负担平衡表”，其性质相当于西式簿记的“资产负债表”。二是财产目录，是年度所编主要报表之一。该表根据财产登记簿所列资力编制而成，系统反映政府本期全部财产的状况。三是甲种收支报告，该表为旬报。每旬根据总账中经费类各有关账户及银行往来账中经费类存款户资料编制，是考察政府财政状况的主要报表之一。四是乙种收支报告。每旬根据总账中收入类各有关账户及银行往来账中收入存留之户编制，也是考察政府财政状况的主要报表之一。五是日计表。该表为日报表，于每日账务处理完毕后，根据支出预算账加以编制。用以考核各项支出发生状况，以达控制支出之目的。六是库存表。该表为日报表，每日账务处理完毕，根据现金日记簿及银行往来账加以编制，凭以掌握现金收、支与结存状况。上述六种报表基本上形成了一个报表控制体系，较为全面地反映了政府的财政收支状况。

(4) 复式记账法运用的进展

1932年，国民政府公布的《统一会计制度》中，明确规定在各级政府中一致采用日本人创立的“现金收支分录法”。关于如何运用“现金收支分录法”，在《统一会计制度》中也有明确规定。这种通过日本渠道传入的借贷复式账法，是国民政府第一阶段所运用的基本记账方法。后来，随着欧美会计对中国的影响，同时在留美归国学者的倡导下，在会计学术和会计方法运用方面随之发生了变化。1938年所颁布的《一致规定》，便完全采用美国的做法，即“普通借贷分录法”。

(5) 会计计量单位

国民政府从1933年至1949年间先后进行过几次币制改革，在会计上产生了重大的影响。

第一次是废两改元，即废止白银以两计算而以银币“元”为计量单位的一次币制改革，并通令从1933年6月4日起，所有公私款项的收付及一切交易，一律改用银元，不得再用银两。

第二次是法币改革。法币是指有国家法律赋予的权力，可以强制使用的货币。国民政府于1935年11月4日实行禁止白银使用政策，以中央、中国、交通三银行（后加入中国农民银行）所发行的纸币为法币。由于发行的纸币与银元同样以“元”为单位，因此，这一改革不影响会计的记账单位，但从此没有白银流通，彻底地消除了记账时“计两”和“计元”的分歧问题。

第三次是关金券和金圆券的发行。国民政府于1931年5月发行关金券，专用于海关征收关税。抗战后，物价上涨，法币贬值，遂于1942年4月，规定以1关金折合法币20元的比价，与法币一并流通，但财政部仍以法币“元”为记账单位，实质上成为面值20元的法币大钞。抗战胜利后，物价继续上涨，导致恶性通货膨胀，关金券无能为力。国民政府遂于1948年发行金圆券，以1比300万收兑法币，并规定从1948年8月20日起，各项会计记录一律改用金圆为本位币记账。这一规定，在会计处理上本不复杂，但300万法币折成金圆1元，当某一账户金额在30 000元以下时，折成金圆就不到1分，甚至不到1厘。这就必然产生在会计上如何反映的问题。由于恶性通货膨胀继续，不久金圆券比法币贬值得更厉害，账面所记的金额，不能反映财政收支和财产的实际情况，各期的会计资料没有可比性。因此，政府会计应有的管理和监督财政经济的职能也就荡然无存了。1948年居民兑换金圆券的场景如图8-7所示。

图8-7 1948年居民兑换金圆券

【小思考8-11】

国民政府从1933年至1949年间先后进行过几次币制改革，在会计上产生了重大的影响。(　　)结束了自清朝以来的“计两”和“计元”两种货币计量并存的货币制度。

(1) 废两改元　　(2) 法币改革　　(3) 关金券和金圆券的发行

【答案】(1)。

8.3.4 四政特别会计的发展

在民初确定的“四政特别会计”，到国民政府时期便改称“公有营业事业会计”了。为与北洋政府时期的内容保持一致，故本节依旧使用“特别会计”的名称。

1）路政特别会计

1928年，国民政府接管北洋政府交通部后，将原设“统一铁路会计会”更名为“统一铁道会计会”，会计状况依旧。1930年2月，再次更名为“统一铁道会计统计委员会”，但依然沿用北洋政府时期所颁布的各种会计则例。1934年，国民政府在北洋政府1914年所颁布的9种会计则例的基础上进行了审订，并重新颁发执行。

在会计组织机构方面，路局的会计组织机构是层层分设的，借以实现层层控制的目的。国民政府铁道会计的最高机关是铁道部会计长办公处，其最高长官为会计长，专掌铁道部直辖各路及附属机关的会计事务。办公处下设四科，各设科长一人，分掌各科会计事务。铁道部设有财务司，任命司长一人，掌理全司事务，其下分设理财、债务、产业三科。此外，还设有铁道部总务司出纳科，专掌各路款项的出纳。铁道部以下设有铁路管理局，为总会计核算单位。各路局下面又设有站，由车站会计负责一站的会计核算。此外，在铁路业务经营中，还有一些独立的部门涉及会计组织建制，如主管铁路材料的材料处，设有材料会计科；路局的各附属工厂，设有会计科核算产品的成本等。

在会计方法方面，国民政府时期铁路会计的建制与会计方法的运用都是直接从美国照搬来的。其一，铁路会计科目设置是当时“公有营业会计”中最复杂的一种，科目繁多，分级细密。其二，路局作为总会计，其账簿设置具有代表性。路局的账簿组织与站账、材料账以及工厂账结合在一起，构成具有一定特色的路政会计的账簿组织体系。其三，路局的总会计实行分环节总结的全面报告制度，一是日报、月报、半年报和年报俱全，二是反映不同内容的会计报告的编制种类俱全。同时，各种会计报告又有各自反映总结的重点，日报、旬报以反映现金为重点；月报以各路收支计算书、平准表的编制为重点；半年报以反映盈亏情况和亏损拨补状况为重点；年报则是全面的报告。此外，还有一种称为“会计统计年报”的表册，其内容的编制是综合性的。其四，路局的材料账分设两套，一套设置于材料处，以数量核算为重点；另一套则放在会计处，以金额核算及综合考核为重点，可以相互考核，相互制约。这是当时材料核算的一个基本特点。其五，铁路工厂在会计核算方面依然有三种不同类型，一是实行独立的会计制度，有比较完整的账簿设置和比较正规的成本核算制度，并能独立计算盈亏；二是实行附属会计制度，没有独立的成本核算，把一切费用开支直接列入有关营业支出账内；三是采用介于以上二者之间的一种会计制度，按这种制度规定，一部分费用直接列入营业支出账内，而另一部分费用则分配到产品或劳务成本中去。这种成本核算法是将分批制成本法和分步制成本法结合使用，将费用划分为直接费用与间接费用两类，进行归口计算。其六，国民政府时期，铁路会计对于折旧的处理方法比较特殊，一方面，折旧的范围仅限于车辆及业务设备，其他铁路资产规定一律不计提折旧；另一方面，对折旧资产折旧率的确定，系随着折旧准备额的递增而相应减少实行所谓的综合折旧率，折旧时一般不按个别资产进行细算。

2）电政特别会计

国民政府交通部于1930年颁布了《电政会计规则》《电政会计规则施行细则》《电政会计科目则例》等五种，自此电政会计开始走上正轨。

（1）组织机构

国民政府初期，电政会计由交通部电政司第五科主管。1933年会计长办公处成立后，其岁计、会计、审计事务改归会计长办公处管理，原来的第五科仅掌理财务和出纳事项。同年12月，电政司设置管理、工务、业务、人事、财务、材料六科，自此原第五科所掌事务全由财务科接管。起初，各电政局设置有主计员，随后又委派有出纳员，1928年，又在电报、电话各局设置了会计监理。会计监理下面，仅设置会计员，而出纳业务由局长选人办理。1932年，交通部裁撤会计监理，其所掌事权由局长派人接手，仅酌量留用会计人员。1933年，主要电局先后设有会计主任一职，而一般局则由部委派会计员，但这种会计员的地位很特别，对上听从会计主任的指挥，而在所在机关又顺从长官的意志，故其会计监督的权力被大大削弱。

（2）会计制度

1933年，会计长办公处成立后，着手进行了会计改良工作，拟定了“电政会计制度”，后经过两次修订，遂分为电政会计章程、会计科目、会计系统、簿记组织、簿记规则、各项收支程序图以及划拨款项办法附格式七部分，组成了完整的会计制度体系。

（3）会计方法

会计方法在许多方面与铁道会计一致，现介绍其特点：其一，电政企业会计科目的设置不仅与铁道会计不同，而且与当时主计处所颁布的“暂行公有营业会计制度之一致规定”的精神也不完全一致。电政会计的科目设置大体上分为四类，一类为资产与负债科目，二类为盈亏解拨类科目，三类为营业账科目，四类为损益类科目。其二，由于电政会计系统分总会计、分会计和附属会计三级核算，故在簿记组织建设方面也就相应划分为甲、乙、丙三种。其中，甲种为完善的账簿组织，适合经济活动较为复杂的部门；乙和丙两种为简明的簿记组织，适合一般会计核算单位。其三，电政企业所采用的记账方法与银行业系统相同，即采用的是以现金为主体的收付分录法。

3）邮政特别会计

1930年前，邮政会计已经由单式簿记改为复式簿记，在整个会计方法体系建设方面也大体上有了一个基础。1930年设立邮政储金汇业总局后，经过进一步的改进，才逐步形成了邮政和储汇两大总会计系统。

（1）组织机构

邮政与储汇这两大会计系统，既各自分立，又有着统一的会计组织机构。邮政总局设会计处，掌理全国的财务会计，会计处内设会计与稽核两组，分掌会计和审计。会计组下又分为总务、出纳、特款三科，以及邮票监视处；稽核组下设总务、核计、巡核三科。在各区的邮政局也设有会计处，下分属局账务与管理局账务两科。管理局之下为各属局，其中凡一等局专门设置有处理账务的专员，而那些业务比较简单的区局则由局长一人负责处理。在邮政之中，与会计有关的还有总局的供应处，供应处设会计长一人，通常由副邮务长兼任。储汇总局下设七处，其中由会计处主持会计、审计。储汇总局的两位副局长，一位负责营业，一位负责会计。储汇总局会计处下设三股，一般由一股和二股管理会计核算，由第三股负责内部审计。此外，总局之下的会计也有分局及管理局会计的组织建制，其组织形式与邮政下属会计组织机构的设置大同小异。邮政和储汇会计组织设置特别的地方是联合会计处的设置。邮政和储汇在业务经营活动方面内部虽有明确的分工，但在营业收支、损益计算及账目的具体处理方面又难以区别开来。

（2）会计方法

邮政会计方法与路政会计方法相比，主要特点在于：其一，邮政会计科目的设置比较精练。其二，邮政会计账目的处理采取了单式与复式兼用的做法。一般基层各属局采用单式记账法，每到月底将账目上报，并入上级管理局的复式簿记账内；总局、管理局以及邮政特别供应处、各储汇分局则统一采用复式记账法。属局所用的单式收付记账法，其原理与我国传统做法相同，而上级各单位所用的借贷复式簿记，其原理与以现金为主体的银行、商业复式簿记相同。收付与借贷相互转化的规则是，日记账的左方为收方，右方为付方，过账时传票的借方记入日记账的收方，贷方记入日记账的付方。当日记账归类过入总簿时，则反方向而为之，即收方过入贷方，付方过入借方。各种辅助账簿的记录，记法与一般借贷分录法处理相同。

（3）计提折旧

邮政的设备简单，故在核算方面也比较松懈。直到1930年才对固定资产计提折旧，采取酌定年度总额，由总局一笔出账的方法。对折旧的账务处理系统采用复式记账：一方面将折旧数记入“营业支出账”的借方，另一方面则记入“折旧准备金账”的贷方。在总局编制“借贷对照表”时，按照“折旧准备金账”中的数目列于负债一方。

（4）损益计算

损益计算的基本做法是用总收入抵减总支出。每月底结账时，将营业支出各账结余数转入邮局“损益账”的借方，同时将营业收入各账结余数转入该账的贷方，两方抵减的结果，凡余额在贷方则表现为盈余，反之则表现为亏损。

4）航政特别会计

（1）会计组织

招商局总经理处下设会计科，主管核算和内部审计事宜。会计科以下又分为六股，由总局账股掌理总局的核算，分局账股掌理分局的核算，船栈账股负责各船收支核算事宜，运费账股负责船运方面的核算事宜，现金收付股主管现金出纳及有关核算事项，而由文牍股掌理文书缮写、账表保管以及其他杂项事务。会计科设置正、副主任，各股则设股长，财务方面由总经理负责。

（2）会计改良

1927年，国民政府对招商局原来的会计状况进行了调查，针对总局会计的种种缺点，1928年，对招商局进行了改组、整顿，并同时着手进行会计的改良工作。当时，由徐永祚、俞寰澄等人负责此事，徐永祚先生自始至终参与改良工作，从而为他后来发起的改良中式簿记运动奠定了思想基础。

（3）会计方法

其一，改良后的会计科目，按其性质分为负债、资产、利益、损失和总损益五大类，类之下又分为款、项、目三级。五类中，由一、二类反映资金及各项财产的变化，而三、四、五类则反映经营状况及结果。报表的编制亦以此作为分界线。其二，招商局对账簿组织的改良，也采取了中外结合的方式。总局、分局的账簿组织都分为三大类，即日流簿、总清账和分清账。其中总局的日流簿又分为现金和票据两类，分设收现簿、付现簿、收票簿、付票簿及转账簿等五种账簿，这样便把收、付、转三种不同的经济活动关系分别开来，以各自侧重一面进行管理。总局的总清账分割为总括反映各类财产增减变化的财产分类总账和总括反映本期财务成果的构成及盈亏数额的损益分类账。

（4）计量单位

自1928年改良会计后，招商局的各种主要账簿便规定统一以规元为记账本位，收支中接收或外流进来的各种货币，一律按市价折合成规元入账，只是各种补助簿可以例外。废两改元后，国民政府又规定以当时的“国币”作为记账本位，会计计量单位的统一又一度产生波动，尤其是在国民政府的后几年，由于恶性通货膨胀，对会计核算产生了恶劣的影响，统一计量单位遂成为形式。

8.3.5 徐永祚与改良中式簿记运动

中式簿记向无专门研究，为者徒承师法，仅凭口传心授，且派别参差、账法杂然，终无统一系统与组织，其所以久行未衰，皆赖其理论浅显、方法简便、通俗易懂和节省经费所致。尽管如此，当西式簿记传入中国后，会计学者交口称之为新式簿记，力主推行；而对中式簿记，则唤作旧式簿记，使之顿遭冷遇。这是因为两相对照，中式簿记不足之处显露无遗，主要表现为账户无一定分类、账簿无一定组织、账簿无一定格式、账法无一定规律。有鉴于此，以徐永祚为代表的会计学者发起改良中式簿记运动。改良中式簿记运动是20世纪20—30年代由中国会计学者组织开展的大规模会计改良运动，旨在通过会计改良改变中式会计的落后状况。通过此次运动，最终形成了改良中式簿记。改良中式簿记是中国20世纪20—30年代在保留中式簿记固有形式的基础上，适当吸取西式簿记的长处而形成的中式簿记的理论和方法体系。

在以徐永祚为代表的会计学者主张对中式簿记加以改良的同时，以潘序伦为代表的会计学者持不同认识，主张全面引进、推行西式簿记，引发了中国会计史上改良派和改革派的学术争论。争论的双方相互商榷，各抒己见，在争论中共同探索复式簿记的真谛，从不同角度促成中式会计的进步，对中国会计理论与实务的发展起到了重要作用。

徐永祚，字玉书，浙江海宁人，早年就读于神州大学经济科，图8-8为徐永祚像。1914年毕业即入天津中国银行任职。1917年任《银行周报》编辑，翌年，升任该报主编。民国八年为上海创办交易所事业而拟定业务规程和会计制度，训练工作人员，后任上海证券物品交易所会计科长。1921年徐氏摆脱一切职务，设立会计师事务所，开始执行会计师业务。其后，曾先后任职于工商部工商法规委员会、审计院设计委员会等组织机构。徐氏参与起草和修订了诸如《会计师条例》《所得税法》《公司法》《交易所法》《商法》等多种法规，并发起组织了上海会计师公会，创办了《会计杂志》双月刊，刊行会计丛书，举办会计补校，为传播、发展会计学术以及造就会计人才作出了卓越贡献。徐氏曾出席1949年9月底召开的中国人民政治协商会议第一届会议，在会上，他被周恩来同志介绍给毛泽东主席，毛主席亲切地称他为“孔夫子的同行”。徐氏自20世纪20年代起研究推广改良中式簿记，为当时银行界所称道。中华人民共和国成立后，他又致力于提倡收付记账法，对于继承和发展中国传统的记账方法，具有较大的影响。

图8-8 徐永祚像

徐氏改良中式簿记，于1933年拟定《改良中式簿记方案》，并奔走演讲于沪、宁各地，展示经改良的账簿、表、单格式，发行《会计杂志》，改良中式簿记专号，出版《改良中式簿记概说》专著。《改良中式簿记概说》一书，1933年12月15日由徐永祚会计师事务所出版。该书内容包括五章，其中，第一章总论、第二章账户分类、第三章账簿组织、第四章账簿表单格式及登记法、第五章记账规则等。该书在总论中指出：中国的簿记之术“起源何代，创自何人，渺不可考。其见于官文书者，仅四柱清册而已。四柱者，旧管，新收，开除，实在，是也。此系官厅簿记之法式，但民间亦沿用之，以形成今日之中国簿记法……惜中国向无专书以为讲求，仅凭口头传授，以至迄今尚无一定系统与组织之可言。其在商家尤以派别之多，法则之乱，为人诟病。自西洋簿记法传入中国后，不免相形见绌”。阐述了对中式簿记进行改良的必要性，并分析了改良的前提，设计了改良的纲要，总结了改良的特点。在保留中式簿记精髓基础上，吸收西式簿记的长处，形成改良中式簿记，该书是系统总结中式簿记的第一部专著。该书出版后深受读者欢迎，满2年后（1935年）的12月15日已发行至修订第8版。图8-9为该书书影。

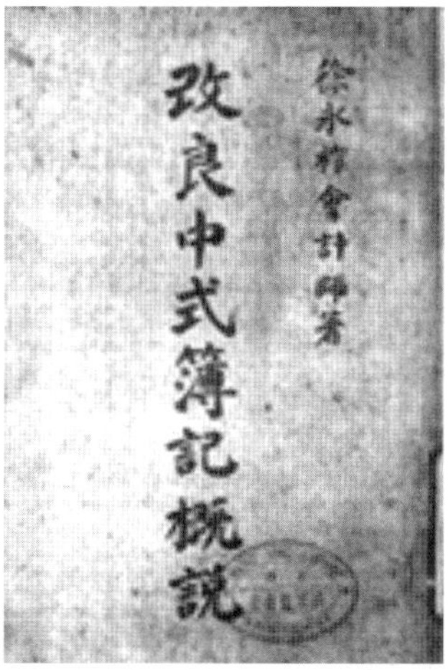

图8-9　《改良中式簿记概说》书影

徐氏改良中式簿记，其改良纲要分十条，具体设计出经改良以后的改良中式簿记的规范。纲要主要分为保留中式簿记习惯特点和吸收西式簿记可取之处的两部分规定，属于中式簿记保留成分的规定有：中式簿记中符合复式记账要求的做法；中式簿记的上收下付的账页格式；中式簿记现金收付记账法；中式簿记的四柱结算方法；中式簿记使用全写数字（即“壹、贰、叁、肆、伍、陆、柒、捌、玖、拾”等）或广式数码（即“〡、〢、〣、〤、〥、〦、〧、〨、〩、〇”等）的数字习惯表示法，并提倡使用广式数码书写法；中式簿记中部分能表明特定含义（如表示账已过清，加盖“过”或“入”；表示账已结平，加盖“两讫”或“平”）的账面戳记使用法等项内容。属于西式簿记吸收成分的规定有：西式簿记的复式记账法；统一的账簿格式；编印账簿页码；确立账簿分类；规定账簿组织；明确记账规则等内容。

改良中式簿记具有四个特点，即收付簿记法、账簿分割法、统辖记账法和四柱结算法。其一，收付簿记法，指改良中式簿记以“收”“付”为记账符号，记账以收入或付出款项为标准，凡收入款项即登入日记簿的收方，过记誊清簿的收方，编入结算表的收方；反之，凡付出款项均记录于各账、表的付方。其二，账簿分割法，指改良中式簿记的账簿组织具有系统和联络的关系、对照与分合的机能，可集合为最简，亦可分化至极繁，弥补了中式簿记因采直写方式而无法应用多栏金额制的缺憾。其三，统辖记账法，指改良中式簿记以表辖账，按时间长短不同编制各种报表，以总括反映报告期内的整体情况，如编制“日记表”，统辖各种日记簿；编制“月计表”，统辖各种誊清簿；编制“账户结算表”，统辖每一账户的细目和分户；编制“岁计表”，统辖全年账目等，既节省了过多设账带来的经济支出，又减轻了会计人员频繁转记各簿之苦。其四，四柱结算法，指改良中式簿记的账簿结算和账表编制采用四柱法。四柱为上期结余、本期共收、本期共付和本期结余，其中第一柱表示上期会计结果，第二，三两柱表示本期会计经过，最后一柱表示本期会计结果。四柱结算法源于中国古制旧管、新收、开除、实在的四柱结册形式，但又别于旧制。四柱清册仅限于现款或实物项目，而四柱结算法已推及全部会计项目，因此，采用该法编制的结算表，其首、尾两柱既可表现为负债，又可表现为资产；既可表现为盈利，又可表现为亏损。

在改良中式簿记运动中，徐永祚亲自设计出改良中式簿记的具体方案，并印刷发行备有详细使用说明的改良中式簿记所需账簿、单据和表格40余种，供采用改良中式簿记的行业购用。基于此，改良中式簿记的会计方法体系得以建立。改良中式簿记运动在一些企业特别是商业企业取得了成功，经改良后形成的改良中式簿记对中、小企业，尤其是商业企业，产生了重大影响，并被广泛使用。改良中式簿记运动的成功为西式簿记的引入奠定了社会基础，准备了技术条件。

8.3.6 会计师事业的发展

1928年1月，财政部颁布《会计师注册章程》，对会计师资格要求进一步放宽。其中条件之一基本同于《会计师暂行章程》条件第一条，并增加了“或在大学或专门学校教授会计3年以上”一款。条件之二改为“在会计师事务所充任会计事务员2年以上，或在企业机关或在公务机关充任会计事务员3年以上，得有办理善良证书者”，具备上述条件便可申请为会计师。与《会计师注册章程》同时颁布的还有《会计师复验章程》。其后，会计师移归工商部管辖，1929年工商部颁布了《会计师注册章程》。次年，由立法院制定了《会计师条例》二十五条，1月25日，国民政府颁行。工商部还于2月19日和9月11日分别公布了《会计师审查规则》《会计师条例施行细则》。后来，会计师事务移由实业部经管，实业部先后对《会计师条例》《会计师条例施行细则》修订重颁。1933年10月，由经济部主管会计师事务。1945年6月30日公布《会计师法》，对会计师资格的取得、业务范围、执业要求、会计师公会的组织与管理以及罚则等均作了规定。

在这一时期，在部分学者的带动下，我国有不少城市建立了会计师事务所，其中以上海、天津、武汉、南京、重庆、广东等地所创办的会计师事务所最为著名。在国民政府时期，著名的会计师事务所主要有立信会计师事务所、徐永祚会计师事务所、公信会计师事务所和正则会计师事务所。

立信会计师事务所的创始人为对我国会计事业的发展贡献卓著的潘序伦先生。潘序伦（1893—1985年），江苏宜兴人，图8-10为潘序伦像。14岁时，入家乡高等小学学习。小学卒业，升入南京民国法政大学。逾两年，投考南京海军军官学校，毕业后在海军任准尉电报生，后分别于南京造币厂、镇江中学就职。民国八年（1919年）入上海圣约翰大学，1921年夏，毕业并获文学学士学位。不久，由南洋兄弟烟草公司考送留学生，赴美在哈佛大学商学院学习2年，取得企业管理硕士学位；又到哥伦比亚大学政治经济学院研究商业经济，获政治经济学博士学位。1924年回国，先后在国立东南大学分设上海商科大学任教务主任兼会计系主任，在国立暨南大学商学院任院长，在国立中央大学、复旦大学及东吴法学院任教授。曾任北洋政府财政部、农商部，国民政府财政部等政府机构的会计顾问，被建设委员会、交通部等组织、机构聘为常任会计师、主任会计师和会计师，是中国经济学社、中国会计学社、上海会计师公会理事。潘序伦曾创办会计师事务所、开设图书社、建立会计学校，任“潘序伦（后改为立信）会计师事务所”主任会计师、立信图书用品社社长、立信会计专科学校校长，历任国民政府主任处会计局副局长、经济部常务次长、善后事业委员会副主任委员兼秘书长。中华人民共和国成立后，潘氏于1956年加入中国民主同盟。1957年，被选为上海市政协委员。1979年和1980年分别被上海市会计学会和中国会计学会推选为学会顾问。1980年10月，上海立信会计专科学校恢复成立，被任命为名誉校长。1981年年初，上海市会计师事务所成立，任事务所董事长；同时，被《新编立信会计丛书》编辑委员会推举为编委会主任。1985年10月25日，为表彰潘序伦60年来为会计事业的发展而作出的卓越贡献，财政部向潘氏颁发荣誉证书。潘氏生前编撰的著述主要有《公司理财》《会计学》《基本会计学》《会计名词汇释》《苏联会计述要》《国营企业会计概要》等多部。

图8-10　潘序伦像

立信会计师事务所，其前身为潘序伦会计师事务所。为适应当时社会采用新式簿记和改革会计制度的实际需要，潘序伦于1927年1月在上海爱多亚路38号设立了潘序伦会计师事务所，执行会计业务。次年，易名为立信会计师事务所，取《论语》句“民无信不立”之意，并进而引申为“信以立志，信以守身，信以处世，信以待人，毋忘立信，当必有成”，以此为事务所办事的训条。

公信会计师事务所由奚玉书于1936年创立于上海。由于公信恪守信誉、确保质量，深受实业界人士信任，先后拥有100家固定大客户。当时，较著名的会计师事务所还有沈立任会计师的中华会计师事务所等，其他如“公正”“大信”“信诚”“公平”“宗汉”等会计师事务所也在各地执行业务。

【小思考8-12】

在国民政府统治时期，上海最著名的会计师事务所主要有四家，即（　　）、（　　）、（　　）和（　　）。

【答案】立信会计师事务所、徐永祚会计师事务所、公信会计师事务所、正则会计师事务所。

自北洋政府实行会计师制度以后，会计师人数不断增加，他们出于促进经济事业发展、研讨会计学术和增进会计师地位的目的，发起建立了会计师公会组织。第一个会计师公会为上海会计师公会，成立于1925年3月，其后，京津地区、广州、武汉、九江、南京、重庆、天津、北平等市，湖北、浙江、江苏、陕西、贵州、安徽、四川、山东等省也都分别建立了会计师公会。各地会计师公会的任务，约有如下几种：议定会计师服务规约；研究并向政府建议制定有关会计法规；语言有关会计事项；传播会计学术理论；创设会计学校、图书馆，开办会计讲习会，发行会计刊物；答复政府机构对会计事件的调查和咨询等。

【小思考8-13】

1925年3月成立了我国第一个会计师公会，即（　　）。

（1）南京会计师公会　　（2）上海会计师公会

（3）北京会计师公会　　（4）天津会计师公会

【答案】（2）。

1946年12月23日，为便于会计师之间的联系，增进会计师公会之间的协作，全国会计师公会联合会成立大会于南京举行，遂形成全国性的会计师团体组织形式。会议通过会章，奚玉书当选为理事长。上海、天津、重庆、广州、北平、南京、浙江、江苏、陕西、湖北、贵州、安徽等12家会计师公会作为团体会员加入联合会。联合会成立后，在统一协调管理会计师队伍、传播会计审计理论、活跃学术气氛等方面发挥了积极作用。

【小思考8-14】

（　　），全国会计师公会联合会成立，各省、市会计师公会纷纷加入该会，遂形成全国性的会计师团体组织形式。

（1）1911年　（2）1935年　（3）1946年　（4）1947年

【答案】（3）。

8.3.7 会计学术组织的发展

随着会计事业的发展，我国会计学术团体开始出现并得到了发展，而且会计学术刊物也在不断增加。20世纪20年代初，暨南学校商科在校学生曾发起成立了会计学会。至潘序伦任暨南大学商学院院长时，会计学会特聘暨大校长郑洪年和著名会计师徐永祚为名誉顾问，潘序伦、杨汝梅（众先）、安绍芸等人为常年顾问，开展会计理论研究，并编辑出版了学术刊物。同期的学术团体还有东南大学上海商科、苏皖联立技艺专科学校等院校组建的会计学会，是我国早期的会计学术团体。进入20世纪30年代，全国的会计学术团体不断增加，包括全国性的、地区性的、院校性的和其他的等，其中，中国计政学会、中国会计学社以规模大、成员众、活动多而著称。

1933年5月14日，由知名教授和会计师联合发起，在南京成立了中国计政学会，通过了《中国计政学会简章》七章二十一条，学会以研究计政学术为基本宗旨。为便于开展学术研究，该会规定，凡取得会员资格者，必须是在大学或专门学校毕业，并对计政学术素有研究者；或有计政专门著作，经该会认为对学术有相当贡献者。以杨汝梅（予戒）、张心澄、陈其祥为常务理事，该会编译计政丛书，创办计政刊物，在一些地区建立分会，积极开展学术研究，为促进当时会计学术的发展发挥了一定作用。

1934年11月8日，由潘序伦、雍家源、徐永祚、杨众先、安绍芸等人发起，在南京成立了中国会计学社，通过了《中国会计学社章程》六章十九条。1935年7月召开第一届理事会，以闻亦有、赵棣华、林襟宇为常务理事，决定创办《会计杂志》《会计季刊》等会计刊物，兴办会计学校等。在组织会计学术研究与交流、培训会计人才方面发挥了一定的作用。

8.3.8 会计出版物的增加

会计研究工作逐渐加强、会计学术团体相继出现，随之而来的是会计出版物的不断增加。出版物的增加主要表现在会计著作和会计期刊两种类型上。

1）会计著作

会计著作种类繁多、内容丰富、使用广泛、流传长远，据不完全统计，截至1949年出版的会计著作累计达309种。中文著述如谢霖的《实用银行簿记》、徐永祚的《改良中式簿记概说》、潘序伦的《会计学》、杨汝梅（予戒）的《新式银行簿记及实务》、雍家源的《中国政府会计论》等书，根据外文翻译的译著如劳氏《成本会计》和陀氏《成本会计原理及实务》等会计书籍，颇有影响。这些著作为普及会计知识，指导会计改革，推动会计理论研究工作发挥了重要作用。

当时各地、各院校大多有自编教材，使得这一时期的会计专著数量显著增加。还有对会计发展影响很大的各种会计丛书、财经丛书，如立信会计编译所、立信会计图书用品社自1927年以后组织编著、编译的包括会计、审计、簿记内容在内的专业丛书，其选编丛书的原则为内容切合实际、文字通俗易懂、兼顾读者层次。据不完全的统计，截至1936年年底，收入该丛书的书目多达150余种。

特别值得提出的是，这一时期的会计研究成果不仅传于国内，且已闻名世界。杨汝梅（众先）曾留学美国，对资本主义的会计研究精深，其以英文所撰《商誉及其他无形资产》一书，蜚声世界会计学界。

杨汝梅（Ju Mei，Yang，PH.D，1898—1985年），字众先，河北磁县人，英文著作Goodwill and Other Intangibles、Their Significance and Treatment in Accounts的作者（与杨汝梅（予戒）同为会计学家）。杨汝梅1921年毕业于北京铁路管理学院，后留学美国密歇根大学，获博士学位，归国后任暨南大学商学院、香港中文大学商学院院长等职。所著Goodwill and Other Intangibles（中文名《商誉及其他无形资产》），是作者1926年在美国密歇根大学留学时撰写的博士论文，该书是中国学者撰写的达到世界水平的第一部著作。该著作于1927年在纽约由The Ronald Press Company出版。全书为一册，含十章，即：第一章Definitions and characteristics of intangibles，第二章The nature of goodwill，第三章Goodwill and business profits，第四章Other intangibles and their relation to goodwill，第五章The relation of goodwill to superior earning power，第六章The imputation of excess earnings to specific intangible factors，第七章The accounting treatment of intangibles not acquired by purchase，第八章Analysis of specific non - purchased intangibles，第九章Purchased intangibles：their nature and treatment in accounts，第十章Intangibles in partnership and corporate reorganization。

1936年，立信会计师事务所施仁夫将其译成中文时改称《无形资产论》，列为立信会计丛书之一，由商务印书馆出版。全书为一册，卷首附作者所撰“原序”、潘序伦“序”和译者“凡例”，内容分九章。其中译者“凡例”称：因第五章和第六章之关系殊为密切，承原作者之嘱，特将两章并为一章。该书作者的见地被美国会计学者誉为James Yang's Principles，书中不少见解在当时被美国著名教授引用，至今仍有较高的学术价值。图8-11为该书书影。

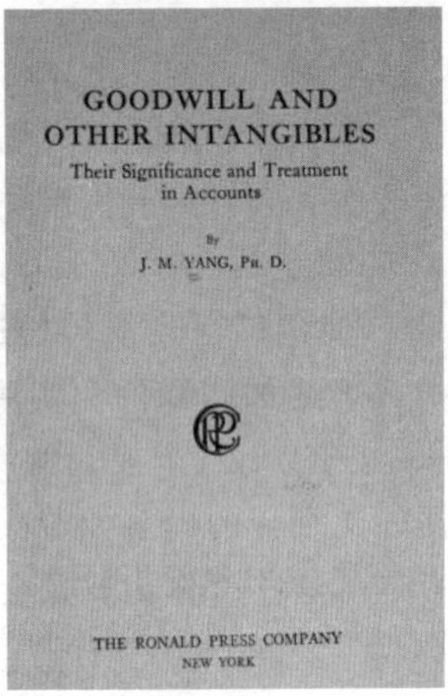

图8-11 《无形资产论》书影

2）会计期刊

据不完全统计，国民政府时期由不同主办单位编辑出版的、定期发行的会计、审计刊物约有92种，主办者既有政府机构、军事机关、行业部门，又有大专院校、会计学社等，这些刊物对于弘扬会计学术、普及会计知识、提高当时会计人员的素质发挥了一定的作用。在会计期刊中，以《会计杂志》《立信会计季刊》《公信会计月刊》《会计季刊》等杂志最为著名。

其中，《会计杂志》是由徐永祚会计师事务所主办的会计学术刊物。该刊创办系以“改良中国固有会计制度”和“介绍各国最新会计学说”为目的，以推动会计学术发展为基本宗旨。《会计杂志》自1933年1月创刊，到1936年12月停刊，共出版八卷计四十八期。内容丰富、发行及时、质量较高，与当时发起的改良中式簿记运动配合紧密，深受会计学界和工商界人士欢迎。《立信会计季刊》的创办系以立信会计学校同学会创办的《会计季刊》（1931年7月—1932年12月）为开端的。1933年7月，立信会计师事务所将停刊的《会计季刊》复刊，并从第二期更名为《立信会计季刊》。刊物内容除登载会计论文、选择国外会计文献外，还特约各行业的专家撰写会计制度，以供工商界采用新式簿记参考。该刊内容比较精深、理论结合实际，与当时进行的会计改革和改良运动配合紧密，深受学术界和工商界人士欢迎。《公信会计月刊》是由公信会计师事务所主办的会计学术刊物。该刊创办于1939年，停刊于1948年12月。《公信会计月刊》编辑阵容较强，内容较丰富，形式多样，质量较高，受到会计学界人士欢迎。《会计季刊》系1935年7月中国会计学社接办《会计杂志》和《立信会计季刊》时，将《立信会计季刊》更名为《会计季刊》的，由会计学社在南京的理事闻亦有、雍家源、吴世瑞负责出版事宜。

8.3.9 会计教育

中国长期的封建教育立儒学为正统，斥经商、理财为末流，“会计”一科不登大雅之堂。光绪二十八年（1902年）以日本制度为模式，制定高等学堂章程，始设“商务”科，其课程中设有“理财学”。同年拟定的《钦定京师大学堂章程》在商科主课中首列“簿记学”课程，当时尚未设置会计或者簿记专业。至1909年以前，中国官立高等学堂中，属于专门商科性质的只有一所。1913年后，会计、簿记课程的设置得到明显加强。国民政府时期的会计教育在较大程度上得以普及，形成以大学会计教育、专科会计教育和其他会计教育为主体的会计教育体系。

大学会计教育是由大学举办的对社会公众进行的会计专业教育。中华民国时期的许多大学设有会计系科或开有会计课程，根据会计系科和会计课程的设置情况，大学会计教育可分为以下几类：①独立设置会计系科，系统开设会计课程；②在法学院或法商学院中设置经济系，而在经济系中比较系统地开设会计课程；③在文学院或文法学院、文理学院中设置经济系、商学系或工商管理系，在这些系中系统开设会计课程等；④在理工科院校中设置管理学院，在管理学院中分设财务管理系、工业管理系或实业管理系，而在这些系科中比较系统地开设会计课程等。

专科会计教育是由专科学校举办的对社会公众进行的会计专业教育。中华民国时期除大学会计教育培养高级会计人才外，还设有一些专科学校，以培养工商企业急需的专门人才。这些专科学校一般不分系而直接设置会计科，其课程设置与大学会计系科相比更偏重实务，代表性的学校主要有立信会计专科学校等。

其他会计教育是由学校以外单位举办的对以在职会计人员为主的社会公众进行的会计教育。中华民国时期除大学和专科会计教育外，还设有各种非学历教育，以解决会计人才缺乏的问题。

8.4 新民主主义革命时期会计

中华人民共和国成立前，中国共产党领导中国人民进行了新民主主义革命，为了适应革命根据地建设和革命战争的需要，在人民政府和革命根据地开展了相应的会计工作，对于革命战争的胜利和根据地经济建设发挥了积极作用。

1931年11月，中华苏维埃共和国宣布成立临时中央工农民主政府，在民主政府主管不同事务的人民委员会和中央各部中，设置专门机构，主管会计工作，如土地部会计科等。其他根据地的革命政权亦设置相同的会计主管机构，如鄂豫皖边区苏维埃政府在各级财政经济委员会下设置会计科，负责管理银钱收支、审查苏区各地的账目、规定预算和审核决算等事务。在人民武装力量中，初由各级政府部门负责人掌握包括会计在内的部队财务管理工作，后专设供给部、供给处等机构，统管财务管理工作。1942年10月，延安中直机关的中央管理局共有财会核算单位67个，1944年中直机关的专职会计人员达300余人。1949年3月，东北行政委员会、财经委员会成立总会计局，以统一管理国家资产，准确计算和合理运用国家资金，促进国营企业的经济核算。在革命根据地和革命武装力量中，均十分重视会计工作及其相应的规范建设，1932年2月中央工农政府颁布《中华苏维埃共和国暂行财政条例》，其中规定使用统一账表和统一记账方法的原则。同年12月中央工农政府财政人民委员部发布12号《统一会计制度》的训令，要求建立健全的、科学的会计制度，主要规定确定会计科目、统一簿记单据、规定会计交接手续等内容。1935年12月，中央财政部颁布《暂行会计条例》。1936年6月，中央财政部颁布《暂行会计出纳规则》，内容包括总则、收款之程序、支款之程序、预算及计算、账簿登记、报告之编制、附则等七章。1947年中央军委供给处制定《暂行会计制度》，规定了记账本币、会计科目应用、会计档案保管期限、登记账簿的技术要求、盖章明确责任、会计报告日期与份数等十二条内容。图8-12为中央军委供给处《暂行会计制度》书影。

图8-12 中央军委供给处《暂行会计制度》书影

为了建立根据地和部队的会计人员队伍，提高会计人员的业务素质，一些根据地和部队兴办学校或举办财会训练班，讲授财务会计知识，进行会计业务培训，形成了具有一定财会专业知识的干部队伍，为根据地和部队开展有效的会计工作发挥了重要作用，也为中华人民共和国成立后的国家财经管理工作积蓄了干部力量。

1934年1月，在中华苏维埃共和国第二次全国工农代表大会上，毛泽东同志在《我们的经济政策》的大会报告中指出："节省每一个铜板为着战争和革命事业，为着我们的经济建设，是我们的会计制度的原则。"确立了当时历史条件下会计工作应遵循的工作原则，至今仍具有重要的现实意义。为贯彻节约经费、保证战争和经济建设需要的原则，各根据地和部队都制定了严格的财会制度和具体的财物供给、费用开支标准，并在实际工作中得到了严格的执行。随着经济形势的好转，对经济管理的要求愈益提高，与此相适应，财会工作制度建设日渐规范和完善，已经构建起包括现金出纳、实物收付、材料加工、营业缴款等出纳制度和传票、复核、经费预算与决算、结转、部门分工负责制、账目定期公布等核算制度在内的财会管理规范体系，对加强财会基础工作和经济核算、提高经济管理水平、促进生产发展和经济建设作出贡献。此外，还建立实施审计制度，在政府部门中，设置专门机构，配备专职人员，制定施行审计法规制度，取得了明显的工作成绩。

早期的根据地和部队会计主要采用中式簿记的传统方式，采用收付记账法、使用中式账簿、上收下付登记业务，以中国数字形式，按照由右至左的顺序，自上而下地直行书写。1932年开始进行记账方法的改革，当时曾举办会计人员短期培训班，培训会计人员学习复式记账法，学员回到所在单位或部队，推行新式账法——复式记账法。

在革命根据地还曾组建群众性会计学术研究团体，1944年延安中直机关召开会计干部会议，成立会计研究组，研究会计业务。1945年经全面总结形成“怎样理财管家”的经验，并加以推广。晋冀鲁豫边区于1945年4月成立了会计学会，其会员逾千人，开展学术研究活动，并出版有学术刊物，体现了会计工作的普及程度及与之相适应的学术研究的需要。

中国新民主主义革命时期的会计实践活动及这一过程中积累的会计工作经验，是建立中国社会主义会计的宝贵财富，为中华人民共和国成立后顺利地组织开展全国的会计工作奠定了坚实的基础。

本章小结

鸦片战争后，清政权的财计组织依从旧制，唯光绪年间始有变更。西式复式记账方法开始传入中国是鸦片战争后中国会计史上的重大事件，对后来的会计产生了深远的影响。至1908年大清银行创办，标志着借贷记账法从此开始在中国的企事业单位得以实际应用。著名会计学家蔡锡勇、谢霖为西式复式记账法传入中国作出了杰出贡献。

无论是北洋政府还是国民政府都力求仿照西方的做法，建设其财政会计组织、会计制度及改善政府的会计方法等。其一，在财计组织建制方面，北洋政府首次采用“财政部”这一命名，确定由财政部掌管国家的财政、会计，会计司成为财政部的重要主管部门。其二，在会计法律制度建设方面，北洋政府中一部分有事业心的会计工作者，制定了中国历史上第一部《会计法》和《审计法》，这标志着中国会计法治化的开始。同时，各种统一会计的一致规定，也陆续实施。国民政府的超然主计制度、统一政府会计制度的颁行以及各种会计规则的颁行，为中国会计的改良起到了一定的保证作用。其三，北洋政府时期拟定的普通官厅用簿记，统一了会计科目、内部会计凭证、会计账簿、会计报表等的格式和名称，以及账簿登记、报表编制方法，使中国近代会计走上制度化、规范化的道路，这是区别于古代会计的重要标志。其四，在会计方法方面，这一时期也有了巨大的进步，改良中式簿记开始形成。其五，会计师事业和会计学术组织得以产生和发展，形成了一支从事会计理论与实务研究的基本队伍。在这支队伍中，著名会计学家谢霖、徐永祚、潘序伦等在当时的会计革新运动中发挥了重要的作用。其六，四政特别会计得到了发展。

在中华人民共和国成立前，为适应革命根据地建设和革命战争的需要，在人民政府和革命根据地开展了相应的会计工作，对于革命战争的胜利和根据地经济建设发挥了积极作用。

思考题

8.1 鸦片战争后，清朝在政治经济方面发生了哪些重大变化？对我国会计的发展产生了哪些影响？

8.2 《连环账谱》中所称“连环账”是何含义？蔡锡勇是怎样介绍连环账的？

8.3 《银行簿记学》在西式复式簿记传入中国的过程中所发挥的历史作用如何？

8.4 《光绪会计录》的主要特点是什么？

8.5 北洋政府于1914年公布实施中国第一部《会计法》，在中国会计发展史上具有什么意义和作用？

8.6 “四政特别会计”包括什么？各自含义是什么？

8.7 中式簿记有何缺陷？

8.8 中国的注册会计师事业是如何开始的？

8.9 民国时期对注册会计师资格有何规定？

8.10 试述改良中式簿记的主要内容。

8.11 民国时期主要的会计学术团体有哪些？各自情况如何？

8.12 民国时期知名的会计期刊有哪些？各自情况如何？

8.13 《无形资产论》是怎样的一部著作？

8.14 民国时期的会计教育情况如何？

练习题

8.1 试说明清末西式复式簿记传入中国的主要途径。

8.2 试述改良中式簿记运动的历史意义。

8.3 试说明北洋政府和国民政府颁布的《会计法》的区别。

8.4 民国时期会计师团体情况如何？

8.5 试述中国共产党领导的革命根据地和革命武装力量的会计情况。

自测题

8.1 试总结半殖民地半封建中国会计法律制度建设的主要进程。

8.2 试比较传统的中式簿记和改良中式簿记。

补充阅读材料

1. 郭道扬．中国会计史稿（下册）［M］．北京：中国财政经济出版社，1988.

2. 赵友良．中国近代会计审计史［M］．上海：上海财经大学出版社，1996.

3. 李宝震，王建忠．中国会计简史［M］．北京：经济科学出版社，1989.

4. 郭道扬．中国会计史教程：历史、现时、未来［M］．北京：中国财政经济出版社，2004.

5. 王建忠．中国会计百科全书·会计史［M］．沈阳：辽宁人民出版社，1999.

第9章 外国资本主义社会会计

学习目标

通过本章学习，了解意大利、德国、荷兰、法国、英国、美国、日本等国家在资本主义形成时期会计与民间审计的发展情况，掌握各国的特点及相互间继承与发展的关系，其中尤以英国、美国的情况更为复杂重要。

与上述学习目标相适应，本章以8节内容，分别重点考察以上七国会计与民间审计的产生演变情况，另外还增加了对欧盟和国际会计准则委员会在协调多国会计审计方面所作贡献的介绍。

在东西方贸易发展的背景下，佛罗伦萨、威尼斯、热那亚等意大利城市的经济迅速发展，与此同时，复式簿记也在这些地区产生发展起来，而且以这三地为代表的复式簿记相互影响、相互促进，在实务中已经达到了相当高的水平。

针对实务中已经出现并广泛使用的先进簿记方法，一位眼光长远的学者非常适时地对其进行了归纳总结，并以著作的形式形成了会计史上占有重要地位的意大利式簿记，不仅对意大利，而且对世界上其他国家会计的发展均产生了强大的推动作用，这位学者就是卢卡·帕乔利。

《商业和精明的商人》

Briefing Paper on Final Rule

9.1 意大利会计

9.1.1 意大利复式簿记发展的背景

根据史学家的说法，资本主义作为一个社会发展的历史阶段，是从16世纪开始的，但其萌芽却早在14、15世纪的西欧。在意大利，其北部的威尼斯、热那亚、比萨、佛罗伦萨、米兰等城市在这一时期均出现了资本主义萌芽，它们的共同特点就是交通便利、工商业发达、经济发展水平远远高于其他地区。例如，佛罗伦萨从13世纪起，就已经是西欧最发达的毛纺织品中心，它每年都要从西班牙和英国大量输入羊毛原料再制成呢绒转销各地。后来，它甚至还要从英国进口本色呢绒，进行染色加工后再行出口。另外，随着社会生产力的不断提高和商品货币关系的进一步发展，意大利同西欧各国乃至东方国家的贸易往来日趋频繁，如当时全欧最重要的贸易区——地中海贸易区，便是以意大利的一些城市特别是威尼斯、热那亚、比萨为中心的。著名的威尼斯商人，在地中海贸易中起着主导作用，早在9、10世纪，他们就已经在地中海沿岸积极从事商业活动，10—12世纪，他们不仅与巴尔干半岛国家以及叙利亚、埃及建立了广泛的贸易联系，并且还深入到克里米亚地区，在顿河口建立了商站，同时加强了与中国及中亚市场的贸易往来。至14、15世纪，威尼斯商人的活动范围西至伦敦、布鲁日和安特卫普，东到巴勒斯坦、叙利亚，并且牢牢控制了近东交易。因此，在14、15世纪的意大利，资本主义萌芽正处于茁壮成长时期，它必然要求作为传达商品经济信息的会计记录作出相应的反映。

9.1.2 卢卡·帕乔利与复式簿记

如前所述，复式簿记作为一种记账方法，自中世纪起就已经在意大利出现并被广泛使用，但正如里查德·布朗所指出的那样，“尽管复式簿记在1494年帕乔利的《数学大全》问世前就已得到充分发展和广泛运用，但它的发明者却在笨拙地使用它”。

复式簿记较之以前的会计方法，具有一定的优点。它起源于银行存贷款业务的需要，并在商业中不断发展壮大。它帮助商人记录债权与债务，要求记录每一笔经济业务，并根据记录的二重性（duality），检查总账的正确性和完整性。另外，还可根据总账直接编制财务报告。不过，应该客观地看到，在复式簿记刚刚出现及至后来的很长一段时间内，人们并没有认识到这种记账方式的重大意义，其广泛流行很大程度上依赖于率先了解这种制度的人们的威望和其他人纷纷效仿的自然趋势。直到15世纪，卢卡·帕乔利（Luca Pacioli）才将这种已在实践中运用很久的记账方式较为完整地阐述出来，从而奠定了现代会计的基础。

卢卡·帕乔利于1445年生于意大利托斯卡纳地区（Tuscany）的一座名叫博尔戈·圣

塞波尔克罗（Borgo San Sepolcro）的小镇。26岁时，他离乡远游，并在当时经济十分发达的城市——威尼斯找到了一份家庭教师的工作，在此一住就是6年。在这段时光里，他深深感受到了意大利资本主义迅速前行的脚步，同时，也接触到了著名的威尼斯簿记，并逐渐产生了浓厚的兴趣，这为他后来在会计学上作出杰出贡献打下了基础。事后他回想起这段令人难忘的光阴时，也不禁感慨："因为这位商人的缘故，我乘上了满载商品的航船。"图9-1为帕乔利像。

图9-1 帕乔利像

1494年，帕乔利出版了多年的心血结晶——《算术、几何、比及比例概要》（Summa de Arithmetica，Geometria，Proportioni et Proportionalita），即《数学大全》。作为一本数学专著，其中有一部分篇章是介绍复式簿记的，正是这一部分篇章，成为了最早出版的论述15世纪复式簿记发展的总结性文献，集中反映了到15世纪末期为止威尼斯的先进簿记方法，从而有力地推动了西式簿记的传播和发展。

《数学大全》出版后，帕乔利声名鹊起，受到了人们的广泛赞誉。此后，他继续过着教学、著述、游历的生活。大致在1517年4月至10月间，帕乔利与世长辞，葬于圣约翰纳教会。

【小思考9-1】

下列各项中，（ ）促成帕乔利写出了总结当时先进威尼斯式簿记的著作。

（1）意大利当时的经济环境 （2）帕乔利的个人努力

（3）帕乔利把握了学习先进簿记的机会

（4）帕乔利从小就有成为会计学者的远大理想

【答案】（1）、（2）、（3）。

9.1.3 《数学大全》中有关复式簿记的内容

《数学大全》一书是对已有数学知识的摘要和入门指导，因为帕乔利的本意是将其作为教材推广，所以与其说它是一本科学论文集，倒不如说是一本数学教科书更恰当。该书共210页，幅宽31-1/2*21-1/2cm，用意大利语写成，共包括五个组成部分：算术和代数；算数、代数在商业中的应用；簿记；货币和兑换；纯粹几何学和应用几何学。其中，论述复式簿记的是第三卷第九部第十一篇《计算与记录详论》（Tractatus Particularis de Computis et Scripturis），共36章。需要说明的是，帕乔利强调他论述的簿记系统在威尼斯使用已达200年以上，并非他的独创。另外，帕乔利忠实地继承了威尼斯商人传统的簿记程序，而没有采用佛罗伦萨金融家和其他企业的簿记制度。现将这部分簿记知识的主要内容列示见表9-1。

表9-1 **《计算与记录详论》的主要内容**

章 节	主要内容
第1章	商人成功的三个条件
第2~16章	账簿系统：日记账、分录账和总账
第17章	银行存款和提款的记录方法
第18章	经纪人购进商品时的会计处理方法
第19章	使用汇票支付的会计处理方法
第20章	物物交换的会计记录方法，实物应以时价入账
第21章	短期投机贸易的原理和记账方法
第22章	费用分配的记录方法
第23章	分店会计
第24章	汇票的支付和谈判方法
第25章	收入与支出账户的设置
第26章	商人或代理人在外出旅行时采用的会计方法
第27~34章	结账与决算的过程

帕乔利的会计制度以日记账、分录账和总账这三种账簿作为基础。

其中日记账（the memorandom）是原始记录账簿，用来记录每天发生的所有经济业务，其主要功能是将不同的铸币转换成标准货币，从而进一步将业务记入分录账。而将货币单位统一并向分录账中结转的工作通常由具备较高簿记技能的雇主亲自来做。日记账采用的记账方式为文字叙述式，当向分录账转账完毕后，应对相应的日记账记录画一条斜线以示注销。这种日记账的记账与转账由不同人完成的情况，随着簿记技术的提高及货币的统一而逐渐失去了存在的基础，以致日记账最终被分录账吸纳进去，以“摘要”的形式存在。因此，在某种程度上，我们可以将日记账理解为现在的会计凭证。

与日记账可由多名记录员记录不同，分录账（the journal）属于商人的私人账簿，具有秘密的性质。分录账记录的方式是：在每一笔记录的上页中央，标明日期，用“Per”（债务人或借主）和“A”（债权人或贷主）这样的术语表示记录的双方（Per表示的定义可理解为现在的借方，A表示的意义可理解为现在的贷方），Per之后表示借方，然后画两条平行斜线（“//”）将借贷双方分开，接着是贷方标志A及贷方，最后是解释（说明）部分。借、贷记录采用文字叙述式（narrative），每笔经济业务的金额在账页右侧记列一次。另外，在实际操作中，许多商人将财产目录记入日记账，帕乔利认为日记账的内容很多人都能看到，出于保密的考虑，他建议应将财产目录的全部项目直接记入分录账。

帕乔利会计制度的核心是总账（the ledger），在正确登记分录账后，应分借贷方转入总账，总账是帕乔利介绍的三种账簿中与现代账簿最相似的一种。在设置上，帕乔利建议应为每个总账账户编制按字母排序的索引或是包括账户名称和页码的关键词表。分录账中的每笔分录，过入总账时均作成两笔，一笔记入借方，另一笔记入贷方，借方记录在左，贷方记录在右。总账每一页的上部为账户名称，表示借方项目的术语为“deve dare”，表示贷方项目的术语为“deve avere”。每笔借方与贷方的记录均应包括三个方面的内容：日期、金额和说明；每笔记录均作复式反映，即一笔借方记录必然对应着一笔贷方记录；在借方记录中应标明对应的贷方记录页数。在分录账向总账结转后，应在各分录账上画上两条斜线表示转账完毕（向借方转账时，从左往右画一条斜线；向贷方转账时，从右往左画一条斜线），另外还应标明分录账向总账结转时的过账页码。而总账的过账参考栏中只有该分录另一半的总账页码，但没有对应的分录账页码，这样必然出现由分录账查至总账较易而由总账倒推回分录账较难的情况。帕乔利确立的账簿组织基本框架可通过一个简单的图来表示，如图9-2所示。

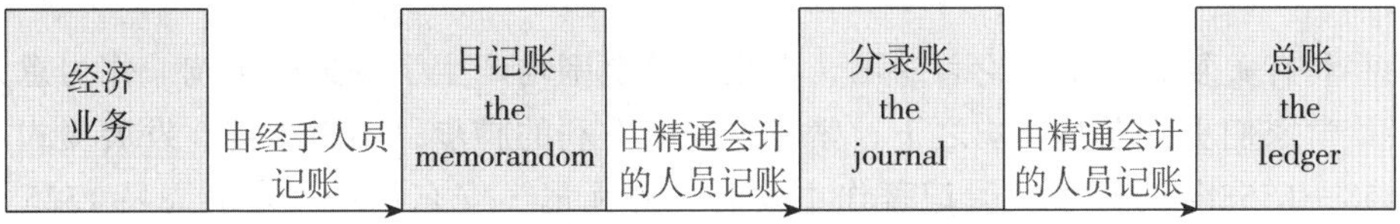

图9-2 帕乔利《数学大全》中账簿组织的关系

另外，帕乔利认为，在私营企业（独资企业）中，企业与私人的财产是不分的，而在合伙企业中，应将二者分开，这与现在的做法是相似的。

在对决算和结账的介绍中，帕乔利认为决算过程的目的主要是发现记账过程中是否有错误，该过程可分为两个阶段：第一个阶段是分录账与旧总账的比较核对。由于前面述及的两类账簿的钩稽关系，核对的方式一般是所有者拿着总账，其助手拿着分录账，由助手大声朗读分录账的各记录事项并加以核对，所有者同时检查核对总账记录，若所有项目均核对相符，则说明通过朗读复核分录账与总账的工作已经完成，以按印表示该项工作结束。第二个阶段实际上是现在编制试算表的工作。将一张纸从中间对折，然后将旧总账中所有的借方金额合计和贷方金额合计分别列在纸的两侧，再分别进行汇总，即“总计”，若二者相等，则表示旧总账是正确的；若不相等，则表明总账中存在错误。这种试算平衡表的编制及其所隐含的深刻含义，正体现了复式记账的精髓，即“有借必有贷，借贷必相等”。对此，著名的会计史学家A.C.利特尔顿教授给予了高度的评价，“从以前到现在，作为复式簿记特色未有任何改变的是作为平衡验证手段的试算表。可以说，帕乔利对试算表的说明历经400多年仍然没有过时”。

在完成了决算工作、旧总账被认为记录正确后，则可开始结账，帕乔利强调现金账户、资本账户、商品账户、动产不动产账户、债权人债务人账户应定期结账，但家事费、小营业费、收支账户和所有的临时费账户不直接向新总账结转，而是先向旧总账的损益账户借方汇总，再从损益账户的贷方转入资本账户。在这里资本账户成为其他账户的容器，一般位于全部总账之后，属于定期向新总账结转的账户。

当然，帕乔利的《数学大全》也不是完美无缺的，主要表现在决算观念尚不明确、决算期不固定，以及没有提出在决算时编制财产目录，因而也不可能进一步提出编制财务报表等。对这些问题，我们应该从当时的社会经济背景去考虑，当时的企业形态主要可分为两类：一类是以佛罗伦萨为代表的由许多出资者共同组成的合伙企业；另一类是以威尼斯为代表的由家庭成员组成的家庭合伙企业。前者的决算期以合伙人共同签订的契约为标准，后者以旧账记满或商人死亡为结账条件，因此这两类企业均没有明确统一的决算期，当然就不会产生固定决算期的要求，更不可能、也不需要编制资产负债表。

总而言之，帕乔利的这部《数学大全》中有关复式簿记的篇章，较为系统、完整地对威尼斯式簿记作了总结，形成了复式簿记的基本框架与思想。这一文献，既是对已经长期在实践中应用的复式记账作了理论上的升华，同时又为后来者继续丰富、发展会计理论与方法奠定了基础。所以，我们可以毫不夸张地说，这是一部对会计发展具有里程碑式意义的经典文献。

9.1.4 帕乔利之后的意大利式簿记

帕乔利有关复式簿记的论著一出，在全世界范围均产生了深远的影响。作为意大利本土的会计学家们更是在其影响之下，紧紧追随帕乔利的脚步，不断丰富、发展复式簿记。

1458—1558年的作者及簿记著作主要有：乔瓦尼·安东尼奥·塔利恩特1525年出版的《以威尼斯的惯例为基础的复式簿记法》(Considerando io Ioanni Antonio Taiente quanto e necessaria Cosa a li nostri magnifici)；多梅尼科·曼佐尼（Domenico Manzoni）1534年出版的被誉为“帕乔利以后的第一本重要著作”——《威尼斯式总账和分录账》(Quaderno Doppio Con Suo Giornale)；乔瓦尼·斯福尔图纳蒂（Giovanni Sfortunati）1534年出版的《新光》(IL Nuovo Lume)；古罗拉莫·卡尔达诺（Girolamo Cardano）1539年出版的《算术和测量的非凡实践》(Practica Arithmeticae e Mesurandis Singularis）中第六十章《关于簿记手法》(De Ratione Librorum Tractandorum)；阿尔维塞·卡萨诺瓦（Alvise Casanova）1558年出版的《明镜》(Specchio Lucidissimo)。

1559—1795年间，帕乔利的复式簿记得到了进一步的发展，人们除对其不断进行修正外，还开始了簿记理论等方面的研究，另外，原来为小型企业所做的复式簿记已经开始在大型企业、修道院及政府内广泛运用。

这一时期主要的会计学家首推柏纳克里特教团（Benedictine monk）的修道士唐·安杰拉·彼得拉（Don Angelo Pietra)。他对复式簿记所作的贡献可归结为两点：一是探讨了非营利组织会计；二是首先提出了编制财务报表的思想。1586年，彼得拉出版了第一本论述非营利组织会计（accounting for nonprofit organization）的著作——《会计人员有规则地记录复式账簿的指针，即最有秩序的教育》(Indrizzo degli Economi o Sia Ordinatissima Instruitione da Regolatamente Formare Qualunque Serittura in un Libro Doppio)，并且提出出于检查修道院会计的目的，最好能够单独编制财务报表，并对其加以审核。

1633年，另一位修士卢多维科·佛罗里（Ludovico Flori）编著了一本论述修道院会计的教科书，将彼得拉的会计思想发展到了一个新的阶段。在这本书里，他首次论述了应将各项经济业务记入恰当期间的思想，这与后来的权责发生制原则是相似的；他对试算表的看法是：试算表不仅可以证明记账是否正确，而且还便于了解企业的财务状况及进行决算；佛罗里的最突出贡献在于会计报表方面，在论述年度末财务报表的时候，他除了继续强调其重要性外，还提出了余额账户、损益账户、利润表和借贷对照表的结构问题，实际上建立了较完整的报表体系。对他的重要贡献，许多会计学家都给予了高度的评价，认为佛罗里的簿记思想达到了19世纪以前的最高水平。

意大利人除了在银行会计、商业会计、修道院会计方面作出卓越贡献外，还在工业会计方面取得了很高的成就，现存的拉法埃洛·迪弗朗西斯科·迪梅迪奇合伙企业的会计记录（Raffaello di Francesco di' Mediel &co.）就可以说明这一点。

9.2 德国会计

16、17世纪至18世纪上半叶，农业在欧洲经济中仍然占有主要地位，但以手工劳动为基础的工业，在西欧各个地区已有了长足的发展。地理大发现后的海外殖民扩张、西欧人口的增长和大城市的发展，以及居民消费结构的变化，使人们对工业品的需求急剧增长，同时资本关系在工业中迅速增长起来，早期的世界市场开始出现。在这种大环境下，德国本身的经济情况也发生了巨大变化，尽管它的前进步伐远不及英、法等国，但其发展趋势依然是明显的。随着与西欧其他国家的接触日益增多，意大利式簿记也传入了德国，并对德国簿记产生了重要的影响。

9.2.1 德国簿记的先行者

这里首先提到的一位德国会计界的先驱人物是马蒂豪斯·施瓦茨（Matthaus Schwarz），他在青少年时期跟随父亲外出经商，这使他很早就接触到了各种贸易活动，特别是在意大利进修的两年间，先进的意大利复式簿记技术牢牢吸引了他，使他在回到德国后没有去继承父亲的事业，而是到富格尔家去做记账员工作。富格尔家是德国近代史上声名显赫的大家族，其家庭业务以银行业为主，分店和营业所遍布里斯本、安特卫普、里昂、威尼斯、米兰、罗马和但泽等地；在采矿业中，采用资本主义组织方式安排生产，并向皇帝和贵族发放高利贷，左右着德国的政治与经济。施瓦茨选择富格尔家当记账员，不仅使他的簿记技能得以施展，而且充实了其簿记知识，为后来著书立说打下了深厚的实践基础。图9-3为富格尔和他的抄写员在事务所。

图9-3　富格尔和他的抄写员在事务所

施瓦茨的簿记著作主要是两部手记，其中第一部手记包括三个部分：何为簿记，意大利簿记和德国簿记。与帕乔利的意大利式簿记相比，尽管该手记有一定特点，但在记账符号、账簿体系、决算时采用的做法方面均逊一筹。施瓦茨作为将意大利复式簿记引入德国的先行者，从其簿记中对两种账簿的介绍及试图将二者结合的努力来看，他看到了意大利复式簿记的先进之处，但同时又想保留民族传统。然而从后来的情况看，这种努力是徒劳的，不过也许正是施瓦茨等学者这种探索的过程，使得后来的德国簿记学者们更加深刻地认识到意大利式簿记的先进性与科学性，从而实现了德国簿记的全面改革。

继施瓦茨之后的一位会计学家是约翰·戈特利布（Johann Gottlieb），在1531年和1546年他出版了两部簿记著作。其中，1546年出版的著作名为《两种精巧的簿记》（Buchhalten Zwey Künstliche vnnd Verstendige Buchhalten）。所谓两种精巧的簿记是指从业主的角度如何来记账和从代理人的角度如何来记账。该书最大特色在于计算损益方面，戈特利布独具匠心地介绍了两种相互验证的计算损益的方法：一是在损益账户中，归集当期的收入与费用支出，结出当期的净利润；另一种做法是通过余额账户，在该账户的左方列出企业持有的资产，右方列示负债与资本，通过资产与负债、资本的比较（资产–负债–资本），得出当期的损益，然后将这两种做法所得出的净利润相互比较，检验其正确性。

当然，这本著作也有不足之处，就记账符号而言，仍然没有统一，“借与贷”“收与支”两组记账符号仍然并存，说明以人格化的借贷关系反映、记录经济业务尚未被德国人全面接受。

9.2.2 全面引进意式簿记

1549年，沃尔夫冈·施魏克（Wolfgang Schreiker）在纽伦堡出版了《复式簿记》（Zwifach Buchhalten）一书，对于这本书的看法，不同会计学家有着不同的见解。有的学者认为，该书是对曼佐尼著作的机械翻译，而有的学者认为施魏克在介绍曼佐尼观点的同时，结合德国的情况，是有独到见解的。无论如何，该书被广泛认为是在德国最早介绍意大利式簿记著作的一本书。该书共三个部分24章：第一部分（15章）举例讲解分录作成法；第二部分（8章）举例说明总账的记录法和转账法；第三部分（1章）举例说明新账记录。施魏克在该著作中不仅提出了损益计算的独特见解，而且对记账符号的论述也更深了一层，与后世的观点可以说是相吻合的。他提出对于分录账和总账均应在借方项目上标Für，在贷方项目上标An。对于记账规则，他认为左手即借方，右手即贷方，从而使这一对用人格化借贷关系来指挥记账的术语彻底变成了只代表记账位置的两个符号，这一论述是相当重要的，不过这一论述在后来很长的时间内并没有引起人们的重视和应和。

在16世纪下半叶，又有一些会计学者相继出版了簿记著作，如雅各布·卡尔特布鲁纳（Jacob Kaltenbrunner）于1565年在纽伦堡出版了《新会计书》；1570年，萨巴斯汀·卡姆马斯菲尔德（Sebastian Gammersfelder）出版了《两账簿的意大利式簿记》（Buchhalten Durch Zwey Bücher nach Italianischer Art vnd Weise）；1594年，帕西尔·格森（Passchier Goessens）出版了名为《复式簿记》（Buchhalten Fein Kurtz Züsamen Gefasst und Begriffen）的文献。这些著作所体现的思想，反映了意大利式簿记在德国逐渐被人们广泛接受的趋势。

17世纪后期，德国传统簿记已为意大利式簿记全面取代，德国会计学者们在著作中也完全采用了意大利式簿记。这一时期的著名文献有克里斯托夫尔·阿哈蒂乌斯·哈格（Christophor Achatius Hager）的《关于特定代理业和公司交易的簿记》（1660）、乔治·尼克劳斯·舒尔茨（Georg Nicolaus Schurtz）的《普通簿记教程》（1662）、保罗·赫尔姆林（Paul Hermling）的《健全的簿记》（1685）等。

9.2.3 成本会计应运而生

自17世纪后期意大利式簿记在德国取得统治地位后，德国的簿记发展一直处于停滞状态，直至19世纪对成本会计研究的兴起，才再次掀起一波会计发展的高潮。

率先研究成本会计的是约翰·迈克尔·洛伊赫斯（Johann Michael Leuchs），1804年，他出版了《商业体系论》（System des Handels）一书，对成本要素进行了分类。1834年，C. D.福特（C.D.Fort）出版了《单式簿记和复式簿记在工业企业中的应用》（einfache und Doppelte Buchhaltung in ihrer Anwendung auf Gewerbliche Unternehmungen），1863年，阿道夫·布施（Adolph Busch）在莱比锡出版了《铸造厂和机构生产经营的组织和簿记》，这两本著作都尝试对间接费用进行分配，但分配的标准尚不科学，而是采取估计的办法。这以后又有戈特沙尔克（Gottschalk）在1865年出版的《会计核算制度的基础及其在产业设施上的应用——尤其是矿业经营、制炼工厂、制造工厂》（Grundlagen des Rechnungswesens und ihre Anwendung auf Industrielle Anstalten, Inbesondere auf Bergbau, Mütten-und Fabrik-Betrieb），J.C.库尔采勒·萨诺伊尔（J.C.Courcelle-Seneuil）在1869年出版的《农工商经营的理论与实践》，阿尔贝特·巴勒维斯基（Albert Ballewski）于1880年再版的《机械厂的成本核算》，以上这些著作构成了19世纪德国对成本会计方面的研究成果，尽管它们还不能算是成熟完善的，但毕竟开了个好头，为以后成本会计的标准化和科学化作了准备。

1905年，以弗里德里希·莱特纳（Friedrich Leitner）的《工业经营的成本核算》（Die Selbstkostenberechnung Industrieller Betriebe）为标志，德国成本会计的研究步入了一个新阶段。1906年，德国机械工业协会在其下成立了一个专门研究成本会计问题的委员会。1909年，该委员会以《机械厂的成本核算》规范机械行业的成本核算。1920年，经济制造委员会提出了《成本核算基本方案（草案）》，1921年，以正式文件的形式对外发表，从而统一了成本核算方法和各种成本概念，建立了成本会计核算制度。

9.2.4 德国民间审计的发展

在19世纪后半期德国会计的发展过程中，德国民间审计开始登上历史舞台，现将其发展状况简介如下。

19世纪70年代初，德国工业有了较快发展，股份制企业不断涌现，手工业者和劳动者创办的各种形式的合作自助组织也层出不穷，出于保护投入资本的目的，股东和合作社的成员要求政府作出相应的法律规定。

1861年《普通德国法典》(Allgemeines Deutches Handelsgesetzbuch)和1870年《股份公司第一次修正法案》(aktiennovelle)的相继出台，确立了监事会审计制度，从而取代了政府的监督。制度规定监事会的职责是监督董事的业务执行情况，审查决算报表和利润分配方案，并将审查结果报送股东大会。但由于大多数监事对会计审计知识并不熟悉，因此在实际执行时往往需聘请专业人员协助。另外，在审理破产诉讼案件时，政府也经常聘请经宣誓而获取资格的审计人员审查破产公司的会计记录。这样，一批专门从事查账业务的人员就出现了。

1888年，汉堡商业会议所制定了德国最早的经宣誓担任账簿审计人员的制度，随后其他商业会计所也制定了相应制度。这些制度的中心内容，就是商业会议所有权任命账簿审计人员并要求他们宣誓。这种审计人员被称作宣誓账簿审计人员。1884年，在经济危机的影响下，德国政府出台了《股份公司第二次修订法》，进一步强化监事的责任和义务。1896年，柏林成立了柏林账簿审计人员协会(Verband Berliner Bucherrevisoren)，其影响迅速波及全国，1898年，发展为全国性审计组织，改名为德国账簿审计人员协会(Verband Deutscher Bucherrevisoren)。最初该协会只有5名成员，1906年增至147人，1926年又增加到874人，1929年总数达到约1 800人。这些审计人员最初的工作是财务审计，后业务范围慢慢拓宽，如经济咨询等业务也逐渐进入了他们的业务领域。

尽管宣誓账簿审计人员已经作为独立的查账人员产生了，但实际情况却并不乐观。由于这些人员的水平相差悬殊，尤其是在工作中不能保持良好的职业道德，对自己发过的誓言并不认真履行，因此引起公众的普遍不满，特别是在19世纪二三十年代破产风潮的影响下，对宣誓账簿审计人员加强规范和约束的呼声越来越高。在这种背景下，德国政府决定在加强对公司监督的同时，进一步规范宣誓账簿审计师行业。

1931年，德国政府颁布了《关于股票法、银行审计和租税减免的紧急命令》(Verordnungdes Reichsprasidenten uber Aktienrecht, Bankaufsicht und eine Steueramnestie)，明确规定应由经济审计师对大型股份公司、银行和保险公司的财务报表进行年度审计。经济审计师由股东大会选举产生，在审查该会计年度的资产负债表、利润表和营业报告书后，将审计报告报送董事会和监事会，再由监事会根据自己的审计结果和经济审计师的审计结果得出具有综合性的结论提交给股东大会。股票法一出，开创了德国强制审计的新时代。

根据股票法的规定，同时为了整顿审计人员队伍、提高素质，德国政府废除了宣誓账簿审计师的称号，并通过与各州协商研究，共同制定了经考试确定职业资格的经济审计师制度。1932年，德国账簿审计人员协会解散，同时创建了经济审计师协会(Institut der Wirtschaftsprufer)。

随着经济审计师作用的日益重要，加强规范经济审计师执业行为的要求也显得更加突出。1961年，西德联邦政府制定了《关于经济审计师职务规则的法律》(Gesetz uber eine Berufsordnung der Wirtschaftsprufer)，简称《经济审计师法》(Wirtschaftspruferordnung)，详细规定了经济审计师和经济审计公司的业务内容、经济审计师会议所的任务和组织以及经济审计师的义务和处罚等内容，另外，该法还赋予经济审计师公会制定会员业务规则的权限。1964年，联邦政府又发布了《经济审计师的业务指南》，指明了职业审计人员应遵循的业务程序。

经济审计师公会(Wirts Chaftspruforkamer)是德国会计师职业界的一个职业团体，每个经济审计师均须加入，它的主要任务是监督会员的专业活动及促进和保护他们的专门利益。另一职业团体是德国会计师协会，经济审计师和其他国家的审计人员（统称注册会计师）可自愿加入，它的任务是负责制定专业性政策和技术方面的准则。

9.2.5 风雨之后的德国会计

经历了战争、分裂与重新统一的德国，已经是一个经济发达的资本主义国家，其会计也在不断向前发展，并形成了德国会计模式，或称北欧会计模式。促成这一模式的三个主要因素是德国的证券市场、法律体系以及企业组织形式。

德国的证券市场相对不够发达，特别是股票市场规模较小，1975—1990年的15年间，德国企业以发行股票方式筹集的资金仅占企业外部资金来源的5%左右。与此相对，德国企业的主要筹资渠道是银行，银行在为企业提供融资、投资、发行证券、代理债权债务等服务的同时，通过参股、担任经济顾问等形式参与企业管理，对企业具有很强的影响力，因此，从财务报表使用者的角度来看，银行的影响力要远远大于股东。德国的法律体系属于以成文法为特征的欧洲大陆法系，这种法系在会计方面的特点是通过制定、颁布法律来规范会计行为，如公司法、商法、税法等法律中均有对会计方面的规定。从德国企业的组织形式来说，包括股份有限公司、有限责任公司、两合公司、独资企业、合伙企业、联营企业等形式，不同形式的企业组织在财务信息的披露与揭示方面有着不同的要求。

除受以上三个因素的共同影响外，德国会计还深受欧盟为协调成员国会计审计而制定的指令与条例的影响。1985年12月19日，为执行欧盟第4号与第7号指令的要求，德国颁布了《会计指令法案》（Accounting Directive Law），对会计原则产生了深刻的影响。

在以上因素的共同作用下，德国会计具有以下特点：税法规定对会计有着重要影响；资产负债表中项目的构成与作价有多种选择；私人公司和合伙企业在会计方法上有更大的选择余地；在运用具体条款时真实与公允概念居于首要地位；在税务法庭的影响下，会计原则不断向前发展；会计原则的发展对会计职业几乎没有影响；增加企业对净收益可作调整处理的机会。

9.3 荷兰会计

荷兰原是尼德兰北部的几个省份，在13—15世纪，尼德兰就是经济发达的地区之一，地理大发现后，世界航路的改变进一步促进了该地区经济的发展，但直至16世纪该地区仍处于西班牙的统治之下。16世纪60年代开始，尼德兰北部爆发了独立革命，至1581年，建立了联省共和国，西班牙在多次武力镇压失败后被迫承认其独立。1594年，荷兰独立之势最终确定。荷兰建国以后，凭借着海外殖民掠夺迅速聚集了大量的财富，如著名的荷兰东印度公司和西印度公司就是其进行殖民掠夺的重要工具。17世纪中叶，荷兰的经济达到了鼎盛时期，其首都阿姆斯特丹也成为世界上重要的经济贸易中心。直至17世纪末18世纪初，荷兰的辉煌才被迅速崛起的英国所取代。

9.3.1
英平的早期探索

意大利式簿记对荷兰簿记产生的影响可以追溯到西班牙统治时期，1543年，安特卫普的商人简·英平·克里斯托弗尔（Jan Ympyn Christoffels）出版了《新教程》（Nieuwe Instrctie）一书，拉开了意大利式簿记传入荷兰的序幕。该书封面如图9-4所示。克里斯托弗尔由于在世界各地经商，特别是在威尼斯逗留了很长时间，因而接触到了当时先进的意大利式簿记，回国后，他倾注全部心血完成了《新教程》，目的就是要把意大利式簿记介绍给国人。该书共29章，体现了帕乔利和曼佐尼对克里斯托弗尔的共同影响，其中一部分内容为转译之作，而分录账和总账的格式又基本上是对曼佐尼的模仿。不过他也对一些方面作出了修正，如提出应在总账内设余额账户；编制财产目录时，应改用统一的货币单位计价；特别是在试算表的引入上尤有功绩，他是第一个提倡编制期初资产与负债盘点表的作者。

Nieuwe Instructie

图9-4　英平的《新教程》封面

克里斯托弗尔的《新教程》，为荷兰簿记的发展注入了新鲜的血液。特别是在经济迅速增长的推动下，人们在实际中不仅使用意大利式簿记，而且还根据需要将意大利单一分录制发展为复合分录，将账簿进行分割发展为特殊分录账，这些都是可喜的情况。但在16世纪的后半叶，由于西班牙的殖民统治，荷兰簿记陷入停滞状态，这一时期的著作也没有什么新意，主要的簿记著作有1583年巴塞洛米厄斯·克卢特（Bartholomeus Cloot）出版的《意大利式簿记简便法》（Corte Maniere ende Stilom Boeck te Houden）、1590年梅勒玛（Mellema）出版的簿记文献等。不过，这一停顿时期却孕育着一个重大的突破，一位在荷兰会计史上享有崇高声望的会计学家即将崭露头角。

9.3.2
一代宗师——斯蒂文

1605—1608年，西蒙·斯蒂文（Simon Stevin）出版了《数学惯例法》（Wisconstighe Ghedachtenissen），对该书名海渥教授在他的著述中还有一段解释，“将（斯蒂文著作的）标题翻译成同样含义的英文是十分困难的，‘wisconstighe’一词在斯蒂文时代意味着‘思想的领域’或‘观念的范围’，可能最直接的翻译就是‘数学思想领域’”。该书后来的拉丁文译本题目为Hyponmemata Mathematica，其部分内容的法文译本题为Memories Methematiques。该书不仅奠定了斯蒂文在会计史上的地位，而且为荷兰簿记的发展开创了新的纪元。

斯蒂文于1548年生于普鲁士，1620年去世，享年72岁。他早年曾在安特卫普的一家商行中担任簿记员和现金出纳员，而且有迹象表明斯蒂文很有可能在一所私立簿记学校学习过簿记知识。他在欧洲辗转游历，在尼德兰的莱顿大学教授数学期间，他担任了奥兰治·摩里斯王子的家庭教师，二人结下了深厚的友谊。后来，奥兰治王子成为了荷兰共和国的主席，在其力邀下，斯蒂文踏上仕途，为振兴荷兰经济作出了贡献。

斯蒂文之所以成为一位伟大的学者，不仅因为其在会计领域作出了卓越贡献，还由于他在诸多学科均有涉猎并取得了不俗的成果，这与帕乔利很相似，甚至还要超过帕乔利。他的《数学惯例法》可以说是他全部科学成果的总结，在这部著作中，斯蒂文论述的领域包括数学、力学（机械学）、流体静力学、天文、地理、航海、工程、教育、作战、会计、建筑、音乐、政治、逻辑等各个学科，因此称之为“百科全书”并不过分。

该书共由五卷组成：宇宙进化论即世界描写；几何学应用；重量测定技术，透视法和论集。而论集又包括六个部分：算术摘要，王子簿记，声乐理论，房展建设，战争艺术，各种记录。

其中的王子簿记（Livre de Compte de Prince）就是斯蒂文介绍簿记之所在，该部分的全称为“非常正确的领地和王子簿记”（Verechting van Domeinen en de Vorstelyke Boeckhounding）。斯蒂文之所以写作这部分内容，是奥兰治王子深感其王朝财产和军队的财务管理非常薄弱，他希望斯蒂文能够将意大利复式簿记引入以上两个领域，加强财务管理，所以斯蒂文就将其与王子之间的问答总结成文字，这部分内容将近100页。

王子簿记的主要内容分成两部分：第一部分名为意大利式商人簿记；第二部分名为意大利式王子簿记。第二部分由意大利式商业簿记、意大利式领土簿记、意大利式王室支出簿记、意大利式特殊财政（如战时财政）簿记组成。

第一部分“意大利式商人簿记”集中体现了斯蒂文的簿记思想。第一，在分录的形式方面，斯蒂文介绍了“A debit par B”的分录格式，表明分录正在向更加简化的方向发展，同时，记账术语也进一步符号化。第二，在账簿组织体系方面，他以日记账、分录账、总账为主要账簿，以现金账和费用账为辅助账簿，并认为辅助账各项目不应分项结转，而应按日或按月汇总后再一起结转，这样就大大简化了结账工作。第三，在总账的格式方面，具有“划时代的特点”，其总账的格式为：在每一总账账页的抬头，提示借方（debit）和贷方（credit），并标明年限，账页的记录包括月份、日期、事项和金额，其中事项的记录已不再采用文字叙述式，而近乎于后世的会计科目。因此可以说，斯基文的总账已基本具备了表格的特点。第四，在决算方面，斯蒂文指出应在年末对损益账户进行结转，同时，编制资本状况表和损益证明表。在资本状况表中，借方列示期末的负债与资本，贷方列示期末的资产。利润表中借方列示费用，贷方列示收入，借贷方差额表示当期损益。这样，期初的资本状况表、期末的资本状况表、账簿记录、损益证明表便形成了一个相互钩稽核对的关系。第五，介绍了代理人会计。第六，除以上簿记方面的特点外，这部分内容在写法上也具有特色，如前所述，斯蒂文采取和自己的学生奥兰治王子的问答形式来编写著作，使人读来平易生动、通俗易懂。

在斯蒂文及荷兰17世纪国内经济和国际贸易迅猛发展的影响下，荷兰会计迎来了“金色的世纪”，仅从出版的簿记书籍的种类便可见一斑。1600—1650年，出版的种类为35种；1651—1700年，出版的种类为36种；1701—1750年，出版的种类为38种；1751—1860年，出版的种类为46种。

斯蒂文由于在簿记领域的杰出贡献，后人经常把他与帕乔利并称，实际上，斯蒂文的确对这种赞誉当之无愧，他不仅对荷兰的会计事业，而且对欧洲其他国家（如英国）的会计发展都有着重大的影响。

9.3.3 荷兰民间审计

17世纪的荷兰，是世界上头等贸易和殖民帝国，它凭借强大的商船队、东印度公司、阿姆斯特丹银行这三大支柱成为东方贸易的霸主、欧洲金融的中心、世界级的“海上马车夫”。但好景不长，1637年“郁金香球茎大恐慌”使荷兰的经济遭受重创，1657年，荷兰舰队又败给了英国舰队，失去了海上霸权，欧洲繁荣的中心逐渐移至英国。此后，荷兰又因战争和受法国统治，经济日渐衰落，这种现象直到摆脱法国统治后才渐有好转。与此相应，荷兰的会计师职业也随着国家的兴衰而浮浮沉沉。

1895年，荷兰的会计师们模仿英国特许会计师协会的模式成立了荷兰王国会计师协会（the Dutch Institute of Accountants），入会者除具备一定的资格外，还要通过两次考试，以保证会员具有验证查账的能力。该协会的模式后来被其他会计师团体继承。

协会成立后于同年6月出版了协会刊物——《会计师》（The Accountant），从而为学者之间交流和争鸣提供了阵地。19世纪，在《会计师》杂志和会计师之间经常讨论的问题概括地说有三个：一是要求向英国会计师职业团体那样迅速取得“超级簿记员”的称号（荷兰会计师追求所谓超级簿记员称号，因为他们看到了英国同行在取得王国特许资格后各方面取得的重大进展，所以他们也向荷兰王国提出了同样的要求，但这个过程是相当漫长的，1900年荷兰王国会计师协会曾在商会的帮助下为此目标作出努力，不过以失败告终）；二是方法上的争论；三是分录账和总账的发展。

尽管荷兰的会计师职业组织成立较早，但至第一次世界大战爆发前，其规模一直很小。当时荷兰共存在5个会计师协会，可会员总共不超过200名，而且各个协会在章程、入会资格等许多方面均存在很大差异，形成各自为政的局面，这也是荷兰会计师界迟迟未能建立全国统一的职业团体及取得王国特许资格的重要原因。

由于上述情况，荷兰会计师职业团体从法律上确认其身份已经是很晚的事情了。至

1962年荷兰才制定了《注册会计师法》，该法从1967年开始生效，从而正式从法律上确认了注册会计师的身份。根据《注册会计师法》的规定，当时存在的各个会计职业团体进行合并，形成了“荷兰注册会计师协会”（Negerlands Institute Van Register-Accountants，NIVRA）。该协会在荷兰会计准则的制定方面发挥着重要的作用。

在荷兰，要取得从事会计师职业的资格有两条途径：一是通过高等学校授予相关专业的学位；二是通过参加会计师协会组织的为期11年的教育项目，包括4年的预备性学习、3年的经济学学习、4年的会计与审计学习。由于荷兰注册会计师道德高尚且专业技术精深，因此不仅在本国是人人羡慕的职业，而且在全世界也备受尊重。

9.4 法国会计

法国是欧洲资本主义萌芽出现较早的国家之一，在14、15世纪，巴黎、马赛就已经是经济相当发达的城市，随着资本主义经济的迅速崛起，法国与欧洲各国的经济联系日益紧密。随着意大利式簿记的传入，法国的簿记也面临着一场新的革命，当然，变革的过程是艰巨而复杂的。

9.4.1 门赫与萨维纳的探索

将意大利式簿记介绍给法国的第一位代表人物是瓦伦丁·门赫（Valentin Mennher），他于1550年发表了《简单的实践》（Practique Brifue），不过该书介绍的簿记更类似于佛罗伦萨式簿记，而不是威尼斯式簿记。在这部著作中，他介绍的会计分录与现代分录的格式相类似，账簿组织包括分录账、债权债务账和商品账，记账所用的数字为阿拉伯数字。

1567年，法国人皮耶雷·萨维纳（Pierre Sauonne）在安特卫普出版了《簿记示范与技巧》（Instruction et Maniere de Tenir Livres）一书，引起了轰动。该书包括献辞、致读者、复式簿记解释、总账A、索引、余额试算表、销售账A、分录账、备忘账A、总账B等部分，带有明显的佛罗伦萨式簿记的特点。萨维纳在谈及复式簿记的意义时指出，记好账对商人有重要意义，而复式簿记恰好能保证这一点。在账簿设置上，他认为应设总账、销售账、购进账，其中销售账和购进账是分录账，分录账和总账之间通过“过账符号”联系在一起。在决算方面，他提出使用期末存货盘点表进行损益决算，另外，他重视企业的债权债务分析，关注企业的偿债能力，并涉及了销货折让与进货折让的问题。

9.4.2 殖民扩张中的会计发展

法国在16世纪末期，走上了殖民化道路，至17世纪上半期，已经建立了22个特权公司，并通过这些公司在北美、中南美洲、安得列斯群岛和西印度群岛开辟了一批殖民地据点。至17世纪末，法国的殖民扩张达到了极致。另外，17世纪60年代，路易十四批准财政总监——

让·巴普提斯特·科伯特——进行经济改革。遗憾的是，这次改革被路易出兵荷兰打断。

在此背景下，法国资本主义经济空前发展，相应的经济法规也建立了起来，与会计密切相关的一部重要法典是1673年3月23日颁布执行的《作为商人的商业规则而发生作用的法兰西和纳瓦拉的路易十四的王令》(Ordonnance de Louis XIV.ROY DE FRANCE ET DE NAVARRE, Servant de Reglement pour le Commerce des Marchands)，亦称商事王令或商人法典。其中有关会计的规定简述如下：规定每一个批发商、零售商、兑换商、金融家应认真设置并记好账簿，账簿应经商事裁判官或市长署名同意并在商事裁判所、书记局或市政厅备案。账簿的第一页明确记载账簿的种类、页数和内容，应序时逐笔记账、不留空白。要求商人应编好财产目录，用来反映六个月内全部动产和不动产、债权和债务，每两年应核对、调整一次。在对外披露方面，规定除财产合并、公司分割和解散外，裁判所不得要求、命令商人公布和提出自己的账簿及财产目录，除非经他们同意。另外，还要求商人应保存好商业往来函件等。

商事王令的出台，对法国会计的发展有着重大的影响，决定了其会计必然带有该法令烙印的重要特征。为了能使王令为人们普遍理解，一些学者作了有益的解释和探索，雅克·萨瓦里（Jacques Savary）就是其中的一位典型代表。1675年，他出版了《完善的商人》(Le Parfait Negociant) 一书，通过新、旧王令的对比并结合自己的经验，以举例的方式将会计知识娓娓道来，引导大众如何看待会计、如何掌握会计。在这部著作中，他强调了建立商业账簿、反映企业经济业务的重要性，并以纺织行业为例介绍了九种账簿的设置，另外，他还详细介绍了财产目录的编制方法。

除萨瓦里外，当时一些著名的会计学者及著作还有克劳德·伊尔桑（Claude Irson）与他的对商事王令第三章“大商人，普通商人和银行家的账簿与记录”的解释著作，德·拉·波特（De La Porte）的《商人和簿记员指南》(Le Guide Des Negocians et Tenevrs de Livres）等，其中德·拉·波特在资产负债表理论方面取得了重大成就，他成功地总结和发展了前辈们的成果，被誉为大陆派会计的有功之臣。

9.4.3 伴随工业革命成长的成本会计

1789—1793年，法国进行了资产阶级革命，摆脱了封建主义的束缚，为资本主义工业发展创造了条件。然而，在法国大革命中和以后的20年间，由于政局动荡暂时拖延了工业革命的开展。直至1815年拿破仑战败后，法国的政局稍显安定，并且在波旁王朝和七月王朝的政策推动下，法国的工业革命才得以开展。以纺织业为例，早在18世纪80年代，就已经采用机械生产，1815年，随着拿破仑时代“大陆封锁政策”的打破，大批外国特别是英国的专业技术人员被引入法国国内，极大促进了纺织业各部门工业化进程。1848年前，工厂制度已在纺织业普遍推广。所以在这个时代，法国会计的重心便是工业会计，特别是成本的核算。

1817年，安塞尔姆·佩恩（Anselme Payen）发表了《关于工厂簿记管理的论述》(Essai sur la Tenue des Livres d'une Manufacturies)，他以马车工厂制造3台马车为例，论述了产品成本的计算方法。除佩恩外，这一时期比较知名的会计学者还有C.A.基尔博（C. Adolphe Guilbault)，他在1865年出版了《工业会计和管理概论》(Triatē de Comptabilitē et d'Administration Industrielles）、1877年出版了《工业经济理论》（Triatēd'Economie Industrielle）；另一位是F.迪迪尔（F.Didier），1885年他在《公司杂志》上发表了论文《对于工业公司财产目录的研究》。

9.4.4 20世纪的法国会计

跨入20世纪之后，法国会计进一步发展，概括起来主要有以下几个方面：

1）法律体系对公司会计影响显著

继1673年的商事王令、1804年的《拿破仑法典》之后，20世纪对法国公司会计有着重大影响的一部法律是1966年颁布的《商务公司法》（Loi sur les Sociétés Commercials）及与其相关的1967年颁布的《第236号政令》。该法对公开上市的股份有限公司规定了会计披露的要求，要求在会计年度终了时，公司董事会的经理应将反映过去一年公司财务状况和经营成果的会计资料提交审计师进行审计；还规定公司至少每年召开一次股东大会，除法庭特许外，必须在会计年度结束后半年之内召开；公司的财务报表必须在股东大会召开前45天之前提交审计师审计，向股东大会提交的关于公司状况和业务情况的书面报告必须在股东大会召开前20天之前交付审计。同时，该法也规定了法国独立审计师的任命、职责和权限等。除审计的要求外，该法还规定了会计报表的格式与计价方法变更的合法程序及固定资产折旧、各种准备提取、费用及损失的弥补，开办费用的摊销，净利润的确定，法定准备的形成及处理等会计问题。

除《商务公司法》及相关政令外，《一般赋税法》（Code Général des Impóts）对公司会计也有重要影响，在法国长期以来的做法是要求会计收益必须与税法上计算出的收益相一致，其弊病在于税法的规定往往会影响正常的会计处理。而这种情况在欧共体关于会计方面的规定影响下有所改变。

2）会计标准化——《会计总方案》——的颁行

应该说，法国会计标准化的思想，在很大程度上受德国的影响，德国统一会计方案的思想产生于19世纪80年代后。20世纪20年代，德国会计学教授舒玛尔兰巴赫（Schmalenbach）设计了一套示范会计科目表。1937年，德国政府以法令的形式发布了西方国家第一套会计科目表，称为“高林方案”（Goering Plan），适用于所有私营企业。第二次世界大战期间，德国占领法国后，将会计标准化也带到了法国。1941年，一个名叫部长委员会的机构制定完成了法国第一部统一会计方案，并于次年公布，该方案既体现了高林方案的许多特点，同时又考虑了法国本国国情。

第二次世界大战结束后，法国政府基于重建经济的考虑，在会计方面也下了很大工夫进行改进。1945年，法国战后政府建立了一个名叫会计标准化委员会的组织（该组织后为高等会计委员会取代，之后又更名为国家会计委员会，隶属于财政部，负责制定会计标准化制度），重新制定了《会计总方案》（Plan Comptable Général），并于1947年批准执行。该方案与1942年的方案相比有许多相似之处，主要不同是增加了成本和管理会计方面的规定。

起初，《会计总方案》只适用于国有企业和有政府补贴的公司，1957年修订后，适用于全部公营和私营企业。1979年再次修订后，于1982年公布，从1983年12月31日后开始执行。新的《会计总方案》除引言外，共分三个部分，现将其主要内容列示见表9-2。

表9-2 法国《会计总方案》的主要内容

	一般要素、术语、会计科目表
第一部分	第一章：一般要素和结构 一、基本会计原则 二、会计标准化：性质和目标 三、对会计组织的要求 会计科目表 会计记录 处理会计业务 第二章：术语 第三章：账户编码 一、账户分类及其分类基础 二、企业账户组织 三、账户一览表
	财务会计
第二部分	第一章：估价与计量规则 一、估价与方法及其应用 二、定期收益的确定 第二章：总方案账户的运用和年度报表的编制 一、资产负债表，经营和特种报表的应用 二、年度报表 第三章：特种类别与形式的经营会计 第四章：合并会计报表
	管理会计
第三部分	第一章：一般要素 第二章：成本会计制度的范围和结构 第三章：成本报表术语 第四章：成本计算的基础和方法 第五章：成本会计在企业管理中的运用

资料来源 STANDISH P. Financial reporting in france［M］// NODES C W，PARKER R H. Comparative international accounting. Prentice-Hall，Inc.，1991：160.

该方案的核心部分为账户一览表，其第一层次的账户见表9-3。

表9-3 第一层次账户内容

财务报告
资产负债表
1.资本账户与相关的贷款和债务账户 2.长期资产账户 3.存货与在产品账户 4.与第三者（债务人与债权人）的往来账户 5.财务性资产与负债（如银行存款、投资等）
经营性报表（包括有关特殊项目的报表）
6.支出与费用 7.销售收入与其他收益
不包括在上述七类中的特殊账户
8.承付款、担保、租赁分期付款与租赁分期收款、或有项目、前期损益调整，对当期与下期资产负债表金额的影响

资料来源 STANDISH P. Financial reporting in france［M］// NODES C W，PARKER R H. Comparative international accounting.Prentice-Hall，Inc.，1991：161.

当然，伴随经济全球化和上市公司信息披露要求所带来的压力，《会计总方案》也发生了变化。自1986年起，法国修改增加了关于合并报表的规定；1996年，进一步将《合并会计的原则》从以税务导向的《会计总方案》中剥离出去，从而导致企业会计与合并会计并立的局面。

3）法国会计管理机构的发展

前已述及，伴随着《会计总方案》的发展，法国全国性的会计管理机构先后经历了会计标准化委员会、高等会计委员会和国家会计委员会的变迁。作为目前法国会计管理机构的国家会计委员会（Conseil National de Lacomptabilité），成立于1957年，是财政经济事务部下的一个独立机构，由会计职业者代表、政府各部和公共当局的代表、财务分析家组织的代表、私营企业代表、商会行会的代表、工会的代表及其他各界代表组成，设一名主席、五名副主席、一名秘书长，原则上每年召开两次会议。

按照法国政府以《会计总方案》为基础发展法国公认会计原则的思路，自1965年起，国家会计委员会开始仿照英美等国会计准则制定机构的做法，以说明或建议的方式对1957年《会计总方案》的具体应用发布解释性指南。这种说明或建议以文告的形式加以公布，涉及资金来源与运用表、研究与开发费用的会计处理、增值税的会计处理、收入与支出的摊销、资产负债表外的协议事项、欧共体（当时）的农业交易、租赁业务、利润分配的职工参与方案，以及职工福利开支等方面，这些说明或建议不具有强制性。1971年，国家会计委员会着手修订1957年的《会计总方案》并参与欧共体（当时）第四号指令的制定。

1996年，法国改革了国家会计委员会，并于1998年设立了会计规则委员会（Comite' de Reglmmtation Comptable）。该委员会的设立目的是：使会计规则更加透明、稳定；使会计规则的制定前后更加一致；对编报合并财务报表使用国际会计准则给予指导，并对其使用给予认可。

在法国，另一个对会计具有监管职能的组织就是1968年成立的证券交易委员会，该组织类似于美国的证券交易委员会，但权威性远不如后者。其主要功绩是对上市公司财务报告的规范和对公司会计中一些含混不清的问题予以澄清，特别是在编制合并会计报表方面起了相当大的作用。

4）法国会计职业界的发展

在法国，民间审计人员包括法定审计师和会计师。其中法定审计师是由地方法院首席法官担任主席的一个专门委员会指定，要求应通过一定考试并具备一定经验，但不如注册会计师条件严格。法定审计师不能对审计当事人提供法定审计以外的咨询、税务或会计服务；而会计师则主要充当企业顾问，帮助企业分析经济和财务活动，还可对企业的财务报表正确与否进行评价。成为会计师一般应具备以下条件：会计学、经济学、法律三门考试合格；特许考试合格；（大学毕业生可不经过这两类考试）考试合格者随会计师或其他实际会计工作者工作3年，并要在此3年内，在某一专门领域取得优良证明；在3年工作结束前通过一次审计考试并提交一篇论文；继续从事会计实务至26岁方可成为会计师。

法国会计师职业团体主要有法国注册会计师协会（Ordre des Experts Comptables et des Comptables Agréés）与国家法定审计师协会（Compagnienationale des Commissaires aux Comptes），其中法国注册会计师协会成立于1942年，并于1945年重建，协会会员必须是公开从业人员，如果离开公共会计师界，则将失去会员资格。协会的主要工作是发表对会计原则的意见与建议，但其对会计界没有约束力，只作为政府有关方面的参考。另外，作为国际会计准则委员会的发起团体之一，法国注册会计师协会在引进国际会计观念方面也做了大量工作。同时，它也是国际会计师联合会的成员。因此，可以说法国注册会计师协会在法国会计的发展中起到了一定事实上的作用，但由于长期以来政府一直占主导地位，因此法国会计师界的影响力远不及英、美会计师职业团体。国家法定审计师协会成立于1969年，其背景是1966年法国《公司法》颁布后，司法部要求建立一个受其直接管辖的注册审计师的独立组织。根据法律规定，公开上市公司与非公开上市公司的财务报表均须经过具有国家法定审计师协会会员资格的审计人员进行审计。

【小思考9-2】

法国会计职业团体主要有（　　）。

（1）法国注册会计师协会　　（2）法国会计师协会

（3）法国特许会计师协会　　（4）法国国家法定审计师协会

【答案】（1）、（4）。

9.5 英国会计

9.5.1 意大利和荷兰簿记的影响

在14、15世纪，英国经济还落后于尼德兰，但随后英国出现了一系列有利于资本主义迅速发展的条件。首先是在15世纪英国较早地消灭了农奴制，进入16世纪后，又通过大规模的圈地运动为资本主义的发展准备了充足的资本财富、自由劳动者和广阔的市场，同时，专制王朝的重商主义政策，也促进了工商业的发展。在国内资本主义经济蓬勃发展、财富迅速积累的情况下，英国殖民者又将眼光投向了广阔的海外，开始了以血腥和暴力进行掠夺的时代。在这样的政治经济背景下，英国的一些商人、簿记教师和数学家都敏锐地感到一直采用的单式簿记法已不适应当前的经济需要，他们迫切需要一种新的簿记方法来取而代之，意大利式簿记便如一场甘雨，普降在这块饥渴的土地上。

第一部介绍意大利式簿记的著作被认为是休·奥尔德卡斯尔（Hugh Oldcstle）编著的《有益的论文》（A Profitable Treatyce），由于原书稿早已散落难寻，因此我们只能从后人的一些研究著作中间接得到一些关于《有益的论文》的描述。据1588年在伦敦出版的、由约翰·梅利斯（Johan Mellis）编著的《简单的指导和方法》（A Brief Instruction and Manner）一书介绍，《有益的论文》基本上系统完整地秉承了意大利式簿记的方法，如在账簿系统的设置与试算平衡表的编制方面与帕乔利可以说完全相同，但同时该书也考虑了英国本土的一些实际情况，并非照抄照搬、一味模仿。1547年，荷兰克里斯托弗尔簿记书的英译本在英国出版，题目为《著名的和非常优秀的著作》（A Notable and Very Excellent Work）。该书的特点是，基本模式为意大利簿记法，但介绍的角度则更强调实用性。

在前面提到的这两部著作及它们所代表的一系列相关著作的影响下，意大利式簿记较为迅速地在英国传播开来，并为英国自身会计思想与会计著作的成熟、发展奠定了基础。詹姆士·皮尔（James Peele）是“现存最早的由英国人自己编著的英语簿记文献的著者”，他流传后世的簿记著作有《如何把账记好的方法和格式》（The Maner and Fourme How to Kepe a Perfecte Reconyng，1553）与《借贷会计入门》（The Pathwaye to Perfectnes，1569），前者基本上沿袭了帕乔利的著作，尽管作者增加了对总账账户的说明和使用了更多的例题分录；后者在很大程度上摆脱了意大利式簿记的影响，在写法上采用师生对答的方式，特别是对总账结账作了详细的说明。该著作语言生动流畅、深入浅出，的确是很好的会计入门书籍。1567年，约翰·韦丁顿（Johan Weddington）出版了《简明簿记教程》（A Breffe Instruction），书中体现出的荷兰会计的影响更为明显，如分割账制。

最能体现荷兰会计特色的著作是理查德·达伐纳（Richard Dafforne）在1635年出版的《商人宝鉴》（The Merchants Mirrour）。由于作者长期在荷兰生活，因而受荷兰会计的熏染极深，正如他自己在书中序言中所提到的，他的著作只受西蒙·斯蒂文会计文献的影响。《商人宝鉴》的叙述采用对话方式，其主要特点有以下几个方面：第一，正文包括两部分，一是介绍簿记知识，二是通过举例介绍记账手续，账簿体系包括财产目录、日记账、分录账、总账；第二，在总账的格式方面，体现出表的特点，记账术语采用“to”和“by”表示“借”和“贷”，分录的写法比较简练；第三，使用了多栏式财务报表，如其中第一栏为合计试算表，第二栏为余额试算表，第三栏为包括资产和负债在内的借贷对照表。另外，尽管作者一再宣称其著作深受荷兰簿记影响，但他也放弃了一些荷兰簿记中的先进方法，如辅助分录账、复合分录等。

9.5.2 资产阶级革命中的英国会计

随着资本主义生产关系的深化，1640—1688年，英国资产阶级夺取了政权，在资产阶级革命的过程中，会计方面也涌现出了许多为传播和发展会计知识作出杰出贡献的人士，这里我们要介绍三位学者。

约翰·柯林斯（John Collins），1653年出版了题为《商人会计入门》（An Introduction to Merchants Accounts）的会计著作，其内容主要是记账举例。

斯蒂芬·蒙蒂基（Stephen Monteage），1675年出版了《正确地运用会计的简要指南》（A Short Instruction for the Attaining the Right Use of Accounts），1683年出版了《租金收集人的会计入门》（Introduction for Rent Gathers Accounts）。

罗伯特·柯林森（Robret Colinson），其代表作是《精明的会计人员》（The Perfect Accountant），书中介绍的账簿体系包括日记账、分录账和总账，但没有财产目录，尤其值得一提的是“借方”“贷方”的术语不再使用“Debiter”和“Creditor”这样拟人化的称呼，而改用“Debet”和“Credite”，较接近现在的用法。

英国资产阶级政权确立以后，废除了封建土地所有制，取消了封建割据和等级制度，建立了一整套有利于资本主义发展的法律体系，实行有利于资本主义发展的工商政策，为工业革命准备了政治经济条件。在18世纪前期，英国的会计学者们继续探索，为后人留下了不少珍贵的文献。

1714年，罗杰·诺思（Roger North）出版了《绅士会计》（The Gentleman Accountant），其账簿设置包括日记账、分录账和总账。1718年，亚历山大·麦吉（Alexander Macghie）出版了《簿记说明原理》（The Principles of Bookkeeping Explaination），该书第一章介绍会计的基本知识，包括簿记的目的、借方贷方的含义、账簿体系等；第二章介绍围绕日记账、分录账和总账如何进行记账，其中借方和贷方采用了“Dr”和“Cr”来表示；第三章介绍总账的整理及编制余额表与利润表；第四章介绍内外商社的簿记。1731年，亚历山大·马尔科姆（Alexander Malcom）出版了《商人会计》（Merchants Accounts），该书对资本账户、利润表、余额表的论述独具特色。同年，理查德·海斯（Richard Hayes）出版了《近代簿记》（Modern Bookkeeping），其特点是用简单明了的语言介绍意大利式簿记。1735年，赫斯特克拉夫特·斯蒂芬斯（Hustcraft Stephens）出版了《意大利式簿记》（Italian Bookkeeping），该书详细列示了资产与负债的内容，并比较了同时代三本著作中有关资本账户与金额账户的论述。另外，书中还比较了大陆式借贷对照表与英国式借贷对照表。

1736年，约翰·梅尔（John Mair）在爱丁堡出版了《簿记法》（Bookkeeping Methodizd），该书被认为是“最完美的意大利式簿记的典型”。其序言中确立了复式记账的等式，第一等式为“财产=资本”，第二等式为“资产-负债=纯资产”，这两个等式的确立可以说对后世影响巨大。在书的第一部分，作者以开业时财产目录为出发点，论述了日记账的重要性及编制规则；在第二部分，论述了分录账的编制，并表达了试图将分录账与日记账合二为一的想法；在第三部分，论述了总账、余额表与利润表的编制，并强调了定期决算的必要性和重要性。但书中也有不足之处，如没有提出复合（分割）分录账制，仍采用单一分录账制。尽管如此，仍然瑕不掩瑜，《簿记法》一书大受欢迎，多次再版，被人们认为是介绍意大利式簿记的教科书中难得的佳作。

9.5.3 18世纪后半叶英国会计的缓慢前行

18世纪60年代，英国资产阶级革命成功已近百年，一系列有利于资本主义发展的立法与工商政策已经建立起来；由于16—17世纪的圈地运动，大批失去土地的农民沦为可雇用的自由劳动力；伴随着海外殖民掠夺与奴隶贸易，英国资产阶级手中积累了大量的资本；在18世纪，英国的工场手工业无论是其规模还是分工发达程度，在西欧国家中名列前茅；为鼓励发明创造，早在1662年英国就成立了以促进自然科学为宗旨的英国皇家学会，在英国政府注册的专利也日渐增多，而且英国的科学社团和科学家不仅重视基础理论的探讨，还特别看重技术工艺的应用研究；随着经济的发展，英国人均收入有了较大幅度的提高，消费需求也随之增长；来自国际上同业间的竞争压力增大，如18世纪中期以前，英国每年要从瑞典、印度等国进口大量的铁和棉织品，从而对本国的冶金业、棉纺织业和煤炭业带来压力。在这些因素共同作用之下，英国于18世纪中期爆发工业革命在所难免。英国工业革命首先发端于棉纺织业，同时煤炭和冶金行业也出现了新技术，以这三大行业为先导，其他行业也开始了创造发明。总的来说，工业革命可概括为工具的革命（如纺织机等新设备的出现）、动力的革命（如瓦特发明蒸汽机）、材料的革命（如焦炭、韧性铁、钢的出现），而由此引发的是全社会性的大变革，其中也包括会计方面的巨大变革，我们虽已无法目睹当时的景况，但依然可从有关文献中感受到时代变革的巨大冲击力量。

1789年，本杰明·布思（Benjamin Booth）出版了《健全的簿记体系》（A Complete System of Bookkeeping）。作者本人认为这是一本改良创新之作，主要有以下三个特点：一是提出了复合分录制与月份综合分录制，弥补了前人著作中的缺憾；二是改革了总账的格式，由传统式变为标准式（即“T”形账户）；三是强调了定期损益计算，这本书被认为是反映18世纪后半叶会计水平的优秀文献。

1796年，爱德华·托马斯·琼斯（Edward Thomas Jones）出版了《琼斯的英国式簿记》（Jones' English System of Bookkeeping）一书，该书虽然规模很小，全书仅100页，且正文只有29页，但从中反映了琼斯不为传统桎梏所羁绊、力求创新的精神与勇气。该书的主要特点为：第一，日记账主要由三栏组成，即“借方金额栏”、“贷方金额栏”以及处于前两栏之间的“借方和贷方合计栏”，商品的购销不作反映，期末库存数通过借方金额栏与贷方金额栏计算求出。第二，只设现金账户、应收应付款账户和资本账户，不设损益账户、余额账户。第三，不设各种辅助账簿。第四，将分录账的金额栏分为借贷两栏。第五，将总账分为四栏，各栏反映的是月份合计数。可以说，该书对传统复式簿记进行了猛烈的抨击，一经出版，马上引起了来自多方的争论。有的学者从根本上否定琼斯的著作，认为一无可取，如“游离于意大利式簿记之外的方法和能与意大利式簿记比肩的方法是根本不存在的”“试图脱离常规的唯一著者是琼斯。他的尝试与其说是有用的，不如说是故弄玄虚”等说法。而有的学者还是能比较客观地对待琼斯及他的著作，如詹姆斯·米尔在其《琼斯的英国式簿记之研究》中一方面肯定了琼斯勇于创新的精神，另一方面也提出了琼斯书中的不足之处，如前面提到的有关商品购销不作反映的做法是不可取的。有关琼斯簿记著作的争论持续了很长时间，多数人都认为琼斯对复式簿记的批评言过其实，所以复式簿记的根基并没有被动摇，相反，通过这件事倒是引起了更多的人对簿记的关心与探讨，这应该是这场争论最具积极意义的一面。

如果我们将梅尔作为英国会计理论派的代表，将布思视为英国会计实践派的代表，则帕特里克·凯利（Patrick Kelly）博士便是将英国会计理论与实践进行统一的一位了不起的学者。1801年，他出版了《簿记原理》（The Elements of Bookkeeping），在书的序言中他表达了要将英国会计理论派与实践派进行调和的思想，书的内容包括以下几个部分：会计发展小史；账簿体系及记账规则（其中包括单式簿记、复式簿记、意大利式簿记以及以实务为基础的改良簿记）；余额表及利润表。

9.5.4
英国会计在工业革命中的迅速发展

随着英国工业革命的深化，产生并发展于商业革命的意大利式簿记越来越不能适应经济形势的需要，因而，会计的革新与发展也走上了一个新的阶段。

1818年，F.W.克龙赫尔姆（F.W.Cronhelm）出版了《簿记新法》（A New Method of Bookkeeping）一书，该书是19世纪的会计名著之一。在绪论中，作者提出了基本会计等式，“簿记，乃是通过记录财产，随时反映所有者的资本全体价值及其组成部分价值的技法。……部分的总和必等于全体。这一等式是簿记的根本原理”，“在簿记中，资本账户反映所有的资本；现金、商品和人名账户反映各构成部分”。作者还提出了“积极财产”与“消极财产”的概念，认为现金、商品、应收票据等为积极财产，应付账款、应付票据等为消极财产，反映了从传统拟人说中摆脱出来的物的二账户学说。此外，克龙赫尔姆还提出了从日记账直接向总账结转，省略分录账的想法。在账簿组织方面，他通过实例，介绍了零售商、批发商、贸易商行及制造业者的账簿，不仅继承了意大利式簿记在商业方面的传统，同时也为其找到了工艺方面的用武之地。

1839年，艾萨克·普雷斯顿·科里（Isca Preston Cory）出版了《实用会计论文》（A Practical Treatise on Accounts）一书，其突出的两点贡献是：第一，作者提出应在总账之外，单独编制资产负债表，这里作者的用意很明显，即资产负债表不再像以往那样只发挥对总账的验证作用，而是以主要会计成果的形象出现，向多方会计信息使用者传递会计信息，这与当时在工业革命的影响下，大型企业、股份公司如雨后春笋般出现，需要了解企业经营情况与成果的合伙人、债权人、股东的要求是相吻合的。尽管科里提出的资产负债表的格式还不能与现在相比，尚有一些缺陷，但这种质的变化是最难能可贵的。第二，作者指出，随着经济业务的不断增多，必然要使用复合分录账和分割总账制。

本杰明·富兰克林·福斯特（Benjamin Franklin Foster）也是这一时期的一位优秀会计学者，1840年，他出版了《簿记理论与实务》（The Theory and Practice of Bookkeeping）。1843年，他又出版了《复式簿记解释》（Double Entry Elucidated），该书注重理论与实践相结合，认为不该偏废任何一方。该书有以下几个特色：第一，再次强调了梅尔和克龙赫尔姆提出的基本会计等式。在书中有这样的词句“簿记是反映全体价值及其各组成部分价值的方法，是记录财产的技术”，“全体必然等于部分的总和，或者说，各构成部分的总和必然等于全体，这是数学的公理。唯有这一公理，才是构成传统的意大利式簿记的基础”，“构成商人资本的各部分叫资产和负债，两者之差称为纯资本或财产”。由这些论述我们可以看出福斯特的基本会计等式是：“资本=财产”，“财产=积极财产-消极财产”，“资产-负债=资本”。第二，他进一步阐述了总账的意义，认为复式簿记只是将散落在原始账簿中的各项经济事实，通过一系列会计处理方法归纳汇总记入总账之中。第三，提出了独立于总账之外的资产负债表与利润表，其中对资产负债表的设计超过了前述的科里。他将资产列在表的左方，负债与权益列在表的右方，即所谓大陆式资产负债表。但由于1855—1856年和1862年的《公司法》出于保护投资者和债权人利益的考虑，这种资产负债表的格式不久便被废除了，根据《公司法》的要求资产负债表左方应列示资本与负债，右方应列示资产，即所谓英国式资产负债表。19世纪中期，另一位学者W.英格利斯（W.Inglis）出版了《单式和复式簿记》（Bookkeeping by Single and Double Entry），书中提到了折旧问题，同时值得一提的是该书对日本会计的发展有着重要影响。

9.5.5
成本会计应运而生

工业的不断发展对会计核算提出了新的要求，英国的成本会计开始露出萌芽。托马斯·巴特斯比（Thomas Battersby）于1878年3月出版了《优秀的复式簿记人员》（The Perfect Double Entry Bookkeeper），该书的主要贡献在于对工业企业成本方面的论述。具体有：提出了“主要成本”或“第一成本”概念，作者对主要成本的定义是直接材料费和直接劳务费的合计；在此基础上，他认为应将主要成本在各成本对象间进行分摊；作者提出了直接费用与间接费用的区分标准；认为折旧应是主要成本的组成部分之一。

1887年，埃米尔·卡克（Emile Carcke）和J.M.费尔斯（J.M.Fells）合作出版了《工厂会计》（Factory Accounts），该书的特点是没有论述商业企业的会计处理，而是紧密围绕工业企业，论述其会计的特点。在账簿组织上，该书介绍了诸如产品总账、工资总账、设备总账等具有工业企业特点的辅助账；而且在各种费用的论述上倾注了大量笔墨。另外，作者还大力提倡应对期末存货进行估价，并对近代工业企业组织进行了详细的论述。

这一时期的其他会计学者及著作还有G.P.诺顿（G.P.Norton）1889年出版的《纺织工厂簿记》（Textile Manufacturers Bookkeeping）、J.S.刘易斯（J.S.Lewis）1896年出版的《工厂的商业组织》（The Commercial Organization of Factories）等。

G.P.诺顿是英国的特许会计师，他的著作是以纺织品行业为范例进行分析。在成本核算上，以“生产账户”为中心，归集各部门的成本，但该账户不是总账，只是按部门对作业进行详细汇总。在核算思想上，首先计算所用材料的实际成本和应该发生的加工成本；然后从销售额和未售出的产品成本中减去，就得到假定的毛利；假定的毛利再与实际的利润相比较，二者之差便是业主可控制的利润或损失。诺顿的这种比较费用的办法近似于后世的标准成本法，他强调的不是成本的计算，而是成本的使用效益问题。

J.S.刘易斯是一位英国的工厂会计师，很早以前他就提倡应将财务账户与成本账户结合起来，在1896年的著作中，他提出了间接费用的处理问题。他认为在会计期末，应将间接费用账户直接向损益账户进行结转，同时将分配的间接费用借记产成品和在产品账户，贷记总账中的暂记账户，在下一个会计期间之初，作相反分录即借记暂记账户，贷记产成品与在产品账户，这样就使下一个会计期初的在产品和存货继续以主要成本为基础，而间接费用却作为未决算余额挂起来，并在下一个会计期内摊销进产品销售成本之中，但是刘易斯并没有说明具体的操作方法。另外，刘易斯还提出了按照一定比率将间接费用分配到在产品与产成品上，不过他认为这种方法是麻烦且不易控制的。

9.5.6
英国民间审计

1）英国民间审计产生的背景

（1）注册会计师的催化剂——南海公司事件

15世纪末的英国，在经济上还是一个落后国家，但进入16世纪之后，其迅速发展起来，逐渐成为一个繁荣的、充满活力的国家，并跨入了西欧诸强的行列。在经济持续繁荣的背景下，储蓄膨胀与投资机会严重不足形成了尖锐的矛盾，而投机商们正是看中了这一点，为了攫取巨额利润他们制造出了一个大骗局：南海公司。

南海公司的两位重要发起人罗伯特·哈利和约翰·勃朗特均为英国经济功臣，在他们的伶牙俐齿和巨额资金的投入下，实际经营状况一团糟的南海公司被罩上了绚丽的光环，并逐渐成为与东印度公司、英格兰银行平起平坐的国家级公司，骗取了政府和公众的信任。

1720年4月12日，南海公司以每股300英镑的价格发行新股，大批投资者趋之若鹜，同时也带动了各种各样的公司股票纷纷上市。但随着时间的推移，许多泡沫公司的骗局被揭穿，英国政府为了保护南海公司的利益和继续维持其垄断地位，于1720年7月出台了《反泡沫公司法案》(The Bubble Act)，勒令中止一些泡沫公司股票的上市，从而加强对股市的控制。政府的干预应是长期利好消息，但对于南海公司这个大泡沫公司来讲却不亚于钢针刺体。

1720年8月，南海公司的董事们及其高级职员因分赃不均，发生内讧，一位董事承受不住巨大的心理压力，认识到股票的市价与公司的实际前景已完全脱离，便毅然抛出了所有的股票，紧接着南海公司的高级职员纷纷撤出，众多股民开始疯狂地抛出股票，南海公司的股价急剧下跌。暴跌之前，南海公司的股价曾摸高至1 050英镑，9月11日跌至775英镑，两星期后为500英镑，10月14日跌至170英镑，到12月跌到了124英镑。

南海公司的破产倒闭，使无数债权人和投资者蒙受了巨大的损失，他们强烈要求严惩舞弊者并赔偿损失，议会就此组织了一个13人组成的特别委员会，调查南海公司破产事件。经过初步调查，发现该公司会计记录严重失实，存在明显舞弊行为，因此，委员会聘请了精通会计实务的查尔斯·斯内尔（Charles Snell）先生对南海公司的一家分公司——索布里奇公司——的会计账目进行检查。查尔斯·斯内尔是英国伦敦市彻斯特·莱恩学校的习字兼会计教师，实践经验丰富，理论功底扎实，在伦敦享有盛誉。经过对索布里奇公司会计账目的审查、核实，1721年，查尔斯·斯内尔编制了一份题为“伦敦市彻斯特·莱恩学校的习字兼会计教师查尔斯·斯内尔对索布里奇公司会计账目进行检查的意见”的报告。在报告中，斯内尔指出了该公司的确存在舞弊行为。根据此报告，议会没收了全部董事的个人财产，并将一位负直接责任的经理逮捕，押入伦敦塔。

南海公司事件对英国的政治经济乃至社会各个方面造成了巨大的影响，特别是行贿曝光之后，公众的投资信心完全崩溃，几乎到了谈股色变的程度。同时，英国的《反泡沫公司法案》进一步强化管理，法案规定“禁止进行股票投机买卖的可耻行为”，“禁止一切有关证券现货和期货价格的赌博、抛盘和先买权”。该法案的宗旨是要通过抑制股市投机，达到保护投资者的目的，但这种简单的禁止却无疑是一种因噎废食的做法。至1825年该法案被废止前，股票买卖在英国几乎销声匿迹。但不可否认，南海公司的破产客观上促使了注册会计师这一市场经济条件下重要职业的诞生，查尔斯·斯内尔先生也被多数审计学家和注册会计师从业人员认为是世界上第一位审计师。

【小思考9-3】

导致英国注册会计师产生的重要事件是（　　）。

（1）南海公司事件　　（2）《反泡沫公司法案》

（3）英国海外扩张　　（4）英国东印度公司成立

【答案】(1)。

（2）注册会计师的丰富养料——经济危机和破产清算

如果说股份制孕育了注册会计师职业的萌芽，那么经济危机和破产清算则进一步促成了注册会计师职业的产生。1825年，英国发生了世界经济史上第一次周期性的、全面的生产过剩危机，导致大批企业破产。自此，每隔8~10年，便爆发一次危机，由于其影响波及范围广，影响程度深，所以银行与企业的倒闭屡见不鲜。为保护破产企业财产，合理估计财产价值，维护债权人利益，则需对破产企业进行清算，而这项工作就自然而然地落到精通会计业务的会计师头上，英国议会通过立法的形式对会计师的作用予以了肯定。1831年议会颁布的《破产法》中规定，破产企业应按破产法庭的要求，提供会计账目，并对其真实性宣誓。破产企业能否通过法庭传讯，很大程度上取决于包括会计师在内的法定管财人关于企业账目正确与否的报告。1869年，英国颁布的《破产法》中进一步规定，会计师不仅可以估价和管理破产财产，而且还可以代表债权人对破产企业进行清算，这样，大批企业的破产倒闭为会计师提供了源源不断的业务。

（3）注册会计师的坚强后盾——《公司法》的颁布和屡次修订

自南海公司事件后，股份公司在英伦三岛销声匿迹了达100年之久。随着《反泡沫公司法案》的废止，人们重新审视股份公司这种现代企业的组织形式，发现它既是资本主义经济发展的有力支柱，同时在缺乏必要的内外监督时，又会产生很强的破坏力。特别是在经济危机的周期性影响下，股份公司接连破产，必然给投资者、债权人造成重大损失。英国议会为了加强对股份公司的监督，使其更好地为资本主义经济发展服务，避免重蹈当年南海公司的覆辙，在19世纪中期连续制定、颁布了《公司法》（The Companies Act），对规范股份公司方面起到了重大作用，同时也对会计师行业的发展产生了更深层次的影响。

1844年，议会颁布了《公司法》，规定：公司董事必须登记公司账簿，在定期结算的基础上，编制“详尽公允”的资产负债表，由一名或若干名股东代表——监事——对公司日常的会计报表和会计账簿进行审核；公司董事应在股东大会召开10天前将审计后的资产负债表和审计报告书提交全体股东，并报公司注册机关备案。作为英国历史上的第一部《公司法》，它肯定了审计的法律地位，但由于历史背景的限制，在上述规定中又存在着不足，如对审计人员的资格条件、任免程序、任职期限、报酬、具体义务没有明确的规定；由股东中选举的监事审查公司账目，既缺乏独立性，同时在技术上也很难达到要求；审计重点为公司董事的忠诚程度和公司的偿债能力，忽视对公司利润政策的评价。

正是由于这些局限性，特别是监事本身来自股东及专业技能方面的欠缺，直接影响审计的最终效果，所以英国议会于次年（1845年）对《公司法》进行了修订，在肯定监事作用的同时，增加了公司可以聘请有专业技能的会计师或其他人员充当监事执行审计业务助手的规定，从而提高了专业技能方面的保证。

在1855年和1856年的《公司法》中，规定了公司章程和资产负债表的标准格式，但这些标准格式不是普遍强制采用的，只有那些没有登记自己章程的公司才必须使用。在公司章程的标准格式中，吸收了1845年《公司法》中几乎所有会计和审计的规定，并增设了许多新内容。在审计方面，最重要的条款是将过去的强制审计改为自愿审计，另外，考虑到监事应具有的特殊地位，规定监事可以不由股东担任，而可以由会计师担任。将强制审计改为自愿审计，从而使绝大部分商业企业的会计事项完全不受法律控制，这种做法可能在实际上提高了审计人员的重要性，但却削弱了股份公司披露财务状况的责任观念。

1862年颁布的《公司法》在1844年和1845年的《公司法》及1855年和1856年的《公司法》的基础上更上一层楼，进一步发展了有关财务、会计、审计方面的规定；再次提出了资产负债表和章程的标准格式；公司的董事应真实地在账簿上反映商品、现金收支和债权债务的变动及余额，应每年编制一次资产负债表和收支计算书，并提交给股东大会；股东可聘请具有专业知识、受过专门训练的人员详细审核公司的会计账目，并提出审计报告；审计报告中应说明，“根据审计人员的意见，该公司资产负债表是否完整、公正，是否包括了法律所规定的全部内容，是否真实地反映了公司的财务状况”。1862年《公司法》的颁布，确立了英国公司法的基本框架，同时，由于该法案再次强调了监事不必是公司的股东，而且第一次列示了审计报告的标准格式，从而为以后的特许会计师从事公司审计奠定了基础，因而素有“会计师的朋友”之称。

2）英国民间审计组织的建立

随着各类公司法的相继颁布，一个新的行业——民间审计——在英国大地上酝酿着。19世纪中期，已有不少专门从事会计、审计的人员单独持牌或联合执业。经济的发展，为他们提供了广阔的业务市场：1842年颁布的《债务者救济法》规定，300英镑以下的债务者，可向破产法庭提出救济申请书，但同时要附上反映自己债务数额的“详细真实的明细表”，欲利用该法案的人便要求助于会计师；1840—1845年，英国商务部为了抑制铁路的盲目扩张，要求铁路管理人员提交关于“建设、运行和营业费概算金额”的报告书，这也需要会计师的工作；经济危机的作用，为会计师带来了大批破产清算的业务；公司法的不断颁布、修订，不仅提高了会计师的地位，也为其带来了大量的公司审计业务等，这些业务给会计师们带来了丰厚的收益，但同时也吸引了大量只追逐利益，而毫无专业技能的投机者。由于英国当时尚无对会计师资格方面的规定，因此这些投机者有空隙可钻，这就使得会计师队伍中鱼龙混杂、良莠不齐，严重损害了会计师的形象，影响了会计师行业的正常发展。因此，一些有识之士决定联合起来，重树会计师形象，驱逐行业中的害群之马，这就促成了在苏格兰、英格兰、爱尔兰先后创立经政府特许的地方性和全国性民间审计组织。

爱丁堡会计师协会被认为是世界上第一个注册会计师协会，1854年10月23日，在圣·詹姆斯法院，帕尔默斯顿议员根据女王命令签发了皇家证书，该证书在12月2日注册登记后，于同月18日送交协会。之后，格拉斯哥会计师和保险统计师协会（1853年成立）于1855年3月15日，爱伯丁会计师协会（1867年成立）于1867年分别取得了皇家特许资格。至1951年，三大协会正式合并，成立了苏格兰特许会计师协会（Institute of Chartered Accountants of Scotland，ICAS）。

苏格兰民间审计组织的成立，对英格兰地区的民间审计人员震动很大。1870年，伦敦9位著名的会计师为提高伦敦地区执业会计师的执业水平和社会地位，多次商讨成立伦敦协会，但他们在申请皇家特许方面却历经波折。1872年，该协会改名为会计师协会（The Institute of Accountants），吸纳来自各方的申请人，但协会规定入会者须交纳昂贵的会费和遵守严格的规定，如禁止会员办理“混合”业务、禁止会员向介绍业务的人支付佣金等。这些规定体现了会计师协会对自身的严格自律，反映了他们为保证会计师的独立地位和社会声誉所作的不懈努力，但这些严格的规定在当时却着实吓走了不少申请者。这些未加入协会的人另起炉灶，在1872年成立了会计师公会（Society of Accountants），并针对会计师协会的做法，放宽了会员入会标准和会员规则，与会计师协会展开了激烈的竞争。

1878年，会计师协会为取得皇家特许资格再次作出努力，它向国会提交了“法定会计师联合协会”的议案，恳请国会批准。这一做法遭到了会计师公会的强烈反对，在其提交给议会的请愿书中，会计师公会认为在人数上它已超过了会计师协会，在能力上它的会员也毫不逊色，所以如果国会同意会计师协会的请求，给予其更高的职业资格显然是不公平的。英国皇室为平息两大民间审计组织之间旷日持久的争斗，借二者围绕特许资格激烈交锋之机，顺水推舟，要求会计师协会、会计师公会两大团体与利物浦会计师协会、曼彻斯特会计师协会、谢菲尔德会计师协会三家地方性职业团体联合，这就促成了1880年5月英格兰·威尔士特许会计师协会的正式成立（Institute of Chartered Accountants in England and Wales，ICAEW）。协会成立后，立刻致力于自身建设，在会员资格、道德规范、考试制度等方面均作出了严格的规定。英格兰·威尔士特许会计师协会会徽如图9-5所示。

图9-5 英格兰·威尔士特许会计师协会会徽

除上述ICAS和ICAEW两大会计职业团体外，英国还有爱尔兰特许会计师协会（Institute of Chartered Accountants in Ireland，ICAI）、注册会计师公会（Association of Chartered Certified Accountants，ACCA）、管理会计师协会（Chartered Institute of Management Accountants，CIMA）以及特许财政与会计协会（Chartered Institute of Public Finance and Accountancy，CIPFA）。其中，爱尔兰特许会计师协会于1888年取得了特许权，爱尔兰分立后，其仍然是整个爱尔兰的统一会计团体，年度大会分别在都柏林和贝尔法斯特进行。注册会计师公会成立于1939年，现已发展为一个国际性组织，在世界上130多个国家（包括我国）举行考试，其会员可以说是遍布全球。管理会计师协会成立于1919年，特许财政与会计协会成立于1885年。以上这些会计团体始终处于群雄鼎立状态，虽然没有建立全国性的统一会计组织，但建立了一个名为“会计团体协商委员会”（Consultative Committee of Accountancy Bodies，CCAB）的组织，设立的目的是协调主要由6个会计团体形成的会计职业界，协调英国职业界与本国政府、国际会计组织之间的关系。1986年，该组织注册登记为一个有限责任公司，6个会计职业团体成为其股东。

3）法院判例与民间审计组织的进一步发展

自1862年的《公司法》颁布以来，在1862—1900年间，人们几次试图增设强制性审计条款，但由于传统观念的影响，即认为公司会计的披露只是股东和公司董事之间的私人问题，加之股份公司在当时还是少数企业采取的形式，因此一直悬而未决，而著名的格拉斯哥银行倒闭事件促成了英国公司审计向强制审计时代的转变，同时，1900年的《公司法》中也相应体现了强制审计的思想。

在审计范围和审计责任发展方面，这一时期的法院判例起到了重要作用，代表案例有

1887年发生的利兹地产建筑投资公司对夏巴德案（Leeds Estate Building and Investment Co. v. Shepard）、伦敦大众银行案（the London and General Bank Case）（1895年）、金斯顿棉纺公司案（the Kingston Cotton Mill Company Case）（1896年）等。

4）两位审计理论的开拓者——皮克斯利和迪克西

随着民间审计事业的发展，实践工作迫切需要理论的指导，这样第一批审计理论的探索者应运而生了，其中尤以威廉·皮克斯利和罗伯特·迪克西最为著名。

弗朗西斯·威廉·皮克斯利（Francis William Pixley）于1852年7月5日出生于英国南肯辛顿。1873年，他选定特许会计师作为终生职业，并在很短的时间内就通过了特许会计师考试，创办了自己的事务所。图9-6为皮克斯利像。

图9-6　皮克斯利像

皮克斯利著述颇丰，其中尤其值得称道的是在审计教材方面的杰出贡献。1881年他撰写了英国第一部审计教科书《审计人员论》（或译为《审计人员：他们的义务和责任》）（Auditors: Their Duties and Responsibilities），在该书的第一版中，皮克斯利介绍了《公司法》中关于会计和审计的规定、簿记与账户的形式、财务报告的不同类别、审计的性质、审计人员的义务与责任等，在后来的版本中增加了对可用于分发股利的利润和证明书的论述。该书连续13次再版，成为会计职业界的必读书籍之一。1903年，他的《会计学》（Accountancy: Constructive and Recording Accountancy）出版，这部著作不仅被认为是西方会计学的奠基大作之一，而且被认为是推动世界由簿记时代进入会计时代的力作。

1933年，将一生心血倾注于特许会计师事业的皮克斯利与世长辞。纵观皮克斯利的一生，他既是英国特许会计师职业及其团体的早期开创者和审计业务的亲身实践者，也是会计审计理论的发展者和创新者，无论是他在审计实践中表现出的高尚道德和专业技术，还是在学术教育领域中取得的丰硕著作成果，其影响都远远超过了一代人与一个世纪。

劳伦斯·罗伯特·迪克西（Lawrence Robert Dicksee）于1864年出生于英国伦敦的西豪兰德大街27号，1886年，他成为伦敦会计师协会的成员，并在伦敦创办了会计师事务所，开始在会计师界崭露头角。图9-7为迪克西像。

图9-7 迪克西像

迪克西在从事审计业务的过程中，不仅保持良好的职业道德，而且在业务质量方面也是精益求精。正是他在实际工作中积累的丰富经验，为其在会计、审计著述创作方面准备了充分的资料源泉。

1892年，迪克西在伦敦出版了成名作《审计学》（Auditing)，该书采纳了英国《公司法》中的精华并结合有关法院判例编著而成，在以后的版本中，又增加了英国特许会计师协会对会计程序方面的建议。截至1969年，这部书先后18次再版，1905年在美国出版发行时同样产生了巨大影响。人们认为这部《审计学》的影响要超过同为审计名著的《审计人员论》（皮克斯利著）。

此后，迪克西著述不断，这些著作将他长期的理论与实践积累发挥得淋漓尽致。1903年，迪克西的《高等会计学》出版，被会计学与会计史学界评价为奠定西方会计学基础的力作。除上述两部名著外，他的会计著作还有《会计学员簿记》（1893）、《折旧比较表》（1895）、《企业文书簿记》（1897）、《会计信誉及其处置》（1897）、《拍卖商会计》（1901）、《律师会计》（1902）、《旅店会计》（1905）、《汽车库会计》（1929）等。迪克西的生活始终围绕着课堂教学、学术演讲及写作，直至他逝世的前一个月。

1932年，迪克西去世。在他去世后不久，《审计学》的第十五版出版发行，在序言中有这样一段话：在本书出版发行之时，我们杰出的作者已经与世长辞，从此这个领域失去了一位具有卓越才能的人，而我们大家则失去了一位尊敬的师长，失去了一位同事和朋友。

9.5.7 20世纪的英国会计

进入20世纪后，英国会计继续向前发展，我们可以从几个方面来进行考察：

1）英国公司法的发展

从前面述及的英国会计师职业发展的过程中可以看出，英国1844年《公司法》的出台是基于股票市场投机活动失败而必然提出的，其中规定了公司会计、审计方面的处理，并由此形成了一种惯例，即英国的《公司法》是影响英国会计、审计的一部重要法律。在以后的岁月里，英国公司法几经修订，19世纪的情况前已论及，不再赘述，下面来看一看20世纪的情况。

1907年的《公司法》中提出了所有公开上市公司均应呈报经审计的资产负债表的要求，同时还规定公司应揭示已支付的股息金额、股息率、支付的佣金、债券折扣等信息。1908年的《公司法》要求公开上市公司应将会计记录在注册部门备查登记。

1929年的《公司法》对公司招股说明书提出了进一步的信息揭示要求，要求公司增报对公司利润及股息分配进行审计的审计报告、公司采用的基本会计方法、年度利润表（未规定其内容和是否必须经过审计）、资产负债表（包括具体内容、格式及估价方法），要求在“真实和正确”的基础上编制报表。

1948年的《公司法》适用于公开上市公司和非公开上市公司，其在会计与审计方面的规定对后来英国会计、审计事业的发展有着极为重要的影响，其主要的条款包括：第一，每家企业除继续向股东呈送资产负债表外，还必须呈送年度利润表，审计师必须对这两张报表进行审计并发表意见，这与以前的《公司法》形成鲜明对比，实际上扩大了审计人员的审计范围和审计责任。第二，该法案列出了一张信息项目表，要求每家企业都应按规定对外揭示这些信息。这是英国首次以法律的形式强制规定公司对外公开信息的最低限度，其适用范围是所有企业，除非《公司法》中有特别规定的，如银行和保险公司的揭示程度就要低一些。第三，《公司法》首次规定拥有其他企业控股权的企业应该编制反映与股权相联系的多家企业综合获利能力及财务状况的合并会计报表，其编制要求与个别报表的要求一致，此项规定也是以投资者利益为前提提出的。第四，正式提出了“真实与公允”概念，要求报表“真实与公允”地反映公司实际的财务状况与盈利能力。第五，针对公司对外提供信息数量与质量的增加，《公司法》对审计人员也提出了相应的要求。《公司法》规定，审计师必须由合格、称职的职业会计师担任，但对小型家庭式企业的审计除外。因此，小型家庭式企业亦被称为免审的私人公司。第六，对审计人员的义务、权利和职责均作了明确的规定，特别是强调审计报告的作用已经改变，《公司法》规定它的职能已不再是揭露舞弊和差错，而是要对财务会计报表的质量进行专业性的评价。具体规定审计师报告应对以下内容进行评价：完整性——被审计单位的财务会计账簿和其他相关资料是否保存完整；相符性——账簿记录与企业两张主要会计报表之间的钩稽关系是否满足；公允性——资产负债表和利润表是否真实合理地反映了该企业的年终财务状况和年度获利情况。纵观1948年的《公司法》，实际上是确立了以股东利益为核心的公司会计、审计方面的要求，由此引发了人们在理论与实践中对审计师所负责任的长期探讨。

1967年的《公司法》在公司对外信息披露方面提出了更多的要求，如利润表及其附表中要揭示当年销售收入及收入确认方法、投资收益、审计费用、应付利息和厂房与设备的租赁费等，在资产负债表及其附表中要揭示不需在五年内偿还的贷款总额、当年固定资产取得和处置的金额、投资项目，在合并报表中要揭示子公司名称、地点、控股种类及份额。在审计方面，该法规定每家企业都要聘请注册会计师进行审计，从而比1948年的《公司法》范围扩大。对审计报告的要求已大为简化，仅规定审计师在其意见中就财务报告是否真实合理及董事的报告与报表是否相符发表意见。另外，要求审计师应注意本法对会计信息披露方面增加的规定。

1976年的《公司法》对财务报告和审计中某些规定进一步作了修订，具体变化有：第一，明确规定了会计报告期终了之后提交财务报表的最后期限，相应地也规定了审计师审计报告的最后期限。第二，规定企业必须保存完整的会计记录，由于这些记录是编制财务报告的基础，所以审计师在整个审计过程中应以检查这些会计记录为前提，而后才能根据审计的结果发表审计意见。第三，公司应在财务报表报告期结束后的特定期限内，向股东呈送财务报表及相关审计报告。第四，该法对审计师任命、解雇、辞职、报酬和资格认定方面作出了规定。

1973年，英国加入欧共体之后，欧共体指令的影响也反映在英国《公司法》的修订中。1980年和1981年的《公司法》便体现了这一特点。

1980年的《公司法》多处提到“信息充分表达原则”，要求与企业董事有关的会计实务应予以充分表达，并涉及了保护企业资本与股东利润分配之间关系的问题；在审计方面，要求审计师在出具审计报告的同时，如果认为报告中有保留的审计意见对利润分配有所影响的话，应再单独出具一份报告说明情况。

1981年的《公司法》有以下一些规定：第一，该法规定了年度财务报表的格式和内容、公认的会计原则和标准以及要求财务报表应遵循充分表达原则。要求审计师在提出“真实合理”意见之前，首先应证实财务报表是否与《公司法》的规定相符合。第二，将公司按照营业额、资产总额和雇员人数划分为大、中、小型企业，其中中、小企业可不向公司注册登记部门呈报详细的年度财务报表，只报简略报表即可。其中，中型企业应呈报简略的资产负债表和简略的利润表，小型企业呈报简略的资产负债表，同时报送附有账目和董事报告的说明。这些简略报表要由审计师进行审计。在审计中，审计师还要对企业免报的详细报表是否适当发表意见。当然，以上这些要求的有效实现首先依赖于审计师对企业所属类型是否合乎标准而作出的判断。第三，当企业通过国立出版公司刊发简略报表时，不必附上相关的审计报告。但公司董事会必须作如下说明：完整的会计报表及审计报告已送企业注册登记机关；此报表是简略报表；审计报告中如有保留意见也应登出。当然，如果公司出版的是完整财务报表，则必须附上审计报告。第四，该法规定了停业企业的含义和相关的会计审计处理。规定停业企业为“在规定的会计期内，会计记录没有反映任何有意义的业务”的企业。在审计方面，除某些特殊情况外，无须经审计师审计，其对外呈送的会计报表，也无须附审计报告，不过企业董事会必须在注册登记机关说明企业由于没有经营，处于停业状态的事实。第五，该《公司法》首次提出审计师不仅要对会计报表进行审计，而且要关注企业董事会提交的报告，特别是董事会报告中与报表存在差异的方面。在董事会报告的信息揭示方面，规定董事会应对企业的发展和财务状况进行公正的评价，不仅要提供资产负债表报告期内的重大事项方面的信息，而且要提供未来可能的发展与研究和开发活动等情况。这就对审计人员提出了新的要求，即除了对企业已发生的经济事项进行评价外，还要对企业未来事项发表意见。第六，该法允许企业使用可分配利润或新发行股票取得的收益来兑回或购买企业的股票，同时也允许私人企业在可供分配利润或新发行股票取得的收益不足以购买企业股票时，可动用企业的资本。但由于后一种情况下企业的资本规模与结构发生了变化，出于保护债权人的目的，在审计方面提出了更高的要求，要求审计人员对企业的偿债能力和持续经营能力作出评价。在该法案中提出了与欧洲经济共同体第4号指令近似的五项会计原则，分别是持续经营假设、一致性原则、审慎原则、应用权责发生制、分开确定任何总数的组成部分。

1985年的《公司法》是对前40年《公司法》的总结与发展。由于1948—1981年的5部《公司法》相互独立、互相参照，使用上有很大的不便，1985年的《公司法》将它们合并在一起，形成了一部统一完整的法规。该《公司法》长达747节，其中对会计、审计的规定集中在第7部分，规定了所有企业的董事每年应向股东和债券持有人呈送会计报表和其他报表，其中有关董事编制财务报表职责的特别条款见第227条第1款和第3款。该法的附表4列出了一般会计准则和规则及充分表达原则。第228条第2款规定了经过计算和充分表达的信息的预期质量。另外，还规定了会计记录、会计报告期、一般会计报表的格式及提交的年度会计报表与审计报告在注册登记机关备案存档等问题。在审计方面，该法第384条至第391条对审计师的任命、免职、辞职、报酬和资格作了规定；第236条至第237条对审计师的审计职能目标作了规定；第247条至251条规定了免除向企业注册登记机关报送详细会计报表的企业范围等。《公司法》中涉及公司管理方面的内容包括：组成有限责任公司的一般程序；董事会及董事管理公司事务的权利与义务；董事对股东的经营责任；对年度财务报表及对其进行审计的要求；向公众发行股票和其他证券的程序；公司破产的处理程序等。1989年，根据欧共体第7号、第8号指令对1985年的《公司法》作了新的修订，涉及会计与审计的方面，主要是集团报表的编制（包括集团概念、控制的概念重新界定等）及审计人员的资格、任免方面的重新规定。

2）会计准则与审计标准的制定与发展

在英国，对会计准则的制定与研究可以追溯到20世纪30年代，当时有一个名为“会计研究会”的组织做过这方面的尝试。后来，英格兰和威尔士特许会计师协会开始致力于会计准则的研究，并在协会之下成立了名为“税务研究委员会”的专门机构，该机构从1942年12月至1989年11月以《会计原则建议书》（Recommendations on Accounting Principles）的形式对外发布研究成果，这些建议书在实务上不具有强制性，但对英国会计的前进与发展还是具有一定积极影响的。

1969年被认为是英国会计史上重要的一年。在当年的12月，英格兰和威尔士特许会计师协会提出了“70年代会计准则设想的声明”，主要内容包括：总结并公布最优会计实务，努力缩小会计实务差异，为有重大影响的判断项目、估计项目提供会计方法；不断根据法规的要求及实际情况对准则进行修订。据此，1970年，在协会下成立了会计准则指导委员会（Accounting Standards Steering Committee）专门从事该项工作。后来，苏格兰特许会计师协会、爱尔兰特许会计师协会、注册会计师公会、成本与管理会计师协会、财政与会计特许师协会先后加入，这6个会计职业团体联合形成“会计团体协商委员会”（The Consultation Committee of Accountancy Bodies），改会计准则指导委员会为“会计准则委员会”（Accounting Standards Committee），该委员会的工作目标、工作程序及成员人选等均要经过协商委员会决定，其成员为20人左右，不限于职业会计界，还包括来自工商界、学术界、政府机构及会计信息使用者的各方人士。同前述的会计准则指导委员会一致，该委员会对外发布会计准则的文件也叫《标准会计实务说明》（以下简称《说明》）（Statement of Standard Accounting Practice）。《说明》的制定程序大体如下：确定主题并列入工作计划；查找资料，对工作可行性进行初步研究和评价；组成专门委员会深入讨论该选题；形成草案；在草案基础上继续广泛听取各方的意见，不断进行修订；表决通过后形成正式文本。但由于英国会计准则委员会属于一个由6个会计职业团体形成的联合体，因此其表决通过会计准则的环节很有特点，即先要由会计准则委员会通过无记名投票通过某项准则，然后再由6个会计职业团体分别批准才能生效，因为只有这样才能保证会计准则在实际执行过程中确实具有权威性。

截止到1990年8月1日，英国会计准则委员会共发布25个标准会计实务说明、55个征求意见稿、2个会计实务建议说明、28个讲座稿、65个技术公告。这25个标准会计实务说明包括的内容有：联营公司会计；会计政策的揭示；每股盈余；政府资助会计；增值税会计；非常项目及前期调整项目；货币购买力变动会计；在应计制下公司报表中税金的处理；存货与长期合同；资金来源与运用表；递延税会计；折旧会计；研究与开发费用会计；集团报表；递延税会计（取代前面第6号说明）；现行成本会计（已废止，原为取代第7号说明）；资产负债表日后事项会计；或有事项会计；投资资产会计；外币折算；租赁和租购合同会计；商誉会计；收购与合并会计；养老金会计；分部报告。

1990年8月1日英国建立了新的会计准则委员会取代原来的会计准则委员会，新委员会不再隶属于会计团体协商委员会，而是隶属于一个名叫“财务报告委员会”（Financial Reporting Council）的组织，该组织的成员由来自会计职业界、证券交易机构和工商业界的27名委员组成，其职能主要有指导新的会计准则委员会的工作，任命会计准则委员会成员并向该组织提供经费，保证会计准则有助于企业提供真实、公允的财务信息。新会计准则委员会由9名成员组成，其中主席与技术委员是专职，其他成员3名来自大会计公司，2名来自工业公司，1名来自金融机构，1名来自管理部门，均为兼职。新会计准则委员会成立后不久，就宣布原会计准则委员会发布的22个标准会计实务说明、2个会计实务建议说明、2个征求意见稿在其被修订、取缔、替代之前继续有效，从而保持了会计标准方面的连续性。新会计准则委员会对外发布会计准则的文件是《财务报告准则》（Financial Reporting Standards）。截至2006年3月，会计准则委员会已经发布29个财务报告准则，另有1个《小主体财务报告准则》。自欧盟公布的《国际会计法令2005》生效起，会计准则委员会宣布不再制定和发布本国准则，而只是制定和发布将国际会计准则应用于本国的相关准则。

为了帮助新的会计准则委员会做好准则制定、发布方面的工作，在财务报告委员会之下还设有财务报告评审委员会（Financial Reporting Review Panel），在会计准则委员会下设紧急问题工作组（Urgent Issues Task Force）。其中财务报告评审委员会由来自会计公司、金融机构、公用事业部门及律师职业团体等组织的21名委员组成，负责检查各大公司会计准则的执行情况，判断各公司的财务报表是否表达了真实与公允的概念，并提供各种咨询意见。紧急问题工作组由来自会计公司、会计职业团体、工业公司和银行等机构的15名成员组成，负责研究会计准则实施过程中出现的问题，并以《意见提要》（Consensus Abstract）的方式表达解决方法，供新的会计准则委员会参考。

纵观英国会计准则的发展历程，我们可大体将其分成两个阶段，分界线是英格兰和威尔士特许会计师协会提出制定会计准则构想的1970年。在此之前，英国的会计实务基本上是依据判例法，无具体标准可言；在此之后，在新旧会计准则委员会及其他有识之士的共同努力下，建立起了比较完善的英国会计准则体系，可以说，其中会计职业团体的贡献应居首位。

英国审计方面的标准主要体现在《公司法》和《审计标准和指南》中，前已述及，英国从19世纪中期的《公司法》一直到20世纪末的《公司法》，都对审计有具体的规定，审计人员便是据此对企业财务报表的真实性和公允性进行审计，特别是在《标准会计实务说明》和《财务报告准则》出台之后，英国审计师们更有了可供比较的标准。自20世纪80年代初，英国主要会计职业团体开始发布一系列的《审计标准和指南》，试图更为全面系统地对审计业务进行规范，下面仅举其中的一些规定进行说明。在《审计标准和指南》中，给审计下的定义是：审计——由任命的审计师根据聘约，遵循有关法律规定，对企业财务报表进行独立的审查并提出审计意见。有关审计师工作标准及公认审计程序方面的规定有：审计师应充分地计划、控制和记录他的工作；审计师应搞清记录和处理经济业务的会计系统，并评价其作为编制财务报表基础的适当性；审计师应取得相关的和确凿的证据，以保证从中得出合情合理的结论；审计师如果希望领先于内部控制，那就必须弄清并评价这些内部控制，并对内部控制的执行情况进行符合性测试；审计师应对财务报表进行审查，看其是否与其他审计证据的结论保持一致，以便为他对财务报表提出审计意见奠定合理的基础。对审计师报告职责方面的规定有：（1）审计师在报告中应就下列问题提出明确的意见：财务报表是否已经根据公认的审计标准进行了审计；审计师是否认为财务报表真实合理地反映了企业的经营情况、损益情况及资金来源和运用情况；有关法律和制度规定的其他问题。（2）审计师应能确认发生严重事故舞弊和差错的可能性，因为对此如不予以揭露，就会歪曲财务报表所反映的财务成果和经营情况的真实性。所以，审计师应合理地规划审计工作以便能够发现由于舞弊和差错所造成的财务报表严重失实的情况。（3）当审计师对……审计报告部分所包含的问题不能作出肯定的报告时，应根据所发现的问题提出有保留的审计报告。在报告中应说明提出有保留意见的原因，及它对财务报表的影响（如必要且可能的话）。另外，对某些不符合相关法律和规定的情况，也需在报告中予以说明。

1984年，又一份重要的审计规范文件——《道德指南》——出台，在这份文件中，最重要的是对审计师的独立性作出了规定。该指南认为，审计师的独立性应包括内在的和外在的两个方面，即有的学者所说的“实质上的”与“形式上的”两个层次。其中内在的独立性（实质的独立性）是指审计师应坚守的一种信念，即正直、客观地进行工作，而这种独立性是看不见、摸不着、无法衡量的，客户如果仅凭此而确立对审计师的信任是不可能的，因此还需能体现这种独立性的形式上的东西，即外在的（或形式上的）独立性，即从他人看来，审计师是处于独立地位。《道德指南》还列举了一些可能会危及审计师独立性的因素，如审计公费收入、私人关系、财务关系、有冲突的利益等，同时指出应如何在这些方面予以规范，以保证审计师的独立性。

9.6 美国会计

9.6.1 殖民统治与先进簿记的引入

美洲的土著居民原来是印第安人，在西方殖民者入侵之前，整个美洲地区——包括北美、中美、南美和西印度群岛等地的社会经济发展水平虽然并不完全一致，但基本上处于原始公社阶段。自从1492年哥伦布发现新大陆后，西欧殖民者开始逐步侵入美洲，从16世纪起，欧洲国家开始了在北美的殖民活动，首先是西班牙，然后是法国，接踵而来的是荷兰和英国，殖民者为了夺取更多的利益，相互之间也展开了激战，最后英国取得了决定性的胜利。至1733年，英国殖民者已占据了东起大西洋沿岸，西至阿帕拉契亚山脉的整个狭长地带，在北美一共建立了13个殖民地。

随着西欧殖民者的侵入，美洲大陆的原有经济结构被彻底破坏，同时，怀有淘金梦想的早期移民源源不断地涌入美洲大陆，他们不仅带来了欧洲的先进技术，也将先进的会计方法带入了美洲。在北美，一直以来实行一种以簿记为基础的物物交换方式，这种物物交换在时间上有一定的差异，由此形成了债权债务，为了保证能够及时准确地清算债权债务，人们要通过账簿对比进行记录。这种方式在美洲采用的时间相当长，直至19世纪，尚有一部分地区在采用。而大量的欧洲移民却将意大利式簿记与审计带入了美国，并迅速发展起来，这一时期的例证有：反映清教徒商人利用复式簿记记账的《罗伯特·凯伊纳的自辩书》(The Apologia of Robert Keayne)，新英格兰汉考克（Hancock）家的账簿记录(1724—1775年)，布朗·蒂姆斯（Browne Tymms）登在报纸上愿为商人和制靴业者记账的广告（有的学者认为他是美国最早从事实务工作的公共会计师)，还有就是普遍推行的会计教育，从这一点我们可以找到美国会计在短短几百年内能够赶超它的老师并后来居上的一个原因。

9.6.2
资产阶级共和国的建立和会计的大发展

至独立战争前，意大利式簿记已在美国普及开来。1775—1783年，美国资产阶级领导了独立革命，美国步入了资本主义社会行列。作为美国第一任总统的华盛顿，不仅在政治上卓有建树，而且还是一位精通会计的理财能手。从他的费用账户、庄园账户和日记书信中，我们似乎看到他亲自处理各个庄园的经济业务、处理外国代理人办理的经济业务、处理同政府往来账目的情况。

独立战争之后，美国建立了大资产阶级与种植园主的联合政权，并进一步通过南北战争，彻底扫荡了阻碍资本主义发展的封建残余势力。在资本主义大发展的时代，会计也随之蓬勃发展起来，一位又一位会计学者、教育家，一本又一本会计著作展现在19世纪的会计舞台上。

贝内特（James Bennet）是一位力图创新的簿记知识传播者，1820年他出版了《美国实用簿记体系》(The American System of Practical Bookkeeping)，在书的序言中他一方面肯定了意大利式簿记的优点及英国商人和会计师进一步改良发展的功绩，另一方面也指出了英国人编著的簿记著作在美国企业中不一定都适用，因而试图创造美国式的会计。托马斯·琼斯（Thomas Jones）被认为是“具有近代意义的会计教科书之父”，他的经典名著是1859年出版的《簿记和会计职务》(Bookkeeping and Accountantship)。在书中，作者以20道例题的形式介绍了日记账、分录账、总账三账构成的账簿体系的记账方法，并提出了主要账户及次要账户的概念，以及资产负债表与损益、原始资本计算书的编制方法。赛拉斯·S.帕卡德（Silas S.Packard）是一位出身贫寒的会计教育学家，其从教生涯长达50多年，此间他还编著了大量会计教科书。

其他一些知名学者及他们的著作还有乔治·索尔（George Soule）的《会计科学与实践》（Science and Practice of Accounts）、约翰·考德威尔·科尔特（John Coldwell Colt）的《复式簿记科学》（The Science of Double Entry Bookkeeping）、塞尔登·霍普金斯（Selden Hopkins）的《证据簿记手册》（Manual of Exhibit Bookkeeping）、C.C.马什（C.C.Marsh）的《银行簿记和合股会计的理论》（Theory of Bank Bookkeeping and Joint Stock Accounts）、本杰明·沃克曼（Benjamin Workman）的《美国的会计人员》（The American Accountant）、威廉·米切尔（William Mitchell）的《新而全的簿记体系》（A New and Complete System of Bookkeeping）、布思的《健全的簿记体系》（A Complete System of Bookkeeping）、昌西·李（Chauncey Lee）的《美国的会计人员》（American Accountant）、W.H.里奇蒙德（W.H. Richmond）的《综合簿记体系》（A Comprehensive Bookkeeping System）等。在这一时代，还有一本著名的杂志《亨特的商人月刊》（Hunt's Merchants' Magazine），该杂志由费里曼·亨特（Freeman Hunt）于1839年7月创刊，持续至1870年12月。在这本杂志中，介绍了许多有关会计的文章及著作，文章如《会计人员的疑问》（1841年3月号）、《商人教育与会计学校》（1857年12月号）、《关于商人会计的各种问题》（1859年2月号）、《簿记——它的利用·必要性·简明格式》（1863年10月号、11月号）、《铁道行业营业报告书的分析》（从1865年开始连载，共20期）；著作如《复式簿记科学》（J.C.科尔特著）、《簿记的实用体系》（B.W.福斯特著）等。

9.6.3 19世纪末发轫的成本会计之惊人发展

这一时期美国会计的另一个重大成果就是成本会计的发展，当然，这在很大程度上得益于美国工业的高速发展。在美国建国之初，由于英国等资格较老的资本主义国家的工业品的激烈竞争，美国工业很难发展，国内资本也大都投在航运业和商业上。但1807年的禁运法案和1812—1814年的英美战争，为制造业的发展开辟了受保护的国内市场，同时也迫使大量资本从航运业转移至制造业，从而为美国开展工业革命准备了条件。美国的工业革命由纺织业、冶炼业展开，并迅速波及其他各个部门，其速度之快是惊人的，这种惊人速度主要得益于丰富的资源、没有封建束缚的广阔国内市场、先进技术的引进，以及各工业部门协调发展等因素。工业上的惊人革命必然引发相应会计核算上的革命，很多会计学者正是在这种时代的召唤下投入到成本会计的研讨之中的。

亚历山大·哈密尔顿·丘奇（Alexander Hamilton Church）应该算得上一个先行者，他非常关注间接费用，认为间接费用不是浪费或非生产成本，而是可以控制的正当支出和衡量管理者技能的挑战，他的《间接费用适当分配》（The Proper Distribution of Establishment Charges）的论文，一经在《工程杂志》（Engineer Magazine）上发表，便引起了人们的广泛重视，被评价为"解决最困难的成本核算问题的一份标准参考文献"。

J.L.尼科尔森（J.L.Nicholson）亲手创办了美国全国成本会计师协会，并担任第一任主席。1909年他的专著《工厂组织和成本》（Factory Organization and Costs），对当时流行的成本核算理论与实务进行了总结与改善。他尤其注意间接费用的分配，在书中，他提到了七种普遍采用的间接费用的摊销方法并对它们进行了比较分析，而后又提出了自己的观点。他认为间接费用不应包括销售费和管理费，应将其剔除在外。在间接费用的分配标准方面，他提倡采用“新机器率”（new machine rate），先按照部门归集人工费和间接费，再按照各工序机器消耗的时间，将人工费和间接费分配到产品上去。1913年，尼科尔森出版了第二部专著《成本会计——理论与实务》（Cost Accounting—Theory and Practice），最突出的特点是引进了可将财务账户与成本账户结合起来的对应账户制度。

美国注册会计师约翰·惠特莫尔（John Whitmore）被认为是第一个详细论述标准成本制度的人，而在实务上对标准成本进行更多探讨的应是哈林顿·埃默森（Harrington Emerson）。他是一位效率工程师，在1909年一篇题为《作为经营和工资基础的效率》（Efficiency as a Basis for Operations and Wages）的文章中，他明显划分了标准成本制度和实际成本制度。但遗憾的是在标准成本的设计方面，埃默森没能确定一个明确的标准，在理想标准与实际可达到标准之间，他无从选择，不过他还是找到了一个时间标准作为衡量尺度。另外，在实际与标准的差异分析方面，他也没有找到一种合适的办法，因此，无法得出每个相关因素对差异的影响程度。

1911年，埃默森的同事J.查特·哈里森（J.Charter Harrison），设计了第一套著名的健全的标准成本制度，1920年发表了第一组成本差异分析公式。至此，标准成本制度的核算思想与方法基本上建立起来了。

20世纪20年代之后，成本会计的发展势头一浪高过一浪，这主要体现在经济理论与工程技术的应用上，包括保本图、弹性预算、直接成本计算、资本预算和统一成本会计标准等方面。

以美国工程师亨利·赫斯（Henrry Hess）（1930）与苏格兰会计师约翰·曼（John Mann）（1940）为代表，约翰·H.威廉姆斯（John H.Williams）（1922）、沃尔特·劳滕施特劳赫（Walter Rautenstrauch）（1930）、阿瑟·J.迈纳（Authur J.Minor）（1933）先后提出了盈亏临界点的计算公式。

1928年，西屋公司（Westinghouse）的一些工程师和会计师设计了一种名为“弹性预算”的方法来解决按销量变动相应调整间接费用的分配比例的问题，自其问世后，弹性预算被作为一种节约费用的有效方法普及开来。

直接成本方面，1936年，乔纳森·N.哈里斯（Jonathan N.Harris）在《美国全国会计师协会公报》上发表了一篇文章《上个月我们赚得了什么?》（What did We Earn Last Month?），被认为是最早论述直接成本计算法的学术论文。但由于当时的历史背景，哈里斯的想法在其后很长一段时间都未再被提及。直至1947年，西屋公司的C.罗伯特·费伊（C.Robert Fay）发展了弹性预算，并在匹兹堡厚玻璃板公司玻璃部采用直接成本制度大获成功后，直接成本制度才重新唤起人们的重视，1951—1960年的10年间，有关直接成本计算法的论文便高达44篇之多。

资本预算早在1887年就由A.M.韦林顿（A.M.Wellington）在有关铁路选址的著作中提出，艾尔弗雷德·马歇尔（Alfred Marshall）、欧文·费希尔（Irvig Fisher）、约翰·T.范迪万特（John T.VanDeventer）、约翰·梅纳德·凯恩斯（John Maynard Keynes）、肯尼恩·博尔丁（Kenneth Boulding）、保罗·塞缪尔森（Paul Samuelson）等学者都对该问题进行过研究，不过在第二次世界大战之前，该问题并不是研究的热点。20世纪50年代之后，企业才普遍开始关心资本预算。

另外，建立各行业的成本标准也是人们在不断追求的一个目标。早在1889年，全美火炉制造商会就建立了一种计算该行业产品成本的标准。截至1920年，已有69种类似的统一标准，然而，统一成本制度的建立却由于反垄断法等的影响而充满坎坷。直至20世纪70年代，由于缺乏统一成本制度而使政府采购（特别是用于国防方面的采购）步履维艰，人们才重新认识到这个问题的重要性，美国国会于1970年建立了成本会计标准委员会（Cost Accounting Standards Board），从而为制定统一的成本核算程序打开了新的局面。

9.6.4 两位优秀的会计学者代表——威廉·A.佩顿与A.C.利特尔顿

与成本会计的发展相对应，整个会计领域在进入20世纪之后都呈现出一种前所未有的发展态势。无数会计学家与他们的不朽著作为后人传诵，但我们无法一一列举他们，只能选择早期的两位杰出代表加以介绍。

威廉·A.佩顿（William A.Paton），1889年7月9日生于美国密执安，分别于1915年、1916年、1917年在密执安大学获学士、硕士和博士学位。早在获得学士学位前他就从事会计学术与实践活动，并曾在多所大学、政府部门和会计师事务所任职。

1922年，他出版的经典名著《会计理论》（Accounting Theory），是早期倡导会计主体观的代表作。在书中，他批驳了业主主体观理论，认为其最大的缺点是把费用和收入定义为仅仅是业主权益的派生物，由于从各种渠道取得的收入均直接归业主所有造成了以下尴尬局面：使得区分经营收益和其他收益显得没有必要；使得对利润表的差量分析没有必要，他用了一个形象的说法“shut the door to all discriminating analysis of the income statement”；另外还会使利润表的分类不合逻辑。而企业主体理论则更合乎新经济学，特别是股份公司制度下对损益的计算，因为在任何情况下，企业都是一个独立实体或法人的概念，它的资产是由所有者与债权人的投入形成的，其损益是企业经营这些资产的结果，根据所有权与经营权分离的原则，企业有责任对取得的收入与发生的费用以及利润分配情况详加分析，并向投资者传递有关信息。1940年，他的企业主体观念在他与利特尔顿教授合著的《公司会计准则绪论》（An Introduction to Corporate Accounting Standards）中再次得到体现与充实，该书被认为是经典的、具有开创性的会计理论著作。

A.C.利特尔顿（A.C.Littleton），1886年出生于美国的伊利诺伊州布鲁明顿市，在大学时代他本来是学习铁路管理专业的，但一个偶然的机会改变了他的一生，他开始关注注册会计师行业。大学毕业后，他先到一家会计师事务所工作，后来又回校任教。在长期的会计教学实践中，他著书立说，先后有《1900年以前的会计发展》（Accounting Evolution to 1900）、与佩顿教授合著的《公司会计准则诸论》等大作问世，而最具影响力的当属1953年出版的《会计理论结构》（The Structure of Accounting Theory）一书，其影响经久不衰。图9-8为利特尔顿像。

图9-8 A.C.利特尔顿像

9.6.5 美国民间审计

1）英国特许会计师的早期贡献

许多审计史学家认为，1748年出现了美利坚合众国最早的民间审计业务，至19世纪中叶以前，民间审计的主要业务为会计代理，进入19世纪70年代后，美国民间审计的业务范围扩大到了审计业务。19世纪末，英国特许会计师的到来，为美国民间审计事业的发展注入了新的活力。

英国特许会计师之所以到美国来，离不开当时的历史背景。美国“南北战争”结束之后，急速工业化的经济态势吸引了大量的欧洲资本。当时，铁道业是美国经济的一大支柱，外来资本投向有利可图的铁道行业最多，而其中又以英国资本居于首位。为了维护英国投资者的利益，加之这些投资者们已经适应或者说习惯了特许会计师的审计，因此就促成了许多英国特许会计师频繁地访问美国，对他们的委托人在美国投资建立的铁路、酿酒厂的会计账簿、财产是否存在舞弊等情况进行审计，并在美国建立了会计师事务所。他们除给美国带来了先进的民间审计知识外，还带来了职业人员团结协作的理念，这对后来美国民间审计组织的建立起到了重要的作用。

在经济危机与企业合并浪潮的推动下，美国民间审计的业务直线上升，审计人员的队伍不断壮大，加之英国审计的催化，美国早期的民间审计职业团体初步形成。

2）美国民间审计组织的建立

1882年7月28日，美国第一个民间审计组织在纽约正式成立，该组织名为“纽约会计师与簿记员协会”（The Institute of Accountants and Bookkeepers of the City of New York），1886年6月23日更名为会计师协会，在其不长的存在过程中，主要致力于会计教育和著书立说。

1886年，英国著名的会计师埃德温·格斯里与美国费城著名的会计师约翰·海因斯在费城聚首，共商创建公共会计师协会大计。1886年12月23日，美国公共会计师协会（The American Association of Public Accountants）正式成立，1887年8月20日，纽约州法律正式予以确认。

美国的民间审计组织虽然建立起来，但与英国当初第一个民间审计职业团体不可同日而语，主要表现在：在协会章程上，美国公共会计师协会仍处于机械模仿英国特许会计师协会阶段；在人数上，美国公共会计师协会创立时仅10人，10年后才发展到45人，而英国特许会计师协会成立时会员超过500人；在会员资格方面，美国公共会计师协会为争取会员入会，不要求考试，也没有实施过什么教育计划，甚至没有证明会员资格的专用称号，因此可以说，美国民间审计职业团体的起点是很低的。

1895年，一些审计人员为争取官方认可的执业资格，敦促纽约立法机关通过注册会计师法案，但未能得到批准。于是，公共会计师协会再次组成一个三人委员会，继续致力于该项法案的通过。1896年4月17日，该法案终获通过，规定对有资格的会计师，应授予注册会计师（Certified Public Accountant，CPA）称号。继纽约州后，美国其他各州也颁布了相应的法案，确定注册会计师的资格，但各州的规定不尽相同，这又给注册会计师跨州执业及资格认定带来了麻烦。1916年，美国会计师协会替代了美国公共会计师协会，这一新组织并不希望替代各州的会计师协会，或提出优于公共会计师执业证的资格认定形式，而志在通过制定统一的入会标准和执业标准，摆脱各州法规差异的影响，提高全国注册会计师作为同一执业者的意识。1917年，美国会计师协会的考试委员会为此作出了努力，开始实施“统一的”注册会计师考试，数年内，几乎所有的州都采用了类似的考试。

由于美国政体的特点，各州公共会计师协会处于一种各自为政的局面，缺乏一个全国性的统一组织。1886年成立的美国公共会计师协会，从理论上讲是全国性的，但实际上只是纽约市的民间审计团体，和其他州的注册会计师协会地位上没什么分别。截至1902年，美国全国至少已有8家公共会计师协会。为解决这种“割据”局面，同年7月，在伊利诺斯公共会计师协会的一次会议上，乔治·威尔金森（George Wilkinson）宣读了一份文件，他指出：明确各州之间民间审计团体的关系是非常必要的，这些协会在处理审计事务时，缺乏目标的一致性。他建议联合各州现存的职业团体，建立真正的全国性民间审计组织。

1902年10月，美国公共会计师协会联合会（The Federation of Societies of Public Accountants in the United States）正式成立，在华盛顿召开了联合会的第一次会议。在这次会议上，通过了联合会的章程和规则，并选举了有关领导人员，查尔斯·哈斯金斯、乔治·威尔金森、罗伯特·蒙哥马利等会计师界的佼佼者众望所归，分别担任了重要的职务。1905年，美国公共会计师协会与美国公共会计师协会联合会两个组织正式合并，1916年，创立了美利坚合众国会计师协会（Institute of Accountants in the United States of America），1917年，更名为美国会计师协会（American Institute of Accountant）。1957年，该组织又改名为美国注册会计师协会（American Institute of Certified Public Accountants ，AICPA）。

实际上，美国民间审计在创立统一的全国性组织的进程中，除1905年的合并外，还有两次合并值得一提。一次合并是在1899年，合并双方是美国公共会计师协会与全美注册会计师协会。后者成立于1897年，其目的是要联合全国注册会计师，建立统一的注会职业团体，但不仅没能“一统江山”，反而在1897年“俯首称臣”，并入美国公共会计师协会。另一次合并的双方是美国会计师协会与美国注册会计师公会。后者成立于1921年，成立的原因是美国会计师协会吸收的会员不仅限于注册会计师，结果引起一些人不满，以至另起炉灶。直至1937年，美国会计师协会限定其会员只能是注册会计师时，两大职业团体才真正团结起来。

3）“美式”资产负债表审计的产生与流行

美国民间审计的早期发展，离不开英国特许会计师的贡献，可以说，美国的会计师职业是建立在英国人肩膀之上的。在审计方法上，20世纪前，美国也是在效仿英国，采用详细审计法，即以经济业务为基础，逐一审查会计凭证、账簿，逐一复核会计报表中的数据，以发现记账差错和舞弊行为。应该说详细审计法在美国是起过相当大的作用的，因为在当时，簿记错误相当普遍，要使数月或数年的总账正确无误，就需经常进行详细检查。同时，职员贪污也经常发生，要揭露和制止舞弊行为也需进行详细审计。但应该注意到，英国的强制审计（或称法定审计）是投机失败和政府限制公司成长的历史产物，而在美国则不是这种情况。在美国，联邦政府既没有创建公司，也没有控制审计，它把这些权力下放给各个州，而各州几乎不要求对公司会计进行审计。加之美国各州的商法各异，使公司章程也不尽相同，审计人员也不是从股东中选出，所以很难将投资者和审计人员之间的关系标准化。因此，美国最初的民间审计并不针对股东或政府，而是对公司费用支出情况提出证明。这就使详细审计所耗费的成本远远大于实际利益，于是人们开始寻求既能完成审计业务又能大大降低成本的审计方法来取代详细审计。

19世纪末美国的资本市场并不是全国性的，而是地方性的、区域性的，公司资金的周转不是靠发行股票而是主要依赖银行贷款。因此，银行是否愿意把资金贷给企业取决于企业的偿债能力。当时，银行家们要求申请借款者报送署名的资产负债表，该报表不仅是了解商人资产流动性（或偿债能力）的线索，而且在其不履行债务时，还可以作为证据向法院提出。在此过程中，申请贷款者发现，如果报送经专家和没有利害关系的第三者加以证明的资产负债表，则更容易获得信贷。这就使得在20世纪初对银行家使用的资产负债表的审计，成为美国注册会计师的主要业务。

银行家们所关注的是企业的偿债能力，特别是流动资产和流动负债的情况。注册会计师们日渐认识到为证明上述事项而采用详细审计是得不偿失的，如果将主要精力集中在下列两种分析性审查上，一是对资产负债表关键账户的审查，二是对那些比簿记员具有更大权力的高层人士进行弄虚作假的可能性的审查，同样能够很好地满足银行需要，即是否提供信贷。

但应该看到，当时资产负债表审计之所以流行，是因为注册会计师们考虑到对大型企业进行详细审计所耗费用太大，从某种程度上甚至可以说，大多数注册会计师们只认识到不对每笔经济业务进行审计同样可对公司会计记录进行评价的事实，而不清楚为什么会这样，以及在何种情况下抽查范围应是多大。但早期的审计理论家们却没有仅停留在问题的表面上，而是继续向深层次追根溯源，他们认为，对少数经济业务进行详细审查取代对全部经济业务进行审查的前提条件，取决于委托企业的内部控制制度情况。内控制度健全与否，决定着审计范围的确定，但理论是先于实践的，直到20世纪20年代，审计人员才在实践中将对内部控制的初步评价作为审计的基础，并将委托人作为实际审计过程中的伙伴。

4）审计规范方面的初步努力

第一次世界大战中累进所得税的出现，促使企业成倍地聘用外部审计人员开展审计业务。但在执业过程中，注册会计师们深感缺少一套统一的和公认的标准可供遵循，每个审计人员在审计过程中审计的范围和采取的标准随心所欲，完全根据个人的经验判断行事，这种混乱局面如果长期持续的话，必然导致非常严重的后果。在此情况下，美国第一个关于审计范围的权威性指南出台了，它是美国会计师协会（AIA）应联邦贸易委员会的要求在1917年制定出来的，经该委员会和会计师协会承认并经联邦储备局尝试性认可后，以《统一会计》（Uniform Accounting）为题发表在《联邦储备局公告》（Federal Reserve Bulletin）1917年4月号上。

1918年，在上述各方面的一致认可下，经过修订，《统一会计》以新的题目《编制资产负债表的公认方法》（Approved Methods for the Preparation of Balance Sheet Statements）刊行。这份公告被散发给会计师协会的每个会员，它首先介绍了工商企业资产负债表的审计程序，接着是检查每个账户的具体说明，最后列示了资产负债表和比较收益表的建议格式。

1917年联邦储备局和美国会计师协会公告的修订版于1929年刊行，题目为《财务报告的验证》（Verification of Financial Statements），该文件仍然强调以寻求银行信用为目的的企业资产负债表审计，但也详细讨论了损益计算账户和报告程序，并指出了内控制度评价对审计范围确定的重要作用。

5）《证券法》和《证券交易法》对美国民间审计的影响

美国经济从19世纪最后30年开始呈跳跃式发展，在进入20世纪后，其势头仍然有增无减，特别是第一次世界大战时的景气和第一次世界大战后的繁荣孕育了浓厚的投机气氛，任何一个美国人都相信20世纪的美国将会永久繁荣，这种极其乐观的心理首先表现在对房地产和股票市场的狂热投资上。纽约股票交易所的股票价格于1924年开始上涨，到1928年股市仍处在慢牛走势之中，特别是从1928年3月到1929年9月，股价暴涨，股市投机高潮达到顶峰，一些主要工业公司股票的价格上涨有时高达10%~15%。但值得注意的是，这个阶段的上市公司会计处理是极不规范和松散的，许多企业对销售额保密，有的企业不进行折旧处理，有的企业不对营业外收益进行一贯性处理，有的企业不区分实缴股本和留存收益等。对那些缺乏会计专业知识的投资者来讲，要想根据存在上述问题的财务数据作出正确的投资决策无疑是很难的。1926年8月，哈佛大学经济学教授威廉·Z.里普利对公司缺乏统一会计标准的现状进行了严厉的批评，他建议联邦贸易委员会应强制公司披露它们的经济事项，制约公司的舞弊行为。注册会计师界的领袖人物乔治·O.梅（George O.May）在1927年9月AIA的年会上也就上述情况谈了自己的看法，他坦率地承认，审计人员的任务就是审查公司会计报表是否按照公认会计惯例编制，但在过去的日子里，审计人员没能在这一点上尽职尽责，因此他呼吁AIA应就公司信息披露的各个问题，特别是会计准则的建立，与纽约证券交易所加紧合作，迅速解决问题。按梅的建议，AIA会长向纽约证券交易所的理事长呼吁，希望双方为改善财务披露制度携手共进，但遭到纽约证券交易所的断然拒绝，AIA愤然与其中断了任何联系，这种局面直到1930年才得以好转。

1929年9月，繁荣了7年的华尔街股市走到了尽头，在“巴布森突变”之后，股市价格大幅度下跌，尽管政府和金融巨头们竭尽所能救市，但已无可挽回，就连此前充满乐观情绪的胡佛总统也不禁慨叹，“尽管我手中握有几百万美联邦军队和几百亿美元的债权，但在这场可怕的灾难面前，它们是如此苍白无力……”。由此美国股市一跌不回头，熊市足足持续了5年之久，到1933年7月，美国股市价值总共下降了740亿美元，即1929年9月时的股票价值已消失了约83%。股市的崩溃，往往是经济危机的先兆，1929年华尔街股市的大崩溃引发了长达5年的经济大萧条，对美国乃至整个世界经济都产生了深刻的影响。其场景如图9-9所示。

图9-9 1929年股市崩溃后纽约证券交易所门前挤满投资者

痛定思痛，人们在思考1929年股市崩溃和大萧条的原因时，不难发现松散的会计实务和缺乏规范的财务披露制度是原因之一，而当时“不纳忠言”的纽约证券交易所也难辞其咎。经历了事实的深刻教育，纽约证券交易所决定主动与AIA合作，在改善会计实务与财务披露制度方面作出努力。1930年，交易所股票上市委员会助理霍克萨伊亲赴AIA年会，发表了题为“保护投资者的会计”的演讲，真诚希望与AIA合作，从而改善了双方的冷淡关系。AIA表现出积极的合作态度，成立了以乔治·O.梅为主任的“与证券交易所合作的特别委员会”（Institute’s Special Committee on Cooperation with Stock Exchange）。

从1930年开始，证券交易所与美国会计师协会为了改进民间审计工作进行讨论，并相互通信、交换意见，持续了3年之久。1933年1月6日，证券交易所发表声明，凡是申请上市的公司应提交经独立注册会计师证明的财务报表，而且每年均必须提交同样的经审核的财务报表。同年10月，AIA特别委员会提出的“公司应在前后期会计方法一致并进行披露的前提下，在认可的公认会计原则中选择会计方法”的建议被纽约证券交易所采纳。1934年1月，美国会计师协会与证券交易所合作的特别委员会同纽约证券交易所上市委员会将1932年9月以来相互传递的信件加以汇总，发表了名为《股份公司会计的审计》（Audits of Corporate Accounts）的文件，后于1936年发表了修订版，题为《独立注册会计师对财务报告的检查》（Examination of Financial Statements by Independent Public Accountants）。这份报告的特点是，在原来为银行信用服务的基础上，突出向股东报告的要求，在财务报告的审计上，强调对利润表的审计，将资产负债表审计与利润表审计摆在了同等重要的地位。

在交易所与AIA携手共进的同时，美国政府对财务制度披露方面也同样给予了关注。1933年，罗斯福入主白宫，此时正是美国经济危机严重的时刻，他立即宣布实行“新政”，以挽救资本主义制度。罗斯福的“新政”一改过去依靠资本主义市场机制自动调节功能来摆脱危机的教条，转向借助国家干预措施来挽救濒临崩溃边缘的美国经济。“新政”

首先从金融体制入手，采取了一系列有力的措施，其中包括1933年5月27日颁布的《证券法》（Securities Act）和1934年6月颁布的《证券交易法》（Securities Exchange Act）以及成立证券交易委员会来控制和监督股票市场。

1933年的《证券法》是规范证券发行市场的法规，该法规的若干规定对民间审计有重大影响。首先，它规定每个企业在发行证券之前，应按本法规定向联邦贸易委员会进行证券发行登记。由于不同企业情况不同，为了适应这种情况，联邦贸易委员会设计了多种表格供企业选择填报，这些表格通常都会有以下内容：注册者财产和经营的说明；准备上市证券的重要条款以及它与注册者其他资本性证券的关系；注册者有关管理的信息；由独立的公共会计师认可的财务报告。这种法律支持的强制审计，大大提高了注册会计师的地位，但同时也扩大了注册会计师的责任。法案第11条a款规定："假如注册报表的任何一部分……对重要事实作了不真实说明，或者故意隐瞒报表所要求的、保证报表不被误解所必须说明的重要事项，购买这种债券的任何人均可对每一位会计师（除非能证明在取得证券时，他早已了解上述不真实或隐瞒事项）起诉……"其次，它授权联邦交易委员会制定有关财务报表编制和报告的规则，该规定引起了注册会计师界的震动，因为其有可能损害注册会计师的独立性。

1934年的《证券交易法》旨在规范证券交易市场的秩序，它规定证券在全国性证券交易所上市之前，应进行发行登记，并向为依据该法案进行监管而设立的行政机构——证券交易委员会——提交已审查过的财务报表。除此之外，它还对委托请求、招标请求、隔离、内部交易、空买交易等方面作了规定。

上述两大证券法案，要求公开发行股票公司必须填报一些专门的报告和表格，主要有：S-1~S-16表，证券交易委员会规定，凡新上市的公司必须填报这些表，其中S-1表是通用表，其他的表是一些特定的表；8-K表，指在发生重大事项（如取得或出售一个分公司、董事会成员变动、新开一条生产线、更换审计人员等）的月末，公司应填制该表，向广大投资者公布这些事项；10-K表，必须在财务年度终了后的90天内填报完毕，包括非常详细的内容，已审计的会计报表是其内容之一；10-Q表，是上市公司填报的季度报表，包括通常的财务信息以及在会计政策变化时，要求审计的情况。以上两项法案的规定，使美国上市公司审计步入了强制审计时代。

6）SOX法案对美国民间审计的影响

针对安然、世通等财务舞弊事件，美国国会出台了《2002年公众公司会计改革和投资者保护法案》。

该法案由参议院银行委员会主席萨班斯（Paul Sarbanes）和众议院金融服务委员会（Committee on Financial Services）主席奥克斯利（Mike Oxley）联合提出，又被称为《2002年萨班斯-奥克斯利法案》。该法案对美国《1933年证券法》《1934年证券交易法》作出大幅修订，在公司治理、会计执业监管、证券市场监管等方面作出了许多新的规定。

美国总统布什在签署《2002年萨班斯-奥克斯利法案》的新闻发布会上称："这是自罗斯福总统以来美国商业界影响最为深远的改革法案。"

《2002年萨班斯-奥克斯利法案》最初于2002年2月14日提交给国会众议院金融服务委员会，至7月25日国会参众两院最终通过，先后共有6个版本：2月14日、4月22日、4月24日、7月15日、7月24日、7月25日（最后版本）。

最后修订完稿的法案共分11章，第1至第6章主要是对会计执业及公司行为的监管，包括：建立独立的公众公司会计监管委员会（Public Company Accounting Oversight Board，PCAOB），对上市公司审计业务进行监管；通过审计合伙人、会计师事务所轮换制度以及咨询与审计服务为不相容业务等规定来提高审计的独立性；限定公司高管人员的行为，建立审计委员会，强调公司对财务报告的责任；加强财务报告的披露；通过增加拨款和雇员等来提高美国证券交易委员会的执法能力；如何管理执业证券分析师及证券交易所。第8至第11章的主要内容是公司高层主管及白领犯罪的刑事责任。

7）公认审计准则的制定

1938年年初爆发的麦克森-罗宾斯（Mckesson & Robbins）案是导致公认审计准则出台的催化剂。

麦克森-罗宾斯药材公司（Mckesson & Robbins Drug Company）是一家在纽约证券交易所上市的药材批发公司，在长达10余年的时间里，一直是由大名鼎鼎的普赖斯·华特豪斯会计师事务所负责对其财务报表进行审计，而且事务所一直在审计报告中对该公司的财务状况和经营成果表达“正确，适当”的审计意见。但在1938年被公司的债权人朱利安·汤普森（Julian Thompson）发现其经营中存在异常，经证券交易委员会调查发现，公司主要领导者为匿名罪犯，他们通过串谋舞弊，虚构进货销货业务，侵吞了公司大量的财产，导致1937年12月31日的合并资产负债表中反映的总资产8 700万美元中，有1 907.5万美元是虚构的（其中存货1 000万美元，应收账款900万美元，银行存款7.5万美元），在1937年度的合并利润表中虚假的营业收入和毛利分别为1 820万美元和180万美元。

如此大的舞弊内幕被揭开后，一直承担审计业务的普赖斯·华特豪斯事务所应负什么责任呢？1939年1月，证券交易委员会就该事件在纽约市召开公众意见听证会，鉴定人证明，会计师事务所在审计过程中忠实地遵守了美国会计师协会1936年声明中论述的审计程序。换言之，是现存的审计程序中存在着重大缺陷，才导致如此大的舞弊未能被查出。具体表现为，在1936年的公告中对存货和应收账款的审计程序作了如下规定：不要求对存货进行实地检查，不要求通过信函对应收账款直接进行询证。

证券交易委员会对会计师事务所以1936年公告为辩护依据表示了有保留的同意。他们指出，即便是不适于揭露舞弊的审计计划，对记载着900万美元的虚构应收账款和1 000万美元的虚构存货的合并资产负债表，多少应发现一些不正常之处。所以，他们得出结论，不仅现存的审计程序不恰当，美国注册会计师的审计方法甚至不能达到表面上的目的，即未尽到应有的勤勉之责，审计人员应把检查范围扩大到会计账簿以外，对资产负债表反映的资产和负债的实际存在情况进行审查。

在证券交易委员会就麦克森·罗宾斯事件召开第一次听证会仅3周后，1939年1月30日，美国会计师协会建立了审计程序特别委员会（Special Committee on Accounting Procedure），其报告书《审计程序的拓展》（Extension of Accounting Procedure）建议，应将实际盘点存货数量和直接向债务人询证被审计单位应收账款情况作为正式的审计技术，如果省略这些检查中的任何一个，应作为例外事项（exceptions）记入审计报告。该委员会还建议改变标准审计报告、强调报告的一致性以及审计测试应建立在评价被审计单位内部控制系统的基础上。

美国会计师协会理事会在同意这些建议后，将审计程序特别委员会继续保留下来，作为一个常设委员会继续工作，在层级上和会计程序委员会平行，同时将《审计程序的扩展》按与《会计研究公报》(Accounting Research Bulletins) 相同的形式再版，成为后来40多份《审计程序说明》的第1号。

接着，证券交易委员会开始着手修订、完善审计规则。1940年2月，《统一会计要求》(Uniform Set of Accounting Requirement) 发布，其中的财务报表规则S-X详细规定了自1940年5月31日后公司应向证券交易委员会报送的财务报表及附表的具体格式和内容，从而为下一步确定注册会计师的审计范围奠定了基础。

作为对麦克森-罗宾斯公司调查的最终结果，1941年2月，证券交易委员会发布了《会计系列公告第21辑》(Accounting Series Release No.21)，其中对财务报表规则S-X作了如下修订：会计师的审计证明书应表明，是否根据可能适用的公认审计标准进行审计。但这里的公认审计标准从本质上看只起到了恫吓作用。可以说，1941年的公告对于审计准则并没有什么实质性的改进，但显而易见的是，将审计人员的检查标准化的趋势是不可扭转的。同时由于人们在许多方面仍然存在分歧，因而引发了长时间的关于审计准则的论战，这样直至第二次世界大战结束后，建立审计准则的计划还只是纸上谈兵。

第二次世界大战刚刚结束，制定公认审计准则再次被证券交易委员会与会计师职业界提到议事日程上来。审计准则的具体内容由会计师协会审计程序特别委员会负责研究。该委员会认为，应从相互毫无关系的审计程序中提炼共同的因素来形成审计准则，同时还认为应从证券交易委员会的有关意见中寻求解释审计准则本质的线索。根据上述观点，审计程序特别委员会于1947年10月发表了题为《审计准则说明草案——其公认的意义与范围》(Tentative Statement of Auditing Standards—Their Generally Accepted Significance and Scope) 的专题报告。1948年9月，《审计准则说明草案》在美国会计师协会年会上获得正式通过。

1954年，美国会计师协会审计程序特别委员会对《审计准则说明草案》进行了修订，并增加了一条报告准则，从而完善了公认审计准则的内容，至此，被美国注册会计师们尊为职业界的“圣经”、后来又被世界各国注册会计师职业界广为借鉴的10条公认审计准则问世了，美国成为世界上最早制定审计准则的国家。

1939—1972年间，审计程序特别委员会共发表了54辑《审计程序说明》(Statement on Auditing Procedure)。1972年11月，审计程序特别委员会改称为审计准则执行委员会 (Auditing Standards Executive Committee)，将以前发表的54辑《审计程序说明》进行了重新修订和编纂，形成了第1辑《审计准则说明》(Statement on Auditing Standards)，从此之后，委员会便以《审计准则说明》作为对外发布的文件。

1978年，审计准则执行委员会完成了历史使命，由审计准则委员会 (Auditing Standards Committee) 取而代之，其作为美国注册会计师协会 (AICPA) 的一个下属机构，专门负责制定审计准则说明（或译作审计准则公告），其15个委员主要是来自大中小型会计师事务所的代表。1972—1994年间，审计准则执行委员会和审计准则委员会共发表了70多辑《审计准则说明》公告。

2004年3月9日，美国公众公司会计监督委员会 (PCAOB) 发布了《审计准则第2

号——与财务报表审计相关的财务报告内部控制审计》。

该准则发布的背景是：安然事件的发生，引发了美国公众对企业财务信息质量的公允性和合法性产生了高度质疑。随后，美国政府在2002年颁布的《萨班斯-奥克斯利法案》第404条款中提出，要求管理层对企业财务报告内部控制和程序的有效性进行评价，与此同时，注册会计师也应对财务报告内部控制有效性进行鉴证并发表审计意见。但由于双重强制性的内部控制审计使被审计单位产生了高昂的审计费用，美国公众公司会计监督委员会在2004年3月发布的AS 2中首次提出将财务报表审计与内部控制审计进行整合的观念，但没有得到普遍推广，因此在执行过程中，审计费用仍高居不下。针对节约审计成本、提高审计效率这一问题，PCAOB于2007年6月发布正式的AS 2，其中开创性地提出“整合审计”这一专业术语。

AS 2的发布推进了法案的顺利实施，重点是第一次对内部控制审计进行了准确定义，并对如何审计企业内部控制评价报告作出了非常具体详细的规定。

2007年，PCAOB颁布AS 5，取代了AS 2。AS 5在肯定AS 2的基础上，进一步要求审计人员坚持风险导向审计的理念，把审计资源投放到高风险领域，努力削减没有必要执行的审计程序，以尽可能降低执行成本。AS 5向全世界第一次提出了“整合审计”的概念，并对整合审计进行了详细阐述。

9.6.6 美国会计原则的发展

1）里德·斯托里关于会计原则三个阶段的划分

20世纪不仅是美国民间审计跃众而出的时代，而且是美国会计原则蓬勃发展的时代。根据里德·斯托里（Reed Storey）的观点，他认为可将美国会计原则的发展划分为三个阶段：第一阶段是1932—1940年，这一阶段的特征是个人定义会计原则和主要的会计团体制定会计原则研究项目，不过未能形成一套公认会计原则。第二阶段是1946—1953年，这一阶段的特征是公共会计团体致力于建立会计原则，主要团体有美国会计师协会和美国会计学会。第三阶段从1956年至20世纪60年代，这一阶段的特征是会计原则委员会成为主要的会计原则制定者。当然，斯托里的这种提法因受其所处时代的限制而有所局限，但我们在研究美国公认会计原则的发展进程时却不妨循着这条脉络进行考察。

2）1930—1940年美国会计原则的发展

美国在20世纪20年代末发生股市崩溃和引发经济危机之前，经济一直处于高速发展阶段，人们的乐观情绪几乎达到盲目的程度，正如在美国民间审计部分所提到的那样，企业的会计处理很随意，没有统一的标准，谁也没有将其视为引发未来灾难的一个因素。不过在当时仍然存在对会计原则的两种不同看法：一种看法认为会计原则是不能论证的，因为会计是一个目的性很强的领域，所以，任何假设、原则或程序，如果能充分地服务于这种特定的目的。那么，它就能相应地得到证明。持这种观点的一位代表人物就是前面提到的威廉·A.佩顿教授。而另一种看法则认为会计方法应是从会计原则中推导出来的，会计原则是根据一定推理得出的，而不是相反的顺序，这一观点的代表人物为查尔斯·E.斯普拉格（Charles E.Sprague）。

就在是否应归纳出一套会计原则尚存在上述争论的同时，实践中的会计师们仍然在没有较理想判断标准的情况下从事着企业审计，尽管有的学者已经发出了警告，但绝大多数人仍置若罔闻。1929年的大股灾如同当头棒喝，将人们从美梦中唤醒，紧随其后的大萧条更令人们痛定思痛。大家在反思的时候，发现企业的会计处理竟是如此混乱，制定统一会计原则的声音在此时听来是如此的振聋发聩。

率先举起制定公认会计原则大旗的便是美国会计师协会和当初曾拒绝与其合作的纽约证券交易所。二者合作的标志是成立了以当时美国会计师协会的主席乔治·O.梅为主任的特别委员会，该委员会受托建立完善的会计标准体系，然后通过证券交易所以公司上市规定的方式予以推行。在制定会计原则的过程中，特别委员会认为应做好两个方面的工作：一是教育公众了解会计方法之所以存在多种选择的原因；二是要尽可能地减少可供选择的会计方法，这种减少可以通过前后会计年度会计处理方法一致性的要求来实现。在梅的大力促成下，特别委员会在最后的报告中提出了五点有关会计原则方面的建议：第一，为提高一致性，在交易所挂牌上市的公司应遵循一定的广泛适用的会计原则，在此范围内，它们可以有所选择。第二，公司应以一览表的形式揭示其所采用的全部会计方法，该一览表应经董事会批准，同时报上市交易所备案，并要符合所有股东的要求。第三，要求公司一览表中呈报的会计处理方法在连续的会计年度中应一贯使用，在未经通报证券交易所和企业投资者的情况下，不得随意变动。第四，审计人员应根据会计原则检查企业会计方法适用的合理程度及是否保持一贯性。第五，特别委员会还建议可由会计师、律师及公司管理人员共同列举一份权威的会计原则目录，便于公司会计方法的揭示。与此同时，会计师协会同纽约证券交易所一起发表了《股份公司会计的审计》(Audits of Corporate Accounts，1939)，对公司审计提出了明确的要求。

正当美国会计师协会与证券交易所的合作日益紧密的时候，对公司会计与审计有着历史性影响的两部证券法律出台了，即1933年《证券法》和1934年《证券交易法》。美国政府在证券方面的监管机构——证券交易委员会——于1934年成立，它替代了证券交易所，掌握了管理上市公司的绝对权力。这两部法律和一个机构的出现解决了美国会计审计发展道路上的一大难题——信息公开。前已述及，特别委员会在五点建议中已经提出公司会计方法应当公开，但在实际操作中却没有强制实施，从而使这一最为重要的建议形同虚设，审计人员在审计过程中由于得不到企业的信息，因此无从判断。而证券交易委员会和两部证券法律着重强调的便是信息公开，并通过法律手段保证其实施。

下面简要介绍一下美国证券交易委员会。该委员会是美国政府的一个独立机构，根据1934年《证券交易法》(Section 4) 设立，由5名委员领导。这5名委员由美国总统委派并由国会批准，其中1名由总统任命为主席。委员任期5年，每年6月5日有1名委员任期届满卸任。为了保证独立性，委员会中，同一政党的成员不得超过3人。除5名领导者外，委员会的工作人员主要由经济学家、律师、会计师、财务分析和考核专家、工程师、调查人员和其他人员组成。委员会下设若干部、处、办公室，其中4个部分别为公司财务部(Division of Corporation Finance)、执法部 (Division of Enforcement)、投资管理部 (Division of Investment Management)、市场监督部 (Division of Market Regulation)；主要的办公室有行政法官办公室、总会计师办公室、经济分析办公室、行政主任办公室、档案和信息服务办公室、总律师办公室、国际事务办公室等，这些职能部门分别负责公司财务、证券审核、法律实施、企业财务重整与清算倒闭等事项及除1933年和1934年两个法令外其他与证券有关的专项法令的实施与管理。

设立证券交易委员会的目的在于加强信息的充分披露，保护市场上公众投资利益不被玩忽职守和虚假信息所损害。在对华尔街加强监管的呼声一浪高过一浪中，委员会的第一任主席人选出乎意料，约瑟夫·P.肯尼迪（美国第35任总统肯尼迪的父亲）走马上任，一个“从前的投机者和联手坐庄的操纵者，现在的工作是制止投机和阻止坐庄”。但从其不长的任期（1934年6月至1935年9月）成果来看，这一任命还是很成功的，深谙投机和操纵市场各种诀窍的老肯尼迪以毒攻毒，甫一上台就宣布内幕交易非法，在他的领导下，温和派的力量日益壮大，华尔街开始逐步走上正轨。

威廉·奥威尔·道格拉斯是历史上任职时间最长的大法官（36年又209天，1939年4月15日至1975年11月12日），1936年被罗斯福总统任命为证券交易委员会的第三任主席。他认为，交易所必须做到“使任何人都无法质疑。为了满足所有投资者的需求，这个巨大的市场不仅需要高效的服务，而且需要保持公平和绝对的诚实。这是因为，我们每个人都不应该忘记，这个巨大的市场之所以可以存在并繁荣，有赖于投资者们的厚爱”。道格拉斯充分认识到会计原则对证券市场的重要性，在1936年和1937年，他和罗伯特·E.海利共同推动委员会应“按照法规赋予的权力在会计原则制定方面起领导作用”。

就会计原则而言，证券交易委员会有权自行制定，也可以委托会计团体制定。从后来的情况看，它显然选择了后者。这一情况是委员会与公共会计师行业密切合作的政策和会计师行业组织自身努力共同作用的结果。

卡曼·乔治·布劳被称为美国会计原则管理方针的设计师，他是证券交易委员会的首任首席会计师（1935年至1938年）。他上任伊始，就针对上市公司向证券交易委员会提交的财务报告所使用的会计惯例极为混乱的现状，着手准备对会计原则进行规范。1936年，在一次演讲活动中，布劳严厉批评了会计实务中存在的混乱现象，并指出如果职业界不努力解决实践中业务处理标准的一致性和连续性问题，证券交易委员会就将出面干预。不过，布劳也认为应由会计师职业界自身来解决统一会计标准及会计原则发展的问题，他的这些思想对后来美国会计原则的发展起到了重大的影响。1937年，证券交易委员会发布第1号会计公告文集（Accounting Series Release to No.1）后，多数委员认为发展会计原则应由具备人才优势、实务经验丰富的职业界承担。

前已述及，在大萧条中，纽约证券交易所主动和美国会计师协会（American Institute of Accountants，AIA）合作，成立了特别委员会，商讨审计方面的改革事宜。随后，1933年和1934年的两部证券法案确立了公开交易公司会计报表必须经独立的会计师事务所审计的法定地位。在取得审计主导权后，美国会计师协会在制定会计规则方面似乎落后于美国会计学会（American Accounting Association，AAA）。美国会计学会的前身是1916年成立的美国大学会计教师联合会（The American Association of University Instructors in Accounting，AAUIA），1936年年初改为现名。学会由对会计教育、会计理论研究感兴趣的人士自愿组成，其成员主要为会计学教授，也包括注册会计师和企业会计师。美国会计学会一向致力于会计原则、会计准则和基本会计理论的研究，并于1936年发布了第一份重要研究文献——《作为公司财务报表编制基础的会计原则草案》（A Tentative Statement of Accounting Principles Underlying Corporate Financial Statement），该草案由其执行委员会完成，发表于《会计评论》(The Accounting Review) 1936年第2期（6月）。之前介绍过的两位会计名家——威廉·A.佩顿与A.C.利特尔顿——就是该委员会的成员。在这份草案中，委员会试图"阐明一些会计报表依据的基础"，"对应被视为原则的内容作实验性的阐述，这些原则能应用到会计最重要的领域"。尽管美国会计学会先声夺人，但由于其仅是一个学术机构，不具备主导会计实务的权威性，所以最终制定会计原则的权力还是花落美国会计师协会之手。

另外，值得一提的是，在这一时期，除草案外，还有很多对会计原则的尝试性研究。例如，1937年，吉尔伯特·伯恩（Gilbert Byrne）在庆祝美国会计师协会成立50周年纪念期间提交了一篇有关会计原则问题的论文《根据规则，会计实务的范围可做哪些缩小》(To What Extent Can the Practice of Accounting Be Reduced to Rules and Standards)；史蒂芬·吉尔曼（Stephen Gilman）在《会计上的利润概念》(Accounting Concepts of Profit) 中试图对有关会计原则方面的术语下严格定义；1936年，利特尔顿发表了2篇关于会计概念的文章；1940年，佩顿与利特尔顿合著的《公司会计标准导论》出版。这些努力对后来美国公认会计原则的形成与发展有着不可估量的影响。

3）会计程序委员会和会计原则委员会

1938年4月25日，证券交易委员会的5位委员以3：2的投票结果采纳了布劳的建议，并在第4号会计公告文集（Accounting Series Release to No.4）《财务报表的管理政策》中，宣布其将依赖于民间机构制定的具有"实质性的权威支持"的会计原则的立场，从而将制定会计原则的权力转移至会计师职业界，而证券交易委员会则保留对会计原则的监督权和否决权。

接受美国证券交易委员会的委托，美国会计师协会在其下设立了会计程序委员会(The Institute's Committee on Accounting Procedure)，从事会计原则的制定工作，它对外发布的文件名为《会计研究公报》(Accounting Research Bulletins)，1939—1959年共发布了51份公报。应该说，在会计程序委员会存在的20年间，其对会计实务的指导方面还是有功绩的，但它存在的缺点和问题则引起了人们越来越强烈的批评与指责。主要问题有：公报只列举存在的会计处理方法，由于范围很广因此起不到指导作用；另外公报的次序混乱，在内容方面也有自相矛盾之处；再有就是委员会的人员均为兼职，难以全身心地投入公认会计原则的制定中去。针对人们的意见，会计程序委员会于1958年发布了第43号《会计研究公报》，试图重新树立形象，但积重难返，委员会的工作并没有因为这份公报而有多大改观，终于导致了1959年由会计原则委员会取代会计程序委员会。

会计原则委员会（The Accounting Principles Board）由18~20名成员组成，主要以美国注册会计师协会的成员为主，少数成员为来自商界、金融界的代表。其对外发布的文件名为《意见书》(Opinion)，1959—1973年间，共对外发布了31份意见书，以及4份会计原则委员会公报。在会计原则委员会建立之初，人们对它寄予厚望，但其工作也不能使大家满意，特别是长期以来令大家反感的委员会人事组成问题仍然没有得到解决，公认会计师占多数及全部委员均是兼职引起民众广泛非议。不过会计原则委员会所做的工作大家还是有目共睹的，其中一份非常著名的文献便是委员会于1970年发表的《会计原则委员会第4号公告：企业财务报告所依据的基本概念和会计原则》(APB Statement No.4: Basic Concepts and Accounting Principles Underlying Financial Statements of Business Enterprises)。

4）财务会计准则委员会

鉴于会计原则委员会的工作长期以来没有改观，美国注册会计师协会便组建了惠特委员会对其工作进行调查，根据惠特委员会1972年提交的一份报告，新的会计原则制定机构得以诞生，这就是财务会计准则委员会（The Financial Accounting Standards Board）。与其相伴，另外两个组织——财务会计准则咨询委员会（The Financial Accounting Standards Advisory Council）及财务会计基金会（The Financial Accounting Foundation）——也建立起来了。

基于会计程序委员会和会计原则委员会的经验，财务会计准则委员会从建立之初就注重其独立性。它不再隶属于注册会计师协会，而是隶属于财务会计基金会，其人员、经费等敏感问题均由基金会决定。而基金会本身也是一个独立机构，它的理事来自各个赞助单位，包括美国注册会计师协会、美国会计学会、财务分析家联合会、财务经理协会、全国会计师协会、证券业务协会、政府财政人员协会，以及州属财政、会计及审计人员联合会等，这种安排出于兼顾各方利益与观点的考虑。财务会计准则委员会的成员由来自会计职业界、工商业界、政府和教学机构的成员组成，其经费来源主要靠财务会计基金会捐助，同时还有来自会计师事务所、工商企业、投资者、债权人及个人的捐助，不过为了保持独立性，每个组织的捐助均有限额。财务会计准则咨询委员会由30~40名成员组成，成员任命均由基金会决定，他们代表着会计信息编报、审计、使用的各界人士，其设立目的主要是为财务会计准则委员会在制定公认会计原则方面出谋划策，同时更具代表性。1984年，财务会计准则委员会还组建了一个“新生问题工作组”（The Emerging Issues Task Force），成员大多来自大型会计师事务所和公司，美国注册会计师协会和证券交易委员会派有观察员。新生问题工作组的主要任务是负责调研需要按公认会计原则给予及时指导的新问题，其研究结果要对外公布。

财务会计准则委员会对外发布的文件主要有财务会计准则公告（Statement of Financial Accounting Standards）、概念公告、解释书及技术公告。其中财务会计准则公告被视为公认会计原则，而与其相关的解释公告也被视为公认会计原则，1973—1993年财务会计准则委员会共发布了110份准则公告。技术公告是财务会计准则委员会针对收到的有关会计准则、解释及会计原则委员会的意见书在应用方面提出的问题所作的回应。概念公告是财务会计准则委员会理论研究的又一丰硕成果，自1978年起，财务会计准则委员会先后发布了7辑《财务会计概念说明》，其中第6辑取代了第3辑，其题目分别为第1辑《企业编制财务报告的目的》、第2辑《会计信息的质量特征》、第3辑《企业财务报表的各种要素》、第4辑《非营业机构编制财务报告的目的》、第5辑《企业财务报表中的确认和计量问题》、第6辑《财务报表的各种要素》，以及第7辑《在会计计量中使用现金流量信息和现值》。

财务会计准则委员会在制定会计准则的时候采取比较周密的程序，其步骤简要说明如下：第一，选定议题；第二，建立由专家和工作人员组成的工作小组，针对议题广泛搜集资料并进行讨论，最后形成“讨论备忘录”；第三，召开听证会广泛征求意见；第四，工作人员分析各方意见，将材料呈报委员会；第五，委员会开会对征求来的意见进行讨论，最后形成征求意见稿，经7名委员多数通过后，对外公布；第六，对征求意见稿再次召开听证会，听取各方意见进行修改；第七，征求意见稿经表决通过后，公开以财务会计准则公告的形式对外公布。

综上所述，财务会计准则委员会自建立以来，吸取会计程序委员会和会计原则委员会的前车之鉴，在制定准则的工作上取得了很大进展，但它也不是完美无缺的。1975年，参议员梅特卡夫和众议员莫斯对其工作提出了质疑，他们认为，财务会计准则委员会从人事和资金上受到美国注册会计师协会、八大（后为六大、五大、四大）会计公司的控制，其工作不具独立性，制定出的财务会计准则公告难免有偏袒之处，并对此提出了一系列改进建议。财务会计基金会和证券交易委员会马上对此作出反应，并相应地采取了一定的措施，可见公认会计原则的制定过程就是各方利益碰撞和协调的结果。

9.7 日本会计

9.7.1 西为我用——明治维新时代的会计发展

当资本主义在欧美大地上风起云涌的时候，19世纪前半叶的日本仍然处于幕府统治的封建王朝时期。直到1867年，以江户幕府的德川庆喜迫于尊王攘夷的形势废除幕府、让位天皇为标志，长达700余年的幕府统治终于宣告结束。推翻幕府统治后建立起来的是以明治天皇为首的日本新政府，在1868—1873年间采取了一系列资产阶级性质的改革措施，如“版籍奉还”“废藩置县”“地税改革”，禁止行会垄断，废止各藩关卡，整顿货币制度，统一全国汇兑，奖励贸易，发展运输业，培植资本主义银行、工矿企业和商业等，史称“明治维新”，从而使日本走上了发展资本主义的道路。但日本这场改革是不彻底的，还残留了大量的封建残余势力，成为其后来发展成具有极大侵略性的军事封建帝国主义国家的重要原因。

日本在大力引进欧美先进技术的同时，也如饥似渴地学习其先进的企业管理经验与思想，当然在会计方面也是不遗余力，从日本政府会计及企业会计的变化情况我们便不难得出上述的结论。在政府会计方面，主管经济的大藏省之下设会计官，在开始的时候统辖七个司：出纳、用度、邮递、营缮、税银、货币、民政。后来权力进一步扩大，商法司、造币司、监督司、矿山司、通商司均划归其管辖。在企业会计方面，形成学习英国、美国、法国、荷兰、德国等先进簿记的风气，开始的时候，聘请熟悉会计的外国人担任企业会计主管，同时不断派人出国留学，这样，以借贷记账法为标志的西式簿记便被逐渐地引入日本。

在传播西方先进的资产阶级思想的先驱者中，必然会提到福泽谕吉。福泽曾数度出洋留学，深受西方文化的熏陶。他的涉猎面非常广，一个偶然的机会，他接触到了美国的簿记著作，从而下定决心要将先进的簿记知识介绍到本国来。福泽以H.B.布赖恩特与H.D.斯特拉顿合著的《公立学校的簿记》（Common School Bookkeeping）作为学习和翻译的对象，对于从未接触过簿记的他来说，其过程是相当艰苦的。他边学边译，最终于明治六年（1873年）6月出版了《账合之法》初编二册，第二年的6月出版了

《账合之法》续编二册。福泽的勇于探索精神值得称道，其洋为我用、结合本国国情的治学态度更加令人崇敬。一个小的例子就是他在翻译借贷记账法的时候，在借贷二字的翻译上，为了避免由于本国语言而带来的误解，他建议可用“出入”二字加以理解。

在福泽谕吉这样的先行者推动下，西式簿记被多次提及并充分介绍，大藏省审时度势，建立了翻译局（后改名为银行学局），大规模地翻译西方银行制度与簿记知识。早期的有关金融知识与银行簿记的著作应首推明治六年12月出版的《银行簿记精法》（当时还没有设立翻译局），该书是根据英国人阿伦·山德为日本第一银行的职员介绍金融和银行会计的讲稿整理而成。翻译局及银行学局成立后，翻译的著作有《日用簿记法》《银行实验论》《银行大意》等。替代银行学局的簿记翻译与教育机构是明治十年（1877年）创立的银行学讲习所，所采用的教材是《银行簿记例题》（上、下）、《银行簿记例题》（上、中、下）。

日本除了大量引进西方先进的簿记知识外，还努力编制自己的簿记著作与教材，同时像欧美诸国一样，普及会计知识从娃娃抓起。明治九年（1876年），爱知县师范学校教师栗原立一出版了第一本由日本人自己编写的簿记书《记簿法独学》，紧接着城谷谦的《小学记簿法独学（一）》（1878年12月）、田锁纲纪的《小学记簿法（一）》（1898）、松井惟利的《小学正规单式簿记学（一）》（1879）、筱冢武的《普通小学账合法（一）》（1880）、佐久间文太郎的《高等小学簿记法（一）》（1896）等书籍源源不断地面世，同鳞次栉比的簿记学校一起形成了独特的景观。

9.7.2 日本民间审计的建立与发展

日本的会计师制度早期主要受德国、英国的影响，第二次世界大战后则深受美国的影响。

1）第二次世界大战前日本民间审计的发展

1881年，德国人赫尔曼·罗埃斯勒受明治政府委托，负责起草日本商法草稿，并于1884年分上、下两卷刊行。该草案中的第203条至第205条，是对监事的规定，规定监事负责监督董事和发起人处理的经营业务，尤其是公司的创立是否违法，是否符合业务处理规则、条件和公司的决议，检查是否存在差错。同时，规定监事审计是任意审计，企业配备专职人员与否，依企业规模和需要而定。监事由股东选出，人数3~5名，任期2年，可由董事和经理兼任，必要时，监事有权召集股东大会。1890年4月26日，该草案经太政官审议通过，公布的商法中有一处与草案截然不同：公布的商法中规定，监事系股东代表，监事审计为常设机构，而不是草案中的任意审计，这样一来，便以法律的形式开创日本监事审计之先河。

在1890年的商法实施期间，有一些实际问题在商法中并无规定，因此日本政府对其修订后，于1899年出台了新商法，对有关监事审计的条款重新作了规定。在监事的人数和任期方面，新商法规定任期为1年，而对人数没有规定；新商法严禁董事和经理兼任监事；在监事的职责方面，旧商法规定，监事应对计算书、财产目录、资产负债表、事业报告书、利息或红利分配方案进行审查，而新商法认为这种列举尚有不足，因此规定监事应对董事向股东大会报送的所有文件进行调查，并向股东大会报告自己的意见。

新商法公布后10年中，公司倒闭现象时有发生，许多人对商法提出了意见，认为应效仿1900年英国《公司法》中有关规定，聘请与公司无关的人审查公司的财务，而1908年爆发的“日糖事件”促使上述想法变为现实。随着中国台湾糖原料的大量涌入，日本各地建立起了许多制糖公司，其中以大日本制糖股份公司规模最大，居行业垄断地位。该公司在税务方面的舞弊行为及贿赂议员的丑闻曝光后，在1908年11月的股东大会上，部分股东对公司的财务状况和经营成果提出了疑问，但公司的董事长声称除经理外没人知道。于是为了查清实情，董事会任命了5位监事进行审计，审查结果表明，公司偷税350万元，虚增利润85万元。舞弊事件真相大白后，大日本制糖股份公司经理自杀，2名董事和21名议员遭逮捕，公众对监事审计制度提出了强烈的批评。

日本政府为改变这种情况，农商务省在1909年11月颁布了《注册会计师制度调查表》，提倡在日本实行英国式会计师制度，这一举措促进了日本会计师事务所和相关法规的迅速建立。在事务所方面，1914年，日本会计审计所创立；1915年，宫原会计审计所和城生审计事务所创立；1916年，东五郎会计事务所在神户创立。为规范会计职业界，1926年，日本政府提出了《计理师法案》，接着又颁布了计理师施行令，规定只有通过考试才能成为计理师。

2）第二次世界大战后日本民间审计的发展

第二次世界大战后，日本政府为重振经济，于1948年4月向全国正式公布了《修订证券交易法的法律草案》，该草案明确规定所有在证券交易所上市的公司财务报表，均须接受计理师的审计。同年7月，政府颁布了《注册会计师法》，标志着站在独立立场对财务报表进行审计和证明的注册会计师在日本正式诞生，同时废除了《计理师法》，改计理师名称为注册会计师。此后，日本几乎全盘引进最先进的美国注册会计师审计方法、审计准则及其他管理经验。

进入20世纪60年代，日本接连发生了数起注册会计师进行虚假审计证明的事件，如1965年发生的三友特种钢公司破产案就是一例。这些案件公之于众后，引起大众的强烈愤慨。大藏省开始对注册会计师行业进行整顿，措施包括：加强对证券上市公司注册和年度报表及所附审计报告的检查；设立监察法人（日本会计师事务所名称）；增强审计独立性和审计效果；对违规审计人员严加惩处等。

在大藏省的推动下，1967年1月第一批监察法人宣告成立，截至20世纪末全日本共有监察法人近百名，其中较大的有等松监察法人、太田昭和监察法人、朝日新和监察法人、中央新光监察法人等。当时的世界六大会计公司在日本均有自己的盟友，作为自己在日本占领会计市场的桥头堡，如等松是德勤的盟友，朝日新和、太田昭和是安永的盟友，中央新光是永道的盟友，世纪是毕马威的盟友，青山是普华的盟友，英和是安达信的盟友。

9.7.3 三法体制对日本会计的影响

日本会计在发展过程中受法律的影响很大，主要的法律包括《商法》《证券法》《法人税法》，即后世所说的“三法体制”。当然，三法体制不是一朝一夕形成的，从1899年3月9日《商法》的颁布到1965年3月31日《法人税法》的出台，前后经历了66年的漫长时光。这三部法律从不同角度对日本企业进行规范，可以说各有侧重，同时，它们也对企业的会计产生了不同的影响，使会计打上了“三法体制”的烙印。

三法体制中最先颁布的是《商法》。1899年，日本参照法国、德国的经验制定了本国商法，适用于任何形式的企业。在会计方面规定企业要定期编制资产负债表、利润表及其他明细表，并要求企业向股东大会提交这些表格。另外，该法还强调应由股东中选出的监事对财务报表进行审计。《商法》自颁布后多次修订，主要原因是尽量缩小与大藏省颁布的会计原则之间的差距。1974年修订后的《商法》在财务报表附列资料和审计方面都提出了新的要求。在所附明细表中，取消了原来的财产目录，增加了编制关于资本金及准备金的增减变动、固定资产的取得与处理及折旧费的明细情况、母公司与子公司之间的债权债务情况、母公司持有子公司股票的份额、资产担保权的详细情况、特定准备金的计算、付给董事和监事的报酬、董事、监事及支配性股东往来情况等一系列明细表的要求。在公司审计方面的新规定是：凡资本或负债超过一定数额的公司，除公司本身的监事外，还必须聘请公认会计师或由其组成的监察法人对公司的会计进行审计，这一规定大大推动了日本公认会计师事业的发展。

第二次世界大战之后，日本模仿英美的方式建立了证券交易所，并于1948年发布了《证券交易法》，该法对可进入证券交易所交易的证券种类、企业种类、证券公司、证券交易所、证券业协会、有价证券交易规则、证券交易审议会、违法事件调查等诸多方面都有具体的规定。另外，该法对公司会计也有重要的影响，突出表现为要求上市公司对外披露的信息增多，补充资料更为细致。

日本的《所得税法》对公司会计同样有直接的影响，因为公司纳税申报的依据是经股东大会和有关各方核准的财务报表，在作一定的调整之后，作为纳税的基础，因此，公司会计处理必然受税收政策的影响，有的时候会出现与会计原则相抵触的情况。

综上所述，在“三法体制”的综合影响下，公司会计必然会体现出这三方面相互影响及协调的关系，加之公司会计还受到大藏省制定的企业会计原则的影响，从而使日本的企业会计独具风格。

9.7.4 日本会计规范体系的建立

日本企业会计原则体系的建立可以说是与证券市场的发展同步进行的。出于保护投资者利益的需要，与《证券交易法》的出台相伴随，日本开始建立新的会计规范体系。与英美国家情况不同，在制定日本会计原则的过程中唱主角的不是会计职业团体，而是政府部门——大藏省。

1948年，在日本经济安定本部（现在的经济企划厅）下成立了企业会计制度对策调查会，后归大藏省领导，名称改为“企业会计标准审议会”，后又改为“企业会计审议会”(Business Accounting Deliberation Council)。该审议会是日本会计制度的制定机构，由会长、委员、临时委员、干事组成，均由大藏大臣任命。审议会目前设第1部会，第3部会和特别部会。第1部会负责会计原则及相关问题，第3部会负责审计问题，特别部会负责特殊问题。

日本在第二次世界大战后的第一部企业会计原则是在1949年7月由当时隶属于经济安定本部的企业会计制度对策调查会制定的。1954年大藏省又制定了与其配套的《企业会计原则注释》。该原则此后经过4次修订，是日本会计规范体系中重要的组成部分。目前的会计原则包括3个部分：一般原则、利润表原则和资产负债表原则。在一般原则中规定了7项原则：真实性原则、正规簿记原则、明确区分资本交易与损益性交易的原则、明了性原则、一致性原则、稳健性原则、单一性原则。在利润表原则中规定了利润表的性质、利润表的分段方法、营业利润的计算、营业外利润的计算、经营利润的计算、特别利润的计算、当期税前利润的计算、当期纯利润的计算、当期未分配利润的计算，在这些计算中涉及发生主义原则、总额主义原则、实现主义原则、费用与收入相对应的原则等核算原则。在资产负债表原则中规定了资产负债表的性质、表中项目的分类、表中项目的排列顺序、表中项目具体核算的会计原则和披露要求。

除了会计原则及相关注释外，企业会计审议会在大藏省的领导下还不断制定并颁布新的会计规范。1975年，企业会计审议会根据日本跨国公司、集团经营迅猛发展的实际情况，出台了合并会计报表原则及其注释。在原则中主要规定了合并会计报表的一般原则、一般标准、合并资产负债表的编制标准、合并利润表的编制标准、合并留存收益表的编制标准、合并报表的附注事项。在合并会计报表原则的注释中，主要是对原则中的具体问题进行了解释。1979年，企业会计审议会发布了《外币交易会计处理标准及其注释》。此外，企业会计审议会还发布了《成本计算标准》《中期财务报表编制及审计标准》《关于期货交易会计标准的意见书》《企业会计个别问题的意见书》《关于商法与企业会计原则协调意见书》《关于税法与企业会计原则协调意见书》等。因此，可以说，企业会计审议会从成立以来成果一直是非常显著的。

9.8 各大国际会计公司的演变

9.8.1 小荷才露尖尖角——会计公司初具雏形（19世纪末—1910年）

19世纪末20世纪初，正是美国经济高速发展的时期。1900年，其国民财富总计约为885亿美元，人均收入1 165美元。第一次世界大战前，美国的工业总产值已占世界总额的1/3以上，超过英、法、德、日所占比重的总和，铁路总长几乎占全世界的一半。1880—1914年，美国重工业产值增加了5倍左右，轻工业产值增加了3倍左右，美国成为世界头号工业国。在此种经济形势下，企业的所有权与经营权进一步分离，企业合并层出不穷，金融资本加深对企业的渗透，这一切均要求由处在独立地位的注册会计师开展相关的会计、审计业务，因此，注册会计师事业大发展的时期已经到来。

在这个时期，一些以后在会计师界叱咤风云的国际会计公司的前身已经产生，包括普华会计公司、阿瑟·扬会计公司、哈斯金斯-塞尔斯会计公司、马威克-米切尔会计公司、莱布兰德-罗斯兄弟-蒙哥马利会计公司、陶切-尼文会计公司、厄恩斯特会计公司。

普华会计公司是以后“八大”中普华的前身，它于1865年5月创立于英国伦敦，是最早在伦敦商业区开业的事务所之一，也是以后“八大”中唯一的外来户。其创始人是萨姆尔·罗韦尔·普赖斯（Smuel Lowell Price），1821年1月12日生于英格兰，在与埃德文短暂合伙经营威廉·埃德文（William Edwin）会计师事务所后，自1849年起独立经营事务所。1865年5月，威廉·霍普金斯·霍利兰德（William Hopkins Holyland）和埃德文·华特豪斯（Edwin Waterhouse）加入合伙，事务所以三位会计师的名字重新命名为普赖斯-霍利兰德-华特豪斯（Price，Holyland & Waterhouse）。1871年，64岁的合伙人霍利兰德因健康原因退出合伙关系，会计公司改名为普华（Price，Waterhouse & Co.）。1887年，普赖斯去世后，普华由华特豪斯继续领导。图9-10、图9-11、图9-12为这三位会计师像。

图9-10　萨姆尔·罗韦尔·普赖斯像

图9-11　威廉·霍普金斯·霍利兰德像

图9-12　埃德文·华特豪斯像

19世纪末，随着欧洲资本向美国的滚滚流动，普华也把眼光投到了美国市场。但很快英国合伙人决定终止普华在美的业务，从而为曾经担任普华纽约分所的刘易斯·大卫·琼斯（Lewis Davis Jones）及其助手威廉·詹姆斯·凯撒（William James Caesar）提供了大显身手的机会。二人以琼斯-凯撒事务所的名义发展业务，自1895年1月1日起，短短时间就承揽了对全美管道公司下属子公司、组成芝加哥压缩工具公司的4家公司及组成美国皮毛公司的27家公司进行审计的业务。

1898年，琼斯回到英国伦敦，建议将英国普华与琼斯-凯撒会计师事务所合并，而后英国普华派著名的阿瑟·路易斯·迪克金森（Authur Lowes Dickinson）赴美主持大局。迪克金森，1859年生于英格兰，获英国剑桥大学会计学硕士学位，毕业后成为伦敦注册会计师协会会员，后加入英国普华。赴美期间，迪克金森为拓展业务做了大量的工作，且在1904—1906年担任过美国注册会计师联合会主席。在担任该主席期间，他还是普华后来一位合伙人——斯特莱特（J.E.Sterrett）——的引路人。斯特莱特于1897年担任宾夕法尼亚州注册会计师协会的首任会长，后对美国注册会计师联合会产生兴趣，因此与当时联合会主席迪克金森过从甚密，最后斯特莱特的事务所并入美国普华，他本人也于1907年成为普华的合伙人。迪克金森代表普华领导在美业务直至1913年，回英后成为英国普华的合伙人，接替他的是会计师界大名鼎鼎的乔治·O.梅。

阿瑟·扬会计公司，创办于1894年，是在美国本土创办较早的一家会计师事务所，是后来“八大”中阿瑟·扬的前身。其创始人阿瑟·扬（Arthur Young）是英国移民，他人生的前27年是在英国度过的。1890年，阿瑟·扬随家人移民美国，继续从事他以前的银行工作。1894年，他工作的银行停止营业，由于对会计的偏好，阿瑟·扬萌生了创办会计师事务所的念头。同年，他遇到了在一家全国铜矿公司担任主计长多年的查尔斯·斯塔特（Charles Stuart），二人一拍即合，于1894年开办了斯塔特-扬（Stuart & Young）会计师事务所。1906年，斯塔特退出事务所，阿瑟·扬和他弟弟继续经营，事务所改名为阿瑟·扬（Arthur Young & Co.）。

哈斯金斯-塞尔斯会计公司在1895年创办于美国，是以后“八大”中哈斯金斯-塞尔斯的前身。创始人查尔斯·瓦尔多·哈斯金斯（Charles Waldo Haskins），1852年生于纽约一个银行家家庭，1867年中学毕业后，进入一家进口商的会计部门工作，1872年赴法国巴黎留学，2年后回美国，在父亲的股票经纪行工作，不久又受雇到一家铁路公司做会计工作。另一位创始人埃利加赫·瓦特·塞尔斯（Elijah Watt Sells），1858年生于美国，家庭富足，曾就读于得克萨斯州的巴克大学，16岁时辍学去一家铁路公司当站务员助理，在自己执行会计师业务之前，塞尔斯一直任职于全国各地的铁路公司，担任会计、稽查工作。不过他取得会计师职业资格的道路并不顺利，直到1896年，塞尔斯才取得纽约州官方授予的会计师资格。1893年，哈斯金斯与塞尔斯共同参加了多里克委员会组织的对首都各部、委、协会的检查工作。由于他们表现卓越，二人声名鹊起，同时，共同的工作使二人更加亲密，他们一致认为会计师行业前途远大，并决定创办自己的事务所，终于在1895年，哈斯金斯-塞尔斯（Haskins & Sells）会计师事务所在纽约正式成立。

马威克-米切尔会计公司是日后“八大”中皮特-马威克-米切尔的前身，于1897年成立。创始人詹姆斯·马威克（James Marwick）生于1863年，由于父亲的影响，他原想子承父业，做一名律师，但却未能如愿，反而在1886年通过了注册会计师资格考试，从此他的一生发生了重大转折。1887年，马威克与乔治·瓦尔克（George J.Walker）开办了瓦尔克-马威克会计师事务所，后因业务发展不顺，马威克于1891年赴澳大利亚，后又辗转至温哥华寻求发展。1894年，马威克最终选择了在纽约发展事业，并在华尔街挂牌执业。另一位创始人罗格·米切尔（S.Roger Mitchel）家境殷实，在格拉斯哥大学进修期间与马威克相识。毕业后先是帮助父亲，后赴美国开办米切尔制造厂。工厂解散后，1896年，米切尔在美国开了一家小规模的会计师事务所。一个偶然的机会，马威克与米切尔相遇了，经过商议，马威克-米切尔会计师事务所（Marwick，Mitckell & Co.）在1897年10月正式营业。

莱布兰德-罗斯兄弟-蒙哥马利会计师事务所是后来“八大”中永道的前身，于1898年成立。其主要创始人罗伯特·蒙哥马利（Robert Montogomery），1872年出生于宾夕法尼亚州，尽管他幼时家境不好，但他凭着自己的刻苦努力，不但在27岁取得了注册会计师资格，而且成为宾夕法尼亚州和纽约州的律师协会会员。他14岁时便进入一家小型会计师事务所当学徒，1898年升为合伙人，同年，他与其他三位同事——威廉·莱布兰德（William Lybrand）、爱德华·罗斯（Edward Ross）和亚当·罗斯（Adam Ross）——共同创立了莱布兰德-罗斯兄弟-蒙哥马利（Lybrand，Ross Bros，& Montogomery）会计师事务所。图9-13为蒙哥马利像。

图9-13 罗伯特·蒙哥马利像

陶切-尼文会计公司创办于1900年，是后来“八大”中陶切-尼文的前身。其创办人是乔治·陶切（George Touche）和约翰·尼文（John Niven）。作为银行家之子的乔治·陶切和会计师之子的约翰·尼文均系出生于爱丁堡的英国移民。陶切自16岁起就在尼文父亲的会计师事务所实习，1898年，他赴伦敦独立开业。同年，尼文前往美国，在芝加哥普华会计师事务所工作。1900年，陶切也来到美国，因为与尼文关系一直很好，便与尼文商议，合伙开办事务所。1900年3月1日，陶切-尼文会计公司（Touche，Niven & Co.）正式开业。

厄恩斯特会计公司（Ernst & Co.）是后来“八大”中厄恩斯特-惠尼的前身，创办于1903年。创办人是一对兄弟，哥哥叫特奥多尔·厄恩斯特（Theodore Ernst），弟弟叫阿尔文·厄恩斯特（Alvin Ernst）。特奥多尔曾担任过一家铁路公司的会计员，阿尔文则在一家会计师事务所工作。兄弟俩都有长期的工作经验。1903年，二人集资500美元，创办了自己的会计师事务所。

在1910年前，会计公司的主要业务是传统会计审计业务。会计方法采用详查法，这主要是受英式审计的深刻影响所致。特别是1905年，蒙哥马利在纽约出版了英国劳伦斯·迪克西的《审计学》（美国版），系统、详细地介绍了英式审计，更加有力地说明了美国仍处于向英国学习阶段。另外，这一时期，随着经济形势的繁荣、业务量的激增，一些实力强、信誉好的会计公司纷纷设立分所。

9.8.2 百舸争流千帆竞——会计公司的早期发展（1910—1920年）

1）迟来的阿瑟·安达信

1910—1920年，是会计师事务所竞相发展的时期。后来“八大”中的阿瑟·安达信就是在1913年成立的。其创始人阿瑟·安达信（Arthur Andersen），1885年出生于伊利诺伊州，幼时家境贫寒，长大后依靠所在工厂老板的帮助，半工半读完成了高中学业。1906年他21岁时，已升至副主计长，收入颇丰，但他在接触会计师查账过程中对会计师专业产生了浓厚的兴趣。1907年，他毅然辞去了工作，加入普华的芝加哥分所，在以后的几年中，阿瑟·安达信在会计实务与会计教育领域均取得了惊人的发展。图9-14为安达信像。

图9-14 阿瑟·安达信像

1908年，他通过了注册会计师资格考试，成为当时伊利诺伊州最年轻的注册会计师。1911年，他离开普华，出任一家公司的主计长，1913年，安达信与芝加哥一家小型会计公司——伊利诺伊审计公司——的合伙人迪拉尼合伙，成立了安达信-迪拉尼会计师事务所。后迪拉尼离去，安达信独自经营事务所，改名为阿瑟·安达信会计师事务所（Arthur Andersen & Co.）

2）海外分所的进一步设立

这一时期，伴随企业海外投资的增多，会计师事务所除在国内设立分所外，也加快了向国外拓展业务的步伐。例如，普华于1913年在阿根廷布宜诺斯艾利斯，1913年在巴西里约热内卢、俄罗斯彼得格勒，1917年在法国巴黎，1920年在荷兰鹿特丹、印度加尔各答、南非约翰内斯堡分别开办分所；哈斯金斯-塞尔斯于1901年在伦敦，1919年在中国上海，1920年在法国巴黎设立分所。

3）业务范围的扩大

在业务方面，这一时期有两大进展。一是税务服务。1909年前，各会计师事务所几乎没有从事税务服务的，原因在于美国最高法院曾裁定所得税是违宪行为。1909年，国会颁布法令开征特许税，由于特许税是按照现金收入计量的公司收益征收的，企业感觉难以应付，不得不请会计师帮忙。此后，美国税法方面的规定日渐增多，特别在第一次世界大战期间尤为突出，在税法规定范围日益扩大、税额计算日趋复杂的情况下，企业迫切需要会计师事务所的帮助。二是管理咨询服务。第一次世界大战期间，注册会计师往往帮助政府部门或其他厂商确定产品的生产成本，还以效率专家的身份对提高军火商的生产能力和效率负有责任，正是战争使会计师事务所成为企业的财务顾问。

4）审计方法的重大改变

在审计方法方面，各会计师事务所开始采用资产负债表审计，取代英式详细审计，对此蒙哥马利在1911年出版的《美国手册》中已有精辟的论述，并在6年后被广为接受。资产负债表审计在20世纪20年代经过进一步发展，并以对内部控制制度的初步评价作为审计基础，成为美国注册会计师审计的新思想。

9.8.3 问天下谁主沉浮——初具规模的“八大”（1920—1940年）

美国的20世纪20年代被称为“吼叫的20年代”。股票市场扶摇直上，全国上下，无论在学校，还是在高尔夫球场、商会会场以及娱乐场所，华尔街股市都是人们谈论的中心。经济的繁荣，股市长年的牛市，使人们感到，只要播种，必然获利。在这种“高烧”的经济背景下，人们失去了理智，盲目投机，终于导致了1929年股市崩溃，进而引发长达5年的经济大萧条。这一时期的会计师事务所也随着经济形势的发展而达到高峰，又跌入深谷。

在繁荣的7年中，企业规模的扩大导致所有权与经营权的进一步分离，兼并的加剧导致新的产权关系变化和经济责任关系更加错综复杂，人们要了解企业财务状况和经营成果的愿望更加迫切，这一切都推动着会计师事务所向前发展。在业务领域，除传统的会计审计业务外，多数事务所都在向税务咨询和管理咨询方向拓展；在分所设置上，各事务所也是你追我赶；在人员结构和收入方面也都有惊人的增长。以安达信会计师事务所为例，1920年只有2名合伙人和54名雇员，到1930年合伙人和雇员的人数分别增至7名和378名，佣金收入从1920年的322 000美元增至1929年的2 023 000美元，10年内收入增长超过500%。

但在股市崩溃、经济危机席卷美国之时，会计师事务所也未能幸免。数以万计的企业破产倒闭，即使幸存下来的企业，由于销售和利润下降，也减少了对会计审计服务的需要，使会计师事务所收入锐减。例如，阿瑟·安达信会计师事务所的佣金收入由1929年的2 023 000美元降至1932年的1 488 000美元。

伴随罗斯福新政，1933年的《证券法》和1934年的《证券交易法》相继出台，规定上市公司必须经会计师事务所审计，确立了上市公司的财务披露制度，从而拉开了强制审计的序幕。实际上，公众对上市公司财务披露的要求一直很强烈，但未能得到政府和会计职业界的重视和很好的解决，直到股市崩溃，以铁的事实证明了会计实务松散、财务披露失当是这次危机的原因之一，有关方面才把解决问题摆到议事日程上来。《证券法》和

《证券交易法》这两部规范股票一级市场、二级市场的法律，为会计师事务所的重振给予了重要的支持，大大提高了注册会计师的地位，但同时也加重了会计职业界的责任，其根本目的还是维护广大投资者的利益。

1932年6月的《幸福》杂志，通过考察为八大会计公司排定了座次，依次是：普华、哈斯金斯-塞尔斯、厄恩斯特、皮特-马威克-米切尔、阿瑟·扬、莱布兰德-罗斯兄弟-蒙哥马利、陶切-尼文、阿瑟·安达信。其中，皮特-马威克-米切尔公司就是当年的马威克-米切尔公司。

9.8.4 聚散无常谁人定——第二次世界大战期间的“八大”（1940—1950年）

20世纪40年代，对注册会计师职业界影响最大的是新税制和《战时利润控制法》，当然，这些措施都是因为第二次世界大战而起。1940年6月，税收法案提高了所得税税率和公司税税率，征收累进达50%的超额利润税。1941年9月，国会又进一步降低了个人所得税的免征额，同时把个人所得税的最高税率提高到77%，公司税税率提高到31%，并增加了多种货物税。1942年10月21日的税收法案规定，个人所得税的最低税率和最高税率分别提高到40%和90%，同时所得税的征收范围大幅扩展。1939年纳税人员只有400万人，1943年高达4 300万人，而1945年更增至5 000万人。《战时利润控制法》规定，为保证合理确定合同完工前的利润，承包商和分包商均必须保持足够的会计记录，政府有权对合同进行再协商并重新获得超额利润的部分，同时法案还强调企业应遵守新的成本计算方法。本来在20世纪40年代初，会计师事务所受经济大萧条的影响仍然存在，许多事务所的佣金收入甚至还不如10年前，但上述税制和法规一出，企业不得不借助会计师事务所的帮助，因此，事务所的业务情况又有所好转。特别是在合作中，事务所与许多企业保持了良好的关系，形成了比较稳固的客户。

20世纪40年代的“八大”有聚有散。1945年，为了加强与世界各地合伙人的合作与交流，英国普华与美国普华代表在伦敦开会，经过协商，制订了建立普华国际的计划，不久，普华在欧洲、加拿大、拉美的机构也纷纷表示支持。同年9月，世界各地的普华合伙人云集纽约，一致同意建立普华国际（PW International Firm）。

20世纪40年代涉及会计公司的另一件大事就是陶切-尼文-贝莱-斯马特会计师事务所的成立。它是由陶切-尼文会计师事务所（Touche，Niven & Co.）、阿伦·R.斯马特会计师事务所（Allen R.Smart & Co.）与乔治·贝莱会计师事务所（George Bailey & Co.）合并而成。总部设在汽车城底特律，贝莱会计师事务所的创始人是乔治·贝莱，一位厄恩斯特会计师事务所的元老，被推选为管理委员会的第一位主席。

9.8.5 烽火狼烟说战国——“八大”在世界范围内的角逐（1950—1960年）

1）吞并与联合——“八大”在美国国内的激烈竞争

进入20世纪50年代，美国成为世界经济霸主，伴随经济的强劲发展，会计师事务所合并与国际化的趋势愈加明显。在合并大潮中，会计师事务所之间要么吞并，要么联合，竭尽所能占领尽可能多的业务领域，八大会计师事务所更是你追我赶，毫不相让。例如，哈斯金斯-塞尔斯在1952—1960年间吞并了19家会计公司，阿瑟·扬会计师事务所在20世纪50年代新增国内机构13家，普华新增17家，陶切-尼文-贝莱-斯马特新增16家，莱布兰德-罗斯兄弟-蒙哥马利新增5家，皮特-马威克-米切尔新增30家，厄恩斯特新增42家等。

除吞并实力弱小的会计公司，尽量扩张自己的势力范围外，大的会计公司为了增强自己的实力，在竞争中获得更多的利益，也会采取联合的方式。

20世纪50年代有两次大的会计公司联合，对会计职业界的格局产生了重大的影响。一次是1950年11月21日，皮特-马威克-米切尔会计师事务所与美国一家老牌事务所巴罗-韦德-格斯里（Barrow, Wade, Guthrie）合并，名称仍使用前者，从而使皮特-马威克-米切尔坐稳美国会计公司的王位；另一次是1952年，哈斯金斯-塞尔斯与美国西海岸最古老的会计公司麦克拉伦-固德-威斯特（Mclaren, Goode, West）合并，该公司是2年前由成立于1895年、总部设在旧金山的麦克拉伦-固德公司（Mclaren, Goode & Co.）和总部设在纽约的威斯特-佛令特公司（West, Flint & Co.）合并的产物。由于这次合并，哈斯金斯-塞尔斯实力大增，一度进入“八大”三甲之列。

2）群雄逐鹿——“八大”抢占国际市场

（1）三次强强联合

八大会计公司除在国内市场竞争外，在国际市场也展开了激烈的角逐。1952年，哈斯金斯-塞尔斯合并了英国最古老的会计师事务所之一的德洛伊特-帕莱德-格里菲斯会计师事务所（Deloitte, Plender, Griffiths & Co.），合并后改名为德洛伊特-哈斯金斯-塞尔斯（Deloitte, Haskins, Sells, DHS）会计师事务所。德洛伊特-帕莱德-格里菲斯成立于1845年，比哈斯金斯-塞尔斯还要早50年，在会计界信誉卓著，因此，这两家事务所的合并，曾使DHS一度出类拔萃。在海外设所方面，1952年前，DHS就已在英国、法国、加拿大、古巴、墨西哥等地设有分支机构，1954年，又进军日本，在东京设立了分公司，10年后又在大阪设点。

1957年，莱布兰德-罗斯兄弟-蒙哥马利会计师事务所联合英国的库帕兄弟会计师事务所（Cooper Brother & Co.）、加拿大的麦克多纳尔德-古里尔会计师事务所（McDonald, Currie & Co.）以及澳大利亚的事务所，组成一个国际性的会计师事务所联盟。把库帕斯兄弟事务所与莱布兰德-罗斯兄弟-蒙哥马利事务所名称的首字母连缀起来就是Coopers Lybrand（CL），即后来的永道。

20世纪50年代末，陶切-尼文-贝莱-斯马特会计公司也联合加拿大的罗斯·陶切会计师事务所（Ross Touche & Co.）和英国的乔治·A.陶切公司（George Touche & Co.），组成国际集团性质的会计公司，更名为陶切-尼文-贝莱-斯马特，并于1960年1月1日正式成立。到此为止，该会计公司已经在美国之外的14个国家拥有了49家分公司。

（2）广泛建立海外分所

当然，其他的大会计公司也没有坐视上述“三大”的发展，普华在20世纪50年代除在本土新开了17家分公司外，还新开了30家海外分公司；皮特-马威克-米切尔在1955—1959年4年间就在13个国家设置了23家分支机构；阿瑟·扬会计公司在1921年以全国性单一契约组成的集团军向海外扩张，到20世纪50年代，在15个国家设有40多家分公司。它设立分所的手段一般采取合作方式，即与当地规模适合、信誉良好的会计公司结为盟友，共同经营，而在事实上把它变成自己的分公司。只有在不得已的情况下，如在当地找不到合适的合作伙伴或客户迫不及待地要求其提供服务的情况下，阿瑟·扬才直接设所。

八大会计师事务所在经历了10年的势力扩张争夺战后，20世纪50年代末，势力范围初步划定。根据它们在美国的收入情况，八大的新排名依次是：皮特-马威克-米切尔、阿瑟·安达信，估计两家年收入均在4 000万美元以上；厄恩斯特、普华、哈斯金斯-塞尔斯，估计它们的年收入均超过3 000万美元；莱布兰德-罗斯兄弟-蒙哥马利、阿瑟·扬，估计它们的年收入均在2 500万美元以上；陶切-罗斯-贝莱-斯马特位居末席，其年收入估计也在1 700万美元以上。

9.8.6 福祸难料且徐行——国际战略与诉讼浪潮（1960—1970年）

20世纪60年代是美国经济的持续发展时期，从1961年2月到1969年10月，美国经济持续上升了104个月，且生产进一步集中，企业日趋国际化。会计师事务所的发展战略依然是走合并扩张之路，如哈斯金斯-塞尔斯吞并了19家会计公司，陶切-罗斯-贝莱-斯马特也在本土吞并了50家小型会计公司。在国际化方面，厄恩斯特通过它的海外业务伙伴——英国的惠尼-史密斯-惠尼（Whinney，Smith & Whinney）扩张业务，它在海外设立了23家分支机构。陶切-罗斯-贝莱-斯马特自从合并后，业务开展十分顺利，与七八十个国家和地区的会计公司建立了合作关系。1969年9月，该公司在美国本土及世界各地的关系公司均使用统一的名称——陶切·罗斯——承揽业务，以增强其在会计职业界的地位。

1968年，美国著名的《幸福》杂志根据对各大会计公司收入的估计，再次为它们排定座次：皮特-马威克-米切尔（12.5亿美元），安达信（1亿美元），厄恩斯特（0.95亿美元），哈斯金斯-塞尔斯（0.80亿美元），普华（0.75亿美元），莱布兰德-罗斯兄弟-蒙哥马利（0.65亿美元），陶切·罗斯（0.6亿美元），阿瑟·扬（0.57亿美元）。

在会计师事务所业务蒸蒸日上之时，随着注册会计师社会地位的不断提高，其所负的法律责任也不断增加。进入20世纪60、70年代，诉讼注册会计师的案件呈上升趋势，正如1968年6月15日美国《论坛》的报道："过去几个月发生控告审计人员的案件是前12年同类案件的总和。"

出现这种"诉讼爆炸"的原因，主要有以下几个方面：公众对注册会计师应负必要法律责任的了解逐渐深入；公众对证券交易委员会等政府机构负有保护投资者利益的职责的意识不断加强；受损失的人（或团体）控告有能力支付的人（或团体）而不管其是否有错的社会风气不断滋长，这种行为又称为"深口袋原则"；根据法庭的判例使原告感到控告会计师是非常有好处的，因为如果官司胜了，他会得到很大的利益，而一旦官司输了，他的损失却很小；许多会计师事务所为避免法律诉讼费用和维护自身形象，愿意与原告庭外和解，赔偿一些钱了事；在对会计和审计的一些技术性问题的理解上，法庭与会计师是很难沟通的。

面对日益增加的诉讼威胁，美国注册会计师协会除成立会计师事务所部并对归证券交易委员会管辖的公司提出相应的要求外，还提出了许多措施，如开展审计研究，不断制定准则和规则，建立同业检查制度，反诉讼，对财务报表使用者进行专业教育，对违反职业准则和规则的从业人员进行制裁，院外游说以改变法律等。相应地，会计师事务所也采取了一些对策，如只与正直的客户打交道，招聘合格的雇员并对其进行适当的培训和督导，严格遵守职业准则，坚守独立性，了解客户的业务和行业特点，严守客户机密，参加职业保险，寻求法律咨询等。

9.8.7 乱花渐欲迷人眼——会计公司的高速发展（1970—1980年）

1）解除广告宣传的禁令，“八大”竞争更趋激烈

20世纪70年代的美国，经济高速发展时期已过，1971—1973年低速发展，1975年4月至1980年年初出现滞胀，美国经济出现衰退迹象。在这10年里，会计师事务所也是动荡不安。

首先影响会计师职业界的一件大事就是禁止事务所依靠宣传招揽业务的禁令被取消。《美国注册会计师协会职业道德规范》规定：“会员不得采用竞争性招标手段争取委托业务。竞争性招标是一种违背公共利益，不符合职业精神的引诱行为。”在20世纪70年代前，会计公司在承接业务方面基本上都遵守了上述规范，靠信誉和质量等户上门，只是在设立分支机构上展开激烈竞争，变相地争夺客户。但会计师愈来愈认识到，上述规范明显违背了联邦反托拉斯法提倡竞争、反对垄断的立法宗旨，因此，自1966年起美国注册会计师协会表示不再执行上述规范。撤销该项禁令前，事务所都抱怨靠绅士形象、等客上门是招揽不来业务的，如普华在“八大”中一向以严谨、刻板著称，一直以来，它都恪守“提高工作质量，维护上等形象，收费昂贵”的普华公式，但在市场激烈的竞争面前，普华认识到老一套已不合时宜了，客户对其昂贵的收费和严肃的态度早已厌烦了，长此以往，必将失去更多的客户。因此，会计师事务所均希望通过解除禁令来开展自由竞争。1973年，该禁令正式被取消。随着禁令的解除，各会计公司八仙过海，各显神通，想尽一切办法宣传自己，树立自己的形象，争揽业务，使竞争更为激烈。但禁令的取消是否有百利而无一害呢？以后的事实证明并非如此。

“八大”为了巩固、开创自己的势力范围，加紧了合并的步伐，并渐呈垄断之势，而这也是与反托拉斯法相悖的，一时之间，来自公众和国会的指责不断。1976年，美国参议院的“报告、会计和管理委员会”提出了题为《会计的建立》的报告，该报告批评八大会计公司，指责它们操纵了美国注册会计师协会及其下设委员会，严重影响了财务会计准则委员会制定财务会计准则的工作，控制了大部分企业的审计，甚至左右了整个美国乃至全世界的会计审计实务。这份报告建议国会应加强对会计业务的监督，深入研究会计公司之间竞争的办法，另外，强调应建立健全公开上市股份公司的财务会计准则和审计准则，并举出了15家最大的会计公司，建议要求它们公开财务信息和盈利情况。以“八大”为首的会计师职业界为维护自身的利益，连续在1977年的4月、5月、6月一系列听证会上就《会计的建立》进行辩护和反证，他们认为大型企业理所应当选择大型国际会计公司进

行审计，其抗议之声并没有白费唾沫，参议院修改后报告中的言辞较之先前要缓和得多，但这一做法又无形中加剧了“八大”间的竞争。

2）值得一叙的几件大事

在20世纪70年代，有许多关于会计公司的事件值得一叙。

（1）厄恩斯特与英国惠尼-史密斯-惠尼的合并。1979年，厄恩斯特与它的海外合作伙伴——惠尼-史密斯-惠尼正式合并，名称改为“厄恩斯特-惠尼（Ernst & Whinney，EW）国际会计公司”。二者能够合并，厄恩斯特的当家人R.J.格罗佛斯（R.J.Groves）功不可没。格罗佛斯于1935年生于俄亥俄州，1957年加入厄恩斯特会计师事务所，9年后因工作出色而升为合伙人。1977年，他接替理查德·贝克，成为美国厄恩斯特的掌门人，1979年，在他的策划下，厄恩斯特-惠尼国际会计公司成立。在他领导期间，1979年对克莱斯勒汽车公司的评估使事务所声威大震。1979年，美国第三大汽车公司——克莱斯勒汽车公司——因管理出现漏洞，造成资金周转不灵，濒临破产。但如果克莱斯勒破产，不仅会造成大批人员失业，而且会影响许多行业，甚至会对美国的经济造成一定冲击。因此，该公司董事会向国会请求由政府给予该公司紧急贷款15亿美元，以渡难关。美国财政部受命对克莱斯勒的救亡计划进行评估，以决定是否值得拨巨款救助。美国财政部出于对“八大”的倚重和信赖，将此事交由“八大”负责。一个巨大的机遇和挑战摆在了“八大”的面前，颇有“成则王侯败则寇”的意味。最后，厄恩斯特-惠尼独担重任，于1979年9月30日正式承办这一万众瞩目的评估案，EW从全国14家事务所抽调了27位专家，聚集在克莱斯勒总部，分成6个小组对克莱斯勒复兴计划的第一方案和步骤进行实地盘查和评估，最终目的在于为其3年复兴计划提供一套独立客观的评估数据。经过2周的紧张工作，专家们将所获得的数据通过设定的计算机程序进行处理，回答了美国国会、财政部及其他方面提出的问题；然后，专家们根据所得数据和结果写下了详细的书面评估报告，以供国会12月份听证会之用；最后，美国财政部核准了EW的评估报告，国会也批准了15亿美元的贷款方案。克莱斯勒枯木逢春，终于渡过了危机，再展雄风，同时厄恩斯特-惠尼的艰苦努力也赢得了丰厚的回报，声望更胜往昔。

（2）1957年，由美国的莱布兰德-罗斯兄弟-蒙哥马利会计师事务所与加拿大的麦克多纳尔德-古里尔会计师事务所、英国的库帕兄弟事务所等组成了国际性组织——永道会计公司，其旗下的各会计师事务所一直以自己的名义独立承接业务，至1973年3月1日，各会计师事务所达成一致意见，均更名为永道，以统一的形象对外承揽业务。

（3）阿瑟·安达信会计师事务所在职业界一向以标新立异、敢说话不怕事著称，20世纪70年代的两件事便足以看出它难掩的锋芒。

1975年，安达信率先公开了其资产负债表、利润表、财务状况变动表以及必要的附注说明。在此之前，各会计公司的年报只包括一些统计分析报告，像安达信这样公开自己财务成果和经营状况的尚属首例。另外，在安达信的年报中，还包括一份检查报告，这份报告是安达信重金礼聘当时5位社会名流组成“公开核阅委员会”，对事务所的职业道德、独立地位、业务传递进行检查所出具的书面文件。在核阅报告中，公开核阅委员会给予安达信很高的评价。此年报一出，同行纷纷称安达信标新立异，但同时又竞相效仿。

另外一件事影响更大，那就是安达信与美国证券交易委员会的较量。1973年，美国财务会计准则委员会成立，取代美国注册会计师协会的会计原则委员会，成为制定会计准则的非官方权威机构。美国证券交易委员会在1973年12月发布的第150辑《会计公报》中指出，财务会计准则委员会颁布的准则具有权威性，谁也不能违反。安达信则认为，授权民间机构制定准则并强制执行，违反了行政程序法案的规定。1975年9月10日，证券交易委员会在其发布的第170辑《会计公报》中要求注册会计师如遇上市公司改变会计方法，应由注册会计师说明其方法是否优良。这一规定招致职业界的强烈反对，在诉讼案件日甚一日的情况下，如接受上述规定，则等于给自身又背上了一个沉重的法律责任包袱。安达信事务所挺身而出，对第150辑和第170辑《会计公报》中有关条款进行控告，但由于其他会计师事务所不愿卷进是非，以及美国注册会计师协会、财务会计基金会自愿作反对安达信的证词，地方法院最终驳回了安达信的控告。安达信不服，提起上诉，后因时间耽搁太久，最终主动放弃上诉，不过其敢为天下先的作风自此更是饮誉会计师界。

（4）与安达信主动找官司打相比，皮特-马威克-米切尔会计师事务所（PMM）可谓“官司惹上身”。在美国经济衰退、大批企业倒闭的背景下，1975年，美国证券交易委员会指控PMM在20世纪60年代末70年代初审计5家公司时，涉嫌鉴证不足，对其进行以下严肃处理：在1975年5月1日至10月31日6个月内不得承接新的上市公司鉴证业务；应经证券交易委员会同意，聘请外部专家组成委员会对其整体业务状况加以检查，并在6个月内向证券交易委员会提出详细报告。最后由阿瑟·扬会计师事务所对PMM的执业品质进行检查，尽管阿瑟·扬的专家们经过一万多个小时的考核，证明皮特-马威克-米切尔会计师事务所是清白的，但其形象早已受损，当年就流失了数十家客户。当然，有此遭遇的远不止PMM一家。

（5）20世纪70年代对会计师职业界震动最大的一件事发生在1979年，美国“八大”之外冒出了第九大——庄伯彬（KMG）。庄伯彬的出现，完全是由于欧洲会计师事务所有意与美国“八大”争夺欧洲市场的结果。庄伯彬的发起人是德国特洛伊汉德（Deutsche Treuhand）会计师事务所，代表人是赫哈德·哥德勤（Heinhard Goerdeler），他联合了荷兰克林菲尔德·克莱恩霍夫（Klynveld Kraayenhof）会计师事务所及世界各地很多事务所，最后在美国Main Hardman会计师事务所的鼎力相助下，创立了庄伯彬这一国际性的会计师事务所联盟。其名称Klynveld Main Goerdeler，系以荷兰Klynvald Kraayenhof事务所、美国Main Hardman事务所和德国特洛伊汉德事务所的代表人Heinhard Goerdeler的名称中各取一词连缀而成。庄伯彬的最高行政管理部门是中央管理委员会，下设4个管理部门，分别负责以下4个大区的业务：欧洲、非洲、中东、印度、巴基斯坦；北美洲；拉丁美洲；远东及大洋洲。由于庄伯彬组成结构的特点，即包括了荷兰、丹麦、瑞士、加拿大四国最大的会计师事务所，德国第二大、英国第七大、澳大利亚第八大会计师事务所，以及美国、日本、中东等国家和地区的会计师事务所，因此其在欧洲市场占绝对优势，居美国“八大”之上。即便从整体而言，也可与任何“一大”一较短长，因此，它的出现造成了世界“九大”分庭抗礼的局面。

9.8.8 天下大事话合并——走向超级化的会计公司（1980—1990年）

步入20世纪80年代，“九大”之间的竞争更加激烈，合并战也进一步升级，发展到了

“九大”之间的合并。

20世纪80年代的第一次大合并发生在1987年，皮特-马威克-米切尔与庄伯彬合并，改名为毕马威（Klynved Peat Marwick Goerdeler，KPMG）。

庄伯彬从1979年成立至1984年，已在53个国家或地区拥有大约440家会计师事务所，共有3 200多名合伙人、28 000多名专职职员，公费总收入为9.75亿美元，居世界第七。但其成立时的目标并不是做“九大”中的老七，而是要做会计界的霸主，但这一计划不久就随着其欧洲、东南亚盟友的离去而成为泡影。

庄伯彬在东南亚最有力的盟友是SGV事务所，其创始人是华裔菲律宾人薛华成先生。薛华成先生于1946年3月创立薛华成事务所，1953年，更名为SGV（Sycip，Gorres Velayo & Co.）。到20世纪60年代初，SGV已垄断了菲律宾会计师市场。此后，SGV先后与中国台湾、泰国、印度尼西亚、越南、中国香港、马来西亚、新加坡、韩国等国家和地区的会计师事务所建立了合作关系，至1975年已成为东南亚会计师界的霸主。

SGV与美国“八大”的关系都比较好，其中尤以德洛伊特-哈斯金斯-塞尔斯与安达信为最，甚至只要有SGV会员所的国家、地区（中国香港除外），DHS和AA都不再设分所。因此，SGV为维持与“八大”的友好关系，并不想介入“八大”的争霸漩涡，因此选择了“八大”之外的第九大——庄伯彬——加盟。但阿瑟·安达信始终没有放弃联合SGV的计划，1984年AA制定了东进战略，SGV是其在东南亚能否站稳脚跟的一个关键合作对象。1985年7月，AA在其日内瓦的总部准备了与SGV的备忘录，双方经过1年的协商，SGV终于同意在1985年9月1日脱离庄伯彬，加盟阿瑟·安达信。后来有人问及薛华成先生加入AA的原因，薛先生称唯一的理由是AA有先进的电脑技术，其余“八大”无人能及。

继SGV离去之后，庄伯彬在日本的两家会员所也在1986年全部失守。其中日新监察法人被皮特-马威克-米切尔所属的世纪监察法人合并，三和监察法人被陶切·罗斯旗下的等松监察法人合并。“屋漏偏逢连夜雨”，庄伯彬在亚洲遭受重创之后，其在加拿大最大的会员所特纳·莱德尔也于1986年5月改旗易帜，投奔厄恩斯特会计师事务所。尽管如此，庄伯彬在欧洲的实力仍是其他“八大”所不及的，因此成为美国“八大”争相拉拢的目标。

首先是PMM表示愿意与KMG洽谈合作事宜，结果未能成功。接着在1985年年底，当时世界上最大的会计师事务所AA又就合并事项与KMG商谈，但谈判在一开始人们就不抱太大希望，因为安达信一向奉行世界一统的霸道经营政策，而庄伯彬则采取会员独立经营的方针，二者相去太远，而谈判的结果也证实了二者在短时间内是不可能合并的。1986年6月，厄恩斯特正式向庄伯彬提出合并方案，但与此同时，皮特-马威克-米切尔也再度表示愿与庄伯彬合并，到底花落谁家，在1986年9月终于见了分晓。庄伯彬最终选择了皮特-马威克-米切尔作为合作对象，根据协议，双方将于1986年年底以前完成全世界主要是欧洲的合并，合并后事务所的名称为毕马威（KPMG）。这家超级会计师事务所总人数约为55 000人，公费收入达到25亿美元，在美国、英国、德国、荷兰、澳大利亚等主要国家乃至全世界，毕马威均居“八大”之首。

第二次大的合并发生在1989年，厄恩斯特-惠尼（EW）与阿瑟·扬（AY）合并为安永（EY）国际会计公司。

两家虽在“八大”排行榜上名次毗邻，一居第五，一居第六，但合并地位并不平等，原因就在于阿瑟·扬过度保守，在1978—1984年间共失去了60多家上市公司客户，1985年后，情况虽略有好转，但败象已呈，财务状况恶化，合伙人年度分配金额也是每况愈下，在这种情况下，阿瑟·扬不得不谋求与其他“七大”的合并。与AY相比，厄恩斯特-惠尼的情况要好得多，特别是它在1984年成功地完成了第23届夏季奥林匹克运动会所有计分和报道工作，更使其声名远播。合并前，EW年度公费收入比AY多40%，且EW的合伙人平均每人比AY多得1/3，所以，二者的合并，实际上是EW吞并了AY。因此，在合并后二者地位的不平等，也就不难解释了，如合并后前3年的利润分配，EW的合伙人得65%，AY的合伙人得35%；又如可口可乐公司是EW的客户，而百事可乐是AY的客户，EW和AY合并后只能保留其中一个，最后根据EW的意愿保留了可口可乐。

不过两家世界级的会计公司能合并成功已实属不易。除二者有较接近的文化渊源、优势互补外，关键就在于两家会计公司采取了民主的弹性政策，双方在世界各国的会员所是否合并，由其自行投票解决。德国是欧洲的经济中心，安永总部当然希望EW和AY在德国的会员所能顺利合并，从而控制在欧洲的既得利益，但两家会员所情况较为复杂，收入相差又很悬殊，所以谈判多日也未成功。不过最后双方终于同意合并，使EY总算长吁一口气。但不是各国、各地区的会员所都能顺利或有惊无险地合并，加拿大和日本的会员所就未能完成合并。厄恩斯特-惠尼在加拿大的会员所为特纳·莱德尔会计师事务所，该事务所原为庄伯彬盟友，1985年，在庄氏与PMM合并前，莱德尔改投厄恩斯特-惠尼，成为“八大”加拿大会员所的老大。1989年5月，EW和AY在世界范围内走向合并，在加拿大EW的会员所是特纳-厄恩斯特-惠尼（TEW），AY的会员所是克拉克森-格登（CG），两家事务所在各方面都存在极大的差异，双方均不愿合并，因此EY只能选择其中一家，最后，选择了历史更为悠久、信誉更好的CG，而其弃选的TEW则再次改投毕马威，这样一来，毕马威在加拿大的会员所实力一下跃居“八大”之首。EY在日本的会员所则是由于日本政府的干预而未能合并成功。EW的日本盟友是太田昭和监察法人，AY的日本盟友是朝日新和监察法人，两者如果能够合并，则在人数上就比当时日本排名第一的等松监察法人多出1/2，但日本政府出于防止会计市场被垄断的目的，反对两家事务所合并。尽管EY在全球的会员所未能尽数合并，但就已有的规模，已一跃成为仅次于毕马威的第二大国际会计公司。

第三次大的合并发生在1989年7月6日，比EW和AY合并仅晚50天，原“八大”中的第七德洛伊特-哈斯金斯-塞尔斯（DHS）与第八陶切·罗斯（TR）合并成功，取名德勤，促成两家合并的原因主要是会计师事务所竞争的激烈与残酷。DHS和TR在“八大”中一直分别居于第七、第八，原来他们想凭借自身较高的增长速度追超排名靠前的“八大”，争取更好的排位，如1988年，AY在美国公费收入为8.43亿美元，排名第六，而排名第七的DHS和排名第八的TR公费收入分别是8.20亿美元与7.96亿美元，只要稍加努力，便有可能赶超AY。但AY抢先一步，与EW合并，一跃升至第二位，使DHS和TR与前面几大的距离进一步加大，短时间内凭自身努力很难追上前面“五大”，于是，二者想到了合并之道。

其实在此之前，DHS并不是没想过与其他“八大”合并，1984年，DHS与PW的负责人便曾协商过合并事宜，这两家事务所当时如果合并成功，便会跃居美国乃至世界第一。开始时，谈判较为顺利，谁知在最后（1984年12月）双方事务所的主要会员国代表人投票表决时，英国普华投票反对，使这次合并功亏一篑。此次DHS与TR联系，成功的概率要远远高于DHS与PW的合并，一是由于DHS与TR虽位列八大，但同前几大不可同日而语，要谋求更大的发展，唯有合二为一；二是双方如果能合并成功，在经营上有很大的互补效用，如TR因有等松监察法人这个盟友，因此在日本的规模居“八大”之首，而DHS在日本几乎没有实力，却在欧洲阵容强大；DHS在证券金融方面的客户在“八大”中名列前茅，TR则以零售业、制造业见长；DHS具有审计业务的优势，素有“查账员的查账员”的美誉，而在非审计业务方面欠缺，TR则恰恰是以管理咨询业务闻名“八大”，所以，二者如能合并，则可互相取长补短，实力上定会再上层楼。终于，两家事务所的当家人在经过磋商后，于1989年7月6日宣布合并两家事务所在全球范围内的业务，但合并之路却充满了坎坷。

首先发难的是英国的DHS，1989年10月4日，它宣布不参加德勤的全球大合并，而转投永道，一时引起哗然。可以说，英国的DHS在DHS的两次合并中都扮演了重要的反叛角色，1984年DHS与PW试图合并，结果因英国的DHS与英国的PW谈不拢而合并失败。此次DHS与TR合并，英国的DHS又因与英国的TR积怨甚深而拒绝合并，甚至不惜脱离DHS而改投永道旗下，更为变本加厉的是，英国的DHS在冠名权上大做文章，使DHS处于尴尬境地。DHS中的“D”为原来英国的德洛伊特，英国的DHS在改旗后抢先一步通过法律途径禁止德勤使用其名称，使英国的德勤合并所TR只能沿用旧名。英国DHS的背叛产生了很大的带动作用，荷兰、比利时、奥地利、土耳其、西班牙、希腊、塞浦路斯的DHS也都转投永道，EY收留了意大利的TR，KPMG接纳了澳大利亚的TR，加上此前吸收的TR在德国的会员所Treuverkhr，实力可谓强上加强。

就在DRT的欧洲盟友纷纷离去的时候，其在亚洲的会员所合并却相当顺利，首功应归于TR在日本的盟友，日本最大的会计师事务所——等松监察法人。等松监察法人设立于1968年5月，由东京的等松事务所与京都、福冈、大阪、名古屋等地的小事务所合并而成，后改为等松青木监察法人。等松自1968年6月与TR签订代理合约后，始终追随TR，1984年9月更把其在美国的等松事务所业务与TR合并。普华、毕马威均想争取这一强大的日本盟友，但等松均不理会。1989年，为配合DHS与TR的全球合并，等松与代表DHS的三田会计师事务所合并，对等松的卓越贡献，德勤投桃报李，礼敬有加，从其名字DRT中就已体现了等松在德勤中的地位。DRT，即Deloitte Ross Tohmatsu，其中Deloitte是DHS英国事务所的名字，Ross是TR加拿大事务所的名字，而Tohmatsu就是TR日本的坚强盟友——等松监察法人。DRT在合并中虽有失，但也有得，1990年8月，DRT与英国第九大会计师事务所斯派萨-奥帕赫姆（Spicer & Oppenheim）合并，从而使其在英国的实力大增，弥补了前些时候欧洲会员所离去而带来的损失。

在20世纪80年代，还有一个大的合并计划，尽管合并最终未能实现，但也足以震动职业界。1986年7月6日，阿瑟·安达信和普华发布消息，双方将以60天的时间讨论合并的可行性。但60天过后，双方并没取得什么实质的进展，合并计划也由此搁浅了。

经过20世纪80年代的三次大合并后，原来的世界“九大”变成了“六大”。根据各大会计公司1989年全球公费收入情况，排名如下：毕马威（43亿美元），安永（42亿美元），德勤（37亿美元），阿瑟·安达信（34亿美元），永道（30亿美元），普华（25亿美元）。1990年，毕马威仍居全球公费收入第一，达54亿美元。其他各大会计公司排名如下：安永（50.06亿美元），德勤（42亿美元），安达信（42亿美元），永道（41亿美元），普华（28.81亿美元）。

“六大”之所以能执会计师职业界之牛耳，且在相互竞争中屹立不倒，与各自的经营特色有很大关系。例如，毕马威在金融、电子行业称雄，代表客户有花旗银行、汉华银行、渣打银行、欧文信托投资公司、Aetna（安泰保险）、General Electric（通用电气）、J. C. Penny（杰西潘尼百货公司）、Motorola（摩托罗拉）、Xerox（施乐）、Union Carbide（联合碳化物公司）；安永在医疗保健及财务方面见长，代表客户有Coca-Cola（可口可乐）、Mobil Oil（美孚石油）、McDonell Douglas（麦道飞机公司）、Apple Computer（苹果电脑）等；零售业和制造业是德勤的优势，代表客户有General Motor（通用汽车）、Chrysler（克莱斯勒汽车）、Boeing（波音公司）；管理咨询和公用事业审计是安达信的特色，代表客户有Texaco（德士古石油公司）、Tenneco（天纳克公司）、GTE（通用电报电话公司）、ITT（国际电话电报公司）；永道在通信电子工业称雄，电脑咨询服务也很出色，代表客户有AT&T（美国电话电报公司）、CBS（哥伦比亚广播公司）、Dow Jones（道琼斯）、Ford（福特汽车）；普华以处理国际性事业机构见长，且以传统审计著称，代表客户有Exxon（埃克森公司）、Shell Oil（壳牌石油）、U.S.Steel（美国钢铁公司）、IBM（国际商用机器公司）、DuPont（杜邦公司）。

9.8.9 世纪末再谱新篇——“六大”变“五大”（1990—2000年）

在20世纪90年代的前5年，“六大”并存的格局基本没有什么变化，但到1997年却一下子风云突变。

1997年9月18日，普华国际会计公司与永道国际会计公司宣布已初步达成合并意向，按双方初步达成的合并意向，一个多元化的全球领导小组将对合并后的机构进行领导，并接受由世界各地成员所和合作伙伴组成的国际委员会的监督。合并后的公司总部设在美国纽约，永道现任董事长出任新公司董事长，普华现任首席执行官出任新公司首席执行官，公司将采用一个新的统一的名字。步其后尘，1997年10月20日，毕马威和安永也宣布了两家合并的计划，合并后的公司总部设在荷兰的阿姆斯特丹，安永现任董事长出任新公司董事长，毕马威现任董事长出任新公司首席执行官。若此两个合并计划成功，则世界会计师职业界会出现两个超级霸主，原“六大”中的安达信和德勤均望尘莫及。当然，如此庞大的合并计划并不是一蹴而就的，不仅需要世界各地的成员所和合作伙伴的投票表决，而且要经过欧洲联盟委员会、英国公平贸易委员会、美国联邦贸易委员会、日本公平贸易委员会就其是否有垄断性问题进行审查后才正式生效，因此尚需时日。

这两大合并计划最后的结局截然相反，一成一败。仅仅经过1个月的时间，普华和永道正式宣告合并，组建成预计今后每年营业收入达118亿美元的国际会计公司，成为世界会计师职业界的“超级帝国”。可是毕马威与安永的合并计划却没能成功，1998年2月13日，毕马威与安永两家国际会计公司宣告合并计划终止。问及原因，原定合并后将成为新任主席的考林先生声称：不同的地理位置和费用使我们对这一计划不得不重新加以审视，在被政府拒绝之前取消这一计划会更好。至此，八大国际会计公司在经历了“九大”“六大”的风雨路程之后，终于在20世纪末形成了五强并立的局面。

9.8.10 新千年风起云涌——破立并行求发展（2000年至今）

迈入新千年，会计师行业的发展进入了新阶段，从短短几年的情况看，表现出两方面的特点：一个特点是社会对注册会计师行业的信用要求日益增加，注册会计师面临的信用风险也不断增加，违背行业金科玉律——“独立、客观、公正”——的行为只能导致公众的唾弃和社会的淘汰，如由安然事件引发的安达信事件便是最好的例证。另一个特点是业务的分拆，在新千年，会计师行业的几只“巨鳄”没有走继续兼并之路，反而不约而同地进行了业务的分拆。

1）安达信晚节不保耻辱落幕

安达信在“五大”中素来以行事激进、敢为天下先著称，但在新千年开了一个很不好的头，由于安然事件，这家有着近百年历史的国际会计师公司土崩瓦解。

安然公司号称“全球最大的能源巨头”，总收入过千亿美元，排名“世界500强”的第16位，自公司1985年成立伊始安达信就与其合作，业务范围包括审计、内部审计和咨询服务。2001年，安然公司付给安达信的报酬达到5 200万美元。

但这样一个能源巨头，通过复杂的财务合伙形式和关联交易从1997年到2001年间虚构利润5.86亿美元，隐藏了数亿美元的债务，并于2001年12月2日申请破产保护，成为美国历史上最大的破产案。而一直负责审计安然的安达信自始至终出具无保留意见审计报告，对安然一系列并不高明的关联交易和衍生业务竟然毫无察觉，不禁令人疑窦丛生。倒是后来安达信休斯敦事务所的行为不打自招，2001年10月安然财务丑闻爆发后，美国证券交易委员会宣布对安然进行调查，与此同时，安达信休斯敦事务所从2001年10月23日开始的两个星期中销毁了数千页安然公司的文件。美国司法部以妨碍司法公正为由起诉安达信，2002年6月15日，法院认定安达信犯有阻碍政府调查安然破产案的罪行。安达信在陪审团作出决定后宣布，从2002年8月31日起停止从事上市公司的审计业务。尽管在2005年5月31日，美国最高法院以先前判决缺乏充分证据为由推翻了安达信妨碍司法的判决，但这迟来的“清白”也无法挽救安达信“树倒猢狲散”的命运。在安达信卷入官司后，大批客户、海外分公司、分支机构、合作伙伴、雇员纷纷离去，安达信无力重振昔日雄风，特别是注册会计师行业视如生命的职业形象与声誉覆水难收，最终导致其耻辱落幕。由于如安然、世通、施乐等知名公司财务舞弊案件以及安达信的崩塌，社会公众对会计师行业长期以来的自我监管模式产生了严重的信任危机，为此，2002年7月25日，美国国会通过了《2002年萨班斯-奥克斯利法案》。该法案强调对投资者利益的保护，对《1933年证券法》和《1934年证券交易法》进行了多处修订，而且要求建立一个独立的公众监督机构——公众公司会计监督委员会（PCAOB）。这改变了会计师行业的监管模式，使其最终变为政府、公众、行业三位一体的监管模式。

2）分拆业务风生水起

新千年五大会计公司发展的一大特点是分拆业务，其实质推动力量应为社会对注册会计师行业独立性要求的不断增加。特别是安然事件的影响，导致监管层和市场对于会计师事务所不相容业务分拆的呼声愈加高涨。

2000年5月，安永（Ernst & Young）以124亿美元高价，将咨询业务整体出售给法国凯捷集团（Cap Gemini），并组成凯捷安永咨询集团（Cap Gemini Ernst & Young）。2004年4月15日，凯捷正式宣布“摘帽”，告别了“安永”的过渡性名称。

2002年6月9日，普华永道会计师事务所（PricewaterhouseCoopers）将普华永道咨询（PwC Consulting）更名为Monday，并于2002年7月30日整体闪电出售给IBM，与IBM全球服务部门合并，IBM以现金、股票和可转让债券作价大约35亿美元支付了收购费用。虽然与两年前惠普出价相去甚远，但由于市场环境发生了剧烈变化，这笔交易的达成倒也是各方均能接受的结果。

2001年，毕马威管理咨询（KPMG Consulting）从毕马威（KPMG）中分离出来，并于2002年10月9日更名为毕博（BearingPoint）管理咨询。

五大业务分拆中最具戏剧性的当属安达信和德勤。

2001年1月1日，安盛咨询（Andersen Consulting，AC）从安达信（Arthur Andersen，AA）会计师事务所分离出来，更名为埃森哲（Accenture），取“注重（accent）”“未来（future）”之意。1947年1月，阿瑟·安达信去世后，其事业由他的学生伦纳德·斯帕切克（Leonard Spacek）接掌。在斯帕切克的领导下，安达信的主要业务开始从审计扩展到咨询业务。20世纪50年代，当时安达信的一位工程师——约瑟夫·克里考夫（Joseph Glickauf）——发明了“Glickiac”计算机，并在后来的通用电气面对全球125家分支机构和数十万雇员薪资管理的难题时，提议通用电气采用商用计算机完成对40余万雇员的薪资统计。通用电气最终接受了这项建议，成为全球第一家雇员薪资自动化计算的企业。这个项目标志着安达信凭借电脑和高科技进行商业咨询业务的开始，埃森哲的官网也认定这一年为创始年。约瑟夫·克里考夫后来被称为“电脑和高科技咨询之父”。经历20世纪70、80年代的发展壮大后，安达信的咨询业务对安达信业绩的贡献率已经从30%上升到40%，咨询业务收入平均增速为30%，基本上是整个公司业绩增速的2倍。为了争取更多的薪资和表决权，咨询部门的合伙人联合起来向董事会施压。在内部矛盾日益激化的情形下，公司拆分为主营会计业务的安达信（AA）和主营IT咨询业务的安达信咨询（AC），均由位于瑞士的安达信全球管辖，但当时双方并未彻底分家，而是在协议下各自经营、优势互补。随着审计同管理咨询之间的收入差距日益明显，安达信咨询（AC）的收入增长远远超过安达信（AA），在巨大利益的诱惑下，安达信（AA）不惜违背当初的协议，重新发展自己的管理咨询部门，暗地里接手被安达信咨询（AC）拒绝的项目，双方的摩擦和矛盾日益升级。至1997年，安达信咨询（AC）已经成为世界上最大的咨询公司，而安达信（AA）的咨询业务也已经位列全球第十四名，双方的利益之争最终演变成一场旷日持久的国际仲裁官司。最终安达信咨询（AC）彻底地与安达信（AA）分离，但必须放弃“Andersen Consulting”的名称。2001年1月1日，安达信咨询（AC）启用了自己的新名字——埃森哲。2001年7月19日，埃森哲在纽约证券交易所正式挂牌上市，成为咨询行业少数的上市公司之一，其后展开了规模浩大的全球扩张。

2002年年初，德勤透露出将咨询与审计业务分拆的计划。2002年6月，德勤决定将分拆后的德勤咨询重组为一家私有公司。7月，德勤宣布将德勤咨询更名为博敦（Braxton），取“博大精深”“诚实正直”之意。此时，德勤已经是五大会计公司中最后一个宣布分拆的公司，但一直与证券交易委员会艰难博弈的首席执行官卡普兰在2002年5月时仍强调“至少对德勤来说，相信咨询对审计独立性的影响是一个观点上而非实质性的问题”。2003年1月，德勤宣布将于一季度前完成对其咨询部门管理层的收购改造，改造后的博敦咨询采用合伙人私有制。就在为时一年多的分拆计划终将完成之际，4月，德勤突然宣布停止分拆，一时间舆论哗然，甚至有人尖锐地批评德勤取消分拆并更紧密整合可能使整个行业重筑诚信的努力付诸东流，这也意味着事务所在分拆审计和咨询业务的道路上不可能一帆风顺。

本章小结

从人类进入文明社会起至大约15世纪，会计发展历史一直是单式簿记的统治时代，1494年，意大利数学家卢卡·帕乔利出版了成名作《数学大全》，成为复式簿记取代单式簿记的标志。这部《数学大全》有关复式簿记的篇章，较为系统、完整地总结了萌生自意大利发达城市的贷金业，而后广为流行的复式簿记方法，形成了复式簿记的基本框架与思想。这一文献，既是对已经长期在实践中应用的复式记账作了理论上的升华，同时又为后来者继续丰富、发展会计理论与方法奠定了基础，是一部对会计发展具有里程碑式意义的经典文献。

帕乔利有关复式簿记的论著一出，在全世界范围均产生了深远的影响。以意大利为中心，复式簿记直接或间接地传播到世界各地，并在传播过程中不断地发展、完善。17世纪的资产阶级革命、18世纪中叶的产业革命，促进了市场经济的发展，而作为市场经济语言的会计也日益受到重视，在意大利、德国、法国、荷兰、英国、美国、日本这些资本主义国家，会计由理论到实践都经历了不断的丰富与发展，特别是公共会计职业的产生与发展更具有标志性意义，其中英国、美国相继成为世界会计中心，在它们的影响下，会计职业达到了一个又一个高峰。在英国，由荷兰会计的引入到成为“日不落帝国”、大力发展股份制经济但忽略会计的规范；由“南海公司事件”引发股份制经济的崩溃到英国公共会计师业迎来大发展；由因噎废食中止股份制经济百年到《公司法》的逐步发展和完善，无不体现了英国在会计发展中的重要地位。作为英国“学生”的美国，其会计的发展可以用“奇迹”两个字概括，由几近原始状态的实物计量一跃为近现代会计，当然这种异乎寻常的变化客观上主要是由英、法等殖民统治者的枪炮带来的“礼物”。自独立战争后，美国的经济呈跳跃式发展，但其会计却没有跟上时代发展的脚步，特别是在会计规范与检查方面尤为欠缺，结果成了导致美国经济危机的一大诱因。但痛定思痛之后，美国政府颁布了《证券法》和《证券交易法》规范股份市场的会计与审计，注册会计师行业也进入了崭新的历史发展时期。由于美国在全世界政治经济中的引领地位，其会计与审计也始终位居世界前列，无论是在规范制定方面还是在行业建设方面都取得了巨大的成绩。同时美国会计的影响力也波及世界范围，既对具体国家会计与审计准则的制定产生影响，又对国际会计与审计准则制定组织产生重要的影响，如在国际会计准则委员会改组为国际会计准则理事会后，在国际会计准则的制定方面美国取得了更高的话语权。

在以复式簿记为标志的现代会计全面推行中，跨国会计公司的出现与演进是其必然产物与实践代表。在历史上，曾经出现过“四大”“五大”“六大”“八大”“九大”，目前是“四大”，它们在全世界范围内纵横捭阖、睥睨天下，演出了一幕幕没有硝烟但又惊心动魄的会计帝国争霸战。

自各大国际会计公司的前身在英美形成，包括普华会计公司、阿瑟·扬会计公司、哈斯金斯–塞尔斯会计公司、马威克–米切尔会计公司、莱布兰德–罗斯兄弟–蒙哥马利会计公司、陶切–尼文会计公司、厄恩斯特会计公司以及迟来的阿瑟·安达信，到20世纪30年代上述“八大”初步排定座次；由20世纪50、60年代的新“八大”：皮特–马威克–米切尔、阿瑟·安达信、厄恩斯特、普华、哈斯金斯–塞尔斯、莱布兰德–罗斯兄弟–蒙哥马利、阿瑟·扬、陶切–罗斯–贝莱–斯马特，到70年代厄恩斯特–惠尼国际会计公司与永道两个超级会计公司的形成及第九大庄伯彬的产生；由20世纪80年代“九大”内部合并形成毕马威、德勤、安永等“六大”，到90年代末普华与永道的超级航母形成变为“五大”格局；在21世纪之初，“五大”并存局面很快被安达信的淘汰出局所打破，现今只余四大国际会计公司。

这些跨国会计公司在业务方面各有所长，行事作风也各有千秋，凭借其良好的职业道德与精湛的专业技术取得了公众的信任。但由于多方面原因，诉讼“大”会计公司的案件也呈迅猛态势，安达信这个以特立独行闻名业界的老牌会计公司率先成为因违背职业道德而崩塌的“大”会计公司，使得目前“四大”更加谨言慎行、如履薄冰。

思考题

9.1　在帕乔利的三账簿体系中，为什么日记账属于主要账簿？

9.2　记账术语在德国簿记引进改良的过程中有什么变化？

9.3　英平和斯蒂文在荷兰簿记史上发挥着不同的作用，应如何评价他们？

9.4　法国民间审计人员可分为哪两类？主要区别是什么？

9.5　结合有关英国簿记著作，总结记账术语的发展规律。

9.6　如何评价托马斯·琼斯及其簿记著作？

9.7　19世纪中叶至20世纪初美国成本会计在哪些方面取得了进展？举例说明。

9.8　目前的日本会计原则包括哪些内容？

9.9　“三法体制”对日本会计有哪些重要影响？

9.10　简述“N BIG”会计公司发展引发的思考。

练习题

9.1　如何理解复式簿记的含义？

9.2　帕乔利在其簿记著作中论述的三账簿体系有何特色？

9.3　帕乔利没有在他的簿记著作中提出明确的决算概念、固定的决算期以及在决算时编制资产与负债目录，其原因是什么？

9.4　帕乔利之后的意大利学者在簿记方面作出了哪些贡献？

9.5　施瓦茨在其簿记手记中是如何将意大利式簿记与德国传统簿记相结合的？

9.6　为什么戈特利布的损益计算方法在损益计算史上占有重要地位？

9.7　简述德国民间审计的发展历程。

9.8　影响德国会计的主要因素有哪些？

9.9　斯蒂文的著名簿记文献《王子簿记》有哪些主要内容？有什么特色？

9.10　荷兰民间审计的发展过程有什么特点？

9.11　法国早期介绍意大利式簿记的作者与著作主要有哪些？

9.12　《商务公司法》及相关政令对法国会计审计有哪些影响？

9.13 简述《会计总方案》的框架结构。

9.14 理查德·达伐纳的《商人宝鉴》和约翰·梅尔的《簿记法》是英国引进吸收意大利式簿记和荷兰簿记过程中的两部名著，它们各自的特色是什么？

9.15 试述英国民间审计产生与早期发展的历史原因。

9.16 英国在20世纪初是如何从自愿审计时代步入强制审计时代的？

9.17 英国1844年、1948年、1985年三部公司法颁布的背景各是什么？在会计与审计方面的规定各有哪些特点？

9.18 简述英国会计准则的发展过程。

9.19 美国早期引入先进的复式簿记的历史背景是什么？

9.20 试分析美国资产负债表审计的成因。

9.21 试述美国会计原则的发展过程。

自测题

9.1 意大利复式簿记发展的背景是什么？

9.2 《数学大全》中的簿记部分名称是什么？主要包括哪些内容？

9.3 帕乔利的决算与结账过程有哪些特点？

9.4 施魏克在其簿记著作中对记账术语的论述有何特点？

9.5 德国在19世纪的成本会计研究热潮中取得了哪些成果？

9.6 斯蒂文之前有哪些学者为荷兰簿记的发展作出了努力？

9.7 斯蒂文的《王子簿记》主要在哪些方面发展了帕乔利的簿记思想？

9.8 以《商事王令》为背景出现了哪些学者和簿记著作？

9.9 法国早期介绍工业会计的学者与著作有哪些？

9.10 简述法国会计标准化的过程。

9.11 以工业革命为契机，英国簿记取得了哪些进展？

9.12 简述英国详细审计的成因。

9.13 如何理解A.佩顿教授的会计主体观理论？

9.14 简述美国审计民间组织的发展过程。

9.15 列举《证券法》和《证券交易法》要求公开发行股票的股份公司必须填报的报告和表格。

9.16 麦克森·罗宾斯案对审计方法有何影响？

9.17 试述日本早期学习西方先进簿记的情况。

9.18 简述日本《注册会计师法》的主要内容。

补充阅读材料

1.文硕．西方会计史——会计发展的五次浪潮（上册）[M]．北京：中国商业出版社，1987.

2.郝振平．会计的国际透视［M］．大连：东北财经大学出版社，1997.

3.余玉苗，李国运，吴联生．以史为镜——注册会计师职业发展史［M］．北京：中国经济出版社，1997.

4.王德升，白肇鲁，阎金锷．国际会计［M］．3版．北京：中国审计出版社，2000.

5.查特菲尔德M．会计思想史［M］．文硕，董晓柏，等译．北京：中国商业出版社，

1989.

6.李 T. 企业审计［M］. 徐宝权，张立民，译. 天津：天津大学出版社，1991.

7.李若山. 审计学［M］. 沈阳：辽宁人民出版社，1996.

8.张立民，石爱中，李若山. 西方审计学［M］. 天津：南开大学出版社，1996.

9.文硕. 世界审计史［M］. 2版. 北京：企业管理出版社，1996.

10.郭道扬. 兴盛发展的二十世纪审计事业［J］. 财会通讯，1999（8）.

资料来源

1.曾铁兵.国际“六大”骤然变成“四大”的思考［J］. 注册会计师通讯，1997（12）.

2.傅红春. 美国联邦市场对股票市场的监督与管理［M］. 成都：西南财经大学出版社，1997.

3.郭道扬. 兴盛发展的二十世纪审计事业［J］. 财会通讯，1999（8）.

4.郝振平. 会计的国际透视［M］. 大连：东北财经大学出版社，1997.

5.查特菲尔德 M. 会计思想史［M］. 文硕，董晓柏，等译. 北京：中国商业出版社，1989.

6.李 T. 企业审计［M］. 徐宝权，张立民，译. 天津：天津大学出版社，1991.

7.王德升，白肇鲁，阎金锷. 国际会计［M］. 3版. 北京：中国审计出版社，2000.

8.文硕. 世界审计史［M］. 2版.北京：企业管理出版社，1996.

9.余玉苗，李国运，吴联生. 以史为镜——注册会计师职业发展史［M］. 北京：中国经济出版社，1997.

10.张立民. 普华国际会计公司［J］. 财会通讯，1993（9）.

第10章 中华人民共和国会计

学习目标

通过本章学习，理解和掌握中华人民共和国成立70多年来在会计法律制度建设、会计管理、会计工作、注册会计师事业、会计理论发展、会计教育和学科体系、会计电算化、会计的对外交流等方面的发展情况，明确经济越发展、会计越重要的道理。

与上述学习目标相适应，本章以9节内容，分别重点考察会计法律制度建设、会计管理体制、企业会计、预算会计、注册会计师事业、会计电算化、会计教育和学科体系、会计理论、中外会计交流方面的发展史。

10.1 会计法律制度建设的发展

10.1.1 中华人民共和国成立至“文化大革命”前会计法律制度建设的萌芽阶段

中华人民共和国成立初期，没有制定专门的会计法律，会计工作的规范主要是国务院制定的会计行政法规和财政部制定的会计核算制度，这一时期比较重要的会计行政法规主要有：

1）《预算决算暂行条例》

1951年7月，政务院发布《预算决算暂行条例》（以下简称《条例》），这是中华人民共和国第一部全国统一的预算管理法规。《条例》的颁布实施，为总预算会计制度、单位预算会计制度、金库会计制度、税收会计制度以及会计管理体制等提供了法律依据。

2）《国营企业决算报告编送暂行办法》和《国营企业决算报告编送办法》

1952年1月，政务院财政经济委员会根据《条例》的有关规定，制定发布了《国营企业决算报告编送暂行办法》，对国营企业及其主管机构，中央与大行政区主管国营企业的部、会、行、署、局等决算报告的报送审核程序、决算内容、编造根据以及资产估价原则等作了详细的规定。1955年1月，国务院在原《国营企业决算报告编送暂行办法》的基础上，发布了《国营企业决算报告编送办法》，对企业决算报告编制和上报程序，决算报告和财务情况说明书的内容，会计报表的种类、名称、格式和项目的制定办法等作了详细的规定。

10.1.2 改革开放时期会计法律制度体系的初步建立

改革开放以后，我国会计的法律制度建设也被提上了会计改革的日程。这一时期会计法律制度建设的突出成就主要表现在：一是制定了专门的会计法律——《中华人民共和国会计法》；二是初步建立起比较完整的会计法律制度体系，实现了会计工作的法治化管理。

1）《中华人民共和国会计法》的制定

1980年8月，五届全国人大三次会议上人大代表提出会计立法议案并正式立案。1984年7月至1985年1月，六届全国人大常委会在第七次和第九次会议上对《会计法（草案）》进行了审议修改，最后一致通过，于1985年1月21日以第21号中华人民共和国主席令公布了《中华人民共和国会计法》（以下简称《会计法》），自1985年5月1日起施行。

1985年《会计法》共6章31条，对会计工作的地位、作用、基本职能，会计核算和会计监督的方法、程序，会计机构和会计人员的基本职能，会计管理体制，会计工作的组织领导，以及违反《会计法》应负的法律责任等作了详细的规定。《会计法》是中华人民共和国第一部会计专门法律，其颁布施行对维护国家财政和财务制度、加强经济管理具有重要的意义，标志着我国的会计工作从此走上法治化的轨道。

2）会计行政法规的建设

改革开放以来，国务院先后发布一系列会计行政规章，进一步发展和完善了商品经济条件下的会计法规体系。其中较为重要的有：

（1）《国营企业成本管理条例》。中华人民共和国成立以来，国营企业一直没有全国统一的成本管理制度。改革开放后，为加强成本管理，杜绝损失浪费，国务院于1984年3月发布了《国营企业成本管理条例》。该条例规定了成本管理的基本任务、成本开支范围、成本核算的原则和方法、成本控制和管理权限及责任、监督与仲裁措施等。

（2）《国营企业固定资产折旧试行条例》。中华人民共和国成立以来，国营企业没有制定全国统一的折旧管理制度。改革开放后，为规范国营企业固定资产折旧的管理，国务院于1985年4月发布了《国营企业固定资产折旧试行条例》（以下简称《试行条例》）。《试行条例》的内容主要有：明确提取折旧的范围；规定计算提取折旧的方法和依据；规定折旧率和单位折旧额的计算方法；明确折旧基金的使用范围；明确违反《试行条例》规定的处罚措施等。

（3）《注册会计师条例》。改革开放以来，为适应对外开放、对内搞活以后必须加强会计查证、验证业务的需要，我国恢复了注册会计师制度。1980年12月，财政部发布了《关于成立会计顾问处的暂行规定》，对会计顾问处（即会计师事务所）的性质、业务范围、组织机构、业务委托人，注册会计师的任职条件、独立性、职业道德、业务收费等作了原则性的规定。在总结该规定实施经验的基础上，国务院于1986年7月颁发了《注册会计师条例》。该条例共6章30条，对注册会计师的性质、业务范围、职业道德纪律、法律责任及会计师事务所的有关问题作出了比较明确的规定。《注册会计师条例》的颁布，标志着我国注册会计师事业开始走上法治化的轨道。

10.1.3 市场经济发展时期会计法律制度体系的进一步完善

1992年党的十四大的召开，标志着我国进入市场经济发展的新时期。这一时期，我国的会计法律制度建设有了长足的发展，初步建立起社会主义市场经济体制下的会计法律制度体系。

1）会计法律体系的建立

（1）《会计法》的三次修订

财政部自1992年起，本着适应市场经济要求的原则，开始着手对《会计法》进行修改。1993年12月29日，八届全国人大常委会作出《关于修改〈中华人民共和国会计法〉的决定》，由中华人民共和国主席以第17号令予以公布，自公布之日起施行。此次《会计法》的修订内容主要有以下几方面：一是在立法宗旨上强调会计工作对维护社会主义市场经济的作用，并在修改的内容上体现社会主义市场经济的要求；二是扩大了《会计法》的适用范围，使《会计法》成为全社会会计工作的基本规范；三是明确单位领导人对会计资料合法、真实、准确、完整和对会计监督应负的责任；四是对会计人员任免的规定进行了修改，规定主管单位对国有企业、事业单位会计人员任免的适度管理，以适应企业制度改革和人事管理制度改革的要求。

20世纪90年代中期以后，随着市场经济的深入发展，1993年修订的《会计法》已难以适应形势的变化和国家加强宏观经济调控的要求，《会计法》的修订再次被提上会计法律制度建设的日程。1999年10月31日，新《会计法》经九届全国人大常委会第十二次会议全体通过，由中华人民共和国主席以第17号令予以公布，自2000年7月1日起施行。此次《会计法》在以下方面作了修订：一是突出了《会计法》的立法宗旨是规范会计行为，保证会计资料真实和完整，加强经济管理和财务管理，提高经济效益，维护社会主义市场经济秩序；二是突出强调了单位负责人对本单位会计工作和会计资料真实性、完整性的责任；三是进一步完善了会计核算规则；四是对公司、企业会计核算作出了特别规定；五是进一步强化了会计监督制度；六是明确规定国有的和国有资产占控股地位或者主要地位的大、中型企业必须设置总会计师；七是增加了会计从业资格管理的规定；八是加大了违反《会计法》的法律责任。

为了加强对会计人员的监督和管理，2017年11月4日，十二届全国人大常委会第三十次会议表决通过了关于修改会计法的决定，由中华人民共和国主席以第81号令予以公布，自2017年11月5日起施行。此次修正的《会计法》修改了关于会计人员从业资格的要求，强调会计人员的专业能力和职业道德。《会计法》是我国会计工作的根本规范，在规范会计行为、提供会计信息、强化财经管理、防范风险、维护国家财经纪律和社会公众利益、发挥市场在资源配置中的决定性作用等方面都起到了重要作用。《会计法》的修订是贯彻落实党中央国务院重大战略决策的重要举措，是会计行业更好服务经济社会发展的客观要求，是会计行业自身发展的内在需要。

【小思考10-1】

我国《会计法》的颁布及其修订时间依次是（　　）。

（1）1984年、1992年、2000年、2017年　　（2）1985年、1992年、1999年、2017年

（3）1985年、1993年、1999年、2017年　　（4）1985年、1992年、2000年、2017年

【答案】（3）。

（2）《中华人民共和国注册会计师法》的制定与修正

随着市场经济的发展，注册会计师在维持市场经济正常秩序方面的作用日益突出，社会各界对加强注册会计师行业法律制度建设的呼声也日益高涨，1986年颁布的《中华人民共和国注册会计师条例》已不适应形势发展的需要。1993年10月，历经12次修改形成的《中华人民共和国注册会计师法》（以下简称《注册会计师法》）经八届全国人大常委会第四次会议审议通过，由中华人民共和国主席以第13号令予以公布，自1994年1月1日起实施。《注册会计师法》共7章46条，对注册会计师和会计师事务所的性质、业务范围、注册会计师资格认定、会计师事务所设立要求、注册会计师的职业规则、注册会计师协会以及法律责任等方面作出了明确规定。鉴于我国此前批准的4家中外合作会计师事务所已经全部转制为本土化的普通合伙会计师事务所，中外合作会计师事务所这种组织形式实际上已经不存在，而且，除中外合作会计师事务所之外的其他会计师事务所的审批已经由省级政府财政部门负责，境外会计师事务所也可以直接向市场监督管理部门申请注册登记设

立代表机构从事相关活动，因此，2014年8月人大常委会第十次会议决定对《注册会计师法》作出修改。《注册会计师法》是中华人民共和国第一部注册会计师专门法律，它的颁布对加强注册会计师的管理，维护社会公共利益和投资者的合法权益，促进社会主义市场经济及会计市场的健康发展，具有重要的意义。

2）会计行政法规的建设

社会主义市场经济时期，我国最重要的会计行政法规是《企业财务会计报告条例》，由国务院于2000年6月21日以第287号国务院令发布，自2001年1月1日起施行。《企业财务会计报告条例》共6章46条，系统规范了各项会计要素的定义以及企业财务会计报告的性质、构成、编制、对外提供、法律责任等事项。《企业财务会计报告条例》是《会计法》有关财务报告要求的具体化，对加强财务会计报告编报工作的监督，杜绝财务会计报告中的造假行为，具有重要的意义。

10.2 会计管理体制的发展

10.2.1 中华人民共和国成立后会计管理体制的初步形成

1）会计管理机构的设立

为适应中华人民共和国成立初期统一财经工作的要求，建立全国统一的会计核算和报告制度，1949年12月，财政部设立了会计制度处，具体负责统一会计制度的建设工作。1950年9月，会计制度处调升为会计制度司。会计制度处（司）的成立，标志着我国会计管理工作起步。

2）预算会计管理体制的初步形成

1950年12月，财政部发布了适用于各级财政机关的《各级人民政府暂行总预算会计制度》和适用于各级各类行政事业单位的《各级人民政府暂行单位预算会计制度》，初步确立了“统一领导、分级管理”的预算会计管理体制。各级人民政府总会计的分级是：中央总会计、大行政区（1955年撤销）或自治区总会计、省（市）总会计。各级人民政府总会计在业务处理及制度实施上应受上级总会计的指导与监督。各级单位预算会计的分级是：凡与总会计直接发生领报关系的机关，其会计为一级单位会计；凡与一级单位会计直接发生领报关系的机关，其会计为二级单位会计；以此类推。各级单位会计应受各该上级单位会计的监督与指导，上级单位会计应受各该级人民政府总会计的监督与指导。

1951年7月，政务院发布《预算决算暂行条例》，以国家行政法规的形式确立了我国的财政管理体制和预算会计管理体制。《预算决算暂行条例》规定，国家预算、决算分为各级政府总预算、决算和各级单位与附属单位预算、决算两个层次，由此决定了预算会计的组成体系包括政府总预算会计与行政事业单位预算会计两个层次。《预算决算暂行条例》还规定，各级企业主管部门应将所属企业机构的预算拨款、预算缴款部分报经同级财政机关分别列入各该级总预算、总决算，意味着国家把企业财务收支也纳入了预算、决算体系，从而为企业会计管理体制的形成确立了基本原则。中华人民共和国成立初期我国预算会计管理体制如图10-1所示。

中央总会计——一级单位会计——二、三……级单位会计
（财政部——中央主管部门——所属单位——××）

大行政区或自治区总会计——一级单位会计——二、三……级单位会计
（大区或自治区财政部门——同级主管部门——所属单位——××）

省（市）总会计——一级单位会计——二、三……级单位会计
（省（市）级财政厅（局）——同级主管部门——所属单位——××）

县级总会计——一级单位会计——二、三……级单位会计
（县级财政部门——同级主管部门——所属单位——××）

乡级财政部门——所属单位

图10-1　中华人民共和国成立初期我国预算会计管理体制

3）企业会计管理体制的初步形成

1952年1月，政务院根据《预算决算暂行条例》的有关规定，发布了《国营企业决算报告编送暂行办法》（以下简称《暂行办法》）。《暂行办法》与《预算决算暂行条例》一起，形成了我国企业会计管理体制的雏形。根据《预算决算暂行条例》关于“各级企业主管部门，应将所属企业机构之预算拨款、预算缴款部分，报经同级财政机关分别列入各该级总预算、总决算”的规定，明确各级总会计（即各级财政部门）为各级企业财务会计工作的管理部门。根据《暂行办法》的规定，企业主管部门与企业主管机构之间（即上下级企业主管部门）以及企业主管部门（企业主管机构）与企业之间在会计管理体制上属于上下级的关系；财政部门与同级企业主管部门（或机构）之间在会计管理体制上属于管理和被管理的关系。中华人民共和国成立初期我国企业会计管理体制如图10-2所示。

财政部——中央各企业主管部门——所属机构和企业

大行政区财政部——大行政区企业主管部门——所属机构和企业

省、市级财政厅（局）——省、市企业主管部门——所属机构和企业

省级以下财政局——同级企业主管部门——所属机构和企业

图10-2　中华人民共和国成立初期我国企业会计管理体制

1955年1月，国务院在原《国营企业决算报告编送暂行办法》的基础上，正式发布施行了《国营企业决算报告编送办法》。《国营企业决算报告编送办法》的颁布施行，进一步健全了我国企业会计的管理体制。

【小思考10-2】

中华人民共和国成立初期，各级财政部门应直接对其会计工作进行指导和监督的部门和机构有（　　）。

（1）同级企业主管部门　　（2）同级单位会计

（3）下级总会计　　（4）下级企业主管部门

【答案】(1)、(2)、(3)。

“文化大革命”时期，我国的会计工作遭到了严重的破坏。财政部的会计制度司无令而亡，会计管理也陷入一片混乱之中。

10.2.2 改革开放后会计管理体制的逐步完善

1）会计管理机构的恢复

为加强对会计工作的领导，经国务院批准，财政部于1979年1月恢复了管理会计制度的职能机构——会计制度司，1982年更名为会计事务管理司。会计事务管理司的成立，标志着我国新时期会计管理体制的恢复和逐步发展。

为适应经济发展对会计工作的需要，国务院各业务主管部门恢复或组建了管理本部门财务会计工作的专门机构。20世纪80年代初，山西和贵州两省率先在省财政厅设立了会计管理专门机构。20世纪80年代中期以后，各省、自治区、直辖市财政厅（局）也先后设立了会计管理专门机构——会计事务管理处（或称会计处）。

各部门、各地区会计管理机构的设置，进一步完善了我国“统一领导、分级管理”的政府主导型会计管理体制，为贯彻国家的会计法规、制度，加强对会计工作的管理，发挥了重要的作用。

2）《会计法》的颁布修订和会计管理法治化的形成

《会计法》第一次以国家法律的形式对我国的会计管理体制作出了规定。1999年10月修订的《会计法》规定：“国务院财政部门主管全国的会计工作。县级以上地方各级人民政府财政部门管理本行政区域内的会计工作。”“国家实行统一的会计制度。国家统一的会计制度由国务院财政部门根据本法制定并公布”。《会计法》对中央和地方、财政部门和其他业务主管部门之间会计管理范围和管理权限的界定，使我国“统一领导，分级管理”的政府主导型会计管理体制得以以国家立法的形式确立，标志着我国会计管理体制走上了法治化的道路。

10.2.3 适应社会主义市场经济需要的会计管理体制的形成

1）《会计改革与发展纲要》的发布

1995年，全国会计工作会议讨论了《会计改革与发展纲要》（以下简称《纲要》），并自1996年起施行。《纲要》提出：适应转变政府职能要求，在会计事务的宏观管理中，逐步实现以会计法规为主体，法律、行政、经济手段并用，有利于改善和加强宏观调控，同时可以发挥地方、部门、基层核算单位积极性和创造性的管理体制。

2）两次政府机构改革对政府管理职能的调整

1994年2月，根据国务院机构改革方案，财政部的会计事务管理司改为会计司，其主要职责为：管理全国会计工作，拟定或制定全国性会计法律、规章、制度、规划；组织和管理会计人员的业务培训；负责全国会计职称管理工作。

1998年7月，国务院机构再次进行改革，财政部会计司对内部机构设置和人员进行了精简，并相应调整了职能。改革后的会计司的主要职责为：管理全国会计工作，拟定全国性会计法律、规章、制度；指导和管理社会审计工作；组织和管理会计人员的业务培训；负责全国会计职称管理工作；指导和监督会计电算化工作等。

这两次机构改革使政府主导型会计管理体制得到了进一步的发展和完善，适应了市场经济条件下政府对会计管理的需要。从管理的内容上看，由原先的管理会计核算制度为主逐步向包括会计制度管理、会计人员管理、会计基础工作管理、会计电算化管理在内的各会计环节发展，实现了会计工作的全面管理。从管理的范围上看，适应社会主义市场经济发展需要，由原先的以管理国有单位会计工作为主向管理全社会的会计工作方向发展。从会计管理工作的方式和方法上看，适应政府部门转变职能和会计工作发展的要求，从以直接管理为主逐步转向以间接管理为主，经济、法律和行政手段并用，通过制定政策、提供信息、交流经验、监督检查等措施，积极为基层单位和会计人员服务。

【小思考10-3】

1998年国务院机构改革后，财政部会计司新增的职责是（　　）。

（1）负责全国会计职称管理工作　　（2）指导和管理社会审计工作

（3）拟定全国性会计法律、规章、制度　　（4）指导和监督会计电算化工作

【答案】（4）。

10.3 企业会计的发展

10.3.1 国民经济恢复时期和“一五”时期企业统一会计制度体系的建立

中华人民共和国成立初期，经济领域面临的重要任务是争取财经工作的统一，实现国民经济的好转。会计工作的任务，就是配合统一财经的要求，建立统一的会计制度。

1）中央企业主管部门统一会计制度的建立

根据中央人民政府财政经济委员会关于草拟统一会计制度的训令，财政部成立了会计制度审议委员会，提出了会计制度的制定原则和分章内容，要求各企业主管部门按照训令精神草拟本部门的统一会计制度。1950年7月，重工业部拟定的该部门的统一会计制度草案，经中财委批准，率先正式颁布施行。到1951年上半年，共有13个部门拟定的本部门统一会计制度经会计制度审议委员会审议，由中财委或财政部审定发布实施。

【小思考10-4】

中华人民共和国最先施行部门统一会计制度的部门是（　　）。

（1）交通部　　（2）轻工业部　　（3）纺织工业部　　（4）重工业部

【答案】（4）。

2）全国统一的企业会计制度的建立

为适应高度集中的计划经济体制的需要，要求会计制度从部门的统一走向全国的统

一。为此，财政部于1952年颁布全国统一的会计制度，包括《国营企业统一会计科目》《国营企业统一会计报表》《国营企业决算报告编送暂行办法》。

全国统一的会计制度适应了高度集中的计划经济的需要，主要表现在：(1) 高度集中的财政管理体制要求企业的资金需要和盈亏缴补按收支两条线原则处理，因此需要设置与财政发生上交下拨关系的会计科目，会计报表需要反映上交下拨款项的情况；(2) 取消“资本金”概念，不遵循资本保全原则；(3) 统一会计制度规定，以“资金运用=资金来源”作为会计等式，并且企业资金需按固定资金、流动资金、专用资金分别管理，在会计核算上分别设置科目核算，在资产负债表上则要按三种资金分段反映，各自平衡；(4) 为编制计划和检查计划执行情况服务，成为会计的首要任务；(5) 财政和财务制度决定企业的会计政策，致使企业会计制度频繁变动。

【小思考10-5】

20世纪50年代将会计等式统一为“资金运用=资金来源”的会计制度是（ ）。

(1) 部门统一会计制度　　(2) 全国统一会计制度

【答案】(2)。

10.3.2 “大跃进”和“文化大革命”时期企业会计工作的挫折与调整

自1958年起的“大跃进”时期，我国经济建设受到严重影响，企业会计工作也采取了“彻底放权，大力简化”的错误方针。会计制度的“放”与“简”，造成会计秩序空前混乱，会计监督职能严重削弱。

1961年年初，中央提出对国民经济实行“调整、巩固、充实、提高”八字方针，开始纠正经济建设中的“左”倾错误，会计工作也得以恢复。

1962年5月，财政部和中国人民银行总行联合召开中华人民共和国成立以来第一次全国会计工作会议。党中央对会议极为重视，于同年6月对会议情况报告作了重要批示，指出“办经济离不开会计，经济越发展，会计越重要”。此次全国会计工作会议的召开，促进了会计制度的恢复与健全，同时也激发了会计人员的工作积极性。

“文化大革命”给国民经济建设和社会主义事业带来了深重的灾难，也使会计工作遭到空前严重的破坏。

【小思考10-6】

党中央提出“经济越发展，会计越重要”的批示是在（ ）。

(1) 1962年5月　　(2) 1985年1月

(3) 1994年1月　　(4) 2001年1月

【答案】(1)。

10.3.3 改革开放时期企业会计工作的改革与发展

1978年12月，党的十一届三中全会的召开标志着我国社会主义建设进入了改革开放的新时期，客观上要求建立健全会计核算制度，以及加强会计管理在企业经营管理中的作用。

1980年9月，财政部在总结历史经验并进行调查研究的基础上，修订和颁布了《国营工业企业会计制度——会计科目和会计报表》。此次修订的会计制度，体现了企业经营自主权扩大后强化经营管理的需要。例如，为适应企业加强材料供应管理和物资及能源管理的需要，增设了“材料采购”“材料成本差异”科目，并把“材料”科目分设为“原材料”“燃料”“包装物”“低值易耗品”4个科目；为加强成本核算工作，将“生产费用”科目分设为“基本生产”“自制半成品”“辅助生产”“车间经费”“企业管理费”5个科目等。为配合财务制度改革和经济形势发展的需要，1980年的《国营工业企业会计制度》还先后于1985年和1989年进行了两次修订。

10.3.4 社会主义市场经济体制下企业会计模式的建立和完善

1）社会主义市场经济体制下会计改革的必要性

20世纪80年代我国虽然也对会计工作进行了一系列的改革，但改革后的会计模式仍是计划经济会计模式。而在社会主义市场经济体制下，计划经济会计模式就明显不适用了，主要体现在以下几个方面：

第一，在计划经济体制下，政府通过自上而下的企业主管部门对企业进行直接管理，因此会计制度是按所有制形式分部门制定的。而在市场经济体制下，由于市场对资源配置起决定性作用，决定了资本可以跨行业、跨所有制流动，分所有制、分部门的会计制度势必造成不同所有制和不同部门企业之间的会计信息缺乏可比性，从而不利于经济的横向联合。另外，在市场经济体制下，政府职能也在转变，由以前对企业进行直接管理改为间接管理，这也决定了会计制度已没有按所有制形式分部门制定的必要。

第二，计划经济体制下会计信息主要满足政府的信息需要，而市场经济体制下会计信息将为更多的利益相关者所使用，其中也必然包括外国投资者。由于计划经济体制下的会计处理方法更多的是考虑国家计划的需要，与国际会计惯例相去甚远，因此产生的会计信息很难被外国投资者接受，这既妨碍吸引外资，也妨碍国内企业走出国门，进行跨国经营。

第三，在计划经济体制下，为适应国家对企业实施直接管理的需要，会计制度的规定非常严格且详细，会计信息的内容也十分复杂、烦琐。而在市场经济条件下，随着企业作为市场竞争主体地位的确立，需要在会计政策的选择上有一定的自主权和灵活性，能够根据自身的需要自主地组织会计核算，发挥会计工作在企业管理中的重要作用。

2）市场经济会计模式的初步建立

（1）《企业会计准则》和《企业财务通则》的发布

早在20世纪80年代末期，财政部就已开始着手起草我国会计改革纲要，提出改革会计核算制度应成为我国会计改革的突破口，并提出改革的目标是借鉴国际惯例，制定我国的会计准则，并成立专门的会计准则小组负责会计改革工作的研究。1988年12月，财政部会计事务管理处成立了会计准则课题组，开始对制定会计准则的可行性、基本结构、主要内容等问题进行调查研究。1991年11月，财政部拟出了《企业会计基本准则（草案）》，并广泛征求意见。1992年11月，经国务院批准，财政部以第5号部长令发布了《企业会计准则》和《企业财务通则》，自1993年7月1日起施行。《企业会计准则》共10章66条，对企业资产、负债、所有者权益、收入、费用、利润等各项会计要素的核算，以及财务报告的编制等作出了规定。《企业会计准则》的发布，标志着我国会计模式从计划经济向市场经济的根本转变。《企业财务通则》共12章45条，对企业的资金筹集、流动资产、固定资产、无形资产、递延资产和其他资产、对外投资、成本和费用、营业收入、利润及其分配、外币业务等方面的管理作出了具体规定，同时还规定了企业清算、财务报告与财务评价方面的内容。

1992年颁布实施的《企业会计准则》是我国的基本准则。在基本准则基础上，财政部自1994年2月起先后公布了6批32份具体会计准则征求意见稿，广泛征求各方面意见。1997年5月，财政部公布了第1项具体会计准则——《企业会计准则——关联方关系及其交易的披露》。截至2001年年底，我国正式公布了16项（其中修订5项）具体准则。由此，由基本会计准则和具体会计准则共同构成的会计准则体系初步形成。

【小思考10-7】

财政部颁布的第1项具体会计准则是（　　）。

（1）《企业会计准则——关联方关系及其交易的披露》

（2）《企业会计准则——现金流量表》

（3）《企业会计准则——资产负债表日后事项》

（4）《企业会计准则——投资》

【答案】（1）。

（2）行业会计制度的建立

在1992年的会计改革中，国家打破了按所有制分部门制定会计制度的计划经济模式，而是根据《企业会计准则》的要求，结合各行业生产经营活动的不同特点和管理要求，按行业性质制定了13个全国性的统一会计制度，规定自1993年7月1日起施行。

1992年颁布的《企业会计准则》和行业会计制度体现了市场经济的要求，主要有以下几个方面：

第一，基本会计等式的变化。计划经济体制下，我国会计核算采用“资金占用=资金来源”的会计等式。这一等式反映出企业所有权与经营权统一，企业作为政府机构附属物的特点；企业没有经营自主权，也就没有可支配的财产，因此各项资产只能是对所有者资金的占用。而在市场经济条件下，企业的所有权与经营权分离，企业成为独立的市场竞争主体，需要有经营自主权，有独立可支配的财产，因此资产不再是对所有者资金的占用，而是企业拥有和控制的“资产”；企业对所有者投入的资金拥有主权，同时能以企业名义举借各种债务，因此企业吸纳的资金应严格区分“所有者权益”与“负债”的界限，由此形成了“资产=负债+所有者权益”这一国际通用的会计等式。新会计等式准确地表明了企业的产权关系，体现了企业独立市场主体的地位，是我国社会主义市场经济会计模式形成的重要标志。

第二，会计报表体系的变化。计划经济体制下的会计报表要承担为编制和考核国民经济计划提供资料、为国民经济统计提供数据等多重任务，由此决定了计划经济会计报表体系具有以下缺点：一是会计报表以政府需要为中心；二是种类和指标繁多；三是行业之间的会计报表的指标口径和内容差别很大；四是与国际会计惯例差异很大。《企业会计准则》和行业会计制度借鉴了国际会计惯例，采用以资产负债表、利润表、财务状况变动表（1998年以后改为现金流量表）为主要报表的会计报表体系，指标结构也尽可能满足市场对会计信息的需求，同时统一了不同所有制、不同行业的会计报表的指标口径和内容，实现了会计信息的可比性。

第三，引入了适应市场经济需要的新会计观念。一是树立了资本保全观念。计划经济体制下，一方面，企业没有可自主支配的主权资金，另一方面，国家对企业实行统收统支管理，导致国家资金频繁发生变动，因此没有形成资本保全的观念。市场经济条件下，企业成为独立市场主体，对所有者投入的资金拥有主权，投资者的出资不得随意抽回，由此需要在会计中引入资本保全概念。二是引入了稳健性原则。计划经济体制下，企业作为政府机构的附属物，没有经营自主权，也就没有风险意识，因此不存在应用稳健性原则的前提；市场经济体制下，企业要独立参与市场竞争，在竞争中实现优胜劣汰，因此必须合理预计所面临的风险，从而要求企业在会计核算上遵循稳健性原则。三是采用制造成本法。计划经济体制下，政府为全面考察企业成本计划的执行情况，要求企业成本核算采用完全成本法；市场经济体制下，国家不再对企业成本进行考核，为简化成本核算，新会计制度规定采用制造成本法。

【案例分析10-1】

资产列示方式的变迁

自1952年颁布的《国营工业企业统一会计报表》开始，我国的资金平衡表一直把固定资产列在“资金占用”方的首位，然后依次列示定额流动资产（相当于资产负债表中的“存货”项目）和非定额流动资产（包括货币资金、应收及预付款项、其他应收款等项目）。同时，在资金平衡表中，还要详细列示各项定额流动资产的明细数字，如原材料、燃料、包装物、低值易耗品等项目的金额；1952年的资金平衡表中更要详细列示各项固定资产的明细数字，如未使用固定资产、不需用固定资产等的金额。这种列示方式一直延续到1989年颁布的《国营工业企业会计制度——会计科目和会计报表》。

自1993年起施行的新会计制度把资金平衡表改为资产负债表。资产负债表中的“资产”方，是按照资产的流动性由强至弱的次序列示各项资产的，因此，首先列示货币资金，向下依次是应收及预付款项、存货、长期投资，接下来才是固定资产。同时，在资产负债表中，存货项目只需要列示合计金额，无须具体反映原材料、燃料、包装物、低值易耗品等项目的明细数字。

问题：

结合计划经济体制与市场经济体制的区别，分析上述资产列示方式变迁的原因。

3）市场经济会计模式的进一步完善

（1）企业会计制度的再次改革

1992年的会计改革形成了一种介于计划经济会计模式和市场经济会计模式之间的过渡模式，因此仍然存在一些计划经济痕迹。为适应社会主义市场经济发展对会计工作提出的更高要求，财政部于2000年12月颁布了《企业会计制度》，规定自2001年1月1日起暂在股份有限公司范围内实施。《企业会计制度》彻底打破了行业的限制，实现了会计制度的真正统一。

与1992年颁布的会计制度相比，《企业会计制度》在内容上有以下几方面变化：第一，根据《企业财务会计报告条例》的规定，采用经济利益流入/流出法对资产、负债、收入、费用等会计要素重新进行了定义，保证了会计信息与经济事实的一致性。第二，第一次将“实质重于形式原则”纳入会计制度，体现了对经济实质的尊重，保证了会计信息与客观经济事实相符。第三，进一步扩大了稳健性原则的适用范围，避免了企业资产不实、利润虚增的假象，提高了会计信息的真实性。第四，首次将非货币交易、或有事项、会计调整、关联方关系及其交易等较为成熟的具体会计准则纳入会计制度规范，体现了会计制度与会计准则的协调。第五，对企业会计准则和会计制度中不符合中国国情的内容作了修订，如对债务重组的会计处理不再运用公允价值的概念。第六，针对一些新会计事项，如委托贷款、利润归还投资等作出了新的规定，并相应调整了部分会计科目的名称和核算内容。第七，重新规范了企业会计报表体系。第八，专门针对会计报表附注作出了具体规定。

（2）企业会计准则体系的再次改革

随着社会主义市场经济的深入发展和资本市场的日趋成熟，原有的会计准则体系已难以适应会计信息使用者对更高质量会计信息的需要。与此同时，随着经济全球化趋势的进一步加强，跨国上市、跨国投资和跨国融资活动日渐增多，要求我国会计准则与国际惯例接轨，实现会计准则国际趋同的呼声也日益高涨。为适应经济发展对高质量会计准则的需要，财政部在借鉴国际会计准则并认真考虑中国国情的基础上，于2006年2月正式发布了新的企业会计准则体系。

新企业会计准则体系的发布是我国会计发展史上具有里程碑意义的重大事件，被誉为会计的“二次革命”，对促进我国企业会计的发展具有深远意义。第一，新会计准则实现了与国际会计准则的充分协调，极大地提高了我国企业会计信息在全球经济中的可比性，为国内企业打入国际市场扫清了信息沟通上的障碍。第二，新会计准则结束了我国企业会计规范体系长期以来“准则”和“制度”并存的历史，提高了企业会计规范的系统性和科学性。第三，新会计准则为提高企业会计信息的质量提供了制度保证，有助于我国资本市场的健康发展和现代企业制度的进一步完善。第四，新会计准则的发布实施，可以将国际上先进的会计理论和方法传授给我国会计人员，对提高我国会计人员职业胜任能力具有积极的推动作用。

新会计准则体系包括基本准则、具体准则和应用指南三个层次。基本准则处于第一层次，是整个会计准则体系的基本原则和指导思想，对具体准则和应用指南起到统驭和指导作用。具体准则处于第二层次，原为38项，目前共有42项，是根据基本准则制定的，用于规范企业各项经济业务的会计处理，具体又包括一般业务准则、特殊行业的特定业务准则以及报告准则三类。应用指南处于第三层次，是依据基本准则和具体准则制定的，用于指导准则运用中所涉及的会计科目、账务处理、会计报表格式等实务问题的操作性指南，包括非金融企业的会计科目和会计报表、金融企业的会计科目和会计报表两个部分。

与1992年发布的旧会计准则相比，新会计准则具有以下几项明显的特征：一是与国际会计准则的充分协调，如参照国际会计准则的思路，剔除了一些不恰当的旧会计政策，如存货计价的后进先出法，引入了一些新的适合我国国情的会计理念，如企业合并的实体理论等。二是会计理念的科学性。新会计准则比旧会计准则更加强调企业资产的质量、营运效率和盈利模式，使会计信息更加符合企业目标的要求。三是完整性。一方面，新会计准则由基本准则、具体准则和应用指南共同构成了一个完整的准则体系。另一方面，42项具体准则及其应用指南也基本上涵盖了各类企业的主要经济业务。四是可操作性。会计准则应用指南以会计人员熟悉的会计科目和会计报表的形式提供了会计准则的具体操作指南，弥补了旧会计准则缺乏可操作性的缺陷。

值得说明的是，自2011年以来，国际会计准则理事会先后修订了公允价值计量、合并财务报表等一系列国际财务报告准则。为实现我国企业会计准则与国际财务报告准则的持续趋同，2014年，财政部再次修订了《企业会计准则第2号——长期股权投资》等5项会计准则，新增了《企业会计准则第39号——公允价值计量》等3项会计准则，发布了1项新的准则解释《企业会计准则解释第6号》，同时修改了《企业会计准则——基本准则》中关于公允价值计量的表述。截至2020年，财政部又陆续发布了《企业会计准则第42号——持有待售的非流动资产、处置组和终止经营》等11项新增或修订的企业会计准则和7项企业会计准则解释。

（3）《企业财务通则》的再次修订

1992年发布的《企业财务通则》对规范企业财务行为、促进现代企业制度建立、创造企业公平竞争环境、推进企业改革发展发挥了重要作用。但是，随着我国市场经济体制的不断完善、现代企业法律制度的逐步健全以及政府财政职能的转变，1992年的《企业财务通则》已显得滞后，亟待加以修订。

2006年12月，财政部发布了新的《企业财务通则》。与1992年的《企业财务通则》相比，新的《企业财务通则》在以下方面进行了大幅度的创新：

一是功能创新。新的《企业财务通则》不再对会计要素的确认、计量作出规定，也不再为企业纳税扣除项目、标准作出规定，而是围绕企业财务的实质，对企业财务行为和财务关系作出规范，引导企业实行科学管理。

二是观念创新。新的《企业财务通则》以适应市场经济发展的要求为目标，强化企业财务风险管理，树立企业的社会责任观念，对企业重组中的资本权益事项和财务管理进行规范。

三是体制创新。新的《企业财务通则》从政府宏观财务、投资者财务、经营者财务三个层次，构建资本权属清晰、财务关系明确、符合企业法人治理结构要求的企业财务管理体制。

四是体系创新。新的《企业财务通则》建立了具有开放性的企业财务制度体系，便于实施后根据企业财务运行、国家法律制度建设情况和宏观经济管理的需要，不断地调整、改革和完善企业财务制度。

五是机制创新。新的《企业财务通则》按照“规范、有效”的原则，建立健全企业财务运行机制，明确财务决策的要求、财务控制的方法，完善企业激励分配政策，建立企业财务监督机制，明确企业财务管理的法律责任。

六是内容创新。新的《企业财务通则》围绕企业财务管理环节，明确了资金筹集、资产营运、成本控制、收益分配、信息管理、财务监督等六大财务管理要素，并结合不同财务管理要素，对财务管理方法和政策要求作出了规范。

新《企业财务通则》的发布，对提高各类企业财务管理水平，完善企业财务工作，具有重要的意义：

一是为各类企业提供了财务行为的规范。对于国有及国有控股企业而言，新的《企业财务通则》对加强企业财务管理、约束企业财务行为、确保国有资本保值增值，具有重要作用。对于其他企业而言，随着企业规模的扩大，内外部财务关系逐渐复杂，为了提高管理效率，理顺各方关系，也需要相应的制度保证。

二是维护国家及其他各方的权益。新的《企业财务通则》尽可能公平、合理地对待不同利益主体的权益。同时，合理界定了财政部门、投资者与经营者之间的财务管理职责，并建立责任追究制度，为维护投资者、经营者和其他职工的权益提供保障。

三是促进企业完善内部治理结构。新的《企业财务通则》对企业内部财务体制提出了设置原则，按照投资者、经营者不同层次建立健全财务管理体系，着力构建"激励规范、约束有效"的财务机制，体现了企业不同利益主体的财务诉求，有利于企业完善内部治理结构，实现共赢发展。

四是健全公共财政职能。在公共财政框架下，财政还兼有重要的经济调控和经济监督职能。各级财政部门需要按照规章管理企业财务，并服务于企业改革与发展的大局。新的《企业财务通则》将财政职责转化为行政规章，有利于改变企业财务管理无章可循、职责不清的局面，同时从源头上整治企业财务秩序，化解财政风险。

五是促进企业与社会的和谐发展。国家的社会经济政策和经济形势构成了企业重要的财务管理环境。新的《企业财务通则》一方面规范企业的成本控制和收益分配行为，促进企业自主创新，并承担起环境资源、安全生产成本和人工费用的补偿责任；另一方面利用财务预算、财务预警等管理工具，监测企业经济运行，控制企业财务风险，确保企业财务活动符合国家有关社会经济发展政策，在实现自身目标的同时，促进社会经济的全面发展。

10.4 预算会计的发展

10.4.1 中华人民共和国预算会计体系的初步形成

中华人民共和国成立初期，预算会计工作面临的紧迫任务是建立各级政府和行政事业单位统一的会计核算体系，恢复预算会计工作的正常秩序。

1）预算会计制度的建立和预算会计工作的统一

1950年12月，财政部发布了适用于各级财政机关的《各级人民政府暂行总预算会计制度》（以下简称《总会计制度》）和适用于各级各类行政事业单位的《各级人民政府暂行单位预算会计制度》（以下简称《单位会计制度》），自1951年起施行。这两部暂行预算会计制度初步确立了我国预算会计的框架，实现了我国预算会计工作的统一，在我国预算会计发展史上具有重要的奠基意义：

第一，确定了预算会计的名称及核算范围。第一次明确规定了各级财政机关核算总预算执行的会计为“财政总预算会计”，各级各类行政事业单位核算单位预算执行的会计为“单位预算会计”；第一次明确规定了对预算收支进行统一核算。

第二，确定了预算会计的组织体系，即按预算级次和各级预算的隶属关系，形成按地域、行政管辖单位进行预算会计管理的体系。

第三，统一了预算会计的会计核算方法。其主要包括以下几个方面：关于会计基础，两部会计制度均规定采用收付实现制；关于记账方法，《总会计制度》规定采用复式记账原理和现金收付记账法，但如事实需要，可改用借贷记账法；关于会计报表，《总会计制度》和《单位会计制度》建立了全国统一、自下而上的汇总编报的预算会计报表体系。

【小思考10-8】

20世纪50年代我国预算会计曾采用的记账方法有（　　）。

（1）现金收付记账法　　（2）资金收付记账法

（3）借贷记账法　　（4）增减记账法

【答案】（1）、（3）。

2）“一五”时期预算会计制度的调整

1951年施行的《总会计制度》适用于各级人民政府总预算。由于中央及各省的会计处理在繁简程度和报表要求上与县（市）不同，因此，1954年的《总会计制度》划分为中央、省和县（市）两部分，分别使用。

1954年的《单位会计制度》也对适用范围作了调整。第一，1951年的《单位会计制度》的适用范围是“各级人民政府及直属机关的所属机关”，内涵不是很明确；1954年的《单位会计制度》将适用范围明确为“各级人民政府所属行政机关、事业机关、企业主管机关和团体”。第二，为简化会计事务，加快会计报表进度，1954年制定推行了《单位预算会计简易处理办法》，允许经费不大、会计事务简单的机关经批准后按此简易办法，采用单式记账法处理会计事务。

10.4.2 “大跃进”和“文化大革命”时期预算会计工作的挫折

1958年开始的“大跃进”也使预算会计遭受了中华人民共和国成立以来的第一次挫折。1961年，中央提出“调整、巩固、充实、提高”的方针，纠正“大跃进”的错误，对国民经济进行调整，预算会计工作才得以恢复。

1966年开始的“文化大革命”给国民经济造成了严重破坏，包括预算会计工作在内的全部会计工作也遭到了严重的摧残。1969年，作为主管全国预算会计工作的财政部预算司被合并调整为一个小组，预算会计管理工作完全停滞。

10.4.3 改革开放后预算会计工作的改革

1）改革和完善财政总预算会计制度

1983年10月，财政部在1963年制度的基础上，制定发布了新的《财政机关总预算会计制度》。新制度主要在以下两个方面进行了改革和完善：首先是完善了总预算会计的任务和职能作用。原制度对总预算会计任务的规定，偏重于记账、算账、报账等事务性和技术性的内容；新制度则进一步加强了总预算会计的组织管理职能。其次是强调了总预算会计的组织机构建设。

1984年以后，我国的财政信用业务有了较大的发展。为此，财政部于1989年对《财政机关总预算会计制度》再次进行了修订，将各级财政部门的各种财政信用性质的周转金纳入各级总预算会计的核算范围。

2）修订事业行政单位预算会计制度

1988年9月，财政部在1966年制度的基础上，结合当时改革开放的新形势，颁布了新的《事业行政单位预算会计制度》，自1989年起在全国统一执行。新制度的改革完善之处主要有：首先是扩大了事业行政单位会计制度的适用范围。改革开放以来，许多有条件的事业单位，已经或正在从单纯依靠国家预算拨款的“供给型”单位向经费部分自给、全部自给的“经营管理型”过渡，差额预算单位和自收自支单位有了很大的发展。针对这种情况，新制度对全额预算单位、差额预算单位、自收自支单位分别规定了既统一又自成体系的会计科目，并对三种不同预算管理方式的单位的主要核算对象——预算收支——分章作出了规定。其次是适应预算财务管理改革发展的需要，增加了会计核算的内容。例如，对有部分产品生产的事业单位，新增了简易产品成本核算与管理的规定及相应的会计科目；对全额预算单位附属的事业单位、服务设施等按规定实行对外有偿服务的收入及其相应的支出、费用，增设了“服务收入”和“服务支出”科目进行简易的服务成本核算等。

10.4.4 社会主义市场经济体制下预算会计制度的全面改革

1）计划经济预算会计制度的弊端

1992年党的十四大的召开，标志着我国进入社会主义市场经济发展的新时期。市场经济体制的确立，需要建立与之相适应的会计模式。然而改革开放后，我国的预算会计制度虽几经改革，但仍未脱离计划经济体制下的预算会计模式，无法适应市场经济的需要，主要表现在：预算会计制度不适应政府转变职能的需要，会计管理以直接管理和行政管理为主，不利于引导事业单位参与市场竞争；以满足国家财政报账为目的，忽视社会其他方面对会计信息的需求，出现报账方式与单位资金运行方式错位，影响了会计信息应有的决策价值等。

2）预算会计改革的主要内容

1997年，财政部发布了《事业单位会计准则（试行）》《财政机关总预算会计制度》《事业单位会计制度》；1998年，财政部发布了《行政单位会计制度》。至此，适应市场经济需要的新预算会计制度体系初步建立。此次预算会计改革的主要内容有：第一，重新划分预算会计体系。首先是实行事业单位会计与行政单位会计相分离。在市场经济条件下，鉴于行政单位与事业单位在性质、非营利性和资金来源渠道等方面都有了较大区别，事业单位会计与行政单位会计相分离是市场经济发展的必然趋势。制定专门的事业单位会计制度，标志着我国事业单位会计法规逐步走向成熟与完善。其次是鉴于乡镇财政管理办法已基本定型，将乡镇财政会计核算要求纳入全国统一的会计制度，从而使财政会计制度的适用范围扩大到乡镇会计。第二，首次对事业会计核算提出准则管理模式。提出事业会计核算采用准则管理模式，是我国预算会计管理模式的一项重大突破。建立会计准则既可以从总体上全面规范事业单位会计核算所必须遵循的统一原则和核算总要求，有利于对事业单位的宏观管理和调控，也可以把管理的统一性和灵活性有机结合起来，有利于调动事业单位会计管理的积极性。第三，确定会计要素。此次预算会计改革借鉴企业会计核算制度改革的经验，首次提出了会计要素概念，将预算会计要素分为资产、负债、基金（净资产）、收入和支出五类，并对各项会计要素的确认、计量、记录和报告要求作了规定。第四，改革记账方法。为便于交流和遵循国际惯例，此次预算会计改革也规定了统一采用借贷记账法。第五，改革会计基础。1989年的《事业行政单位预算会计制度》曾规定“事业行政单位的会计核算一般实行收付实现制。简单的成本费用核算的会计事项，可用权责发生制”。新制度规定财政会计与行政单位会计仍实行收付实现制，对于事业单位的会计基础，《事业单位会计准则（试行）》规定“会计核算一般采用收付实现制，但经营性收支业务核算可采用权责发生制”。第六，设置统一的会计科目。由于事业行政单位财务管理体制已取消全额预算管理、差额预算管理、自收自支管理三种管理形式，因此此次会计改革也相应取消了这三套会计科目，改为事业单位会计和行政单位会计各一套会计科目。第七，改革包干经费财政总会计列报基础。改革后的总会计制度规定，除基本建设支出仍按建设银行的银行支出数列报外，其他各项支出统一以财政拨款数列报。第八，改革会计报表。会计报表的改革主要体现在三个方面：一是改进了会计报表体系，确定预算会计报表主要由资产负债表、收入支出表及必要的附表、会计报表说明书组成；二是会计报表所提供的信息不仅要适应国家宏观调控的需要和财政部门预算管理的需要，也要满足各部门、各单位加强内部核算管理的需要；三是改革了统一的会计报表项目分类和指标口径。

随着财政改革和行政事业单位会计管理工作的不断发展，从2010年起，我国预算会计开始进入新一轮的改革创新。2012年，财政部发布了新的《事业单位财务规则》《事业单位会计准则》《事业单位会计制度》；2015年，财政部发布了《政府会计准则——基本准则》；2016年和2018年，财政部分两批发布了《政府会计准则第1号——存货》等7项准则。这表明，我国预算会计制度体系日臻完善，正逐步从传统的预算会计制度走向现代规范化的预算会计制度。

就事业单位会计制度而言，此次改革的主要内容如下：一是新增了与国库集中支付、政府收支分类、部门预算、国有资产管理等财政改革相关的会计核算内容，实现了会计规范与其他财政法规政策的有机衔接，有利于促进各项财政改革政策的贯彻落实；二是明确了事业单位会计核算目标应当反映受托责任，兼顾决策有用；三是合理界定了会计核算基础，与《事业单位财务规则》相协调，规定事业单位会计核算一般采用收付实现制，对于部分经济业务（事项），行业事业单位可以采用权责发生制；四是合理界定了会计要素，考虑到采用权责发生制核算的行业事业单位，其会计要素应当以费用替代支出，明确了会计要素包括资产、负债、净资产、收入、支出或者费用，同时明确了各会计要素确认计量的一般原则；五是在资产构成项目中增加了在建工程，明确规定基建数据并入会计“大账”，以便提高事业单位会计信息的完整性，为事业单位全面加强资产负债管理、防范和降低财务风险发挥会计信息支撑作用；六是创新性地引入了固定资产折旧和无形资产摊销，促进事业单位落实“实物管理与价值管理相结合”的资产管理理念和原则，为事业单位进行内部成本核算提供会计数据支持；七是加强了对财政投入资金、非财政补助结转结余及其分配的会计核算，以规范事业单位的支出和分配行为；八是强化了资产的计价和入账管理，以便通过资产的账实核对加强国有资产管理，确保国有资产安全完整；九是完善了会计科目体系和会计科目使用说明，为事业单位会计实务操作提供了更为科学、全面的依据；十是改进了财务报表体系，规定了财务报表的项目、结构和排列方式。上述改革促使事业单位的财务状况、事业成果、预算执行情况得到更为全面、真实、合理的反映，对于提高事业单位会计信息质量、支撑部门预决算管理、加强财政对事业单位的科学化精细化管理、提升事业单位的财务管理水平、促进事业单位健康可持续发展具有重要意义。

就政府会计制度而言，此次改革的重点是在完善现行政府预算会计功能的同时，强化政府财务会计功能，在政府会计核算中引入权责发生制原则，对资产、负债等会计要素的概念、信息质量特征进行重新界定并提出新的要求，从而保证政府资产、负债等信息得以如实记录、完整反映，有利于全面反映政府财务状况，有利于进一步加强政府的资产管理和控制债务风险。此次改革的主要内容如下：一是构建了政府预算会计和财务会计适度分离并相互衔接的政府会计核算体系；二是确立了“3+5要素”的会计核算模式，规定预算收入、预算支出和预算结余3个预算会计要素和资产、负债、净资产、收入和费用5个财务会计要素；三是科学界定了会计要素的定义和确认标准；四是明确了资产和负债的计量属性及其应用原则；五是构建了政府财务报告体系。

10.4.5 民间非营利组织会计制度的实施

鉴于非营利组织和企业之间存在组织目标、业务性质等方面的诸多差异，以及会计信息使用者对两类组织所要求的信息的性质也有很大差别，财政部于2004年发布了《民间非营利组织会计制度》，并自2005年起执行。该制度的发布，填补了我国会计规范的一项空白，对于规范民间非营利组织的会计行为，提高其会计信息质量和透明度，实现与相关法律法规的协调，促进民间非营利组织的健康发展，起到了积极作用。首先，该制度作为国家有关法律、行政法规的配套制度，实现了与《基金会管理条例》《社会团体登记管理条例》《民办非企业单位登记管理暂行条例》等法规的协调，解决了民间非营利组织适用会计规范的问题；其次，该制度统一规范了各类民间非营利组织的会计核算和财务会计报告的内容，有利于真实、完整地反映民间非营利组织的财务状况、业务活动情况以及现金流量等信息；最后，该制度的发布实施，有利于提高民间非营利组织会计信息的透明度，便于捐赠者、会员以及政府主管部门等加强监督和管理。

为了进一步明确民间非营利组织有关经济业务或事项的会计处理，提高会计信息质量，财政部于2020年6月制定了《〈民间非营利组织会计制度〉若干问题的解释》，对《民间非营利组织会计制度》中的会计主体、接受非现金资产捐赠、受托代理业务、长期股权投资、限定性资产、注册资金、承接政府购买服务取得的收入、存款利息、境外非政府组织代表机构的总部拨款收入、资产减值损失、出资设立其他民间非营利组织、关联方关系及其交易类型等多项问题作出了解释。

10.5 注册会计师事业的发展

10.5.1 改革开放初期注册会计师制度的恢复

改革开放以来，为满足外商投资企业审计和验资业务的需要，财政部于1980年12月发布了《关于成立会计顾问处的暂行规定》，标志着我国中断了近30年之久的注册会计师制度开始复苏和起步。

1981年1月1日，恢复注册会计师制度后的第一家会计师事务所——上海会计师事务所——成立，主要承办中外合资经营企业的查账和验资业务。在1981—1986年注册会计师制度的恢复阶段，全国各地共成立会计师事务所80余家，注册会计师达500多人，基本满足了社会各界对注册会计师业务的需要。

注册会计师制度恢复之初，会计师事务所的业务范围主要是三资企业。这一时期颁布的涉外经济法规都规定，中外合资经营企业、合作经营企业、外商独资企业的会计、财务、税务文件，包括出资证明书、年度会计报表等，须经注册会计师审查验证并出具证明。

【小思考10-9】

改革开放后成立的第一家会计师事务所是（　　）。

（1）中信会计师事务所　　（2）广州会计师事务所

（3）上海会计师事务所　　（4）北京会计师事务所

【答案】(3)。

10.5.2 改革开放深入发展时期注册会计师事业的稳步发展

1）《中华人民共和国注册会计师条例》的颁布和注册会计师管理制度的初建

随着改革开放的深入，社会对注册会计师业务的要求越来越高，需要制定专门的法律制度指导注册会计师执业。为此，国务院于1986年7月颁布了《中华人民共和国注册会计师条例》，自同年10月1日起实施。1986年10月和1987年3月，财政部又先后发布了《会计师事务所管理暂行办法》和《注册会计师考试、考核暂行办法》，初步建立了注册会计师管理制度。《中华人民共和国注册会计师条例》及相关制度的颁布实施，极大地推动了注册会计师事业的发展，标志着注册会计师事业进入稳步发展阶段。到1988年中国注册会计师协会成立之前，全国成立的会计师事务所增加到250家，经财政部批准的注册会计师也增加到近3 000人。

2）中国注册会计师协会的成立

1987年7月，财政部委托中国会计学会筹备成立了中国注册会计师协会。同年8月，中国会计学会成立了“中国注册会计师协会筹备组”。1988年11月15日，中国注册会计师协会在北京召开成立大会。1989年2月20日，财政部正式批准了《中国注册会计师协会章程》，同意第一届理事会领导成员名单。中国注册会计师协会成立后，积极开展执业规则的制定工作，在借鉴其他国家审计准则和国际审计准则的基础上，陆续拟定了《注册会计师验资规则》《注册会计师检查验证会计报表规则（试行）》《中国注册会计师职业道德守则（试行）》等执业规范，在当时对约束注册会计师的执业行为，保障注册会计师的业务质量，起到了重要的作用，并且为日后独立审计准则的制定积累了宝贵的经验。

中国注册会计师协会的成立，标志着我国注册会计师行业由政府财政部门直接管理，转向了政府财政部门通过注册会计师协会实行间接管理，这是一个根本性的转变，是我国注册会计师事业发展史上具有里程碑意义的重要事件。以中国注册会计师协会的成立为契机，我国的注册会计师事业步入全面发展阶段。截至1993年10月《注册会计师法》颁布之前，全国的会计师事务所已增至600余家，注册会计师也增至10 733人。

3）注册会计师业务范围的拓展

随着商品经济的深入发展，注册会计师的业务范围不断扩大。服务对象从最初的三资企业逐步扩展到国营、集体、联营、私营、承包和租赁经营等各种类型的企业；业务领域也由最初的查账、验资及会计咨询逐步拓展到资产评估、外汇检查、司法鉴证、离任审计、清算审计、工程预决算审计及项目可行性研究等各种类型。

随着我国股份制经济和证券市场的发展，注册会计师开始执行股份制企业以及上市公司的审计业务。1992年起，注册会计师开始执行股份制改造的审计工作。1993年3月，根据财政部和中国证监会《关于从事证券相关业务会计师事务所、注册会计师资格确认的规定》，认定45家会计师事务所和375名注册会计师具有从事证券相关业务的资格。证券相关业务资格认定制度的实施，标志着注册会计师开始成为维护我国证券市场秩序的中坚力量。

10.5.3 社会主义市场经济体制下注册会计师事业的规范发展

1）《注册会计师法》的颁布与行业规范制度体系的建设

1993年10月，八届全国人大常委会第四次会议审议通过了《注册会计师法》，自1994年1月1日起正式实施。

1993—1995年，根据《注册会计师法》的有关规定，财政部和中注协又先后发布了《注册会计师注册审批暂行办法》《有限责任和合伙会计师事务所设立及审批暂行办法》等14个注册会计师行业的制度和规定。《注册会计师法》与这些制度规定一起构成了较为健全的行业规范制度体系，标志着我国注册会计师事业步入法治化、规范化的新时期。截至2000年年底，全国执业注册会计师已达51 349人，会计师事务所达4 674家。

2）独立审计准则的建设

随着注册会计师事业的发展壮大，中注协原先制定的执业规则已无法规范日益复杂的注册会计师业务，必须建立一套系统的执业准则体系。1994年10月，财政部批准成立中国注册会计师独立审计准则组，着手进行中国注册会计师独立审计准则的研究起草工作。1995年12月，财政部批准发布了第一批独立审计准则，规定自1996年1月1日起执行。截至2002年3月，中注协共颁布了5批独立审计准则，包括4项基本准则、27项具体准则以及10项实务公告，从而基本形成了以基本准则为基础的独立审计准则规范框架体系。

3）加强行业监管力度

随着注册会计师事业的发展，财政部和中注协不断加大对注册会计师和会计师事务所的行业监督力度。根据《注册会计师法》关于"注册会计师协会应当对注册会计师的任职资格和执业情况进行年度检查"的要求，自1994年起，中注协开始对执业注册会计师进行年检。一年一度的年检工作对于保证注册会计师队伍的合法性，改善注册会计师队伍的人员结构，使注册会计师队伍逐步向专业化和年轻化发展，具有重要的意义。1995年2月，经财政部批准，中注协设立了业务监管部，专门负责对注册会计师、会计师事务所的职业道德和执业质量的管理。

【小思考10-10】

第一次提出对注册会计师职业资格进行年检的是（　　）。

（1）《注册会计师条例》　　（2）《中国注册会计师协会章程》

（3）《注册会计师法》　　（4）《关于成立会计顾问处的暂行规定》

【答案】（3）。

4）注册会计师业务范围的进一步扩大

随着我国社会主义市场经济的发展，注册会计师作为"经济警察"的作用日益受到各行各业的重视，其业务领域也越来越宽。1998年10月，财政部发布了《国有企业年度会计报表注册会计师审计暂行办法》，规定自1998年起，国有企业年度会计报表，除个别特殊行业（企业）外，不再实行财政审批制度，而应于年度终了在规定时间内委托中国注册会计师实施审计，从而正式建立了国有企业年度会计报表注册会计师审计制度。至此，我国注册会计师的业务范围扩大到了所有企业，表明注册会计师已成为维护市场经济秩序的重要力量之一。

5）会计师事务所的脱钩改制工作

注册会计师制度恢复初期，依据《关于成立会计顾问处的暂行规定》，会计顾问处（会计师事务所）是由各级财政部门组织设立的，经济上独立核算；1986年的《注册会计师条例》规定，会计师事务所是自收自支、独立核算、依法纳税的事业单位，而当时作为事业单位的会计师事务所只能由其上级主管单位发起设立。然而随着经济的发展，事务所的上级主管单位"挂靠"关系开始束缚事务所的发展；事务所依靠挂靠单位的行政权力垄断业务，也损害了会计市场的公平竞争原则。1993年颁布的《注册会计师法》规定会计师事务所的组织形式为合伙制和有限责任制两种，为事务所脱钩改制后的实体性质提供了法律依据。但同年12月，财政部发布了《有限责任会计师事务所设立及审批办法》，仍然规定有限责任会计师事务所为单位发起设立，实际上仍保留了事务所的挂靠单位。

1998年7月，财政部颁发了《有限责任会计师事务所审批办法》，规定有限责任会计师事务所应由注册会计师出资发起设立，改变了原先由单位发起设立的做法，为事务所的脱钩改制铺平了道路。1999年4月，财政部向各省、自治区、直辖市人民政府和国务院各部委、各直属机构发出《会计师（审计）事务所脱钩改制实施意见》，依据此项意见的要求，截至1999年年底，各地区、各部门、各单位基本完成了事务所的脱钩改制工作。

6）注册会计师执业准则体系的改革

随着社会主义市场经济的进一步发展，注册会计师的业务范围不断扩大，执业难度和风险也在不断提高，原有独立审计准则体系已越来越难以满足注册会计师的执业需要，主要体现在：第一，企业的组织结构和经营业务日趋复杂，在加大会计职业判断和会计估计难度的同时，也增大了企业管理者的压力和进行财务舞弊的动机，从而使注册会计师面临的审计风险不断增加，而传统审计风险模型却难以有效地识别、评估和应对这些重要审计风险；第二，注册会计师的业务范围不断扩大，从原有的法定审计业务开始向企业的业务领域拓展，而原先主要规范财务报表审计的准则体系已难以满足注册会计师多元化业务的需求；第三，近年来，国际审计准则作了全面的改进，审计准则质量大大提高，为与国际审计准则接轨，我们需要修订现有审计准则，以跟上国际审计准则发展的步伐；第四，由于部分审计工作特别是财务报表审计工作与会计工作关系密切，会计准则的大幅变动也必然要求审计准则作出同步修订。

在这样的背景下，财政部根据我国的具体情况，在借鉴国际审计准则的基础上，于2006年2月发布了《中国注册会计师执业准则》，取代了原先的《独立审计准则》。《中国注册会计师执业准则》由鉴证业务准则、相关服务准则和会计师事务所质量控制准则三部分组成。其中，鉴证业务准则用于规范注册会计师的鉴证业务，由鉴证业务基本准则统驭，具体包括审计准则、审阅准则和其他鉴证业务准则三个方面；相关服务准则用于规范注册会计师代编财务信息、执行商定程序、提供管理咨询等服务；会计师事务所质量控制准则用于规范会计师事务所执行各类业务时应当遵守的质量控制政策和程序。此次改革极大地提高了执业准则体系的质量。一方面，新的执业准则体系覆盖了包括鉴证业务和其他业务在内的所有业务领域，较之先前仅规范鉴证业务的独立审计准则而言，其体系更加完整，内容更为全面。另一方面，新的执业准则重新修订了审计风险模型，拓展了审计证据的内涵，强调充分了解被审计单位及其环境的重要性，以便充分识别和评估财务报表可能存在的重大错报风险，并据以设计和实施控制测试与实质性程序。

高质量的注册会计师执业准则体系，对于提高财务信息质量、促进资本市场发展、维护社会公众利益，具有十分重要的意义。基于2006年建立的注册会计师执业准则体系，注册会计师行业继续深化实施准则国际趋同战略。2010年，中注协借鉴国际审计准则明晰项目的最新成果，对38项中国注册会计师审计准则及应用指南进行修订。

2008年全球金融危机发生后，国际上对于提高审计质量、提升审计报告信息含量的呼声日趋强烈。2015年年初，国际审计与鉴证准则理事会（IAASB）发布了新修订的审计报告相关准则，其中最大的变化是要求审计师在为上市公司财务报表出具的审计报告中，就关键审计事项进行沟通，目的是大力加强审计报告对投资者和其他财务报告使用者的效用，为其决策提供更多有用信息。国际审计准则对审计报告模式的改革，客观上要求我国及时借鉴采用新的审计报告模式，实现我国审计准则的持续趋同。与此同时，随着我国资本市场的改革和IPO注册制的推行，政府部门、监管机构和投资者对注册会计师执业质量将提出更高的要求，期望审计报告更具有相关性和决策有用性，以降低资本市场的不确定性和信息不对称带来的风险。为此，中注协借鉴国际审计报告改革的新成果，结合我国实际情况，启动了审计报告相关准则及应用指南的修订工作。2016年，财政部发布了中注协修订的《中国注册会计师审计准则第1504号——在审计报告中沟通关键审计事项》等12项审计准则；2019年，《中国注册会计师审计准则第1101号——注册会计师的总体目标和审计工作的基本要求》等18项审计准则修订并发布。此轮准则修订，旨在满足资本市场改革与发展对高质量会计信息的需求，保持我国审计准则与国际准则的持续全面趋同，规范和指导注册会计师应对审计环境和注册会计师利用内部审计人员的工作、应对违反法律法规行为、财务报表披露审计等方面审计实务的新发展。

总体而言，注册会计师行业持续健康发展，已成为中国社会主义市场经济的重要制度安排、国家治理体系的重要力量、财会监督的重要组成部分。截至2020年12月31日，全国共有执业注册会计师111 113人，合伙人（股东）35 768人，会计师事务所8 628家（不含分所）。

10.6 会计电算化的发展

10.6.1 我国会计电算化工作的产生与发展

1）会计电算化的起步阶段

1979年，长春第一汽车制造厂在财政部和第一机械工业部给予560万元资金的大力资助下，从民主德国进口一台EC-1040计算机，开始进行计算机在会计工作中的应用试点。由于当时计算机尚无法处理汉字，因此其应用范围仅限于工资核算方面的处理。

1983年，国务院成立了电子振兴领导小组，指导和推动电子计算机的应用。在政府部门的带动下，许多单位购置了计算机，并把财务会计工作作为计算机应用的主要试点方向，我国的会计电算化事业进入了第一个迅速发展时期。

2）会计电算化的广泛应用阶段

20世纪80年代中期以来，计算机硬件技术的发展和经营厂商的增加，使计算机价格下降到了多数单位可接受的水平。同时，以电子工业部第六研究所开发的CCDOS为代表的一批汉化操作系统日趋成熟，也为计算机应用范围的扩大奠定了基础。计算机广泛应用于会计工作的条件已经成熟。

在行业主管部门大力扶持和基层单位的努力下，这一时期的会计电算化发展迅速。据1988年财政部会计事务管理司对全国23个省、自治区、直辖市、计划单列市和国务院10个部、委、局、总公司所属的33 018家单位开展会计电算化情况的调查显示，截至1988年3月，被调查单位中有4 619家单位开展了会计电算化，占被调查单位的13.99%。

3）会计电算化进一步发展阶段

20世纪80年代末90年代初，我国会计电算化进入了一个新的发展阶段。市场经济的发展催生了对会计及相关管理信息的大量需求，使企事业单位对开展会计电算化有了更为迫切的需要，一些企事业单位已不仅仅满足于会计核算的电算化，而希望实现企业管理的全面电算化。会计核算制度的改革与完善、商品化会计软件的飞速发展和会计软件市场的形成等一系列有利因素，都推动了我国会计电算化事业的进一步发展。

【小思考10-11】

我国最早引入电算化会计系统的部门是（ ）。

（1）铁道部　（2）电子工业部　（3）机械工业部　（4）水利电力部

【答案】（3）。

10.6.2 商品化会计软件的发展

20世纪80代中期以后，我国开始出现专业化的会计软件开发机构。1987年，北京先锋财会电算公司成立，1988年成功开发出我国第一个商品化通用会计软件——“先锋CP-800通用会计核算软件”。1988年，我国第一家专业从事会计软件开发的民营企业——“用友软件（集团）公司”的前身“用友财务软件服务社”——成立。以后，又相继出现了安易、金蝶、浪潮等一批知名度较高的软件企业，其分公司和代理商遍布全国，软件用户的行业覆盖率达到90%以上。

【小思考10-12】

我国第一个商品化通用会计软件是由（ ）开发的。

（1）用友软件（集团）公司　（2）北京先锋财会电算公司

（3）北京安易软件有限责任公司　（4）深圳金蝶软件科技有限公司

【答案】（2）。

1989年12月，财政部发布了《会计核算软件管理的几项规定（试行）》，规定商品化会计核算软件应由财政部或省级以上财政厅（局）对其进行评审，这是政府部门首次以行政规章形式对商品化会计软件加以规定。1994年6月，财政部发布《商品化会计核算软件评审规则》，对我国商品化会计核算软件评审工作的依据、主体、任务、目的、评审程序和要求以及会计软件市场管理等提出了具体的要求。

10.6.3 会计电算化教育的发展

发展会计电算化事业，需要既掌握计算机知识又掌握会计知识的“复合型人才”。为此，中国人民大学于1982年率先开设以会计电算化为研究方向的研究生课程；此后，许多大专院校开始在会计教学中增加会计电算化课程，一部分院校还开设了会计电算化专业；1996年起，财政部财政科学研究所开始培养会计电算化专业博士研究生。一些财政部门和行业主管部门也相继组织了各种类型的会计电算化培训班，培养会计电算化所需人员。

【小思考10-13】

我国最先开设会计电算化课程的院校是（ ）。

（1）中南财经政法大学　　（2）财政部财政科学研究所

（3）上海财经大学　　（4）中国人民大学

【答案】（4）。

10.6.4 可扩展商业报告语言（XBRL）在我国的发展与应用

可扩展商业报告语言（extensible business reporting language，XBRL）是一种基于XML的标记语言，用于商业和财务信息的定义和交换。XBRL标准的制定和管理由XBRL国际联合会（XBRL International）负责。XBRL可广泛应用于各类经济活动领域，比如企业管理、审计、企业信用等级评估、证券市场、贸易与纳税、金融与行政等。对于企业会计工作而言，XBRL的应用对于实现会计信息标准化，具有非常重要的意义。

2006年2月，证监会信息中心、保监会信息中心、中国人民银行征信管理局、中科院研究生院金融科技研究中心和上海证券交易所联合发起成立了“XBRL中国地区组织促进会”，同时在财政部有关领导的指导和支持下，开始“XBRL中国地区组织”的筹备工作。2007年9月，促进会以财政部会计准则委员会的名义向XBRL国际组织提出申请，并在11月得到正式批复。2007年12月3日，在加拿大举办的国际会议上，XBRL国际组织宣布XBRL中国地区组织正式成立。

2008年11月，我国会计信息化委员会暨XBRL中国地区组织成立大会在北京举行。时任财政部副部长王军表示，财政部将会同国务院有关部门，大力推动我国会计信息化建设，努力实现会计信息语言的标准化、规范化，会计信息运用的自动化、集成化，会计信息服务的市场化、社会化和会计行业的智能化、现代化，为贯彻落实科学发展观、提高资本市场的透明度、完善社会主义市场经济体制作出积极贡献。

2010年5月，XBRL国际组织宣布批准XBRL中国地区组织成为正式地区组织成员。作为XBRL国际组织全球联盟的地区组织成员之一，XBRL中国地区组织将致力于在中国推广和应用XBRL技术。作为新加入的地区组织成员，XBRL中国地区组织将促进XBRL培训和教育，主办XBRL相关会议，推动XBRL的采用，鼓励XBRL技术研究，并协调相关监管部门及参与者之间的合作，以推动XBRL的有效利用。

10.7 会计教育和会计学科体系的发展

10.7.1 中华人民共和国成立后会计教育体系的形成

1）会计教育工作的起步

中华人民共和国成立初期，我国会计教育的基础十分薄弱。当时单独建制的会计院校只有上海立信会计学校1家，其他开设会计系的高校也仅限于设立商学院的院校。

随着发展经济建设、恢复国民经济的需要，对会计人才的需求逐步增加，我国的会计教育事业迎来了第一个发展阶段。中国人民大学于1950年6月在财政系设立了会计教学组，自1952年起，还开设了会计专业的研究生班，标志着我国高等会计专业教育开始起步。1952年6月，教育部对全国高校进行了第一次大规模的调整与合并，将一些综合性大学中的经济系科并入有关财经院校。此次会计系科的调整使我国的会计教育趋于专业化。

1958年起的"大跃进"时期，在"彻底放权、大力简化"的错误方针指导下，会计工作遭到了严重的破坏，会计教育也陷入了中华人民共和国成立后的第一个低潮期。20世纪60年代初的国民经济调整时期，会计教育才得以部分恢复。

2）中华人民共和国成立初期的会计学科体系建设

中华人民共和国成立初期，受我国会计教育基础薄弱以及积极借鉴苏联社会主义会计学科体系等因素的影响，我国的会计学科体系基本上全部照搬了苏联会计教育的模式，一般是以会计核算原理、专业会计、经济活动分析和财务管理为主干，再配以其他相关课程。这种学科体系尽管理论深度不够，但实务性很强，符合当时我国对会计实务的需求比对会计理论的需求更为紧迫的现实状况，也适应了高度集中的计划经济的需要。然而也应当看到，这种学科体系照搬照抄的比例过大，缺乏与我国国情的结合和必要的改造与创新，在很长一段时间内限制了我国会计教育和会计理论的发展。

3）中华人民共和国成立初期的会计教材建设

中华人民共和国成立初期，我国会计专业教育所使用的教材主要来自两个方面：一是立信会计教材，这是中华人民共和国成立初期我国会计教育工作者自行编写的较为成熟的会计教材；二是翻译出版苏联的会计教材。

20世纪50年代中期以后，我国的高等院校开始着手编写自己的会计教材。20世纪60年代初期，随着中苏关系的破裂，会计界无法再翻译苏联教材，发展我国的会计教育，必须组织编写自己的教材。因此，这一时期又陆续出版了一批由我国著名会计学教授编著的会计教材，其中一些教材具有很高的理论水平。自编教材的出版，推动了我国20世纪50、60年代会计教育的发展。但是从总体上说，这些自编教材基本上未能突破苏联教科书有关会计学体系的框架。

1966年开始的"文化大革命"给包括会计工作在内的所有经济工作都造成了毁灭性的打击，会计教育也陷入了中华人民共和国成立以来的最低潮期。

【小思考10-14】

中华人民共和国成立后率先开设会计专业研究生班的院校是（　　）。

（1）中南财经政法大学　　（2）中国人民大学

（3）东北财经大学　　（4）财政部财政科学研究所

【答案】（2）。

10.7.2 改革开放后会计教育的恢复、改革与发展

1）新时期会计教育的全面恢复和蓬勃发展

为满足新时期国家建设对各类专门人才的需求，1977年10月，教育部在北京召开了

全国高等学校招生工作会议，决定自1977年起实行高等教育招生制度改革，以此次高校招生制度改革为契机，我国的会计教育得以恢复。除“文化大革命”期间被迫停办的财经院校的会计专业都在短期内迅速恢复起来之外，其他一些综合性高校以及某些专业性较强的院校也纷纷开设会计专业。继会计专业的本、专科普通高等教育迅速恢复和壮大之后，自1979年起，我国开始恢复招收会计专业的研究生。

此外，我国其他层次的会计教育也有了长足的发展。目前，我国会计专业教育已基本形成一个较为完善的体系，从层次上可划分为从博士后、博（硕）士研究生、本科生、专科生、高职生、中专生、技校生、职高生、专业证书班学员到岗位培训班学员的纵向教育系统。

2）改革会计教育专业方向设置

自改革开放初期至20世纪80年代中期，我国仍按行业来划分与设置会计专业方向。随着商品经济的发展，这种以高度集中的计划经济为导向的会计专业设置模式已无法满足经济发展的需要，必须进行改革。

从20世纪80年代后期开始，国家教委针对会计专业设置面过窄、专业内涵不清、培养目标不够明确等问题，决定将高等会计专业原属10多个相近的专业统一并为“会计学”专业，并增设“国际会计”专业，以满足会计与国际惯例接轨的要求，同时还规定了各专业的培养目标、业务要求及主干专业课程，使我国高等会计专业人才在向大口径、通用化人才培养模式方面过渡迈出了坚实的一步。

1994年，为适应注册会计师事业迅速发展的需要，经国家教委和财政部批准，中国人民大学、天津财经学院（现为天津财经大学）等7所高校开设了“注册会计师”专业并正式招生。

1997年4月，国家教委决定将会计类学科列作“管理学”下的二级学科，同时再次要求各种财会类专业的名称必须归并为“会计学”专业，并决定自1998年起实行新的专业目录，从而使会计教育的专业方向设置开始实现规范化。

3）会计学科体系的建设

改革开放初期，由于会计教育刚刚恢复，教学基础较为薄弱，因而只能沿用原先于20世纪50年代引进的苏联会计学科体系。

20世纪80年代末，国家教委提出会计学专业应设置11门核心课程的指导性建议，在确立“会计学原理”“财务会计”“高级财务会计”“成本会计”“管理会计”“审计学”“财务管理”等7门核心课的基础上，适当增设了电算化会计、会计史和会计制度设计等专业课以及财政学、国际贸易等方面的配套课程，使能够为大多数高校所接受的具有中国特色的会计专业教育学科体系的基本框架得以确立。

4）会计专业教材建设

20世纪80年代初期，我国会计教育主要沿用20世纪50、60年代编撰的教材。20世纪80年代中期以后，与当时的会计学科体系改革相适应，我国会计专业的教材建设迎来了第一个高速发展阶段。这一时期出版的教材主要有统编、合编和协编三种类型，与以往的教材相比，不仅数量有所增加，而且门类趋于齐全。

1993年企业会计准则发布后，我国的会计核算制度发生了重大的乃至根本性的转变，以往编撰的教材已经不再适用。为了适应重大会计改革的需要，各院校纷纷参照会计准则重新编写教材，由此掀起了会计专业教材建设的第二次热潮。这一时期的会计教材建设主要有以下一些特点：一是取消了统编教材；二是教材内容注重层次性和通用性；三是注重教材的系列化；四是完善了教材的体系和内容结构，体现了与国际准则趋同的要求；五是有选择性地采用西方原版会计教材。

10.8 会计理论的发展

10.8.1 中华人民共和国成立至“文化大革命”开始前会计理论的初步形成

中华人民共和国成立初期，会计理论的研究重点是如何把旧中国分散、落后的会计转变为全国基本统一的现代会计，以及如何从主要学习西方会计理论和方法转向主要学习苏联社会主义会计理论和方法。围绕这两项重点，当时的会计理论工作者着重讨论了以下会计理论问题：

1）关于会计属性的讨论

中华人民共和国成立初期，受当时政治环境的影响，关于会计属性的讨论焦点是会计有无阶级性的问题。对于这一问题，当时形成了三种主要观点：一是会计具有阶级性；二是会计只具有技术性，没有阶级性；三是会计具有阶级性和技术性的双重属性。20世纪50年代末，会计的属性之争完全受政治和意识形态的支配，出现了会计具有强烈阶级性观点一边倒的倾向。直到20世纪60年代初，才又开始有学者提出会计具有两重性的观点。

2）关于会计记账方法的讨论

对会计记账方法的讨论，主要是收付记账法和借贷记账法之争。有的学者主张采用中国的收付记账法，因为它是“民族的、科学的、大众的”，提出打倒簿记当中的“洋八股”(即借贷记账法)。也有的学者认为，收付记账法在理论上是不健全的，它使记账人员停留在狭隘的现金观点上，是一种原始的记账方法。还有的学者认为，虽然收付观念比借贷观念简单，但收付簿记的其他优点都是从借贷簿记中吸取的，所以应当相互取长补短。20世纪50年代关于“收付与借贷”的争论，以大多数学者认可借贷记账法的科学性和严密性而告终，从而使借贷记账法在当时占据了主导地位。

20世纪60年代，商业部提出的增减记账法成为我国当时推行面最为广泛的记账方法，并成为一段时期内的理论研究重点。借贷记账法也因此退出了主导地位，甚至被否定。

3）关于会计职能的讨论

当时关于会计职能的观点主要有两种：一职能说和二职能说。一职能说认为会计只是生产过程的物量反映，只有“反映”职能；二职能说根据马克思关于会计是对“过程的控制和观念的总结”的论述，认为会计具有“反映和监督”或“反映和控制”两方面职能。

20世纪50年代末的“大跃进”时期，会计界一度出现取消会计监督的倾向，认为会计只有核算职能。20世纪60年代以后，会计具有反映和监督双重职能的观点逐步为会计理论界和实务界所接受。

“文化大革命”时期，会计工作遭到了毁灭性的破坏，会计理论研究工作也陷入停顿。

10.8.2
改革开放时期会计理论的全面发展

改革开放后，我国的会计理论研究蓬勃发展起来。这一时期会计理论研究的目标是如何适应经济体制改革和对外开放的需要，建立中国特色的会计理论与方法体系。围绕这一目标，会计界着重讨论了以下问题：

1）对中华人民共和国成立以来的会计基本理论问题的探索

（1）对会计属性的探索

这个曾在20世纪50年代末60年代初讨论过的问题，在70年代末80年代初再一次成为讨论热点。此次讨论在一定程度上扭转了人们对会计属性的认识：从会计具有阶级性的观点占上风，转变为会计具有两重性的观点得到广泛认可。这种观念的转变，标志着我国会计界已经开始认识到社会主义会计学与西方会计学之间并不是完全对立的，而是在技术上具有相通之处。这为我国随后吸收西方会计学的理论和方法，特别是借鉴国际会计惯例制定我国的会计准则，奠定了重要的思想基础。

（2）对会计记账方法的探索

20世纪70年代末80年代初，会计界再一次针对会计记账方法展开争论，争论的焦点有二：一是记账方法有无阶级性；二是如何选用记账方法。

关于记账方法有无阶级性的问题，会计界基本达成共识，认为记账方法本身没有阶级性，只是记录经济业务的手段，在各种社会制度中都可以通用。在记账方法的选择上，仍是增减记账法与借贷记账法之争。主张增减记账法的学者认为，借贷记账法不像增减记账法那样通俗易懂，并且在反映资金运动的来龙去脉方面也不如增减记账法清晰；主张借贷记账法的学者认为，借贷记账法是国际上应用最广的记账方法，是科学严密的复式记账法，除难学难懂外，强加在借贷记账法上的种种罪名都不能成立。此次争论的结果是借贷记账法的观点为大多数人所接受。自1992年《企业会计准则》将借贷记账法作为一项基本准则后，借贷记账法在我国会计工作中取得了主导地位。

（3）对会计职能的探索

这一时期大多数学者均认同会计具有多重职能，但在会计具体有哪几项职能的问题上，仍有不同的观点。

许多学者认为会计具有两项职能，但具体是哪两项职能，又有不同看法。有人认为是“反映”和“监督”；也有人认为是“反映”和“控制”；还有人认为是“核算”与“监督”，而“核算”的含义比“反映”要广。有的学者认为会计具有“反映”、“监督”和“决策”三项职能。有的学者则认为会计具有“反映”、“监督”、“控制”和“决策”四项职能。

承认会计的“决策”职能是这一时期会计职能理论的突破，这种观念的转变与会计“管理活动论”的形成有很大关系。

【小思考10-15】

20世纪80年代以来，会计界认为会计应具有的职能包括（　　）。

（1）反映　　（2）监督　　（3）决策　　（4）控制

【答案】(1)、(2)、(3)、(4)。

(4) 对会计本质的探索

20世纪50、60年代的学者提出了“管理工具论”或“管理方法论”，认为会计是一种管理经济的“工具”或“方法”。随着会计理论研究的深入发展，会计学者对会计本质有了更深层次的认识，形成了“管理活动论”和“信息系统论”两种新观点。

在1979年12月至1980年1月召开的中国会计学会成立大会上，杨纪琬、阎达五首次提出会计的“管理活动论”，指出“会计本身就具有管理的职能，是人们从事管理的一种活动”。“管理活动论”这一理论观点的突破，促使会计从“记账、报账型”向“经营管理型”转变，提高了会计工作的地位，促进了会计经营管理职能的发挥。

“信息系统论”是西方信息论和系统论与我国会计实践相结合的产物。1980年余绪缨最先提出了“应把会计看作是一个信息系统，它主要是通过客观而科学的信息，为管理提供咨询服务”，后经葛家澍、裘宗舜等教授的进一步研究，形成了系统的会计信息系统论。

“管理活动论”和“信息系统论”是20世纪80年代关于会计本质的主流观点，在学术界引起了激烈的争论，形成了相持不下的局面。20世纪80年代中期以后，开始出现两种观点相互融合的趋势。有学者指出，这两种观点并无本质区别，只是观察问题的角度不同而已，“从信息论观点来看，经营管理活动就是信息的转换与输出过程，二者之间是完全相通的”。还有学者提出，会计“从系统行为的角度看是一种管理活动，从元素功能的角度看是一个信息系统”。

(5) 对会计对象及会计要素的探索

1956年，闵庆全首次将社会主义会计核算对象表述为“社会主义扩大再生产过程中资金的运动”，由此形成了“资金运动论”的观点，并在很长一段时期内占据主导地位。

20世纪80年代影响较大的会计对象观点是“双重对象论”。1986年，葛家澍首次将会计对象（价值运动）和会计本质（信息系统）相结合，形成“会计反映和控制的对象是价值运动，而会计信息系统处理的对象是价值运动信息”的会计双重对象的观点。

20世纪80年代后期，随着西方会计学的引进和对会计准则研究的开展，会计对象的概念逐渐为“会计要素”所取代。1991年，娄尔行在《关于会计要素的若干思考》一文中，首次提出资产、负债、净权益、营业收入、费用（成本）和利润等会计六要素观点，这一观点得到了许多学者的支持。20世纪90年代企业会计准则颁布后，会计要素的概念被广泛接受。

2) 对经济生活中出现的会计新问题的探索

(1) 对我国社会主义会计理论体系的研究

对我国社会主义会计理论体系的研究始于20世纪80年代。早在中国会计学会的成立大会上，就明确提出了“建立具有中国特色的会计理论体系”的研究目标。此后，会计理论界开始围绕这一目标展开热烈的讨论。关于会计理论体系的内容和层次结构，学术界存在以下一些有代表性的观点。

娄尔行和石成岳在1980年发表的《建立我国会计理论体系的设想》一文中，提出我国会计理论体系的构成内容可以分为八个方面：①会计的对象、任务和方法；②会计的属性；③会计假设、会计概念和会计原则；④会计量度（或货币计价）；⑤资金会计和资金管理；⑥营业收入的确认；⑦成本会计和成本管理；⑧收益的确定。

阎达五在1985年出版的《会计理论专题》一书中，认为会计理论体系应当包括：①会计的本质、职能和作用；②会计与经济效果；③会计与价值运动、价值管理；④会计管理的内容、任务和方法；⑤会计工作的组织；⑥关于会计方法的理论；⑦会计学的研究对象及其科学属性；⑧会计发展的新领域；⑨科学技术进步对会计理论与实践的影响；⑩关于会计发展史研究中的若干问题。

也有的观点认为，会计理论体系应有层次性，可分为会计基础理论和会计应用理论。还有的观点认为，可以把整个会计理论体系划分为三个层次，即深层会计理论、中层会计理论和表层会计理论。

（2）对会计准则的研究

我国会计界对会计准则的研究始于20世纪70年代末80年代初。早期的研究主要是介绍西方国家特别是美国的“公认会计原则”及相应的财务会计理论。

20世纪80年代中后期以来，随着我国商品经济的深入发展和向市场经济体制的逐步迈进，传统的计划经济会计制度越来越无法适应市场的需要，迫切需要以会计准则来规范会计实务。在这样的背景下，会计准则开始成为会计理论研究的热点问题。当时对会计准则的研究主要集中于会计准则的层次和内容两个方面。

对于会计准则层次的划分，当时主要存在以下一些观点：一是认为会计准则应当分为两个层次，但具体是哪两个层次又存在两种不同看法。有人认为应按会计准则的适用性分为国外可借鉴准则和我国特有准则；也有人认为应按会计准则的内容分为基本会计准则和一般会计准则（或业务处理准则）。二是认为会计准则可分为三个层次，也存在五种不同看法：①分为科学性、阶级性和经济核算原则三个层次；②分为会计假设、指导性原则和业务性原则三个层次；③分为基本会计观念、基本会计原则和（具体）会计原则三个层次；④分为基本会计准则、会计要素的确认、计量和编报准则、具体业务会计准则；⑤分为基本准则、会计报告准则以及确认、计量和记录准则。1992年，财政部颁布了具有基本准则性质的《企业会计准则》，并从1997年开始陆续颁布各项具体会计准则。2006年，财政部在发布1项企业会计基本准则和38项具体准则后，发布了《企业会计准则——应用指南》，由此形成了我国的企业会计准则体系包括基本准则、具体准则和应用指南三个层次的模式。

在会计准则应包括的内容上，学术界也有不同观点。有的观点认为会计准则应包含会计假设，也有的观点认为不应当把会计假设列入准则；有的观点认为权责发生制、配比等概念属于会计假设，也有的观点认为这两个概念属于会计原则。1992年颁布的《企业会计准则》规定了会计核算的基本前提也就是会计假设，并将权责发生制和配比概念规定为会计核算的一般原则，表明我国的准则制定机构接受了“会计准则应包含会计假设，权责发生制和配比概念应作为会计原则”的观点。

对于会计准则是否应包括稳健性（谨慎性）原则，学术界也存在争论。有的观点认为，稳健性原则符合我国国情，会计所反映的企业财务情况和提供的数据必须真实、正确，要做到这一点，必须对预计的收益和损失进行实事求是的分析。也有的观点认为，市场经济的瞬息万变和经济业务的不确定性是会计采用稳健性原则的必要条件，但不是充分条件，主张在涉外企业运用稳健性原则，即有选择地运用稳健性原则。1992年的《企业会计准则》将谨慎性原则列作会计核算的一般原则，并且其后制定的《股份有限公司会计制度》以及《企业会计制度》更不断扩大稳健性原则的适用范围，证明了稳健性原则确实是适合我国国情的一项重要会计核算原则。

10.8.3 社会主义市场经济时期会计理论的进一步发展

市场经济时期会计理论研究的内容，除对一些基本会计理论作进一步的探讨之外，主要讨论了如何建立适合市场经济需要的会计核算规范体系，主要是如何建立会计准则，并对一些产生于市场经济环境下的会计问题进行了探索。

1）对基本会计理论问题的进一步探讨

20世纪80年代在会计界进行过广泛讨论的基本会计理论问题，如会计的本质、职能等，在20世纪90年代又有了进一步的发展。

（1）会计本质理论的发展

对于会计本质问题，20世纪80年代中期以后产生的“管理活动论”和“信息系统论”可合二为一的观点在20世纪90年代得到了更多学者的支持。此外，这一时期还有学者就会计本质提出了新的观点——“受托责任论”。

【小思考10-16】

20世纪90年代关于会计本质的观点有（　　）。

（1）受托责任论　　（2）信息系统论　　（3）管理工具论

（4）管理活动论　　（5）管理工具论与信息系统论可合二为一

【答案】（1）、（2）、（4）、（5）。

（2）会计目标理论的发展

会计职能问题曾是20世纪80年代会计理论研究的主要课题之一。进入20世纪90年代以后，随着会计准则研究的兴起，“会计职能”也被一个更为具体的概念——“会计目标”——所取代。

我国会计界对会计目标的观点，主要源于西方会计理论的两大主流观点：受托责任学派与决策有用学派。受托责任学派认为，会计的目标是向资源提供者报告资源受托管理的情况，它以客观信息为主，是站在委托人——公司的股东和债权人——的角度考虑问题的；决策有用学派认为，会计的目标是向信息使用者提供对其决策有用的信息，它是站在可能的投资者——顾客或更广范围（包括现实和潜在的股东和债权人）——的角度考虑问题的。

在借鉴西方会计理论的基础上，我国学者普遍认为，我国的会计目标与西方国家有相同之处，但也存在区别。相同之处在于，上述目标基本适合我国的社会主义市场经济环境；区别在于，我国的会计目标必须考虑社会主义国家这一最大的会计信息使用者。

2）对会计准则问题的进一步探索

我国市场经济条件下会计核算规范体系的核心是企业会计准则。在20世纪80年代后期会计界对会计准则研究成果的基础上，财政部于1992年11月正式颁布了《企业会计准则》。之后，会计界展开了针对现有会计准则的讨论，主要有以下几个方面：

（1）关于会计准则与会计核算制度的关系

1992年制定基本会计准则时，由于具体会计准则尚未出台，对于如何贯彻基本准则，当时存在两种不同的观点。一种观点认为，基本会计准则已经规定了会计核算要求以及会计要素的确认、计量和报告原则，企业可以在此基础上自行制定符合本企业特点的会计制度，不需要再由政府制定统一会计制度。另一种观点认为，我国会计工作者长期以来已习惯于执行国家制定的内容详尽、可操作性强的会计制度，缺乏执行基本会计准则所必需的职业判断力，要求他们直接依据基本会计准则自行制定本企业的会计制度，现阶段还有困难，并且基本准则的概括性很强，也不便于具体操作，故主张仍由政府制定统一的会计制度。财政部接受了第二种观点，在颁布基本会计准则的同时，又颁布了分行业的会计制度。

自1997年起，各项具体会计准则陆续出台，关于具体会计准则与会计核算制度之间的关系又成为理论界争论的焦点。有的观点认为，会计核算制度中所涉及的具体会计处理规定可在具体会计准则中加以明确，因此具体会计准则颁布后，可取代统一会计制度，原会计制度中的科目设置和报表编制等方法可由企业自行确定。另一种观点认为，具体会计准则与会计核算制度是各司其职的，不可相互取代。具体会计准则主要对会计的确认、计量和报告等会计政策作出原则性规定，而会计核算制度主要对会计记录和会计程序如科目设置和报表编制等作出具体规定，并且某些行业特点比较强又很难在具体会计准则中加以规定的会计处理方法，只能在会计核算制度中作出规定，因此主张实行准则与制度并存的“双轨制”。还有的观点认为，实行统一的会计准则是我国会计发展的长远目标，但目前由于受到市场发育程度、会计人员素质等的限制，必须采取准则与制度并行的模式，但应当实现二者的良好结合，这一观点较为符合当前我国会计发展的实际。2000年12月颁布的《企业会计制度》纳入了一些较为成熟的具体会计准则的内容，就是这一观点的体现。

（2）关于会计要素的内容和含义

我国会计界对会计要素的研究始于20世纪80年代后期。随着会计准则的制定与实施，作为会计准则理论体系核心的会计要素问题日益受到理论界的重视，其中收入和费用要素的定义成为讨论的焦点。

有的学者认为，会计准则中的收入和费用要素采用狭义定义，仅指营业收入和营业费用，而把其他收入和费用项目如投资收入、营业外收入、投资损失、营业外支出等并入利润要素，这样会导致收入、费用要素与利润要素的口径不一致，同时会给收入、费用的确认与计量以及收入、费用准则的制定带来困难。有的学者认为，应对收入进行广义的定义，即收入是指企业在销售商品、提供劳务、对外投资及其他经营活动中，正常的和偶然发生的资产增加。

3）对会计信息失真问题的探索

20世纪90年代中后期以来，会计信息失真的问题日趋严重，会计理论界针对这一问题进行了大量的探索。

经过讨论，学术界普遍认为，造成我国会计信息失真的原因主要有以下四个方面：第一，所有权与经营权分离后，经营管理者与所有者获取会计信息存在不对称性和内部人控制现象是产生会计信息失真问题的根本原因，而政府部门对此监督不力更加剧了这一问题；第二，一些人为因素，如粉饰业绩、追求局部利益等，会导致经营管理者蓄意提供虚假信息；第三，法律制度不健全；第四，会计工作基础薄弱，会计人员素质不高等。

针对如何解决会计信息失真问题，学术界也提出了许多建设性意见，其中不少已付诸实施，如建立企业领导人离任审计制度和稽查特派员制度，实行年度会计报表注册会计师审计制度，加强会计人员培训，加强法律制度建设等。

10.9 中外会计交流的发展

10.9.1 中华人民共和国成立初期对苏联会计模式的引进

中华人民共和国成立初期的经济建设，包括会计制度的建设，大量借鉴了苏联的经验。这一时期，在苏联会计专家的帮助下，我国迅速建立起适合高度集中的计划经济体制需要的全国统一会计制度，在当时的历史条件下，对于统一会计方法，规范会计工作秩序，为社会主义计划经济提供所需的会计信息，起到了积极的作用。但也应看到，我国在制定会计制度时，照搬照抄苏联会计模式的倾向严重，对我国的具体国情考虑不够。其原因一方面是苏联会计专家坚持不考虑国家间的差别，同时我们自己对国情了解得也不够详尽；另一方面是受当时政治环境的影响，强调划清社会主义会计与资本主义会计的界限，把学与不学苏联上升到政治高度，进一步加剧了全盘照搬苏联经验的倾向。

20世纪60年代初期中苏关系破裂后，中苏之间的会计交流中断。"文化大革命"开始后，我国包括会计在内的对外经济交流彻底中断，这种状况一直持续到1979年。

10.9.2 改革开放后会计对外交流的全方位开展

1）我国与国际会计组织的交流

（1）参与联合国国际会计和报告标准政府间专家工作组（ISAR）的工作

ISAR是根据联合国经济社会发展理事会1982/67号决议于1982年正式成立的，其宗旨是促进会计标准在国家间的协调，以便为企业会计报表的使用者提供透明可比的会计资料。我国一开始就坚决支持ISAR的成立并积极参加。自ISAR成立至今，我国一直连任成员国。1983年2月22日，上海财经学院娄尔行教授作为中国代表出席在美国纽约联合国总部召开的ISAR第一次成员国会议，此后的历届成员国会议，我国均派人员参加。

（2）加入国际会计师联合会（IFAC）

1981年10月，IFAC秘书长致信中国会计学会，邀请中国派代表出席次年举行的第12届世界会计师大会，双方由此建立了联系。然而，当时由于中国台湾会计师组织以"中华民国会计师公会全国联合会"名义加入了IFAC，给我国会计团体的入会等有关事宜造成了障碍。

1996年7月，IFAC会长致函中注协，告知IFAC理事会已作出决议，将在所有文件和出版物中称台湾会计组织为"中国台湾会计师公会联合会"。至此，我国会计团体加入IFAC的唯一障碍——台湾会计组织的名称问题——得到了妥善解决。1996年10月1日，中国注册会计师协会代表中国会计职业团体正式向IFAC提交了入会申请。1997年5月8日，在IFAC多米尼加理事会议上，中国的入会申请得到批准。

（3）加入国际会计准则委员会（IASC）

IASC是1973年6月由美国等9个国家发起成立的，是一个独立的非官方国际会计组织。自1983年起，国际会计师联合会（IFAC）的所有成员组织均成为IASC的会员。1997年5月8日，在IFAC多米尼加理事会议上，中国被通过加入IFAC，从而相应加入了IASC。我国加入IASC后，即被邀请为理事会观察员，参加每一次理事会议。目前，中国是唯一一个被授予IASC观察员身份的国家，这充分体现了中国在国际舞台上的重要地位。

【小思考10-17】

具有IASC理事会观察员身份的国家有（　　）。

（1）2个　　（2）1个　　（3）4个　　（4）3个

【答案】（2）。

（4）加入亚太会计师联合会（CAPA）

CAPA成立于1957年，是目前世界上最大的地区性会计师组织。由于存在我国台湾问题，我国迟迟未能加入CAPA。1996年10月4日，CAPA第47次理事会议在马来西亚吉隆坡举行，会议决定将台湾地区会计师组织的名称由原先的“中华民国会计师公会全国联合会”改为“中国台湾会计师公会联合会”，同时接纳中国注册会计师协会为CAPA会员。

【小思考10-18】

将下列国际会计组织按中国加入时间的先后顺序排列。

（1）国际会计准则委员会

（2）亚太会计师联合会

（3）国际会计师联合会

（4）联合国国际会计和报告标准政府间专家工作组

【答案】（4）、（2）、（3）、（1）。

2）会计市场的对外开放

我国会计市场的对外开放是从允许外国会计公司在华设立代表处开始的。自20世纪70年代末我国实行对外开放政策以来，外商投资企业大量涌现，为给外商提供在中国的经济、投资咨询和会计、审计服务，五大国际会计公司纷纷提出在华设立代表处的要求。为此，财政部遵循国际惯例，于1981年1月批准成立了第一个外国会计公司代表处——永道会计公司上海代表处。

为便于外国会计师事务所在中国设立代表处，1996年1月，财政部发布了《境外会计师事务所常驻代表处管理暂行办法》，规定任何境外会计师事务所只要提出申请并提交规定材料，均予以批准。截至2000年年底，已有16家国际会计师事务所和外国会计师事务所在我国设立了28个代表处。

随着市场经济的深入发展，我国不断加大会计市场的开放力度。1992年7月，财政部首次批准成立了毕马威华振、安达信华强和安永华明三家中外合作会计师事务所。到1999年年底，全国共有中外合作会计师事务所7家，从业人员总数达到3 000多人，年收入超过6亿元人民币。自1994年起，我国开始鼓励国际会计公司在我国发展成员所。截至2000年年底，我国共发展了国际会计公司成员所19家。

按照国际惯例，我国自1994年起开始对外籍居民开放注册会计师考试。1998年，财政部又发布了《外籍中国注册会计师管理暂行办法》，规定中国注册会计师协会外籍非执业会员符合特定条件者，可申请注册为中国注册会计师。截至2000年年底，中注协已拥有海外执业会员18人、非执业会员308人。

【小思考10-19】

我国对外开放会计市场的最初形式是（　　）。

（1）外国会计师事务所来华从事临时审计业务

（2）设立中外合作会计师事务所

（3）外国会计师事务所在华设立代表处

（4）国际会计公司将中国会计师事务所发展为其成员所

【答案】（3）。

本章小结

中华人民共和国成立初期，财政经济困难。为迅速恢复国民经济，国家采取了统一财经秩序的方针，并在此基础上建立起高度集中的计划经济体制。为适应高度集中的计划经济体制，国家在参照苏联会计模式的基础上，建立了高度统一的企业会计制度和预算会计制度，并相应颁布了一系列旨在规范会计管理体制的会计行政法规，初步形成了计划经济会计模式。这一时期，会计理论研究的主要内容是批判旧中国和西方的会计理论，并针对一些会计基本理论问题展开了讨论。为培养熟悉计划经济运行模式和各行业会计核算操作方式的会计人才，会计教育初步建立了适应计划经济需要的会计学科体系。

"大跃进"和"文化大革命"时期，我国的经济发展陷入低潮，会计事业也止步不前。

改革开放后，国家把工作重心转向经济建设。经济的高速发展，给会计事业带来了前所未有的发展机遇。为配合商品经济体制改革的需要，企业会计工作和预算会计工作进行了一系列的改革。为规范会计事业的发展，国家在这一时期加强了会计法律制度建设，颁布了《会计法》等相关会计法律法规。会计管理体制在这一时期也更加完善，实现了对会计工作的全方位管理。随着外国投资者在华投资的增加，注册会计师事业得以恢复和发展。会计电算化事业也随着计算机技术的引进而产生和迅速发展起来。这一时期，我国会计理论的研究重新活跃起来，不仅对中华人民共和国成立以来的一些会计基本理论问题进行了更深入的探讨，并在此基础上对某些问题达成共识，而且在学习和借鉴西方会计理论和方法的基础上，拓展了会计研究的领域，积极探索适应经济体制改革需要的会计改革新思路。为配合经济体制改革对新型会计人才的需要，会计教育也进行了相应的改革。

20世纪90年代进入市场经济发展的新时期以后，会计事业全面发展起来。《企业会计准则》和《企业财务通则》以及行业会计制度的颁布，基本实现了计划经济会计模式向市场经济会计模式的转变，对于预算会计制度也进行了符合市场经济需要的改革。市场经济是法治经济，国家进一步加强了会计法律制度建设，先后三次对《会计法》进行了适合市场经济需要的修订，并颁布了《注册会计师法》来规范注册会计师事业的发展。为配合政府转变职能的需要，我国对会计管理体制也进行了改革。随着对外经济交流的发展，我国会计国际化进程的步伐也逐渐加快，先后加入了多个在国际上有广泛影响的会计团体，并逐步对外开放会计市场。这一时期的会计理论研究也有了更深入的发展，会计学者围绕会计准则、会计信息质量等市场经济条件下的会计热点问题展开了讨论，为推动我国会计事业的发展奠定了重要的理论基础。会计教育事业也根据市场经济对高水平会计人才的需要进行了相应的改革。

思考题

10.1　1952年颁布实施的全国统一会计制度在哪些方面体现了计划经济的需要？

10.2　传统计划经济会计模式的弊端有哪些？

10.3　1993年颁布的《企业会计准则》和行业会计制度在哪些方面体现了市场经济的需要？

10.4　1950年颁布的《各级人民政府暂行总预算会计制度》和《各级人民政府暂行单位预算会计制度》在哪些方面确立了我国预算会计的框架？

10.5　20世纪90年代中期预算会计改革的主要内容是什么？

10.6　简述我国会计管理机构的发展演变过程。

10.7　简述《会计法》三次修订的主要内容。

10.8　简述注册会计师业务范围的发展演变。

10.9　我国会计界对基本会计理论问题（包括会计的科学属性、会计记账方法、会计职能、会计本质、会计对象及会计要素）的认识是如何发展演变的？

10.10　在我国制定会计准则的过程中，会计理论界曾对会计准则中的哪些问题展开过讨论？

10.11　简述我国会计学科体系的发展变化过程。

练习题

10.1　结合中华人民共和国经济发展和会计发展的历程的某一方面，说明“经济越发展，会计越重要”的道理。

10.2　结合计划经济体制和市场经济体制的区别，说明计划经济会计模式与市场经济会计模式的区别。

自测题

10.1　简述我国企业会计管理体制的历史沿革。

10.2　我国2006年发布并持续修订、补充发布的企业会计准则有哪些新的特点？

10.3　我国2006年发布并持续修订的中国注册会计师执业准则与原有的《独立审计准则》相比，有哪些改进？

补充阅读材料

1.项怀诚．新中国会计50年［M］．北京：中国财政经济出版社，1999.

2.陈信元，金楠．新中国会计思想史［M］．上海：上海财经大学出版社，1999.

3.王建忠．新中国会计采珍［J］．财务与会计，2000（10）.

4.王建忠．中国会计的世纪决算［J］．财务与会计，2001（1）.

第11章 外国社会主义社会会计

学习目标

通过本章学习，了解十月社会主义革命后苏联会计的发展情况。

与上述学习目标相适应，本章以5节内容，根据历史时期的进程，分别介绍了十月革命后至国内战争爆发前、“战时共产主义”时期、国民经济恢复重建时期、社会主义建设时期、第二次世界大战结束后等不同历史阶段苏联会计的情况。

复式簿记除在资本主义国家迅速发展之外，在社会主义国家同样有用武之地。苏联就是外国各社会主义国家中最鲜明的例证。

11.1 十月革命后至国内战争爆发前苏联会计的情况

根据马克思、恩格斯创立的社会主义学说的基本原理，社会主义是建立在高度发达的生产力和资本主义经济关系基础上的，而沙皇俄国则是当时欧洲资本主义国家中相对不发达的一员，因此，在当时条件下，是否有可能在俄国发动革命并最终建立一个崭新的社会主义国家是摆在俄国共产党人面前的一个重大课题。以列宁为代表的俄共在深入分析了当时俄国政治经济背景的情况下，创造性地发展了马恩理论，认为俄国已经具备社会主义革命所需的各方面条件，革命是有可能成功的。这些认识集中体现在列宁的《帝国主义是资本主义最高阶段》等一系列重要著作中，从而为革命的最终胜利指明了方向。

十月革命之后，新生的社会主义国家——苏联——面临着大量的经济建设问题，其中也包括在新的条件下对存在已久的复式簿记如何看待和发展的问题，苏联共产党人为此作出了努力探索和尝试。

早在十月革命前夕，列宁便提出了社会主义革命的经济纲领，他认为由于俄国不具备资本主义经济关系占绝对优势地位、生产高度社会化、工人队伍极其壮大等条件，属于小农经济占主导地位、工业相对落后的国家，所以在革命胜利之后，并不能运用直接剥夺资本的办法，从根本上立即改变资本主义生产关系，而只能走迂回的道路，即“我们的直接任务不是‘实行’社会主义，而只是立刻过渡到由工人代表苏维埃监督社会的产品生产和分配”。概括地说，布尔什维克党在十月革命前经济纲领的主要内容包括：一切土地收归国有，把地主的土地建成模范农场，由国家出资经营，由雇农代表监督；把银行和大辛迪加组织收归国有；对其他资本主义工商业并不没收，而是取消它们的商业秘密，由工人监督；把居民联合到各种消费合作社中，并对其进行监督。

以上主张在十月革命胜利后被布尔什维克党迅速贯彻实施。例如，1917年11月8日，布尔什维克党在第二次代表大会上，通过了土地法令，宣布没收地主的土地；在11月14日，发布了“工人监督条例”，规定凡雇用工人5名以上、资本在100万卢布以上的工业、商业、银行、农业、运输业和合作社企业，均成立工人监督机构，负责监督企业的生产、产品购销和一切财务活动，它有权规定企业的产量、检查成本，取消企业的商业秘密，企业主必须服从工人监督机构的各项规定。从上述情况不难看出，不论是列宁还是布尔什维克党，对苏联当时各方面情况的认识是实事求是的，提出的纲领和决策是审慎的、相对缓和的，即在将关乎国家命脉的经济部门收归国有的前提下，仍然保留了大量资本主义经济成分。

但这种局面并没有维持很长时间，由于当时资本主义势力还很强大，因此它们无视社会主义政权，加紧破坏，同时，劳动群众要求尽快铲除剥削阶级的呼声也日益高涨。在这种局面下，苏联国有化的深度和广度均超越了既定的纲领，如在1918年工业国有化中，收归国有的已不仅仅是辛迪加了，还涉及全部大中型工业企业。

尽管苏联在建国初期经济纲领的执行方面前后有一个明显的变化，但对“监督”是始终强调的。特别是列宁，对此作过很多重要论述，如“对制造产品和分配产品如果没有全面的国家性的计算和检查，那么劳动人民的政权、劳动人民的自由，是不会保住的，并不可避免地，又要回到资本主义的压迫之下"，"实行全面的、普遍的、包括一切的统计和监督……就是社会主义改造的实质"。由此，建立适应苏维埃政权的会计制度和检查制度就成为头等重要的大事。

关于会计方面，列宁提出了一系列重要论断，对苏联社会主义时期会计的发展产生了重要的影响。第一，列宁认为，会计核算应体现阶级本质。在社会主义条件下，核算和监督是为劳动者阶级服务的，而且监督与核算是不可割裂的。在此基础上，列宁为社会主义核算制定了一系列规则，包括群众性、公开性、责任性、简易性等重要内容，同时他号召全体劳动者应对共同所有的财产进行核算与监督。第二，列宁认为，会计核算的中心是"反映"，即通过会计记录来反映客观存在的经济事项，而要达到这种反映的目的，就必须依靠两种方法，即分类法和模型法。列宁在工作中常常利用这两种方法来分析问题。第三，列宁认为，会计核算应结合综合与系统的方法。他曾指出，在统计与社会学中，只有在综合研究所有事实的基础上才能作出重大结论，单凭个别事例是不足以得出结论的。另外，他还提出应建立国家簿记机构，对国民经济进行全面核算。在会计方法上，他指出应该灵活运用，不应该泥古不化。正是他这些宝贵的思想，为苏联会计在理论与实务上的探索指明了方向。

【小思考 11-1】

列宁对会计有哪些重要论断？

（1）会计具有阶级性

（2）会计核算的中心是"反映"

（3）会计核算应结合综合与系统的方法

【答案】（1）、（2）、（3）。

11.2
"战时共产主义"时期苏联会计的情况

1918年，以英、法、美、日、德为首的14个资本主义国家的军队和高尔察克、邓尼金等的俄国白匪军团向新生的苏维埃政权发动了猛烈进攻，从5月至9月短短几个月间，便有3/4的土地落入敌人之手，最重要的粮食、原料、燃料的通道被切断，苏联人民陷入了严重的饥饿与黑暗之中。在此生死攸关的紧要关头，苏维埃政党果断地提出把整个国民经济纳入战时轨道，将整个苏维埃国家建成一个统一的兵营，自1918年夏季起，在全国逐渐实行"战时共产主义"。所谓战时共产主义，实际上是一种超常规的做法，即为了保卫苏维埃政权、取得对敌作战的胜利，临时采取的用共产主义原则管理国民经济的做法。

自1918年夏至1921年年末实行的"战时共产主义"主要包括以下一些政策：实行余粮收集制；加速工业的国有化进程；实行高度集中的战时经济管理；实行产品的国家垄断，取消私人交易；实行主要消费品配给制，工资大部分实物化等。特别是加速工业的国有化进程和实行高度集中管理对苏联社会主义时期会计模式的形成有着重要作用。

如前所述，在战争爆发之前，苏联境内已经展开了大工业的国有化，而为了便于在战时由国家统一管理工业和调动劳动人民的积极性，这种进程又被大大加快了，中小企业国有化的数量大幅度上升。例如，在1918年，国营工业企业只有3 000多个，而到了1920年年末已增加到40多万个，其中中小企业占到了80%左右。高度集中的战时经济管理则具体体现为工业实行的“管理局”制，在最高国民经济委员会下按照部门设立管理局，每一种工业由对应的管理局集中领导，企业的生产任务由国家统一下达，所需原料由国家统一调拨，生产出的产品由国家统一收购。正是在加速工业的国有化进程和实行高度集中管理这两个重要因素的作用之下，“开始形成了全国范围的社会主义核算”。

为解决在整个国民经济范围内组织核算的问题，1919年在最高国民经济委员会财务会计局下设立了由12人组成的核算委员会，И.А.戈尔巴乔夫、А.В.普罗科菲耶夫、А.П.鲁达诺夫斯基等均是该委员会的成员。该委员会成立之后立即着手制定有关会计核算的指令，主要强调预算的制定和完成情况。当然，评价这些会计指令必须结合有关的背景，考虑到当时紧张的战争局势，这些指令无疑对保证战争胜利有着重要的意义。

外国帝国主义的入侵和国内反动势力的反扑严重破坏了刚刚成立的苏维埃共和国经济，影响之一便是导致了很高的通货膨胀率，货币严重贬值。在这种情况下，货币是否可以继续作为计量单位便成为会计学者们竞相研究的课题。

根据研究成果的不同，会计界在此问题上分为三个流派。第一派称为“理想主义者”，认为应采用新的计量单位来取代货币单位，其内部又有不同的观点，大体可分为“劳动派”“能量派”“对象派”。“劳动派”认为应采用“劳动小时”作为计量单位，其理由是只有采用劳动计量单位才能反映各种经济活动的真实价值；“能量派”认为应采用能源的耗费来计量价值；“对象派”则认为应采用能反映出体现在对象上的原料和劳动工具的数量的单位作为计量单位。第二派称为“自然主义者”，他们与“理想主义者”的共同点是认为应废除货币计量单位，建立新的货币计量单位，不同点在于他们并不知道应建立什么样的计量单位。第三派称为“现实主义者”，其内部又分为两种观点：一种观点认为在通货膨胀较为严重的情况下应对以货币计量的资产负债表进行再估价；另一种观点认为根本不需要这样做。

【小思考11-2】

在苏联“战时共产主义”时期，关于货币是否可以继续作为计量单位存在哪几派观点？

(1) 理想主义者　　(2) 自然主义者

(3) 现实主义者　　(4) 抽象主义者

【答案】(1)、(2)、(3)。

从后来的实际情况看，苏联自1922年起实行货币改革，通过两次更换新币和发行保值的银行券——切尔文，至1924年建立了稳定的货币制度，为“现实主义者”这一派的观点奠定了主流地位的基础。

11.3 国民经济恢复重建时期苏联会计的情况

在布尔什维克党的领导和全体人民的浴血奋战下，至1921年年初，外部资本主义国家和白匪的进攻被彻底粉碎了，国内战争结束，苏联开始了一个新的发展时期。

经过3年的战乱，苏联经济遭受了严重的破坏，可以说达到了濒临崩溃的边缘。而更为严重的是，战时共产主义政策已越来越不适应战后经济的发展，政治危机与经济危机日趋尖锐，苏维埃政党再次面临重大抉择。列宁敏锐地洞察到了国内局势的严重性，他告诫全党不能再继续实行战时共产主义政策，必须进行调整和改变，由此，苏联开始了“新经济政策时期”。

余粮收集制是战时共产主义的一项重要政策，当时出于战争的需要，国家以贬值严重的货币从农民手里购买余粮，数量和价格由国家规定，实际上是从农民那里借粮，为了保卫胜利果实，人民无私地将粮食贡献给了国家。但这种政策在战后和平环境中如果作为长期政策一直沿用的话，势必严重侵害广大农民的利益，也必将危及工农联盟的巩固。因此，1921年10月，俄共第十次代表大会通过决议，以粮食税代替余粮收集制，不仅征收额远低于后者，而且规定对于征税之外的农产品，农民可以自由支配，如果国家有所需要，应当用工业产品进行交换。以粮食税政策的出台为契机，苏联经济领域的各个方面都发生了重大的连锁反应，战时共产主义政策很快便退出了历史舞台。

由于允许农民出售缴纳粮食税之后的余粮，因此必须打破原有国家垄断市场的局面，而代之以开放市场、自由贸易，当然，布尔什维克党在开始时仍然坚持在俄共九大上提出的消灭商品流通和货币的思想，只将余粮交易作为与农民妥协的临时措施，但实际情况的发展很快就冲破了这种限制，而且合作社、小工业、手工业、国营大企业均先后步入了商品关系的轨道，同时，资本主义经济也有了一定的发展。在这种局势下，列宁伟大地指出“商业正是我们无产阶级国家政权、我们居于领导地位的共产党‘必须全力抓住的环节’。如果我们现在紧紧‘抓住’这个环节，那么不久的将来我们就一定能够掌握整个链条。否则我们就掌握不了整个链条，就建不成社会主义的社会主义经济关系的基础”。同时，在“工人和农民才是俄国政治力量的主体”的条件下，发展以社会主义经济成分为主体、多种经济成分并存的经济制度，正如列宁所指出的，“私人资本主义能成为社会主义的帮手”，“我们共产党员什么时候能够用别人的手来建设经济，自己向资产阶级学习，并且使资产阶级走我们的道路，我们什么时候就能管理这种经济”。正是由于商品关系和经济核算的发展，原来被看作属于资本主义性质的复式簿记也被人们重新认识。

前面提到的会计“现实主义者”坚持复式原则，但在苏联，对复式记账的本质已有相当长时间的讨论，并由此形成了不同的流派。从大的方面来说，一派学者认为会计学是有具体对象专门内容的，其下又分为法律学派和经济学派。具体地说，法律学派认为会计核算的对象不是财产，而是在财产上体现出的权利与义务，即法律关系。他们认为资产负债表上的资产是企业使用财产的权利，而负债则是企业对财产所有者承担的责任，整个资产负债表的平衡正反映了这种权利与责任的相等。在实际中，法律学派的影响力很小。经济学派认为会计核算的对象不是财产本身，而是交换过程中产生的“流”，一些学者还为此建立了模型，这种观点在很长时期内占统治地位，不过批评意见也相当多。另一派学者认为会计学的本质应是一系列的方法，因而称之为方法论派。方法论派的学者认为会计核算属于一门方法论科学，与经营业务的法律内容和经济内容没有任何联系，这一派的学者如魏茨曼、巴赫萨赖采夫、加拉甘等，该派观点的支持者很多，并逐渐发展为主流的观点。

在国有企业管理方面，战时那种由国家统一安排生产任务、原料供应、产品分配的大锅饭式的做法在战后已不再适用，整顿企业、加强管理势在必行。首先，在1921年8月，人民委员会发布了《关于贯彻新经济政策原则》的法令，将大型企业和具有全国意义的企业划归最高国民经济委员会和各地方机关管理，对不太重要的企业实行租赁制，而对国家无力经营且无人租赁的企业则采取关闭政策，并且在此基础上进一步将企业合并，实行托拉斯化。其次，在国营企业中采取经济核算制，在加强企业责任的同时，进一步扩大企业的权力，提高企业的独立性。另外，贯彻了物质利益原则，打破平均主义，同时努力建设计划管理与市场调节相结合的机制，在以上这些政策的共同作用下，以国营企业为核心的经济体制改革取得了重大胜利，相伴随地，会计工作也越来越得到人们的重视。

俄共在1922年3—4月召开的第十一次代表大会上指出，“使国家企业，由亏损转为盈余，必须和浪费不汇报以及商业上的无知识作严格的斗争”，同年4月6日，最高国民经济委员会（BCHX）颁布了《属于BCHX簿记和汇报条例》。

1923年4月，在俄共第十二次代表大会上，会计核算再次得到强调，“没有整个国民经济从上到下的正确记录，没有科学的成本计算来决定国营工业产品的实际价值，（对于发现）对国有化财物的渐渐分散与窃盗，是没有任何保证的”。同时，大会还提出了迅速培养会计干部的要求。

为了尽快使会计发展符合经济形势的需要，苏联会计学者和实务工作者开动脑筋，集思广益，提出了许多真知灼见，同时也开辟了许多供大家进行讨论的园地，如《簿记学》（1923）、《会计学公报》（1924）、《会计思想》（1925）等便是在这一历史背景下涌现出来的优秀会计刊物。

11.4 社会主义建设时期苏联会计的情况

1921—1925年，苏联国民经济恢复工作基本完成，下一阶段的目标便是开始全面建设社会主义。

在国民经济恢复时期，列宁确定了“农-轻-重”的经济发展战略，从而有效地改变了以前重工业发展过快、农业严重发展不足的局面，使整个国民经济向着均衡方向发展。而在新的形势下，是继续坚持列宁的新经济政策还是有所改变，成为苏共面临的一个重大课题。以斯大林为首的党中央在考虑了各方面因素特别是日趋紧张的国际环境后，作出了以发展重工业为核心的决策，并在此基础上制订了两个五年计划，全国上下进入了大搞工业化建设时期。1926—1938年短短十几年间，苏联完成了资本主义国家50年甚至更长时间的发展进程，取得了苏联经济史上最辉煌的成果。

在实现国家工业化的同时，苏联社会主义改造的步伐也加快了。截至1936年1月，全苏境内只剩下11家私营企业，而且这些企业主要是租让合同尚未到期的外资租让企业。

伴随着工业化和社会主义改造的进程，苏联社会主义管理体制也形成了。其主要特点是：建立了高度集中的指令性计划；形成了部门性的组织体系；制定了全国统一的工资制度；确立了国家与企业之间的行政隶属关系。

与这十几年经济高速发展相适应，苏联在会计领域同样取得了一个又一个重大成果，其中一些成就是划时代的，对苏联会计乃至其他社会主义国家会计的发展都起到了重要作用。

20世纪30年代苏联会计领域中的一件大事是1930—1931年间对社会主义核算与资本主义核算的群众性大讨论。经过讨论得出，二者的区别主要有以下几点：第一，经济基础不同，资本主义核算是建立在私有制基础上的，而社会主义核算是建立在公有制基础上的；第二，在资本主义条件下，会计核算是在一个企业内部组织进行的，而社会主义会计核算则是国民经济统一核算体系的组成部分；第三，在资本主义条件下，会计核算是企业家私人的事，而社会主义会计核算则是按照国民经济各部门统一的账户计划进行；第四，在资本主义条件下，会计核算的任务是揭示利润，而社会主义会计核算的任务则是反映企业完成国民经济计划的情况；第五，在资本主义条件下，会计信息是独享的商业秘密，其中可能有虚假成分，而社会主义会计核算则是如实地反映经济业务。

这场讨论的结果对以下三个重要的会计问题作了明确的定性：第一，确认了国民经济是会计核算的范围；第二，不应该将簿记与簿记学设成两个同等地位的概念，应加以合并；第三，确认复式簿记本质是一种核算方法。围绕这三个结论又连锁反应式地引发了一系列会计理论与实务上的讨论。

例如，在明确了国民经济是会计核算的范围后，那么必然要用一定的会计方法来记录国民经济的情况，并且最后应以报表的形式予以反映，但在实务中这两方面都是难以达到圆满的。就方法而言，苏联当时存在三种国民经济的核算类型：一是会计核算；二是统计核算；三是业务核算。这三种核算类型是谁应该取代谁，还是应该相互包容形成一种新的统一核算，是人们一直探讨的问题。就报表而言，统计学家和会计学家对是否能够建立起以国民经济为范畴的资产负债表也是争论不休。

在20世纪30年代讨论的另一个会计热点话题是成本核算，问题的提出要追溯到十月革命之前。当时已经形成了三种成本核算：一是购买成本核算；二是销售成本核算；三是自身价值核算。其中第三种成本是指包含“间接费用在内的产品制造费用”，几乎所有的学者都赞成这一观点，但在间接费用的具体分配上却存在着很大的困难，因此有一些学者便提出了回避间接费用的做法，即在产品成本中只包括直接费用，持此观点的著名学者有伊万诺夫、鲁达诺夫斯基等。

在经历了国内战争时期的搁置后，苏共十二大指出了成本核算的重要性，并要求在加强经济核算制、建设工业化国家的新形势下，必须正确核算产品成本，由此掀起了成本会计研究的热潮。

20世纪30年代初，在成本会计核算理论方面形成了三个流派：第一个流派以魏茨曼为代表人物，他将成本核算作了狭义和广义的区分，认为狭义成本核算是计算单位产品成本，而广义成本核算是指对某个经济过程的成果进行计量，魏茨曼的理论在“阐述成本核算和费用核算的基本理论方面”作出了贡献；第二个流派以鲁达诺夫斯基为代表人物，他认为企业应建立反映实际数和定额数的两类成本，然后对它们之间的差异进行分析以加强企业管理，他的理论为后来定额成本的研究与实际应用打下了基础；第三个流派以加拉甘为代表人物，出于间接费用分配困难的考虑，他认为应尽可能地将间接费用转化为直接费用，这样在核算成本时就可以只考虑直接费用，而余下的间接费用已经微不足道了。

【小思考11-3】

20世纪30时代，苏联成本会计核算理论形成了多个流派，其代表人物分别是（　　）。

（1）魏茨曼　　（2）伊万诺夫　　（3）鲁达诺夫斯基　　（4）加拉甘

【答案】（1）、（3）、（4）。

1936年，斯托茨基发表了《成本计算和成本分析原理》，从而使成本核算研究又向前进了一步。他认为成本核算不止鲁达诺夫斯基提出的两种，而是根据分类标准的不同可以扩展为无限多种。同时，他对直接费用与间接费用、基本费用和附加费用进行了区分，这项成果被索科洛夫教授评价为“可靠的科学财富”。

11.5 第二次世界大战结束后苏联会计的情况

随着1941年6月德国法西斯的入侵，苏联和平发展的进程被打断，全国人民投入了长达5年的卫国战争。第二次世界大战结束后，苏联的国民经济遭受了严重的破坏，1946年3月，苏联最高苏维埃批准了第四个五年计划，开始国民经济的恢复重建和社会主义建设。从此时起到苏联解体之前，苏联社会主义建设进程在不同领导人当政下被冠以不同的名称，如斯大林将1936年作为社会主义建成、进入共产主义的起点；而20世纪50年代末，赫鲁晓夫提出要在20年内建成共产主义；到20世纪70年代，勃列日涅夫宣布苏联已建成发达的社会主义；20世纪80年代初，安德罗波夫认为苏联处于发达社会主义的起点；戈尔巴乔夫执政时，又说苏联处于发展中的社会主义阶段。不论各时期名称如何，苏联作为一个社会主义大国在第二次世界大战结束后的四五十年间的确取得了重大的发展，在会计领域亦是如此。

首先是簿记形式的发展。十月革命后，苏联会计采用了记账凭单核算形式，后在实务中推行凭单日记账核算形式，这种做法对每项经济业务的登记是1次而不是2次，要么在借方登记同时指出贷方，要么在贷方登记同时指出借方，从而使记账工作大为简化。该核算形式为20世纪50年代取消序时登记准备了条件，但由于其本身也存在重大缺点而一直成为人们讨论的对象。随着电子计算机的引入，会计核算形式发生了重大的变化，甚至有人提出了电子核算形式的称谓，对此，一些会计学者持相反意见，认为改用电脑记账只不过是核算手段的变化，而并不是一种独立的核算形式。但应该注意到，电脑的应用的的确确影响了核算形式，人们试图找到更适合电子计算机和穿孔计算机的核算形式，如穿孔卡片表格形式、自动化表格核算形式等。

其次在会计账户方面。前面已经提到在20世纪20年代经济学派、法律学派和方法论派的论战，其中法律学派认为会计核算的对象是对财产负有责任的人，而经济学派认为会计核算的对象是财产交换的过程，在上述两种不同的观点下就产生了对账户不同的分类标准，前者按照法律关系，而后者依据经济关系。随着研究的深入，人们逐渐发现以上两种分类均存在偏颇之处，前者忽略了账户的经济内容，后者忽略了法律关系，而正确的账户应能反映以上两方面内容，由此人们也认识到账户的分类并不是唯一的，从而也解决了在20世纪50年代两派会计学者围绕是按照经济内容对账户进行分类还是按照经济内容和结构用途对账户进行分类的争论。

除上述两方面外，在会计核算的组织、会计核算的机械化电算化、成本费用的核算、账户一览表的设置、资产负债表的设计等诸多方面，苏联会计工作者都取得了很大的成绩，为探索社会主义计划经济条件下的会计理论与实务操作作出了贡献。

另外，在苏联会计的发展过程中还有两次重要的会计核算科学讨论会值得一叙。

第一次全苏会计核算科学讨论会于1975年召开，主题为“在现代生产管理条件下改进会计核算”。这次会议主要是提出要求和建议，包括以下几个方面：（1）整顿会计核算工作的组织；（2）加强会计核算的监督职能；（3）实现核算资料的机械化加工；（4）提高会计核算人员的培训质量。

第二次全苏会计核算科学讨论会于1981年年底在巴库召开，根据当时的形势，会议将主题定为“改善经济体制条件下的会计核算”。其主要讨论了以下几个问题：（1）整顿生产费用核算；（2）严格贯彻节约制度；（3）对核算资料的精确性提出新的看法；（4）会计核算和业务核算密切结合；（5）肯定会计核算是一个信息系统；（6）深入研究微处理机在会计核算中的应用问题；（7）确定会计核算科学研究的基本方针；（8）会议对有关部门提出建议和要求。

本章小结

十月革命前，复式簿记在俄国已有广泛的运用。社会主义国家诞生后，探索如何在新的条件下改造和发展会计成为人们关注的问题，苏联建国后会计的发展情况已经证明苏联会计确实取得了相当高的成就。

思考题

我国在计划经济体制下模仿的是苏联的会计制度，它与社会主义市场经济条件下的会计制度有何区别？

练习题

11.1　列宁在会计方面主要有哪些重要思想？

11.2　围绕复式记账的本质曾经出现过哪些主要学术流派？

11.3　简述苏联会计核算形式的发展过程。

自测题

11.1　苏联在20世纪30年代关于社会主义会计与资本主义会计的区别的讨论得出了哪些结论？

11.2　试述苏联在“战时共产主义时期”关于计量单位问题的主要流派。

11.3　简述第二次全苏会计核算科学讨论会的主要内容。

补充阅读材料

1. 葛尔培林，吉博立索夫．苏联会计学教程［M］．王矩先，刘鸿勋，译．西安：西北书店，1952：17.

2. 列宁．列宁选集［M］．第4卷．北京：人民出版社，1996.

附录　简明中外会计发展史年谱

距今10 000—6 000年左右

中国

001.原始社会的物质资料生产提供了会计产生的物质基础，实物、绘画、结绳、刻契等计量记录方法体现了中国会计萌芽阶段的形态。

002.以书契为代表的计量记录方法达到了会计萌芽阶段的更高水平。

B.C.4000—B.C.1000年

外国

003.B.C.4000年左右，埃及进入奴隶社会，建立了以法老为中心的高度中央集权制的国家。在其权力机构中设立了管理国家财政的官吏，其中有国库长官、出纳官、记录官、监督官等。

004.B.C.3500年左右，两河流域的苏美尔人逐渐进入奴隶社会，在政府中设立了与财计工作密切相关的记录官等官吏。

005.B.C.2560—B.C.2420年，考古发现的《帕勒摩石碑》碑文表明，古埃及第五王朝时期有会计记录与会计报告合为一体的特点。

006.约B.C.2113—B.C.2006年，古巴比伦乌尔第三王朝时期的记录方式采用叙述式，语言和形式简化，运用整数、分数、汇总等数学技巧。

中国

007.B.C.2070年左右，夏禹曾召集部落首领会议，就贡物征收情况进行考核评价。

外国

008.B.C.2000—B.C.1500年，古希腊克里特文明时期已经出现了掌管簿记的官吏。

009.B.C.1792—B.C.1750年，古巴比伦第六代国王汉谟拉比颁行了《汉谟拉比法典》，对古巴比伦会计产生了重要影响。

010.B.C.1600—B.C.1046年，商代为中式会计发展奠定了基础。文字、数字体系完整，形成专司记录的职官阶层，采用叙述式记录方式，客观完整记录经济事项。

011.B.C.15世纪—B.C.12世纪，古希腊迈锡尼文明遗留的泥板表明了当时的会计记录为叙述式。

012.B.C.1525—B.C.1491年，根据《吐特摩斯三世年代记》，可以了解古埃及新王朝时期会计的特点。

中国

013.B.C.1046—B.C.771年，根据《周礼》，西周时期周王朝设置了系统的财计官制，制定了“量入为出”的财计原则，实行了定期报告制度。

B.C.999—B.C.500年

中国

014.B.C.770—B.C.221年，春秋战国时期，中国确立了“会计”的命名。春秋初齐国管仲认为，要抓住理财，必须先从建立财制着手；要贯彻财计制度，必须设置相应的财计部门和委派财计官员。战国时魏国李悝著《法经》，其中许多内容涉及官厅会计，是会计处理的重要依据。

015.B.C.551—B.C.479年，孔子在世。其年轻时曾充任委吏，并有过“会计当而已矣”的评价。

外国

016.B.C.630年，古希腊开始使用城邦政府铸造的货币。

017.B.C.594—B.C.494年，雅典民主政治对公共财产的管理成为国家政治制度中一项重要内容，涉及的官吏主要有公卖官、出纳官、会计官以及审计官。

B.C.499—B.C.1年

中国

018.B.C.359年、B.C.350年，秦国商鞅两次变法，涉及财计的改革主要有：(1) 组织民户，重编户籍，确定户籍制度；(2) 废井田，开阡陌，确定租税之制；(3) 划一斗、桶(斛)，权衡，丈、尺等度量衡制度；(4) 据《法经》拟定秦律。

019.B.C.221年，秦始皇统一中国。在财计方面，秦朝统一了全国官厅会计的组织、制度及会计核算的方法，并将经济法律制度同会计监督结合在一起，加强对财政收支的控制。

020.B.C.206年，西汉以治粟内史掌管国家财政，统率财计官员，汉景帝时改称大农令，武帝太初元年（B.C.104年）更名为大司农。西汉的编户制度是控制国家经济的重要经济制度，系当时官厅会计核算国家收入的重要依据。西汉时期上计制度完善，并受到帝王的重视，从西汉至东汉的400年间，该制度几乎没有间断过。

A.D.1—500年

中国

021.8年，王莽称帝，在所推行的经济管制办法中对利润、成本、费用都有了一定的认识。

022.220—581年，魏晋南北朝的西晋时期为会计书写工具简、纸并用的时代，纸张在会计中得到运用。

A.D.501—1000年

外国

023.529年，东罗马帝国皇帝查士丁尼完成了《查士丁尼法典》十卷，后又编纂出《法理汇要》《法学总纲》和《法令新编》，合称《民法大全》。由于在《民法大全》中将古罗马会计也收录在内，因此对后来欧洲会计的进一步发展有着重要的作用。

中国

024.589—907年，隋唐时期，隋朝财计官制集政务大权于尚书省，六部之中集会计出纳之权于度支部，财计部门内部的专业分工趋于细微，专设左右户曹掌管天下户籍、计账。唐朝财计组织在六部之中以户部为国家财务行政的总理机构，刑部中的比部为财计监察、审理机构。

025.780年，唐德宗采纳杨炎的“量出制入”思想，财计重点转向支出方面，从而改变了“量入为出”、财计重点在于收入的局面。

026.807年，唐朝史官李吉甫撰写《元和国计簿》十卷。

外国

027.812年，查理大帝发布了《庄园敕令》，敕令中特别对庄园会计方面作了详细规定。

中国

028.925年、931年，根据沙州净土寺编制的年终会计结算账单中，可以推断出“四柱结算法”在唐代后期业已创立，并在一定范围内得到运用。

029.960—1077年，宋朝设立了三司，总理国家财权，号称“计省”。

030.994年，在官厅会计中已经运用“四柱清册”法。

A.D.1001—1500年

中国

031.1007年（景德四年），三司使丁谓著《景德会计录》六卷，记载官厅收支管理情况。

032.1068年，宋朝设立会计司，考核各种赋税和钱粮出入之数及年终盈亏情况。

033.1080年，宋神宗进行元丰改制后，宋代的财计组织机构发生了重大变更，三司职能归并于户部。

034.1206—1368年，元代国家财计组织设中书省及六部，六部中由户部掌理财计事宜。记账方法采用“入出记账法”，定期按照规定的格式造报“钱粮文册”。元朝官厅的会计报告格式为传统的“四柱式”，各项钱粮的账面记录和在“钱粮文册”中的排列，均以旧管、新收、已支（或开除）、见在（或实在）为顺序。

外国

035.1318年，意大利一家生产羊毛制成品的企业——德尔·贝内企业——出现了会计记录。直到1350年，该企业建立两套账簿分别反映对外交易活动和内部生产中心的成本数据，该企业的成本账簿被认为是成本会计的起源。

中国

036.1368年，朱元璋建立明朝，国家财计之权集中于户部。朱元璋重视上计制度，每年年终，在自下而上逐级编制、汇总会计报告的基础上，规定由各布政使司及府、州、县，委派计吏赴京送审会计报告，奏销一岁钱粮，由户部集中统一勾考。

037.1381年，明朝颁布实行黄册制度，同年在官厅会计中开始使用勘合比对附缴之法。

038.1387年，朱元璋命令国子生武淳等人分行州、县，编制鱼鳞图册。

039.1393年，勘合方法有了新的发展。凡勘合，均由户部预先统一编制，按照财物类别和具体情况，规定半印勘合字号，并将半印勘合字号以及有关勘合的各项具体规定书写明白，下达各司。

外国

040.1494年，意大利数学家卢卡·帕乔利出版《算术、几何、比及比例概要》（又称《数学大全》），在该书第三卷第九部第十一篇“计算与记录详论”中对实践已久的复式记账方法作了系统的概括和总结，从而被誉为会计发展史上里程碑式的经典文献。

A.D.1501—1600年

外国

041.1518年、1550年，德国人施瓦茨分别完成两部有关簿记的手记，对意大利簿记和德国簿记进行了介绍，被认为是德国早期探索复式记账的重要文献。

042.1534年，多梅尼科·曼佐尼在威尼斯出版了被誉为“帕乔利以后的第一本重要著作”——《威尼斯式总账和分录账》，对帕乔利著作中的一些缺漏作了有益的补充。

043.1531年、1546年，德国会计学者约翰·戈特利布分别出版了两部簿记著作。其中，1546年出版的《两种精巧的簿记》中对损益的计算尤其值得称道。

044.1543年，荷兰安特卫普的商人简·英平·克里斯托弗尔出版了《新教程》。

045.1549年，德国会计学者沃尔夫冈·施魏克在纽伦堡出版了《复式簿记》一书。

中国

046.1581年（明万历九年），户部尚书张学颜主编了《万历会计录》，这是明朝最著名的一部《会计录》。

A.D.1601—1700年

中国

047.1640年，明朝末年前后，山西商人富山参考官厅会计的方法，特别是在四柱清册法的影响下，设计出使用于民间商业的会计核算形式——“龙门账”。

048.1641年，明直隶徽州府祁门县发布关于编造黄册用的告示“清册供单”，规定按照旧管、新收、开除编造。

A.D.1701—1800年

中国

049.18世纪中叶（清乾隆至嘉庆年间），“四脚账”产生。同期的钱庄业取得了显著的发展。

A.D.1801—1900年

外国

050.1831年，英国议会颁布《破产法》，其中规定破产企业应按破产法庭的要求，提供会计账目，并对其真实性宣誓。破产企业能否通过法庭传讯在很大程度上取决于包括会计师在内的法定管财人关于企业账目正确与否的报告。

051.1844年，英国议会颁布《股份公司法》，规定公司董事必须登记公司账簿，在定期结算的基础上，编制“详尽公允”的资产负债表，并由一名或若干名股东代表——监事——对公司日常的会计报表和会计账簿进行审核。

052.1854年10月，英国爱丁堡会计师协会取得了英国皇家特许资格。

053.19世纪60、70年代，由于股份制的发展，《普通德国法典》和《股份公司第一次修正法案》相继出台，确立了监事会审计制度，取代了政府监督。

054.福泽谕吉于1873年（明治六年）6月出版了《账合之法》初编二册，第二年的6月出版了《账合之法》续编二册。

055.1880年5月，英格兰·威尔士特许会计师协会正式成立。

056.1886年12月23日，美国公共会计师协会正式成立。

A.D.1901—1949年

中国

057.1905年，蔡锡勇编著的最早介绍借贷记账法的著作《连环账谱》正式出版。

058.1907年，谢霖与孟森合著的介绍借贷复式簿记的著作《银行簿记学》在日本东京刊行。

059.1910年，大清银行聘请日本人为顾问，正式采用现金收付法的复式会计。

060.1914年，北洋政府农商部公布《本部会计暂行规则》，主要规定预算、决算的编制、经费的收支、稽核制度的实施、簿记组织等。

061.1914年，北洋政府设立了“统一铁路会计委员会”，以研究制定适合中国铁路管理的统一的铁路会计制度。

062.1914年，北洋政府公布了《会计法》，这是中国历史上第一部会计法。

063.1918年，北洋政府农商部颁布的《会计师暂行章程》是中国第一部关于会计师制度的行政法规。同年，谢霖成为我国第一个注册会计师。其后，谢霖在北京、天津设立了“正则会计师事务所”。

064.1921年，徐永祚创办了“徐永祚会计师事务所”，该事务所在兼顾处理多种会计事务中，注意把工作重点放在帮助企业改良会计方面。

065.1925年，我国第一个会计师公会——上海会计师公会——在上海成立。

066.1927年，国民党政府财政部拟定了《财政部会计则例》，承北洋旧制，仍以支出凭证单据和收入凭证单据作为登记分类簿的依据。

067.1927年，潘序伦成立潘序伦会计师事务所，后改为立信会计师事务所，执行会计师业务。

068.1927年，杨汝梅撰写的Goodwill and Other Intangibles（《商誉及其他无形资产》）在纽约由The Ronald Press Company出版。

069.1930年，国民政府公布《国民政府主计处组织法》。

070.1930年，国民政府公布《会计师条例》。

071.1932年，国民政府公布《统一会计制度》，明确规定在政府各级机构中一致采用“现金收支分录法”。

072.1933年，国民政府考试院颁布了《高等考试会计人员考试条例》。

073.1933年，徐永祚的《改良中式簿记概说》刊行，该书是我国第一部关于收付簿记的专著。

074.1934年，中国会计学社成立。

075.1935年，国民政府制定公布了《会计法》，共10章127条，经过实践，到1948年3月修订为6章122条。

076.1937年，立信会计专科学校成立。

077.1939年，中共中央就建立各抗日根据地的财经制度发出了《重要通知》。

078.1941年，潘序伦创立“立信会计图书用品社”，出版了《立信会计丛书》。

079.1942年，中央总会计制度修改，改名为《国家总会计制度》，于1943年1月公布实施。

080.1943年，会计处制定了《公有营业成本会计事务处理通则》，共70项，是中国第一个成本会计制度。

081.1943年，国民政府公布了《会计师法》，共43条，该法较《会计师条例》更加完善而具体。

082.1944年，中共中央机关事务管理局颁发中直机关统一执行的《模范会计条例》和《会计工作评判原则》。

083.1944年，中共中央机关事务管理局颁发中直机关财会工作的八条方针与任务。

084.1945年，晋冀鲁豫边区成立了会计学会，会员达1 100多人，并出版了学术刊物。

085.1947年，国民政府经济部拟定了《商业会计法》草案，于1948年1月公布施行。

086.1948年，潘序伦组建了“立信会计研究编译所”。

087.1948年，国民政府对《中央各机关及所属普通公务单位会计制度之一致规定》依照简化原则进行了修订，改称《普通公务单位会计制度之一致规定》。

088.1949年，中华人民共和国成立。

外国

089.1902年10月，美国公共会计师协会联合会正式成立。

090.1903年，英国著名会计学家皮克斯利的著作《会计学》出版，该书被认为是西方会计学的奠基大作之一。

091.1903年，英国著名会计学家迪克西的《高等会计学》出版，被会计学与会计史学界评价为奠定西方会计学基础的力作。

092.1905年，美国公共会计师协会与美国公共会计师协会联合会合并，成立了全国性民间审计组织——美利坚合众国会计师协会。1917年，该组织更名为美国会计师协会。1957年，该组织又改名为美国注册会计师协会。

093.1909年11月，日本农商务省颁布了《注册会计师制度调查表》，提倡在日本实行英国式会计师制度，这一举措促进了日本会计师事务所和相关法规的迅速建立。

094.1917年，美国会计师协会应联邦贸易委员会的要求，在联邦储备局公告1917年4月号上以《统一会计》为题发表了美国第一个关于审计范围的权威性指南，1918年，经过修订，以新的题目《编制资产负债表的公认方法》刊行，1929年以《财务报告的验证》为题再次修订刊行。

095.列宁对建设苏联社会主义会计有一些重要论断，如会计核算应体现阶级本质，会计核算的中心是“反映”，会计核算应结合综合与系统的方法。

096.1919年，苏联最高国民经济委员会财务会计局下设立了由12人组成的核算委员会，主要强调预算的制定和完成情况方面的指令。

097.1930—1931年间，针对社会主义核算与资本主义核算，苏联展开群众性大讨论。

098.1931年，德国政府颁布了《关于股票法、银行审计和租税减免的紧急命令》，明确规定了应由经济审计师对大型股份公司、银行和保险公司的财务报表进行年度审计。

099.1932年6月，美国《幸福》杂志将八大会计公司排定座次，依次是：普华、哈斯金斯-塞尔斯、厄恩斯特、皮特-马威克-米切尔、阿瑟·扬、莱布兰德-罗斯兄弟-蒙哥马利、陶切-尼文、阿瑟·安达信。

100.1933年5月27日，美国颁布了《证券法》。

101.1934年6月，美国颁布了《证券交易法》。

102.1934年，美国政府在证券方面的监管机构——证券交易委员会——成立。

103.1937年，德国政府以法令的形式发布了西方国家第一套会计科目表，称为“高林方案”，适用于所有私营企业。

104.1937年，美国会计师协会与美国注册会计师公会合二为一。

105.1938年年初，美国发生麦克森·罗宾斯案，该案件成为导致美国公认审计准则出台的催化剂。

106.1938年，接受美国证券交易委员会的委托，美国会计师协会下建立了会计程序委员会，从事会计原则的制定工作，它对外发布的文件名为《会计研究公报》。从1939年至1959年，该组织共发布了51份公报。

107.1939年，英国注册会计师公会成立。

108.1942年，法国注册会计师协会成立，并于1945年重建。

109.1945年，法国战后政府建立了会计标准化委员会（该组织后为高等会计委员会取代，之后又更名为国家会计委员会，隶属于财政部，负责制定会计标准化制度），重新制定了《会计总方案》，并于1947年获准执行。

110.1948年4月，日本政府向全国正式公布了《修订证券交易法的法律草案》，该草案明确规定了所有在证券交易所上市的公司财务报表均须接受计理师的审计。

111.1948年7月，日本政府颁布了《注册会计师法》，标志着站在独立立场对财务报表进行审计和证明的注册会计师在日本正式诞生，同时废除了《计理师法》，并改计理师名称为注册会计师。

A.D.1950—1960年

中国

112.1949年，财政部设立了会计制度处，1950年9月调升为会计制度司，具体负责统一会计制度的建设工作，标志着我国会计管理工作的起步。

113.1950年7月，全国企业会计制度的统一工作开始进行，历时1年左右，全国重工、轻工、纺织、燃料、交通、铁道、邮电、贸易、农业等部门先后建立了所属企业的统一会计制度。

114.1951年，财政部实行了《各级人民政府暂行总预算会计制度》和《各级人民政府暂行单位预算会计制度》。

115.1951年，中华人民共和国第一个会计刊物《新会计》创刊。

116.1951年，第一次全国企业财务管理及会计会议召开，制定了全国工业企业统一的会计科目和会计报表，建立了国营企业的决算报告制度，并于1952年正式实行。

117.1951年，政务院发布中华人民共和国第一部全国统一的预算管理法规《预算决算暂行条例》。

118.1955年，国务院发布了《国营企业决算报告编送办法》。

119.1955年，财政部颁发了《国营工业企业基本业务标准账户计划》《国营工业企业基本业务统一会计报表和说明草案》。

120.1957年，中国人民银行总行从苏联引进了电子计算机，建立了核算工厂。1958年，核算工厂易名为“中国人民银行计算中心”。

121.1958年，在会计制度的改革上提出了“彻底放权，大力简化”的口号，导致账目混乱、会计机构撤并、会计人员减少、会计教育削弱、会计工作开展困难等严重后果。

122.1959年，财政部颁布了《国营企业会计核算工作的若干规定》。

123.20世纪50年代末，中共中央先后出台了《关于切实加强银行工作的集中统一，严格控制货币发行的决定》《关于严格控制财政管理的决定》，以重整财经纪律。

外国

124.1950年，为表彰20世纪以来对会计事业发展作出卓越贡献的会计大师，在美国俄亥俄州立大学建立了会计名人堂。

125.1951年，英国爱丁堡会计师协会、格拉斯哥会计师和保险统计师协会与爱伯丁会计师协会三大协会正式合并，成立了苏格兰特许会计师协会。

126.1954年，美国会计师协会审计程序委员会对《审计准则说明草案》进行了修订，并增加了一条报告准则，被美国注册会计师们尊为职业界的“圣经”、后来又被世界各国注册会计师职业界广为借鉴的十条公认审计准则就此问世，美国成为“世界上最早制定审计准则的国家”。

127.1957年，法国建立了国家会计委员会。

128.1959年，南斯拉夫颁布了《社会会计局法》，决定在国家银行内部单设一机构，专门对社会资金的分配和使用情况、企业履行社会义务的情况进行核算和监督。至1963年，该机构从银行中分离出来，单独行使职权。1976年，新的《社会会计局法》颁布。

A.D.1961—1970年

中国

129.1961年，国务院颁布了《国营企业会计核算规程（草案）》。财政部颁布《国营工业企业会计科目和使用说明》。

130.1962年，财政部颁布了《国营企业会计凭证账簿的格式和使用办法》《国营工业企业会计报表格式和编制说明》。

131.1962年，召开全国会计工作会议，主持会议的财政部和中国人民银行总行党组织向党中央递交了《关于全国会计工作会议情况的报告》。中共中央批转了这一报告，并批示：“各地区、各部门、各单位应当重视会计工作，加强对会计工作的领导，把会计工作做好。”

132.1962年年底，周恩来总理审阅批发了《会计人员职权试行条例》，从而第一次将会计工作的主要方面用国家法令的形式肯定下来。

133.1963年，国务院颁发了《会计人员职权试行条例》。

134.1962—1966年，在八字方针深入贯彻的背景下，会计制度不断完善，会计机构逐步健全，财会队伍逐步充实，会计工作逐步加强，会计教学和会计理论研究也有了新的发展。

135.1963年，国务院批转国家经济委员会和财政部《关于国营工业、交通企业设置总会计师的几项规定（草案）》。

136.1965年，财政部经国务院同意后颁发了《企业会计工作改革纲要（试行草案）》。

137.1966—1976年，“文化大革命”使会计工作遭到空前破坏。

外国

138.1961年，西德联邦政府制定了《关于经济审计师职务规则的法律》，详细规定了经济审计师和经济审计公司的业务内容、经济审计师会议所的任务和组织，以及经济审计师的义务和处罚等内容。另外，该法还赋予经济审计师公会制定会员业务规则的权限。

139.1962年，荷兰制定了《注册会计师法》，该法从1967年开始生效，从而正式从法律上确认了荷兰注册会计师的身份。

140.1964年，德国联邦政府发布了《经济审计师的业务指南》，指明了职业审计人员应遵循的业务程序。

141.1966年，美国会计学会为纪念该学会成立50周年，出版了《论会计基本理论》一书，明确指出：“会计基本上是一个信息系统。”

142.1966年，法国颁布了《商务公司法》。该法及与其相关的1967年颁布的《第236号政令》，对公开上市的股份有限公司规定了会计披露的要求，要求在会计年度终了时，公司董事会的经理应将反映过去一年公司财务状况和经营成果的会计资料提交审计师进行审计。

143.1967年1月，日本第一批监察法人宣告成立。

144.1968年，美国《幸福》杂志再次为八大会计公司排定座次：皮特-马威克-米切尔、安达信、厄恩斯特、哈斯金斯-塞尔斯、普华、莱布兰德-罗斯兄弟-蒙哥马利、陶切·罗斯、阿瑟·扬。

145.1969年，法国国家法定审计师协会成立。

146.1970年10月9日至12日，来自美国、英国、芬兰、意大利、加拿大、澳大利亚、日本等20多个国家的会计史学者在比利时布鲁塞尔皇家图书馆召开了第一届国际会计史学家会议。

A.D.1971—1980年

中国

147.1978年，国务院颁发了《会计人员职权条例》，使会计人员得到了法律上的保障。

148.1978年，山西省会计学会成立。

149.1979年，财政部恢复会计制度司。1982年5月，会计制度司更名为会计制度管理司。

150.1979年，长春第一汽车制造厂从前民主德国进口一台EC-1040计算机，开始进行计算机在会计工作中的应用试点工作。

151.1980年，中国会计学会成立。

152.1980年，中国会计学会刊物《会计研究》创刊。

153.1980年，财政部颁布了《工业企业会计制度》，后在1985年、1989年两次修订。

154.1980年，财政部颁布了《关于成立会计顾问处的暂行规定》，标志着我国注册会计师制度开始复苏和起步。

外国

155.1973年6月，澳大利亚、加拿大、法国、德国、日本、墨西哥、荷兰、英国、美国等9国的16个主要会计职业团体在伦敦发起成立了国际会计准则委员会。至1995年4月，该委员会已经包括了来自82个国家的110个职业会计组织。

156.1973年，美国财务会计准则委员会建立，其不再隶属于美国注册会计师协会及其他职业团体或公司企业，而是由财务会计基金会负责其组建和委员任命，对外发布的文件主要有财务会计准则公告、概念公告、解释书及技术公告。

157.1975年，第一次全苏会计核算科学讨论会召开。

158.1979年，法国《会计总方案》再次修订后，于1982年公布，并从1983年12月31日后开始执行。

A.D.1981—1990年

中国

159.1981年，上海市会计师事务所成立，它是我国恢复注册会计师审计制度以来的第一家会计师事务所。

160.1981年，财政部批准成立了第一个外国会计公司代表处——永道会计公司上海代表处。

161.1983年，财政部制定发布了新的《财政机关总预算会计制度》。

162.1984年，《会计人员工作规则》颁行。

163.1985年，第六届全国人大常委会第九次会议通过了《中华人民共和国会计法》。

164.1986年，国务院颁布了《注册会计师条例》，自1986年10月起实施。

165.1987年，我国首家地方性注册会计师协会——上海注册会计师协会——成立。

166.1988年，中华人民共和国第一个全国性注册会计师职业组织——中国注册会计师协会——成立。

167.1988年，北京先锋财会电算公司成功开发出我国第一个商品化通用会计软件——“先锋CP-800通用会计核算软件”。

168.1990年，全国首次会计知识大赛在中央电视台举行决赛。

外国

169.1981年年底，第二次全苏会计核算科学讨论会召开。

170.1985年，苏联著名会计史学家索科洛夫所著《会计发展史》一书在莫斯科出版发行。

171.1985年，英国《公司法》颁布施行。这部《公司法》是对前40年《公司法》的总结与发展。

172.截止到1989年，欧盟（包括其前身欧共体）共制定了13个指令和2项条例，这些指令和条例对成员国会计与审计的协调和发展有着重大的影响。

A.D.1991—2000年

中国

173.1991年，首次全国注册会计师考试在全国各地同时举行。

174.1992年，深圳特区会计师事务所因“原野公司案”被撤销。

175.1992年，我国举行了首次会计专业技术资格考试。

176.1992年，财政部发布了《企业会计准则》和《企业财务通则》，自1993年7月1日起施行。

177.1993年，《中华人民共和国注册会计师法》颁布，并自1994年1月1日起施行。

178.1993年，对1985年《会计法》作了适合社会主义市场经济要求的修订，并自发布之日起施行。

179.1994年，财政部在北京召开了全国第一次注册会计师工作会议。

180.1994年，财政部会计事务管理司改为会计司。

181.1995年，财政部发布了《会计改革与发展纲要》，并自1996年起施行。

182.1996—1999年，由中国注册会计师协会制定并经财政部批准的《独立审计基本准则》、24个《独立审计具体准则》、6个《独立审计实务公告》及3个其他相关准则陆续出台。

183.1996年，中国注册会计师协会正式加入亚太会计师联合会。

184.1997年，财政部开始发布企业会计准则具体准则。

185.1997年，财政部先后发布《事业单位会计准则（试行）》《财政机关总预算会计制度》《事业单位会计制度》。

186.1997年，中国注册会计师协会正式加入国际会计师联合会，同时自动加入国际会计准则委员会。

187.1998年，财政部发布了《行政单位会计制度》。

188.1998年，财政部发布了《国有企业年度会计报表注册会计师审计暂行办法》，我国注册会计师的业务范围由此扩大到所有企业。

189.1998年，用友软件集团运用JAVA技术开发出B/S版财务及企业管理软件，这是我国第一套B/S版的财务及企业管理软件。

190.1999年，对《会计法》作第二次修订，并自2000年7月1日起施行。

191.1999年，财政部发出《会计师（审计）事务所脱钩改制实施意见》。截至1999年年底，各地区、各部门、各单位基本完成了事务所的脱钩改制工作。

192.2000年，国务院发布了《企业财务会计报告条例》，自2001年1月1日起施行。

193.2000年，财政部颁布了彻底打破行业限制的《企业会计制度》，自2001年1月1日起施行，实现会计制度的真正统一。

外国

194.1996年，法国改革了国家会计委员会，并于1998年设立了会计规则委员会。

195.1997年，普华和永道正式宣告合并，组建“永道-普华国际会计公司”。

196.1998年，德国会计准则委员会成立。

A.D.2001—2010年

中国

197.2004年，我国开设会计硕士专业学位（MPAcc）。

198.2004年，《资产评估准则——基本准则》《资产评估职业道德准则——基本准则》发布。

199.2006年，财政部发布了新的企业会计准则体系，以及《中国注册会计师执业准则》《会计人员继续教育规定》

200.2008年，《企业内部控制基本规范》正式颁布，自2009年7月1日起在上市公司范围内施行。

201.2008年，中瑞华恒信、岳华合并而成的中瑞岳华会计师事务所宣告成立。随后，多家事务所宣布合并。

202.2008年，中国会计信息化委员会暨XBRL（可扩展商业报告语言）中国地区组织成立。

203.2009年，财政部发布了《关于全面推进我国会计信息化工作的指导意见》。

204.2009年，中注协发布了《中国注册会计师职业道德守则》。

205.2010年，财政部发布了《中国注册会计师审计准则第1101号——注册会计师的总体目标和审计工作的基本要求》等38项准则，自2012年1月1日起施行。

206.2010年，《关于推动大中型会计师事务所采用特殊普通合伙组织形式的暂行规定》发布，标志着我国大中型会计师事务所的组织形式全面迈入特殊普通合伙时代。

207.2010年，《企业内部控制配套指引》发布，该指引包括18项《企业内部控制应用指引》、《企业内部控制评价指引》和《企业内部控制审计指引》。

208.2010年，财政部发布了《会计行业中长期人才发展规划（2010—2020年）》。

外国

209.2001年，安然公司进入破产程序，安达信面临法律诉讼。

210.2002年，美国国会通过了《萨班斯-奥克斯利公司治理法案》（简称《SOX法案》）。

211.2010年，第十八届世界会计师大会举行，主题为“会计师与持续价值创造”。

A.D.2011—2020年

中国

212.2011年，财政部发布了《小企业会计准则》，自2013年1月1日起在小企业范围内施行。

213.2012年，财政部修订发布了《事业单位财务规则》《事业单位会计准则》《事业单位会计制度》。

214.2013年，财政部发布了《企业会计信息化工作规范》以及《中小学校会计制度》《彩票机构会计制度》《高等学校会计制度》《科学事业单位会计制度》。

215.2014年，财政部发布了《企业会计准则第39号——公允价值计量》等3项准则，修订发布了《企业会计准则——基本准则》和《企业会计准则第30号——财务报表列报》等5项准则。

216.2015年，财政部发布了《政府会计准则——基本准则》，自2017年1月1日起施行。

217.2015年，财政部修订发布了《会计档案管理办法》。

218.2016年，财政部发布了《管理会计基本指引》。

219.2016年，财政部发布了《政府会计准则第1号——存货》等4项准则，自2017年1月1日起施行。

220.2016年，财政部发布了《中国注册会计师审计准则第1504号——在审计报告中沟通关键审计事项》等12项审计准则。

221.2017年，对《会计法》作第三次修订，自2017年11月5日起施行。

222.2017年，财政部发布了《管理会计应用指引第100号——战略管理》等22项应用指引；发布了《企业会计准则第42号——持有待售的非流动资产、处置组和终止经营》；修订发布了《企业会计准则第22号——金融工具确认和计量》等6项准则。

223.2018年，财政部发布了《政府会计准则第7号——会计调整》等3项准则；发布了《管理会计应用指引第202号——零基预算》等7项应用指引；修订发布了《企业会计准则第21号——租赁》。

224.2019年，财政部发布了《政府会计准则第10号——政府和社会资本合作项目合同》；发布了《中国注册会计师审计准则第1101号——注册会计师的总体目标和审计工作的基本要求》等18项审计准则；发布了《管理会计应用指引第204号——作业预算》等5项应用指引；修订发布了《企业会计准则第7号——非货币性资产交换》等2项准则。

225.2020年，财政部发布了《会计师事务所质量管理准则第5101号——业务质量管理》等3项准则；修订发布了《企业会计准则第25号——保险合同》。

外国

226.2011年，欧盟委员会正式公布首批审计公共监管等效名单，宣布认可中国等10个国家的注册会计师审计公共监管体系与欧盟等效。

227.2016年，德勤宣布与Kira Systems联手，将人工智能引入会计、税务、审计等工作当中。

228.2019年，安永会计师事务所发布了两项区块链开发项目，即区块链分析仪和零知识证明协议。